ACHAJA
ARGOLIS
ARKADIEN
MESSENIEN
LAKONIEN
Patras
Moní Taxiarchõn
Ágion
Diakoptón
Achajá
Chalandrítsa
Ägira
Santoméri
ERYMANTHOS
Kalávryta
KYLLENE
Trikala
Xylókastron
Kiäton
Sikyon
Korinth
Salamis
PINIOS
ERÝMANTHOS
AROANIA
Stymphalía
Skotiní
Nemea
Dervenákia
Alea
Ajionóri
Phychtia
ARACHNÄON
Moní Agnoûntos
Ägina
Angístri
Olympia
Langádia
MÄNALON
Orchomenós
Kephalóvryso
INACHOS
Levídi
Lyrkía
Mykene
Chonikas
Dendrá/Midéa
Argos
Paläá Epídavros
Methana
ALPHEIOS
LADON
Dimitsána
Mantinea
Nestáni
Karyá
Kephalári
Merbakas
Kastráki
Krestena
Isova
Moní Prodrómou
Stemnítsa
Ellinikón
Katsíngri
Kazárma
Epídavros
Platiána
Alíphira
Chrysovítsa
Myli
Nauplion
Poros
Gortys
Karýtäna
Drepanon
Andrítsäna
Tripolis
Kyvéri
Troizén
Moní Loukoûs
Iria
Karnezéika
Galatás
Tegea
Didyma
NEDA
Aséa
Moní Prodrómou
Astros
Kiláda
Iliókastron
Thermisía
Megalópolis
Parálion Astros
Lykósoura
Kastría
Kastron Ellinikoû
Kap Andreas
Ermióni
Kranídi
TETRASION
Leondári
Moní Malevís
Kastron tis Oräás
Porto Cheli
Dokós
Hydra
Malthi
Mila
PARNON
Spetsä
Messene
Aj. Nikólaos Sintzas
Leonídi
ARGOS
Alagonía
Moní Elonis
Androûsa
Thouria
Mystrãs
EUROTAS
Chrysaphá
PAMISOS
Ohora
NEDON
Sparta
Kosmäs
Kalamata
Amyklä
Meneláïon
Geráki
Zarnáta
TAYGETOS
Pylos
Kardamýle
Krokeés
Methone
Leuktron
Moláï
Korone
Gythion
Epídavros Limirá
Kap Akrítas
Kelephá
Passavá
Monemvasía
MESSENISCHER GOLF
LAKONISCHER GOLF
Kap Maléas
Kap Tänaron
Kythera

Werner Ekschmitt
Fahrten auf dem Peloponnes

Werner Ekschmitt

Fahrten auf dem Peloponnes

Ins unbekannte Griechenland

Safari bei Ullstein

ISBN 3-7934-1133-8

Schutzumschlag: Elna Marianne Reiff, Berlin
Umschlagfoto: Die Tempelruine von Nemea, Fotoarchiv Mavrojenis
Pläne, Zeichnungen, Landkarten: Ilse Eckart / E. M. Reiff
Satz: IBV Lichtsatz KG, Berlin
Layout und Typografie: Elna Marianne Reiff, Berlin
Druck von Farbtafeln und Umschlag: Grosse, Berlin
Reproduktionen: Brandt & Vejmelka, Berlin
Druck: Wilhelm Möller KG, Berlin
Papier der Fa. Ernst A. Geese GmbH, Hamburg
Einband: Berliner Buchbinderei Wübben & Co.
Printed in Germany 1979

Inhalt

Vorwort

Der Peloponnes bietet weitaus mehr Sehenswertes, als die traditionellen Führer vermuten lassen. Auch ist es in der Mehrzahl der Fälle unschwer zu erreichen. Das liegt nicht daran, daß der Verfasser es dem Leser oder sich selbst hat leichtmachen wollen, sondern erklärt sich einfach dadurch, daß die modernen Straßen zum großen Teil dem Verlauf der antiken folgen. Nicht immer und auch nicht für jeden wird es notwendig sein, alle Ziele wirklich aufzusuchen. Aber es wäre auf jeden Fall ein Versäumnis, achtlos an ihnen vorüberzufahren, ohne von ihrer Existenz überhaupt zu wissen.
Der Untertitel *Ins unbekannte Griechenland* ist natürlich relativ im Verhältnis zu Vorbildung und Reiseerfahrung jedes einzelnen, aber auch die schärfsten und allwissendsten Kritiker werden ihm seine Berechtigung nicht absprechen können, und ohne die Hilfe unserer

Karte würden sie bei vielen der genannten Stätten zunächst gar nicht wissen, wo sie überhaupt liegen. Aber es finden sich auch einige Entdeckungen darunter, wie der Turm von Ajios Jannis sta Lefkákia oder der obere von Phychtia, die der wissenschaftlichen Literatur bisher unbekannt sind. Und auch die guterhaltene Frankenburg von Arla hat mehr Beachtung als die einer bloßen Erwähnung bisher noch niemals gefunden.

Der Verfasser bedauert, daß er vor Abschluß des Manuskripts keine Gelegenheit mehr gehabt hat, Epidaurus Limera zu besuchen, von dem aus Monemvasía gegründet wurde und wo die antike Stadt teilweise noch erhalten ist. Auch fehlt die Mani, deren Darstellung den gesetzten Umfang überschritten hätte, der wir aber wenigstens bei der Auswahl der Tafeln versucht haben gerecht zu werden. Doch sonst darf das Buch durchaus auf Vollständigkeit Anspruch machen, und wir versichern, daß vom Unbekannten nichts wirklich Wichtiges übergangen ist.

Ganz von selbst fielen die Schwerpunkte auf das Vor- und Nachklassische. Früh-, mittel- und späthelladische (mykenische) Stätten, dann byzantinische, fränkische und venezianische machen den Hauptinhalt des Buches aus. Aus klassischer Zeit sind nur einige Burgen und der Tempel der Athena Àlea in Tegea aufgenommen, von dem man aber auch nicht sagen kann, daß er allgemein bekannt sei. Vielen Lesern wird manches anfangs recht fremd erscheinen. Wenn aber zum Beispiel das Mittelhelladische, in dem sich die große Blüte der mykenischen Zeit vorbereitete, bei der Beschreibung von Museumsstücken oder archäologischen Stätten zum zweiten und dritten Mal wiederkehrt, so werden sie auch mit solchen zunächst recht speziell erscheinenden Dingen im Lauf der Lektüre näher vertraut werden. Viele westliche Touristen stehen ziemlich hilflos vor der ihnen fremden byzantinischen Architektur und Freskenmalerei. Auch hierfür ist versucht worden das rechte Verständnis zu erleichtern.

Der wiederholte Einschub erzählender Partien wird dem Leser die unvermeidliche Nüchternheit der beschreibenden gewiß sehr mildern. Ohne Zweifel lästig fallen werden allerdings manchem die gelegentlich gehäuften Zahlen- und Maßangaben. Sie sind indessen für die konkrete Vorstellung der betreffenden Gebäude und Anlagen

und für ihren Vergleich mit anderen unerläßlich. Man hätte sie in Fußnoten verweisen können, aber Anmerkungen sind auch eher eine Störung als eine Erleichterung der Lektüre. So mag also, wer es so genau nicht wissen will, über die Maßangaben einfach hinweglesen.
Eingeteilt ist das Buch nach den antiken Landschaften des Peloponnes, deren jede eine kurze historisch-geographische Einleitung erhält, die für viele Leser vielleicht willkommener ist als manches spezielle Kapitel. Es fehlen die Landschaften Elis und Korinthía, die für unsere Absicht nicht genügend Stoff boten, um eigene Kapitel zu rechtfertigen. Doch möchten wir für die Korinthía wenigstens auf die Ruinen der riesigen frühchristlichen Basilika von Lechäon hinweisen – sie liegen dicht am Strand, genau gegenüber der Abzweigung von der alten Küstenstraße nach Archäa Korinthos: in der dort befindlichen Taverne erhielt man früher auch den Schlüssel zum Ausgrabungsbezirk – und auf das neu eröffnete Museum von Isthmia, das die Attraktivität der dortigen Ausgrabungen bedeutend erhöht und wo sich auch die berühmten Opus-sectile-Funde von Kenchreä ausgestellt finden. Bei Elis wäre die Geschichte des fränkischen Fürstentums Achaja darzustellen gewesen; sie hat nun in der Einleitung zu Arkadien ihren Platz gefunden, die dadurch im Verhältnis zu den anderen Einleitungen etwas länger ausgefallen ist. Daß aber die Darstellung der Argolis mehr als ein Drittel des ganzen Buches einnimmt, erklärt sich ganz natürlich aus dem einzigartigen Reichtum dieser archäologischen Hauptlandschaft Griechenlands.

Das alte Problem der Umschrift griechischer Namen läßt bekanntlich eine konsequente Lösung nicht zu. Unser erstes Prinzip ist gewesen, Extravaganzen grundsätzlich zu vermeiden und Formen, die im Deutschen eingebürgert sind, nicht zu verändern. Wir sehen keinen Sinn darin, Delphoi, Mantineia oder Epidauros zu sagen, und auch »die« Peloponnes obligatorisch zu machen hat uns nicht gereizt. Der einzige Manierismus, den wir uns erlaubt haben, ist, für das griechische u die Schreibung *ou* beizubehalten, um den Touristen auf das Lesen griechischer Straßenschilder vorzubereiten. Wo also eingebürgerte Formen vorliegen, sind sie nicht angetastet. Bei den übrigen ist die neugriechische Aussprache angegeben, weil sie für den Touristen die praktisch wichtigste ist. Dabei ist zu beachten,

daß *s* und *z* im Neugriechischen entgegengesetzte Lautung haben wie im Deutschen: das *s* wird immer, auch am Wortanfang, scharf und stimmlos gesprochen wie in *wessen* oder *lassen,* das *z* dagegen stimmhaft wie in *Wesen* oder *lasen.* Ein griechischer Name wie *Sintza* wird also genau entgegengesetzt ausgesprochen, wie es das deutsche Schriftbild vermuten läßt: das Anfangs-*s* ist scharf, das *z* in der Mitte aber stimmhaft. Die Griechen unterscheiden streng zwischen *ts* und *tz: ts* wie *Katze, tz* aber wie in *ratsam.*
Zwei- und dreisilbige Wörter, die auf der ersten Silbe betont sind, tragen keinen Akzent, also Lerna für Lérna und Didyma für Dídyma. Alle Abweichungen aber von der deutschen Betonung sind bezeichnet, und der Leser wird diese Hilfe gewiß als sehr nützlich empfinden. Eine unerwartete Überraschung bedeutete die Feststellung, daß die modernen Satzverfahren trotz ihres außerordentlich großen Umschrift-Repertoires über keine Tilde für *u* verfügten. Als Ersatz ist nun das *u,* abweichend von den anderen Vokalen, mit dem französischen Zirkumflex versehen: *oû.*

Vielmals zu danken ist Herrn Dr. Karl Frank, Wiesbaden, der sein reiches Fotoarchiv großzügig zur Verfügung gestellt hat. Nachdrücklich möchten wir hier auf seinen großen Bildband *Lebendes Griechenland* hinweisen (Bamberg 1978), der ebenfalls versucht, das unbekannte Griechenland zu erschließen. Meinem Athener Freund Konstantin Anastasópoulos danke ich auch an dieser Stelle herzlich für seine bereitwillige Hilfe, das Manuskript durchzusehen und es vor einer Reihe stilistischer und sachlicher Unebenheiten zu bewahren. Nicht zuletzt aber ist der Verlagsleitung zu danken, die mehrfache Verzögerungen geduldig in Kauf genommen und alle Wünsche für Pläne und Rekonstruktionen großzügig erfüllt hat.

Öfter unter dem Schreiben hat der Verfasser sich gefragt, ob dieses Buch nicht am Ende eine Art Abgesang ist. Vielleicht wird das Benzin eines Tages in Griechenland so teuer, daß kaum noch jemand imstande ist, sich eine Individualreise dorthin zu leisten. Um so wichtiger wäre es aber gerade dann gewesen, dies alles noch einmal zusammenzufassen.

Athen, im Juli 1979 *W. E.*

ARGOLIS

Auf die Frage nach der Hauptlandschaft Griechenlands werden die meisten nicht zögern, Attika zu nennen, so sehr ist die klassische Blüte Griechenlands in der von Athen verkörpert. Die Akropolis stellt die größte und bedeutendste Konzentrierung bildender Kunst dar, die jemals auf griechischem Boden verwirklicht wurde, und der Reichtum der attischen Literatur ist ohne Beispiel im gesamten Altertum. Aber der Eindruck von der allgemeinen Prävalenz Athens ist eine perspektivische Täuschung.
Im Neolithikum lag das Zentrum der geschichtlichen Entwicklung in Thessalien. Die griechische Bronzezeit entfaltete sich am reichsten in der Argolis, zuerst mit dem Palast von Lerna, dann mit den gigantischen Burgen der Mykener.
In geometrischer Zeit (900–700 v. Chr.) waren Athen und Attika

zum erstenmal führend. Aber schon in der archaischen Zeit (700–500 v. Chr.) vollzog sich die Entwicklung wieder außerhalb, in Kleinasien und Unteritalien, und im Mutterland waren Chalkis, Ägina und Korinth weitaus bedeutendere Städte als Athen. Erst die klassische Zeit brachte seine epochale Vorherrschaft, die kulturelle unbestritten, die politische vielfach schwankend. Aber schon in der hellenistischen Zeit mit ihrer ungeheuren Ausweitung der griechischen Welt war sein Primat nur noch symbolisch, und in der römischen Kaiserzeit ging sogar der Name von Griechenland selbst verloren. Seit dem Jahre 27 v. Chr. war es organisiert als die senatorische Provinz Achaja mit der Hauptstadt Korinth. Und der Apostel Paulus richtete seine Briefe nicht nur deswegen an die Korinther und nicht an die Athener, weil diese nichts von ihm wissen wollten, sondern weil jene die Bewohner der Hauptstadt waren.
Seit 395 gehörte Griechenland zum Ostreich, das kaum Notiz von ihm nahm. In fränkischer Zeit waren seine Hauptstädte Theben und Andravída. Die Byzantiner residierten in Mistra, die Venezianer in den großen Festungen des Peloponnes, die Türken in Tripolis. Der Griechische Freiheitskrieg wurde auf dem Peloponnes begonnen *und entschieden.* Die erste griechische Hauptstadt war Ägina, dann Nauplion. Korinth war lange Zeit eine ernsthafte Konkurrentin, bis die Entscheidung endgültig zugunsten Athens fiel, das erst seit 1834 wieder die Geschicke Griechenlands leitet.
Zieht man aus dieser kurzen Übersicht das Fazit, so ergibt sich, daß Athen und Attika nur sehr kurze Perioden der griechischen Geschichte bestimmt haben. Das Zentrum der meisten Epochen lag auf dem Peloponnes, und von ihm wieder ist die Argolis bei weitem die wichtigste Landschaft, mit einer Kontinuität historischer Zeugenschaft wie keine andere. Die Zentren der Bronzezeit nannten wir schon. In geometrischer Zeit ist es Argos, in archaischer und klassischer das Heraion, in hellenistischer und römischer das Asklepios-Heiligtum von Epidaurus. Die mittelbyzantinische Epoche vertreten drei bedeutende Kirchen. Von der fränkischen bis in die türkische Zeit glänzte die Argolis durch ihre gewaltigen Festungen. Die ersten griechischen Nationalversammlungen fanden in der Argolis statt, und die ersten griechischen Regierungen hatten hier ihren Sitz, in Argos, Hermióne, Nauplion. Attika spielte im griechischen Freiheitskrieg sowohl militärisch wie ideologisch eine ganz untergeord-

nete Rolle. So ist also die Antwort auf die anfangs gestellte Frage klar und eine orientierende Skizze der Geschichte der Argolis die nächste Aufgabe.

Um 1200 v. Chr. fand die mykenische Palastkultur durch die sogenannte Ägäische Wanderung ihren Untergang. Die Eindringlinge waren gekommen, um zu plündern und zu zerstören, nicht um zu siedeln. Sie zogen weiter oder kehrten in ihre uns unbekannte Heimat zurück.

Hundert Jahre später traten Wellen von neuen Einwanderern auf, diesmal um zu bleiben, die Dorer. Sie besiedelten große Teile des Südpeloponnes und auch die Argolis. Das dorische Argos erlebte seine größte Machtfülle in ganz früher Zeit, als unter dem berühmten König Pheidon, dessen Gestalt und Leistung aber ganz nebelhaft bleiben, sein Herrschaftsbereich die ganze Ostküste des Peloponnes einschließlich der Insel Kythera umfaßte. Die historische Zeit ist bestimmt von dem dauernden Gegensatz zu Sparta, das ihm die Parnon-Halbinsel entriß und auch den Besitz der Thyreatis streitig machte, der heutigen Küstenebene von Astros, um die ein jahrhundertelanger Kampf geführt wurde. Als Gegnerin Spartas war Argos kein Mitglied des Peloponnesischen Bundes und nahm auch nicht an den Perserkriegen teil. In Krisenzeiten suchte es notgedrungen Anschluß an Athen. Mehrmals machte es den Versuch, sich als dritte Macht neben Athen und Sparta zu konstituieren, aber immer nur mit vorübergehendem Erfolg. Argos war zwar ein bedeutender Machtfaktor auf dem Peloponnes, doch ist es nie zu wirklicher Größe gelangt. Zu keiner Zeit ist die ganze Argolis unter seiner Herrschaft vereinigt gewesen. Die östlichen Städte Hermióne, Epidaurus, Troizén blieben immer selbständig. Sie zu unterwerfen fehlte ihm die Kraft, war es doch selbst in Zeiten spartanischer Schwäche außerstande, auch nur die Thyreatis zurückzugewinnen. Es ist für die Beschränktheit seiner Kräfte auch durchaus bezeichnend, daß es sich trotz seiner vielen Küsten und Häfen nie auf dem Meer erprobte, wie es seine mykenischen Vorgänger mit so großem Erfolg getan hatten.

Ein Grund der Erklärung ist dadurch gegeben, daß die Geschichte des klassischen Argos durch eine Reihe furchtbarer Blutbäder belastet ist, die es zum Teil an sich selbst vollzog und die seine Kräfte schon früh untergruben. 494 v. Chr. wurde es von den Spartanern in der Schlacht von Sepeia vernichtend geschlagen, wo ein großer Teil seiner Mannschaft auf der Walstatt blieb. Die Entkommenen flüchteten sich in den Hain des Stadtheros Argos, wo sie von den Truppen des Königs Kleomenes teils erschlagen, teils durch Anzünden des Waldes verbrannt wurden. Die Argiver sollen damals nicht weniger als sechstausend Mann verloren haben. Es war einer der größten Blutverluste, die jemals eine griechische Stadt einer anderen zugefügt hat. Die Argiver waren damals gezwungen, Umwohner in die Bürgerschaft aufzunehmen, um die Katastrophe zu überwinden. Schon sechs Jahre später erlitten sie einen neuen schweren Mannschaftsverlust, als von tausend Hopliten, die Ägina in seinem Kampf mit Athen zu Hilfe geeilt waren, nur einzelne zurückkehrten.

Sie selbst pflegten mit ihren Gegnern allerdings auch nicht schonend umzugehen. Ende des 8. Jahrhunderts hatten sie die alte Dryoperstadt Asíne an der Bucht von Tolón erobert. Aber es genügte ihnen nicht, die Rivalin zu besiegen. Die Stadt wurde völlig zerstört, die Einwohnerschaft vertrieben. Die Heimatlosen wurden von den Spartanern aufgenommen und in einem neuen Asíne angesiedelt, auf einem Vorgebirge im Westen des Messenischen Golfs, das ihnen das heimatliche doppelt ersetzen sollte. Im Mittelalter entstand dort die berühmte Festung Korone. Das ursprüngliche Asíne aber wurde erst in hellenistischer Zeit am Ende des 4. Jahrhunderts neu besiedelt.

Um 460 haben die Argiver zuerst Mykene, dann Tiryns zerstört. Auch hier wurden die Einwohner geschlossen vertrieben. Die Mykener wanderten nach Makedonien aus, die Tirynthier siedelten sich an der Südspitze der Argolis in der Bucht von Halieîs, dem heutigen Porto Cheli an, die im Gebiet der Stadt Hermióne lag.

Vom Unheil des Peloponnesischen Krieges blieben die Argiver zunächst verschont, da sie 451 einen dreißigjährigen Frieden mit Sparta geschlossen hatten. Als er ablief, wurde er jedoch nicht erneuert, sondern Argos versuchte, eine große Koalition gegen Sparta zusammenzubringen, mit dem Erfolg, daß es 418 mit den verbündeten Eleern, Arkadern und Athenern bei Mantinea vernichtend geschlagen wurde. Der peloponnesische Gegenbund gegen den spartanischen löste sich alsbald wieder auf.

Im folgenden Jahr, 417, suchte Argos sich durch Errichtung einer Stadtmauer gegen Sparta zu sichern. Die Spartaner schritten sofort mit Heeresmacht dagegen ein, zerstörten nicht nur die begonnenen Festungsbauten, sondern auch die argivische Grenzstadt Hysiä, deren Einwohner sämtlich erschlagen wurden. Es war ein später Racheakt für die Niederlage, die sie hier im Jahr 609 am Beginn der Auseinandersetzungen um die Thyreatis von den Argivern erlitten hatten.

Die Schlacht von Leuktra 371, durch die die Spartaner von Epaminondas vernichtend geschlagen und Messenien und Arkadien von ihrer Herrschaft befreit wurden, hatte in Argos eine blutige Selbstzerfleischung zur Folge. Die Stadt war demokratisch regiert, aber es kam der Verdacht auf, daß die reichen Bürger einen oligarchischen Umsturz planten. Aus den ersten Todesurteilen entwickelte sich ein Pogrom. Bald lagen 1200 Angehörige der besitzenden Klasse erschlagen. Als die demokratischen Führer, die wahrscheinlich auch zur Oberschicht gehörten, dem Morden Einhalt gebieten wollten, richtete sich die Wut des Volkes auch gegen sie, und es brachte sie ebenfalls um. Der Skytalismós von Argos, nach der Mordwaffe *skytále, Keule,* war eine der blutigsten Unruhen, von denen jemals eine griechische Stadt heimgesucht wurde.

Zwei weitere gräßliche Massaker erlebte Argos in der Diadochenzeit, 316 durch Apollonides, den General Kassanders, und 223 durch Gefolgsleute des makedonischen Königs Antígonos Doson, deren Einzelheiten wir nicht beschreiben möchten, um unserem Buch nicht einen geradezu makabren Anfang zu geben. Die Geschichte von Argos war vielleicht nicht blutiger als die mancher anderen griechischen Stadt. Seine Bedeutung war nicht überragend, und die antiken Historiker fanden keinen Anlaß, sich ausführlich mit ihm zu beschäftigen. So haben sie nur die spektakulärsten Ereignisse im Netz ihrer Registrierung eingefangen. Wir wissen im ganzen über die Geschichte von Argos enttäuschend wenig. Aber die überlieferten Ereignisse sind auch nicht zufällig, und bei vollständiger Kenntnis der Geschichte würde man wohl auf kaum einen Flecken griechischer Erde den Fuß setzen können ohne das Bewußtsein, daß überall Ströme von Blut geflossen sind, von den Beute- und Eroberungszügen der Vorgeschichte bis zu den entsetzlichen Schlächtereien der Türkenzeit und des Freiheitskrieges und bis zu den Erschießungen der deutschen Besatzungszeit und des Bürgerkrieges.

Im Achäischen Bund, dem es seit 229 v. Chr. angehörte, spielte Argos schon keine besondere Rolle mehr, und in der römischen Kaiserzeit sank seine Bedeutung noch weiter herab. 267 und 395 n. Chr. mußte es den Durchzug der Heruler und Westgoten über sich ergehen lassen, von denen jeder zu schweren Verheerungen der ganzen Landschaft führte. Aber in mittelbyzantinischer Zeit war der Argolis eine friedliche Blüte beschieden, wie die bedeutenden Kirchen bezeugen, die damals entstanden. Und seit der fränkischen Zeit gewann sie zunehmend an Bedeutung durch die Stärke ihrer Festungen.

Argos und Nauplion gehörten zu den wenigen Burgen auf dem Peloponnes, die 1205 der fränkischen Eroberung widerstanden. Erst nach jahrelanger Belagerung fielen sie 1212 in den Besitz der Lateiner. Gottfried von Villehardouin verlieh sie damals nicht einem seiner eigenen Ritter, sondern gab sie Otto de la Roche, dem Herzog von Athen, zu Lehen, als Anerkennung für die Verdienste, die er sich um die Eroberung dieser beiden Burgen wie der von Akrokorinth erworben hatte. Diese Regelung erwies sich für die Argolis als außerordentlich segensreich, denn unter der Oberhoheit der Herzöge von Athen entging sie den Wechselfällen des Fürstentums Achaja, als Lehen des achäischen Fürstentums wiederum blieben ihm die Schicksale des Herzogtums Athen erspart. Als im März 1311 in der Schlacht am böotischen Kephissos die sogenannte Katalanische Soldbande der festländischen Ritterschaft den Untergang bereitete und das Herzogtum Athen nach über hundertjährigem Bestehen zwischen Morgen und Abend erlosch, konnten die Kastellane der argolischen Burgen diese dem Zugriff der Katalanen entziehen. So war Walther II. von Brienne nach 1311 zwar nur noch Titularherzog von Athen, aber immer noch wirklicher Herr der Argolis. Mit seinem Testament vom Jahre 1347 vermachte er alle seine griechischen Besitzungen seiner Schwester Isabelle, die mit Walther von Enghien vermählt war. Als sie 1356 kinderlos starb, fielen ihre argolischen Besitzungen an ihren Neffen Walther von Enghien, der sich Herr (Seigneur) von Argos, Nauplia und Kyvéri nannte. Erbin war seine einzige Tochter Maria, die sich 1377 mit dem Venezianer Pietro Cornaro vermählte. Die Republik Venedig hatte schon lange ein Auge auf die argolischen Festungen geworfen. Sie hatte zuerst Walther von Brienne, dann Walther von Enghien das venezianische Bürgerrecht verliehen und es schließlich durchgesetzt, daß sich die

Erbtochter Maria mit einem Venezianer verband. Würde sie vor ihm sterben, so war man des Ausgangs gewiß. Würde sie überleben, so mußte man zusehen. Maria von Enghien überlebte, ließ sich aber 1388 nach dem Tode ihres Gemahls bestimmen, die Argolis an Venedig abzutreten. Zwar kam Theodor Paläologos, der Despot von Mistra, diesem Handel zuvor, indem er die Burgen Argos, Kyvéri und Thermisi mit seinen Griechen besetzte, er mußte sie jedoch 1394 an Venedig ausliefern. Damit begann die große venezianische Blütezeit der Landschaft, die hundertfünfzig Jahre dauerte und Nauplion den klangvollen Namen Napoli di Romania eintrug, in dem nach dem Untergang von Konstantinopel 1453 der alte Name des byzantinischen Rhomäerreiches auf kleinstem Raum noch eine Zeitlang fortlebte.
1540 wurde die Argolis von den Truppen Suleimans des Prächtigen besetzt, nachdem der ganze übrige Peloponnes schon 1460 Mechmed dem Eroberer zum Opfer gefallen war. Die türkische Besetzung machte ihrer Blüte jedoch kein Ende, sondern ließ sie im eigenen Interesse durchaus fortbestehen. 1686–1715 eroberten die Venezianer mit dem ganzen Peloponnes für ein Menschenalter auch die Argolis noch einmal zurück. Aus dieser Zeit sind noch heute der gigantische Ausbau des Palamídi mit sieben Zitadellen und das Arsenal auf dem Syntagmaplatz von Nauplion unversehrt erhalten. Aber schon kurz nach ihrer Vollendung ging für weitere hundert Jahre der türkische Halbmond über ihnen auf. Welche Schrecken Argos im Griechischen Freiheitskrieg erdulden mußte und wie die Riesenfestung des Palamídi geradezu auf burleske Weise in die Hände der Griechen fiel, das ist unten in seinen Hauptzügen näher geschildert.
Heute ist die Argolis eine der blühendsten Provinzen Griechenlands. Tabakanbau und Zitruspflanzungen machen sie, von einigen entlegenen Bergdörfern abgesehen, zu einer für griechische Verhältnisse geradezu reichen Landschaft. Nauplion ist eines der Hauptzentren des griechischen Tourismus, doch ohne deshalb seine Eigenart ganz zu verlieren. Die Stadtväter lassen es nicht zu, daß in der Altstadt moderne Hochbauten errichtet werden, so daß sie ihren stark italienischen Charakter bis heute bewahrt. In den stillen Tagen der Vor- und Nachsaison glaubt man geradezu, in einer Idylle des vorigen Jahrhunderts zu verweilen.

Die Argolis ist die einzige Provinz auf dem Peloponnes, deren Bevölkerung nach dem Zweiten Weltkrieg zugenommen hat. Allerdings war zuletzt die Entwicklung schon wieder abklingend. Bei der nächsten Volkszählung 1981 wird man sehen, wohin sie zielt:

1940	1951	1961	1971
80 188	85 389	90 145	88 658

Vielleicht ist es eine Täuschung persönlicher Vorliebe, vielleicht nur ein Eindruck, der sich aus besonderer Vertrautheit in langer Zeit eingestellt hat, aber immer wieder will es so scheinen, als sei die Argolis eine Landschaft, in der sich der Mitteleuropäer mehr als in anderen griechischen heimisch fühlt. Daß aber ihre Darstellung über ein Drittel unseres ganzen Buches einnimmt, hängt einfach und unparteiisch damit zusammen, daß hier mehr als in jeder anderen Landschaft, auch Attika nicht ausgenommen, historische und archäologische Zeugen aller Epochen vereinigt sind. Die Argolis ist wirklich ein Griechenland im kleinen.

Pyramiden und Türme der Argolis

Gibt es Pyramiden in der Argolis, wird man ungläubig fragen und den Titel dieses ersten Kapitels für Leserfang halten. Mit den ägyptischen sind sie allerdings nicht zu vergleichen, aber es gibt in der Tat deren zwei, so daß der Plural gerade eben gerechtfertigt ist. Indessen wollen wir die geographische Reihenfolge einhalten, und die beginnt mit den Türmen.

Der Turm von Limikón

Wir befinden uns auf der Fahrt von Korinth nach Mykene. Etwa 3 km vor dem Dorf Phychtia, wo sich die Abzweigung nach Mykene befindet, überquert die Straße die Eisenbahnlinie. Unmittelbar rechts befindet sich ein Gebäude mit einer Pfeilerhalle. Später folgt

rechts eine Zitruspflanzung, die eingezäunt ist. 1200 m nach Überquerung der Bahnlinie, unmittelbar bevor die Straße in eine Kurve geht, zweigt rechts im spitzen Winkel ein Erdweg ab, den wir einschlagen. Nach 800 m teilt sich der Weg. Wir nehmen die rechte, die obere Abzweigung. Nach weiteren 800 m macht der Weg eine scharfe Kurve und überquert einen kleinen Wasserlauf. Unmittelbar darauf sind wir am Ziel. Links unterhalb des Weges liegt der Turm.
Wir haben uns nur wenige Minuten von der Hauptstraße entfernt und befinden uns bereits in einer völlig unberührten Landschaft. Ein freundliches Tal hat uns aufgenommen, von sanften Höhenzügen eingeschlossen. Die gegenüberliegende Hügelkette bildet den Riegel gegen die Ebene von Phychtia. Die Hänge sind von lauter Zypressen bestanden. Auch der Ginster scheint sich hier wohl zu fühlen. Im Talgrund, wo die Pumpe eines künstlichen Brunnens arbeitet, liegen dunkelgrün Orangen- und Zitronengärten. Im Osten ist die Burg von Mykene im Einschnitt der Berge zu sehen. Nach Westen geht der Blick nicht weit. Das Tal biegt bald nach Norden um, wo es gegen Nemea führt.
Nirgends ist ein Haus zu sehen, so weit der Blick auch schweift. Das völlige Fehlen menschlicher Besiedlung hat den Turm vor der Zerstörung bewahrt. Sonst wären seine Steine längst abtransportiert. Jetzt ist er bis zur vollen Höhe erhalten.
Er bildet fast ein Quadrat von 10,30 × 10,50 m Seitenlänge und ist aus schweren Konglomeratblöcken errichtet. Zwei Lagen bilden die sogenannte Euthynterie, den Gleichrichter, der den Abfall des Geländes ausgleicht. Darüber erhebt sich in fünf bis sechs Lagen das Geviert der Mauern. Es sind Schalenmauern von 1,30 m Stärke. Die beiden Schalen sind ohne Füllung gegeneinandergesetzt. Sie sind abgedeckt durch eine Lage querliegender Blöcke von 0,35 m Stärke, die nach außen leicht überkragen, so daß es unmöglich war, die Mauern zu ersteigen. Gleichzeitig wird durch diese oberste Steinlage der Turm ringsherum völlig gleichmäßig horizontal abgeschlossen.
Der Turm besitzt keinerlei Fenster oder Scharten. Seine einzige Öffnung ist ein Eingang von 1,35 m Breite am Südende der Westseite, nach Nemea zu.
Am eindrucksvollsten ist die Südseite, die Talseite, obwohl sie stärker als die anderen verwittert ist. Hier erreicht der Turm eine Höhe von 3 m. Aber auch die Hangseite war ursprünglich höher, als sie

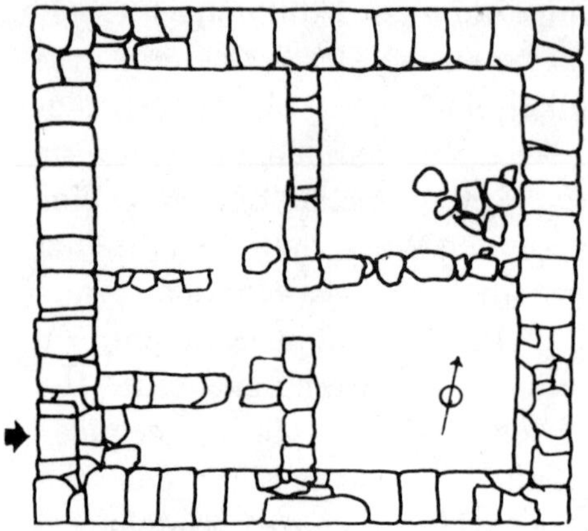

Grundriß des Turms von Limikón

jetzt erscheint. Hier hat die vom Regen angeschwemmte Erde im Lauf der Jahrhunderte die Euthynterie und die unterste Lage zugedeckt.

Hinter der Eingangstür, die durch einen Balken von innen zu verriegeln war, erstreckte sich ein Korridor von 1,40 × 4,40 m. Der übrige Innenraum war durch zwei sich kreuzende Mauern in vier Räume unterteilt. Aber das Innere ist nun derart von wilden Birnbäumen und hohen Sträuchern überwuchert, daß von der Einteilung kaum etwas zu erkennen ist. Man hat Mühe, sich den Eingang überhaupt zu erkämpfen, und ersteigt am besten gleich die oberste Steinlage, von wo aus man die schönste Aussicht sowohl auf das Tal wie auch auf den Turm hat.

Auf der obersten Lage finden sich keine Anzeichen, daß die Mauern einmal weiterreichten. Man kann so gut wie sicher sein, daß der Steinbau nicht höher war, als er jetzt vor uns steht. Andererseits ist ebenso gewiß, daß er oben nicht einfach durch eine Decke abschloß, denn in dem fensterlosen Bau hätte die Wachmannschaft keine Luft bekommen. Man hat also einen Oberbau aus Ziegeln anzunehmen, denn ein Holzaufbau konnte mit Brandpfeilen angezündet werden.

Der Ziegelaufbau könnte einfach aus einer Plattform mit einer Brüstung bestanden haben, wo die Wachsoldaten ihren Dienst taten, während die übrigen sich im Freien aufhielten und sich nur bei schlechtem Wetter in den Unterbau zurückzogen. Aber auch das war für einen längeren Aufenthalt keine Lösung. Denn es ist kein Zweifel, daß das Wachkommando auf Dauer dort wohnte. Darauf weist

unter anderem der große Mühlstein von fast 1 m Durchmesser, der sich wenig oberhalb des Turms auf dem Abhang befindet. Es ist also anzunehmen, daß das Steinfundament des Turms mindestens ein mit Fenstern versehenes Obergeschoß zum Wohnen trug und daß sich erst darüber die Plattform mit der Brüstung für die Wache befand, die dadurch gleichzeitig eine sehr viel weitere Aussicht hatte. Eher noch ist aber wahrscheinlich, daß es sich um einen richtig hohen, vielstöckigen Turm handelte, wie sie aus Stein oder Marmor auf dem griechischen Festland oder den Inseln gelegentlich erhalten sind, nur mit dem Unterschied, daß hier der ganze Oberbau aus Ziegelmauerwerk bestand, das natürlich vergänglich war.
Die Wasserversorgung war durch den nur hundert Meter östlich vom Turm vorbeifließenden Bach gesichert, dessen Quelle noch heute, wenn auch überaus dürftig, fließt. Und der Turm scheint sogar über einen besonderen Luxus verfügt zu haben. In seiner Nord- und Ostseite befinden sich zwei vorkragende Steine, die als Rinnsteine, sogenannte Wassernasen, anzusehen sind. Es wäre daher denkbar, daß man durch eine Rohrleitung Wasser vom Bach abzweigte, es auf der Nordseite in den Turm leitete und auf der Ostseite wieder ausströmen ließ.
Eine provisorische amerikanische Ausgrabung hat nur geringe Keramikfunde ergeben, die jedoch ausreichen, den Turm ins 4. Jahrhundert v. Chr. zu datieren.

Die Türme von Phychtia

Wir kehren zur Hauptstraße zurück und haben es von dort nicht weit zum Dorf Phychtia und zu den nächsten Türmen der Argolis. An dem einen von ihnen kommen alle vorüber, die nach Mykene fahren, die meisten allerdings, ohne es zu wissen. Wenn man in Phychtia links nach Mykene eingebogen ist, hat man nach wenigen Metern die Eisenbahn zu überqueren. Wenn man hier vorher einen Augenblick anhält und den Blick nach links wendet, sieht man in etwa 50 m Entfernung unmittelbar neben den Schienen die Ruine eines antiken Turms. Er ist zum größten Teil abgetragen und nur noch in dürftigen Resten erhalten, die jedoch immer noch ausreichend sind, um Gestalt und Größe des Bauwerks erkennen zu lassen. Auch hier haben wir einen antiken Wachtturm vor uns ganz ähnlich dem oben be-

schriebenen, nur daß seine Lage in der Niederung ihm keine Aussicht brachte. Er scheint eine Straßenkreuzung bewacht zu haben.
In Phychtia sind die antiken Wachanlagen auf merkwürdige, nicht ganz einleuchtende Weise massiert. Südwestlich des Dorfes in der flachen Ebene befinden sich die Reste eines kleinen Kastells. Es bildete ein Rechteck von 16,50x28 m aus nur 0,70–0,80 m starken Mauern, die aus Konglomeratpolygonen von dieser Stärke aufgetürmt waren, und bestand aus einem Doppelturm im Norden und einem vorgelagerten Hof im Süden. Alle diese Angaben stammen aus dem vorigen Jahrhundert. Zuletzt hat der amerikanische Archäologe L.E. Lord kurz vor dem Zweiten Weltkrieg diese Anlage registriert, leider ohne ihren Plan aufzunehmen. Denn damals war sie, wie seine Fotos ausweisen, noch bis zu zwei Lagen erhalten. Heute liegen nur noch vereinzelte Blöcke in der Ebene verstreut. Nur der Umfang des einen Turmes ist noch auszumachen, die Umrisse der Gesamtanlage aber sind schon ganz aufgelöst.
Lord hat auch den Turm an der Bahnlinie registriert, aber grotesk und eigentlich unbegreiflich ist, daß ihm der besterhaltene Turm von Phychtia entgangen ist. Er liegt am Nordwestrand des Dorfes unmittelbar neben einer Hühnerfarm, etwa hundert Meter vom Friedhof entfernt (Kimitírion), nach dem man am einfachsten fragt. Die Ostmauer steht noch in ihrer ganzen Länge von 10,40 m bis zu drei Lagen aufrecht, die aus großen, grob rechteckig zugehauenen Blöcken bestehen (→ Abb.). Der Turm ist der einzige, der noch klar die innere Einteilung erkennen läßt. Aber er ist gerade nur bis zur Teilungsmauer erhalten, die ganze westliche Hälfte fehlt. Da sie der östlichen jedoch entsprochen haben wird, ergibt sich ein Turm von nahezu quadratischem Grundriß. In seiner Hanglage hatte er eine weite Aussicht über die Ebene. Auch die Anlagen von Phychtia werden dem 4. Jahrhundert angehören. In welchem Zusammenhang sie miteinander standen, ist schwer zu beurteilen. Die beiden Türme sind sicher Wacht- und Kontrolltürme gewesen, und auch das Wehrlager in der Ebene kann nicht von wirklich strategischem Wert gewesen sein. In mancher Hinsicht ist es mit dem kleinen Kastell von Katsíngri zu vergleichen. Die antiken Quellen über die Geschichte von Argos sind überaus dürftig. Wir wissen aber, daß die Spartaner die ihnen verbündete Stadt Phlious, nördlich von Nemea, mehrmals als Ausgangsbasis für Operationen gegen Argos benutzten. Daß die

Argiver sich gegen solche Angriffe abzusichern suchten, und sei es wenigstens durch ein Vorwarnsystem, ist die einzige rationale Erklärung, die wir diesen Bauwerken geben können.

Der Turm von Ajios Jannis bei Lefkákia

Gegenüber dem Dorf Lefkákia, etwa auf halber Strecke zwischen Ária und Tolón, liegt rechts von der Straße ein durch besondere Höhe und Lage ausgezeichneter Hügel. Eine Gruppe von Kiefern bedeckt seinen Gipfel. Am deutlichsten aber ist er daran kenntlich, daß aus dem Grün der Bäume das Weiß einer Kapelle und zweier niedriger Bauernhütten hervorleuchtet. Die Kapelle ist dem heiligen Johannes geweiht und heißt nach dem gegenüberliegenden Nachbarort Ajios Jannis sta Lefkákia.
Man erreicht sie, wie gesagt, auf der Fahrt von Nauplion nach Tolón, etwa 1 km hinter der Abzweigung, wo sich die Straßen nach Epidaurus und Tolón trennen. Es kommt zunächst rechts von der Straße eine größere, von lauter Kisten umstandene Fabrik, in der Zitronen und Apfelsinen der Argolis für den Export verpackt werden. Wenig später stehen links zwei hohe Eukalyptusbäume. Gegenüber dem ersten, etwas versteckt, bei einem verfallenen Bauernhaus, biegt rechts der Erdweg nach Ajios Jannis ab. Man kann ihn das erste Stück noch fahren, dann läßt man den Wagen stehen und geht zu Fuß weiter. In weniger als einer Viertelstunde erreicht man den Gipfel.
Wie man sich der Kapelle nähert, stellt man mit Überraschung fest, daß sie auf antiken Mauern errichtet ist, auf schweren, aus großen Polygonalblöcken errichteten Mauern, die noch bis zu vier Lagen anstehen und die Kapelle im Rechteck auf allen vier Seiten umgeben. Der erste Eindruck ist, daß die Kapelle des heiligen Johannes die Nachfolge eines antiken Heiligtums angetreten hat, und in der Tat gelten in der Archäologie die Mauern als die Reste eines Zeus- oder Apollonheiligtums, obwohl ihre grobe Bauweise zu einem Tempel des 4. Jahrhunderts gar nicht paßt. Wenn man aber von den oben beschriebenen Türmen herkommt, so erkennt man fast auf den ersten Blick, daß es sich auch bei den Grundmauern von Ajios Jannis um die Reste eines antiken Wachtturms handelt. Das bezeugt ihre Bauart, ihr stark quadratischer Grundriß, nicht zuletzt aber auch die Lage. Der Turm befindet sich nahe der Stelle, wo zwischen zwei dicht

beieinander liegenden Höhenzügen die Straße von Nauplion wie durch ein Tor in die Ebene von Asíne eintritt. Er überblickt nach der einen Seite den Zugang und nach der anderen die Ebene selbst, die mit ihren fruchtbaren Feldern und Pflanzungen sich bis ans Meer erstreckt. Bucht und Halbinsel von Drepanon begrenzen sie im Osten, das Vorgebirge von Asíne im Süden. Im Mittelgrund aber ist die Höhe von Ajios Jannis umgeben von dem Hügel mit dem modernen Dorf Lefkákia* auf der einen Seite und auf der anderen von dem charakteristischen steilen Felskegel, dem Wahrzeichen der Gegend, den der Volksmund etwas unpoetisch *to avgó, das Ei,* nennt. Es ist vollkommen einleuchtend, daß auf dieser beherrschenden, Zugang und Ebene überschauenden Höhe ein Wacht- und Spähturm angelegt wurde.

Da auch der Turm von Ajios Jannis wie der dritte von Phychtia dem Amerikaner Lord entgangen und in der archäologischen Literatur bisher nicht verzeichnet war, wollte ich seine wichtigsten Maße aufnehmen, um ihn mit den anderen Türmen vergleichen zu können. Unglücklicherweise hatte ich mein Meßband nicht bei mir und mußte die Vermessung auf ein anderes Mal verschieben. Es fügte sich, daß mein zweiter Besuch auf den Spätnachmittag des 28. August fiel. Zu meiner nicht eigentlich angenehmen Überraschung fand ich eine Menge Menschen, vor allem Kinder und Jugendliche, auf dem Hügel versammelt. Es waren Leuchtgirlanden angebracht, eine große Eisentonne war heraufgeschafft, gefüllt mit Eisstücken und Orangen- und Limonadenflaschen. Es war klar, daß die Leute nicht zusammengekommen waren, um Goethes Geburtstag zu feiern. Das Panijíri konnte nur ihrem Heiligen gelten. Aber welchem Heiligen? Ganz von der Entdeckung des neuen Wachtturms eingenommen, hatte ich mir bisher keine Gedanken darüber gemacht, ob der in den alten Mauern verehrte Heilige Johannes der Täufer oder Johannes der Evangelist sei. Der eine feierte am 7. Januar, der andere am 8. Mai. Welcher heilige Johannes aber feierte am 28. August? Auf meine Frage erfuhr ich, es sei *Ioánnis o Nistevtís,* »Johannes der Fa-

* Der Name klingt fremden Ohren ganz ansprechend. In Wirklichkeit ist es einer der vielen wenig phantasievollen neugriechischen Ortsnamen, die einfach eine für den Ort charakteristische Baumart oder Baumgruppe als Namen wählen. Andere Orte heißen *Lefkes, Pappeln.* Lefkákia ist das Deminutiv und heißt *Päppelchen.* Das nahe gelegene *Aria* bedeutet nichts weiter als *Eiche.*

ster«*, ein Johannes, von dem ich in der Tat bisher noch nie etwas gehört hatte.
Gleich zu Anfang war mir aufgefallen, daß vor allem Kinder und Jugendliche sich zu dem Kirchweihfest eingefunden hatten. Und immer aufs neue kamen Eltern und Großeltern mit ihren Kindern und Enkeln den Hügel hinaufgezogen. Schließlich erkannte ich auch, wie es sich verhielt. In der Südwand der Kapelle befand sich in halber Höhe eine quadratische Öffnung, die innen mit einer Holzleiter, außen mit einer Steintreppe versehen war. Aus dieser Öffnung nun kamen ununterbrochen Kinder und Jugendliche herausgeklettert, aber auch mancher Erwachsene zwängte sich hindurch. Die Erklärung, die ich erhielt, lautete: Wenn man durch diese Öffnung klettere, so blieben alle Krankheiten hinter einem zurück. Dreimal müsse man hindurchsteigen, dann werde man das ganze kommende Jahr gesund und ohne Krankheit bleiben. Johannes der Faster hatte offenbar die Fähigkeit, alle Miasmen und Krankheitskeime in seiner Kapelle zurückzuhalten und unschädlich zu machen.
Bei solch fröhlichem und zugleich ernstem Treiben wurde es mit der Vermessung natürlich wieder nichts, denn die Leute wären nicht nur verwundert und befremdet, sondern am Ende auch entrüstet gewesen und hätten das Unsinnigste über mein Beginnen vermutet. Ich beschränkte mich darauf, ernstlich in der Hoffnung, von den Einheimischen vielleicht doch etwas Kompetentes zu erfahren, den einen und anderen nach den großen Steinen zu fragen, auf denen die Kapelle errichtet war. Die Antwort lautete jedesmal gleich: Das sei einmal eine große alte Kirche gewesen, sehr alt. Ich erfuhr dann noch, daß dies erst der Vorabend *(paramoné)* des eigentlichen Festtags sei, der selbst nur mit einem Morgengottesdienst begangen werde, so daß um elf Uhr bereits alles vorüber sei.
In meiner Betroffenheit, von Johannes Nistevtís noch nie etwas gehört zu haben, nahm ich meinen nächsten Besuch in einem Kloster wahr, um kompetent etwas über Herkunft, Leben und Wunder des Fasters zu erfahren, und wurde darüber aufgeklärt, daß es sich in der Tat nicht um einen dritten Johannes handele, sondern daß man am 29. August das Gedächtnis der Enthauptung Johannes' des Täufers feiere und dies traurige Ereignis natürlich fastend begehe, und

* von *nesteúo,* fasten

darum heiße nicht der Heilige selbst, sondern nur sein Fest an diesem Tage dasjenige Johannes' des Fasters. Und nun verstand ich auch, warum es in dem großen Kühlfaß nur Limonade und Orangeade und nicht auch Bier und Wein gegeben hatte und warum die Begehung des Kirchweihfestes so ungewohnt still verlaufen war.

Inzwischen sind die Maße nachgeholt, und der Leser wird vielleicht die Geduld aufbringen, sich zum Schluß noch eine kurze Beschreibung des Turmes zumuten zu lassen.

Am besten erhalten ist er an der Nordostecke, unmittelbar hinter der Apsis, wo noch vier Lagen bis zu einer Höhe von 2,20 m anstehen. Die unterste Lage bildet die Euthynterie, die hier deutlich ausgebildet ist. Auf der Westseite dagegen ist die Mauer direkt auf den gewachsenen Felsen gelegt, die sich auch dadurch unterscheidet, daß sie aus unregelmäßigen Steinen besteht, während die übrigen Seiten mit dichtem Fugenschluß in geschichtet-polygonaler Bauweise errichtet sind.

Die südliche Vorhalle der Kirche hat jetzt zwei Eingänge, einen im Süden und einen im Osten. Der Südeingang scheint an der Stelle des antiken zu liegen, denn hier ist an dem Stein, der den rechten Türpfosten bildet, noch schön die antike Lotkante zu sehen, mit der der Türstein geschmückt war und die ein Kennzeichen hellenistischer Bauweise ist. Sie reicht nur bis zur Euthynterie hinunter, die also die Schwelle bildete. Der linke Türpfeiler ist heute verschwunden und durch einen modernen Betonpfeiler ersetzt, so daß man über die Breite des antiken Eingangs nichts sagen kann. Der Turm bildet ein Geviert von 8,05 × 11,40 m mit der Längserstreckung in Ost-West-Richtung, wie jetzt die Kirche liegt. Die Stärke der Südmauer beträgt 1,10 m, die der Ostmauer 1,20 m. Wie dick Nord- und Westmauer waren, läßt sich jetzt nicht mehr ohne weiteres feststellen, da sie von der Kirchenmauer überlagert sind.

Bedauerlich gering sind auch die Spuren von der ursprünglichen Einteilung des Turms im Inneren. Im westlichen Drittel der Kirche ist noch eine Schwelle von 2,20 m Breite mit den untersten Türleibungssteinen erhalten, die auch die Falze für den Türanschlag zeigen. Da die Schwelle kein Zapfloch für die Türangel besitzt, muß man annehmen, daß der Eingang holzverkleidet war, dessen überraschende Breite dadurch etwas verringert wurde und der wahrscheinlich durch eine zweiflügelige Tür verschlossen war.

Da der Turm von Ajios Jannis weniger quadratisch ist als die anderen Wachttürme der Argolis, ist vielleicht anzunehmen, daß er nicht wie jene durch zwei sich kreuzende Wände viergeteilt war, sondern nur dreigeteilt. Er hatte einen Querraum im Westen, den man durch den Außeneingang betrat. Seitlich dazu folgten nach rechts zwei parallele Längsräume, zu denen vom Querraum aus je eine Türe führte. Es wäre dann die Schwelle der hinteren, die jetzt noch sichtbar ist. Die beiden Längsräume waren durch eine Mauer getrennt, deren Stelle nun die Südwand des Kirchenschiffes einnimmt, das heißt, über dem nördlichen Längsraum wurde die Kirche errichtet und über dem südlichen ihre Vorhalle. Durch Niederlegung der Querwand und Verlängerung der Trennwand wurde auch der westliche Querraum je zur Hälfte in Schiff und Vorhalle einbezogen. Diese Vorhalle, so anspruchslos sie ist, hat doch ihr besonderes Interesse. Sie ist durch ein Pultdach gedeckt, das von der Südwand der Kirche zur Südmauer des Turmes reicht und in der Mitte von sechs einfachen Holzpfeilern gestützt wird. Sie ruhen auf rohen Feldsteinen als Basen, die sie gegen aufsteigende Feuchtigkeit schützen, und tragen einfache Querhölzer als Kapitelle. Ganz wie diese Vorhalle konstruiert ist, muß man sich die ältesten Umbauungen der griechischen Heiligtümer in geometrischer Zeit vorstellen, wie sie zum Beispiel für Samos verläßlich erschlossen werden konnten. Aus diesen primitiven Umgängen hat sich dann im Laufe von zwei Jahrhunderten der monumentale griechische Ringhallentempel entwickelt.

Die Pyramide von Ellinikón

Geheimnisvoll liegt die Pyramide auf ihrem Hügel, nicht wie ein Bauwerk aus alter Zeit, sondern wie ein Zeuge einer fremden Welt. In ganz Griechenland ist keine Ruine erhalten, die sich mit ihr vergleichen ließe. Zwar hat es noch zwei weitere Pyramiden in dieser Gegend gegeben, die eine bei Astros und die andere bei Ligourió, aber davon ist die eine nicht mehr auffindbar und die andere nur noch in geringen Resten erhalten. Zeuge für welches Geheimnis, für welche Welt? Ist der Ursprung nicht vielleicht doch ägyptisch? Landete nicht an der Küste dort unten Danaos mit seinen Töchtern, von seinem Bruder aus Ägypten vertrieben, und hieß nicht, wie Plutarch überliefert, die Landungsstelle später Pyramía (Plut., *Pyrrhus*

32)? Wird da nicht der Zusammenhang offenkundig? – Man zögert, eine solch exotische Verbindung zu zerreißen, aber der Ursprung der Pyramide reicht nicht bis in mythische Zeiten hinauf, sie ist ein Bauwerk des 4. Jahrhunderts, wie die übrigen Türme der Argolis. Die Keramikfunde lassen daran keinen Zweifel.
Die Pyramide ist auf einer Grundfläche von 12,60 × 14,70 m errichtet. Sie ruht auf einer Euthynterie, die die Unebenheiten des Geländes ausgleicht (→ Zeichnung von Ludwig Ross, Seite 32). Darüber erhoben sich die mit 60° geneigten Mauern. Die Westseite ist stark zerstört, aber die drei anderen stehen noch bis 3,40 m an. Die Pyramide ist aus dem harten örtlichen Kalkstein in polygonaler Bauweise errichtet, stellenweise mit Neigung zu durchgehenden horizontalen Linien. Die Größe der Steine nimmt nach oben zu ab, aber es scheinen außerdem zwei verschiedene Polygonalbauweisen (von zwei verschiedenen Meistern?) angewandt worden zu sein. Die eine verwendete große Blöcke von betont viereckiger Form. Die andere arbeitete kleinteilig, unter starker Verwendung von Zwickelsteinen, die den Eindruck des Polygonalen künstlich verstärkten.
Der Eingang von 1,35 m Breite liegt an der Südostecke, die rechteckig ausgeschnitten ist. Er ist durch einen »Spitzbogen« gedeckt, wie wir ihn aus den Kasematten von Tiryns kennen, und führt in einen Korridor von 7,90 m Länge. Ob der ganze Gang durch ein »Spitzbogengewölbe« gedeckt war, ist nicht mehr festzustellen, da nur die Kragsteine des Eingangs erhalten sind. Am Ende des Korridors befand sich rechts eine Tür von 0,80 m Breite, die ins Innere führte. Ihre Pfosten sind noch zu 1,50 m Höhe erhalten. Sie wurde durch einen Balken von innen verschlossen. Wie der Außeneingang verschlossen war, ist unklar. Das Innere der Pyramide, das ein Quadrat von 7,10 m Seitenlänge bildete, wurde durch eine Ost-West-Mauer in zwei annähernd gleiche Hälften geteilt. In der Nordostecke befand sich eine große Zisterne, die gleichzeitig mit der Pyramide angelegt wurde, wie ihr Abfluß beweist, der von vornherein in der Nordmauer vorgesehen war.
Die Mauern der Pyramide sind nur außen im Winkel von 60° geböscht, innen sind sie senkrecht. Sie verjüngen sich also stark nach oben, bis sie nur noch die Breite eines Steines haben. Hier sind an der Nordseite mehrere quadratische Einlassungen von 20 × 21 cm erhalten, die offenbar als Auflager für Balken dienten. Sie werden

Grundriß der Pyramide von Ellinikón

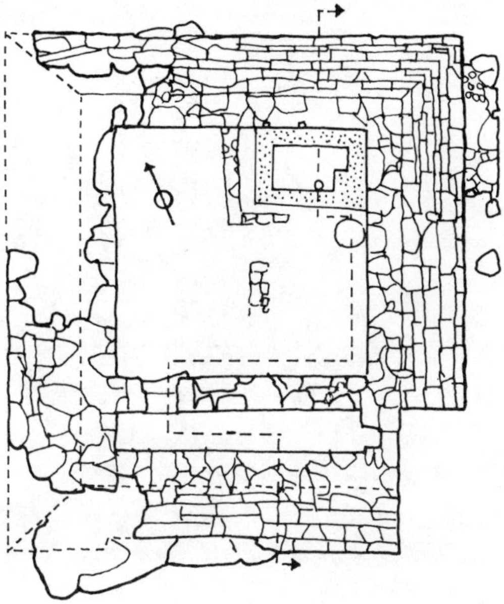

von der Außenmauer um 50 cm überragt. Das Bauwerk war also mit einer Balkendecke versehen, und es ist daher unwahrscheinlich, daß es eine vollständige Pyramide bildete. Die Holzdecke hätte das große Gewicht der Steinspitze nicht tragen können. Der Bau war nur ein Pyramidenstumpf, nicht höher als so, wie wir ihn jetzt sehen. Frühere Reisende und zunächst auch wir selbst haben in dem Bauwerk ein Grabmal gesehen, ein Polyandrion für argivische Gefallene. Dazu verleitete vor allem eine falsch bezogene Stelle des Pausanias, dann natürlich die Form einer Pyramide und schließlich die Fenster- und Lichtlosigkeit des Inneren. Man denkt dabei auch an die Cestius-Pyramide in Rom, die vergleichbare Abmessungen hat. Gegen die Interpretation als Grabmal sprechen aber sehr viel gewichtigere Gründe: das sind die von innen zu verschließende Tür, die Zisterne und ein Mühlstein, der in der Pyramide gefunden wurde. Da nun feststeht, daß sie nur einen Pyramidenstumpf bildete und daß sie dem 4. Jahrhundert angehört, so tritt sie unmittelbar in Vergleichung mit den besprochenen Wachttürmen, von denen sie nur eine Variante darstellt. Auf welche Weise dem Baumeister die Form der Pyramide tradiert wurde, wissen wir nicht, einleuchtend aber ist, daß sie sich als besonders stabile Bauform empfehlen mußte, wenn wir nicht annehmen wollen, daß ein Streben nach Abwechslung und Va-

Eingang der Pyramide von Ellinikón (Zeichnung von Ludwig Ross)

rietät den Hauptgrund bildete. Am besten können wir den Pyramidenstumpf mit dem Turm von Limikón vergleichen. Bis auf die Form haben wir ganz die gleichen Umstände: die Luft- und Lichtlosigkeit des Unterbaus, die Wasserversorgung, die Getreidemühle. Wie dort war auch hier die Anlage für einen Daueraufenthalt der Mannschaft vorgesehen. Es hat daher alle Wahrscheinlichkeit für sich, daß auch die Pyramide einen Ziegelaufbau von mindestens zwei Stockwerken trug und einen Wachtturm darstellte, dessen oberste Plattform als Auslug diente.

Ihre Lage war dazu glänzend geeignet. Für den modernen Besucher bietet sich ein großartiger Rundblick – über die Küstenebene, auf den Golf von Argos und seine Randgebirge. Nauplion und der Palamídi mit der Mauerkrone auf der steilen Stirne liegen gerade gegenüber. Die Wachmannschaft aber konzentrierte sich auf die Küstenebene und auf die Straße nach Tegea, die dicht unterhalb der Pyramide vorbeiführte, und auf die zweite Straße nach Arkadien, die direkt an ihr vorbeiführte das Tal hinauf, über den Ktenias nach Mantinea. Weiter oben in diesem Tal haben sich Reste von zwei weiteren Türmen erhalten. Wir müßten schließen, daß es besonders gut be-

wacht war, wenn wir sicher sein könnten, daß in den anderen Tälern nicht eine Reihe von Türmen spurlos verschwunden sind.
Die Umgebung der Pyramide hat sich in den letzten Jahren außerordentlich stark verändert. Zum Dorf Ellinikón ist eine moderne Asphaltstraße angelegt worden, so daß man nun die zweieinhalb Kilometer Entfernung von Kephalári bis zur Pyramide in wenigen Minuten zurücklegt. Das Dorf selbst hat sich im letzten Jahrzehnt verdreifacht, ein Wachstum, das weitgehend den Deutschen zu verdanken ist, die dort ganz gern gesehen sind. Zur rechten Einschätzung des Wandels muß man wissen, daß die ganze Gegend oberhalb des Dorfes eine unfruchtbare Felsenlandschaft ist. In ihr führten deutsche Geologen im Auftrag der griechischen Regierung 1962/63 Bohrungen durch. Was sie eigentlich suchten, weiß niemand anzugeben. Geheime Staatsaktion. Doch scheinen sie das Gesuchte nicht gefunden zu haben, denn die Arbeiten wurden im zweiten Jahr wieder eingestellt. Und doch hatten sie für die Dörfler bedeutende Folgen. Die Deutschen waren nämlich in 160 m Tiefe auf eine starke Wasserader gestoßen. 1967 erwarb die Gemeinde Ellinikón das Grundstück mit der Quelle vom Staat zum Eigentum. Und nun holt die Pumpe jede Menge Wasser aus dem nackten Felsen. Man hat große Aprikosenpflanzungen angelegt. Das Klima ist in der Felsengegend besonders warm, und die ersten Früchte reifen schon im Mai und gehen natürlich – nach Deutschland.
Eine schlimme Sache aber ist den Dörflern mit der Pyramide eingefallen. In ihrer unmittelbaren Nähe haben sie, als ob es mit der neuen Straße noch nicht genug gewesen wäre, eine moderne Kapelle der Heiligen Dreieinigkeit errichtet und damit dem Ort viel von seinem Zauber und seiner Unberührtheit genommen. Man kann die Pyramide eigentlich nur mit dem Rücken zur Kapelle betrachten. Das ist nun also das letzte Bauwerk in einer langen Geschichte, die sehr viel älter ist als das Alter der Pyramide. Unter ihrer Ostmauer ist eine mykenische Fundstelle aufgedeckt worden, und man findet auch sonst vorgeschichtliche Scherben auf dem Hügel. Seine Besiedlung geht also bis ins 2. Jahrtausend v. Chr. zurück.
Nicht gerade zur Empfehlung wird es der Pyramide dienen, daß sie auch von Schlangen aufgesucht wird. Die Natur läßt die Schlangen jedes Jahr einmal aus der Haut fahren. Es ist vermutlich nicht so leicht, die eng ansitzende alte Hülle loszuwerden. Die Steine der Py-

ramide sind nicht so fest gefügt, daß sie keine Zwischenräume hätten. Diese Schlitze und Spalten mit ihren scharfen Kanten scheinen für die Schlangen eine ideale Einrichtung zu sein, ihre alte Haut abzustreifen, indem sie sich da hindurchwinden und an den Graten reiben. Jedenfalls findet man in den Spalten des Gemäuers immer eine Reihe von Schlangenhäuten, die man gern als Souvenir mitnehmen möchte, wenn man sie nur heil herausziehen könnte. Aber sie haken sich fest und reißen. – Da werden nun viele die Pyramide vielleicht nur noch von außen betrachten wollen.

Die Pyramide von Ligourió

Die Pyramide von Ellinikón ist, wie wir schon andeuteten, nicht die einzige der Argolis. Eine zweite befindet sich bei Ligourió, an einer vielbefahrenen Stelle, wo sie nur deswegen niemand bemerkt, weil sie nur noch in geringen Resten erhalten ist. Kurz vor Ligourió teilt sich die Straße. Rechts geht es zum Asklepios-Heiligtum und Theater von Epidaurus, links geht es zum Meer hinab nach Paläá Epídavros. An dieser Abzweigung, links von der Straße, etwa 200 m unterhalb der Kirche Ajía Marína, die dort am Fuß des Berges steht, liegt die Ruine einer Pyramide. Sie ist zwar nur noch in zwei Lagen erhalten, die aber völlig ausreichen, den Ansatz der Böschung erkennen zu lassen.
Die Lage verschafft dem Turm gar keine Aussicht, die er nur durch eine Reihe von Stockwerken gewinnen konnte, aber sie ist trotzdem vollkommen einleuchtend. Er kontrollierte die Drei-Wege-Gabelung, die ja im Altertum schon genauso bestand wie heute: nach Argos, zum Heiligtum des Asklepios und zur Stadt Epidaurus am Meer.
Die Pyramide von Ligourió ist nicht auf rechtwinkligem, sondern leicht trapezförmigem Grundriß erbaut. Einer Westmauer von 12,50 m liegt eine Ostmauer von 12,75 m und einer Südmauer von 12 m eine Nordmauer von 14 m gegenüber. Die größere Länge der Nordmauer ergibt sich dadurch, daß die Ostmauer in ihrer nördlichen Hälfte um 1,70 m vorspringt. Im Schutz dieses Vorsprungs liegt in der Mitte der Ostmauer, nach Epidaurus gerichtet, der Eingang. Er ist 1,15 m breit und führt nach rechts in einen Korridor von 1 × 2,65 m. An dessen Ende wendet man sich nach links durch eine

Grundriß der Pyramide von Ligourió

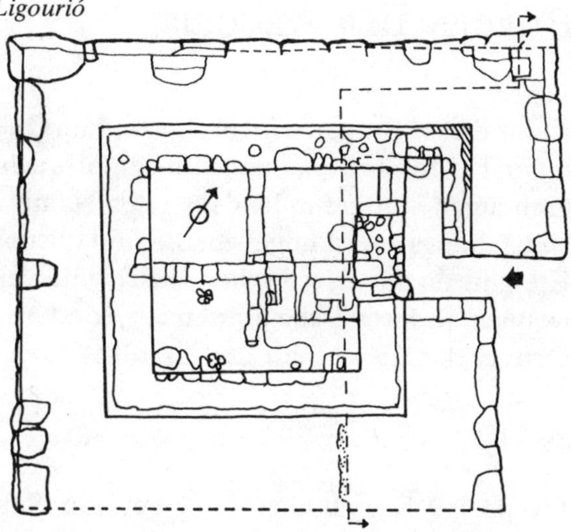

Tür von 0,85 m, die von innen verschlossen wurde, und betritt die vier Räume, die durch zwei sich kreuzende Innenmauern gebildet wurden.
In römischer Zeit brauchte man keine Wachttürme mehr, und so wurde im 1. Jahrhundert n. Chr. die Pyramide für eine ganz andere Verwendung hergerichtet. Sie nahm eine Wäscherei oder Färberei auf, wie die eingebauten Wasserbecken bezeugen. In byzantinischer Zeit wurden einige ihrer Blöcke beim Bau der nahe gelegenen Kirche Ajía Marína verwandt. Andere wanderten nach Ligourió und scheinen das zum Teil erst in neuerer Zeit getan zu haben, wie wir ja auch beim Kastell von Phychtia feststellen mußten und beim Tempel von Alíphira noch feststellen werden, daß die Zerstörungen zum Teil erst sehr jungen Datums sind.
Schlangen haben sich in der Pyramide von Ligourió nicht feststellen lassen.

Burgen der Argolis

Keine dieser Burgen wird in den antiken Quellen erwähnt, keine von ihnen hat Inschriften oder Münzen erbracht, in keiner haben Ausgrabungen stattgefunden. Ihr alter Name ist uns unbekannt, ihre Entstehungszeit ist ungewiß. Sie sind für uns nicht mit bedeutenden Ereignissen der griechischen Geschichte verbunden. Wir suchen sie weniger als historische Stätten auf, sondern vor allem als besondere Orte in der Landschaft der Argolis.

Katsíngri

Das kleine Kastell liegt nur 7 km von Nauplion entfernt, und das einzige Problem ist, die Ausfahrt aus der Stadt zu finden. Auf der Straße Nauplion–Argos, etwa 100 m hinter der Abzweigung nach Epidaurus, findet sich auf der rechten Seite ein Schild nach Ajios Adrianós. Hier biegt man ein. Man kommt an einer Schule vorbei und ist dann schon auf der richtigen Straße. Sie führt also mitten zwischen den Straßen Nauplion–Argos und Nauplion–Epidaurus seitwärts in die Argolis, direkt auf den Arachnäon zu, in eine Gegend, in die sich nicht leicht ein Tourist verirrt.

Nach 5 km erreicht man das Dorf Ajios Adrianós. In der Mitte des Orts, bei einem Restaurant an der Ecke, teilt sich die Straße. Geradeaus geht es nach Neo Rhoïnó, rechts führt eine Erdstraße nach Prophítis Ilías. Dahin biegt man ein und sieht dann das kleine Kastell schon bald auf seiner beherrschenden Höhe vor sich. Nach 2 km hat man den Sattel erreicht. Rechts liegt die Kirche des heiligen Adrianós mit einem großen Parkplatz davor. Links von der Straße liegt das Kastell.

Damit der Heilige sich nicht vernachlässigt fühlt, uns gar zürnt, statten wir zuerst ihm unseren Besuch ab.

Die Kirche des heiligen Adrianós, die auf einem rechteckigen Grundriß von 5,90 × 12,40 m errichtet ist, stellt bis auf die Apsis im Osten und die beiden Eingänge im Westen eine völlig symmetrische Anlage des einfachsten Planes dar. Sie besteht aus zwei breiten Längstonnengewölben im Osten und Westen, deren Seitenwände durch je eine Blendarkade belebt werden, und einer erhöhten schmalen Quertonne in der Mitte, mit zwei winzigen Fensterschlitzen, der einzigen Lichtquelle außer den Türen. Der Fußboden besteht aus erdbraunen Ziegeln und einmal nicht aus schwarzweißen Fliesen, die immer so fatal an unsere Metzgerläden erinnern.

Die Kirche besitzt noch ihren vollständigen Freskenschmuck, der zwar spät, aber durch seine Vollständigkeit doch recht ansprechend ist, am eindrucksvollsten vielleicht eine ungewöhnliche Darstellung der Himmelfahrt in der Westtonne. Sie sucht die Perspektive der Auffahrt dadurch zu verdeutlichen, daß sie die Szene mit einem Wolkenkranz umgibt und nach innen dann den Fixsternhimmel mit den zwölf Tierkreiszeichen anschließt. Vor allem aber hat der Maler dem Ereignis nicht nur die traditionelle Zeugenschaft: Maria, die Apostel und zwei Engel, sondern eine viel reichere Zuschauerschaft gegeben. Es nehmen nicht nur Engelscharen daran teil, sondern ganze Gruppen von Heiligen des Alten und Neuen Testaments, ja, die ganze linke Seite stellt nichts anderes als die teilnehmende Tierwelt dar, die in paradiesischem Zustand wiedergegeben ist. Der Maler hat also auf seine Weise versucht, die Himmelfahrt als ein kosmisches Ereignis darzustellen.

Nach der erhaltenen Inschrift stammen die Fresken aus dem Jahr 1743 und wurden geschaffen von dem Mönch Jeremias, einem bekannten Hagiographen der Argolis, aus dem Dorf Adámi, östlich von Ligourió.

Das Kastell Katsíngri bietet auf der direkten Zufahrtsstraße, wo man den Sattel vor Augen hat, durch den es mit dem Berg verbunden ist, nicht die imposanteste Ansicht. Um seinen Felsen in seiner ganzen Schroffheit zu sehen, muß man ein Stück durch den Ort Ajios Adrianós hindurchfahren in Richtung Néo Rhoïnó. Dann liegt es wirklich da wie eine Krone auf einer hohen Felsenstirne. Es überblickt eine weite fruchtbare Ebene. Man würde es gut verstehen, wenn hier eine mykenische Burg oder ein großes Frankenkastell errichtet worden wäre. Das kleine Katsíngri kann nur eine Kontroll-, keine Herrschaftsfunktion ausgeübt haben.

Die Umgebung hat einige auffällige Besonderheiten. Es ragen mehrere steile Felskegel in näherer und weiterer Ferne auf, wie wenn von Breughelschen Bildern einige Phantasiefelsen in die Natur versetzt wären. Am provokativsten wirkt ein isolierter, hoch aufragender Kegel jenseits der Ebene im Norden, der im Volksmund den einfa-

chen Namen *Makrólithári, Langer Stein,* trägt. Und ganz in der Nähe der imposante Berg des Propheten Ilias mit seiner kleinen Ansiedlung am Abhang. Unter seiner Kapelle auf dem Gipfel befinden sich die Fundamente eines archaischen Bauwerks, vielleicht Höhenheiligtums. Von der angeblichen mykenischen Akropolis aber und ihrem kyklopischen Mauerring haben wir selbst bei unserem Besuch nichts entdecken können.
In der von tiefen Wasserläufen durchfurchten Niederung aber sind die Menschen zur rationellen Landschaftsgestaltung übergegangen. Mit Bulldozzern werden die Unebenheiten des Geländes beseitigt und zu großen Terrassenflächen eingeebnet, auf denen nun Tabak- oder Olivenpflanzungen von wirtschaftlicher Größenordnung angelegt werden können.
Indem wir den Sattel überqueren, erreichen wir das Kastell, das mit der Kirche fast auf gleicher Höhe liegt, schon nach wenigen Minuten nach einer kurzen Kletterei durch das stark zerklüftete Gelände.
Das Kastell bildet ein unregelmäßiges Rechteck von 26 × 60 m und erhebt sich auf einem flachen Felsenrücken von etwa 150 m Höhe, der nur im Norden steil, bis zu 30 m tief gegen die Ebene abfällt. Hier folgt die Mauer dem Rand des Felsens. Dagegen besteht der Südteil aus großen, geradlinigen Mauerzügen. Die Mauerstärke beträgt nicht mehr als 1 m. Es ist eine Schalenmauer, deren unbearbeitete Innenseiten unmittelbar gegeneinandergestellt sind ohne Zwischenfüllung aus Bruchsteinen und Erde. Die Blöcke sind polygonal von 1,50 × 1 m maximaler Länge und Höhe, mit dichtem Fugenschluß und durchlaufenden horizontalen Lagerfugen, so daß eine Art Schichtung entsteht. Eine besondere Feinheit der Mauern ist, daß ihre Ecken mit 10 cm breiten Lotkanten versehen sind. Die Südmauer steht außen noch bis zu 2,50 m Höhe an, ist aber dadurch bedeutend erhöht, daß man den Felsrand, auf dem sie steht, bis zu 3 m Höhe abgearbeitet hat. Auch die Ostmauer, die bis etwas über 2 m erhalten ist, erhebt sich auf einer 2 m hohen Abarbeitung. Dagegen ist die Westmauer, wo sich auch das Eingangstor befunden haben muß, weitgehend zerstört.
Die Südhälfte des Kastells, die in dem flachen Gelände am stärksten gefährdet war, ist trotzdem nicht durch Türme verstärkt. Der einzige Turm des Kastells befindet sich isoliert, außerhalb des Mauerverbunds, auf der höchsten Stelle im Innern der Festung. Er mißt 9,20 m

Plan der Festung Katsíngri

im Quadrat und ist in derselben Technik errichtet wie die Ringmauer, nur in noch sorgfältigerer Ausführung. Der Turm ist weitgehend in sich zusammengestürzt und steht nur noch auf der Westseite bis über 2 m an. Hier ist aber zugleich auch das Eingangstor erhalten. Es ist sozusagen das Wahrzeichen von Katsíngri, weithin sichtbar für den Ankommenden. Das Tor mißt nach Länge und Breite 2,20 × 0,95 m und 1,02 m in der Tiefe und ist von einer großen 1,70 m langen, 0,60 m hohen und 1 m tiefen Oberschwelle gedeckt.

Mit diesem Tor von Katsíngri hat es in der griechischen Reiseliteratur eine besondere Bewandtnis. Der berühmte italienische Antiquar Cyriacus von Ancona, der der erste wissenschaftliche Reisende in Griechenland und in gewisser Weise der Vater der griechischen Epigraphik war, besuchte in den Jahren 1447/48 zum zweiten Mal den Peloponnes. Am 24. März, dem Ostersonntag des Jahres 1448, brach er von Nauplion aus zu einer Wanderung durch die Argolis auf. Er besuchte zunächst die Marienkirche von Merbaka, wo er die beiden antiken Grabreliefs abzeichnete, die in ihre Mauern verbaut sind, und dazu auch das vielbesprochene Relief mit dem Totenmahl, das seit langem gestohlen und verschwunden ist. Dann setzte er seinen Weg fort, um Mykene zu besuchen. Aber er hatte nur Strabon, nicht Pausanias zur Hand und wußte nicht, daß das Tor von Mykene das Löwentor ist. Irgendwie wandte er sich von Merbaka nach Süden statt nach Norden, erblickte dort auf steiler Felsenkante eine Burg und ruhte nicht, bis er das vermeinte Mykene wirklich erstiegen hatte. In seinem Tagebuch ist unverkennbar das Tor von Katsíngri abgezeichnet mit der Beischrift »Mycenae«. So gelangte unser kleines Kastell eine Zeitlang zu dem unvermuteten Ruhm, die Burg Agamemnons zu sein.

Weder seine Lage noch seine Größe und Mauerstärke konnten Katsíngri ausersehen, eine wehrhafte Festung zu sein, feindlichen Heereszügen den Weg zu verlegen. Ihm kann nicht mehr als eine Wachfunktion zugekommen sein. Es kontrollierte die Straße, die von Argos nach Epidaurus führte und die wahrscheinlich ungefähr den gleichen Verlauf nahm wie der heutige Landweg, der diesseits des tief eingeschnittenen Wasserlaufs an Katsíngri vorbeiführt. Und war seine Lage auch nicht wehrhaft, so ermöglichte sie ihm doch eine weite Aussicht über die ganze Ostseite der argolischen Ebene, von Nauplion bis an den Arachnäon.

Lage und Zweck, Größe und Mauerstärke unterscheiden Katsíngri deutlich von den übrigen Befestigungen der Argolis und lassen es jünger erscheinen. Darauf weist auch die Einzelheit der Lotkanten, die erst im ausgehenden 4. Jahrhundert aufkommen. Wahrscheinlich wurde es zu Anfang des 3. Jahrhunderts errichtet und verdankt seine Entstehung den Diadochenkämpfen. Und es ist vielleicht nicht zu phantasievoll, sich vorzustellen, daß Katsíngri eine gewisse Rolle spielte in dem Krieg, den Antígonos Gonatás, der König von Makedonien, und Pyrrhus, der abenteuerliche Herrscher des Epirus, 272 um den Besitz von Argos führten. Dabei versuchte Pyrrhus, Argos durch einen Nachtangriff zu überrumpeln, verwickelte sich mit seinen berühmten Kriegselefanten in den engen Gassen der Stadt und fand im Straßenkampf durch einen trivialen Steinwurf nach einem wahren Heldenleben einen höchst unrühmlichen Tod.

Wir haben noch die Wasserversorgung von Katsíngri zu erwähnen. Sie war gesichert durch eine leicht trapezförmige Zisterne in der Südwestecke der Burg. Sie mißt in der Grundfläche 3,50 × 5 m und steht noch bis zu 3 m Höhe an. Sie war durch überkragende Steine mit einem sogenannten falschen Gewölbe gedeckt. Der dicke Isolierstuck ist fast ringsherum noch gut erhalten.

Kazárma

Die Burgen Kazárma und Kastráki liegen dicht beieinander an der Straße Nauplion–Epidaurus. Ihr Besuch läßt sich leicht auf einem Ausflug vereinigen.

Kazárma* befindet sich 14 km von Nauplion entfernt und liegt weithin sichtbar auf seiner Höhe. Kurz bevor man das Dorf Arkadikón erreicht, durchquert die Straße in einer ausladenden Schleife eine größere Schlucht. Oberhalb dieser Schlucht liegt Kazárma, kurz vor ihr liegt links von der Straße die bekannte mykenische Brücke, die mit ihrem Spitzbogen und ihren gewaltigen Blöcken die Jahrtausende unversehrt überdauert hat. Ein paar hundert Meter weiter, wiederum links von der Straße, liegt eine rechteckige Ausschachtung, wo einmal ein Haus entstehen sollte. Dort wurde ein mykenisches Kuppelgrab gefunden, dessen Reste nun ziemlich unbeachtet an der Straße stehen. Das Grab von Kazárma geht auf den Anfang des 15. Jahrhunderts zurück und hatte einen Durchmesser von 7,20 m. Die Kuppel war eingestürzt, aber es gehört zu den wenigen mykenischen Fürstengräbern, die ungeplündert aufgefunden wurden. In den Boden waren drei Grabschächte eingetieft, in denen drei Einzelbestattungen erfolgt waren: eine Frau und zwei Männer lagen in diesen Gruben, die mit schweren Steinplatten zugedeckt waren. Die Fürstin war mit einem Golddiadem und einer Amethystkette geschmückt, die beiden Ritter mit Ketten und kleineren Waffen. Sie scheinen auf ihren großen Schilden beigesetzt worden zu sein, denn es fanden sich noch Reste von rotem Leder. Die Funde sind im Museum von Nauplion ausgestellt. Im Kreis um die Gräber waren an der Kuppelmauer kostbare Amphoren des sogenannten Palaststils

* Der Name kommt natürlich vom italienischen *caserma, Kaserne,* und wird der Burg in venezianischer Zeit gegeben worden sein. Mit neugriechischer Vokalangleichung wie *tarátsa* statt *terrazza, bataría* statt *batteria, kavallaría* statt *cavalleria, Olonós* statt *Olenós.*

aufgestellt, in denen sich Opfergaben für die Toten befanden. Über den Gräbern war ein Scheiterhaufen errichtet worden, der eine Menge Tierknochen enthielt, aber auch zwei menschliche Skelette, ohne Beigaben, in kniefälliger Haltung. Die Ausgräberin nimmt an, daß es sich um Sklaven handelte, so daß sich in Kazárma in dramatischer Form aufs neue die Frage stellt, ob die Mykener Menschenopfer gekannt haben.
Die mykenischen Kuppelgräber liegen gewöhnlich in der Nähe der zugehörigen Fürstensitze, und es kommt hier eigentlich keine andere Höhe in Frage als die, auf der die Burg liegt. Aber mykenische Mauern sind dort nicht (mehr) zu finden.
Man erreicht die Burg am leichtesten, indem man bis zur Abzweigung nach Metóchi weiterfährt und dort einbiegt. Hier findet man nach etwa 100 m ein Proskynetári links von der Straße, in dessen Nähe ein Pfad beginnt, der den sonst etwas beschwerlichen Berg hinaufführt.
Der Berg bildet auf seiner Kuppe kein ebenes Plateau, sondern fällt von Norden nach Süden zuerst flacher, dann stärker ab, so daß die Mauern, die eine Fläche von etwa 2000 qm einschließen, eine Steigung von 15 m zu überwinden haben. Im Nordwesten war die Burg durch die Schlucht, im Norden durch einen Steilabhang von fast 40 m Höhe geschützt. So blieben vor allem die Süd- und die Ostseite zu befestigen. Die Südmauer war durch zwei, die Ostmauer durch drei Rundtürme geschützt. Dabei wurde die 60 m lange Südmauer in der Mitte nicht durch einen Turm, sondern einfach durch einen Mauerrücksprung von 1,20 m konsolidiert. Die Ostmauer baute man so, daß man den unteren Abschnitt gegen den oberen um 14 m nach innen zurücknahm, wodurch ein Winkel entstand, in dem man die Angreifer zugleich frontal und von der Seite bekämpfen konnte.
Die Ostmauer, mit einer Stärke von 2,50 m, ist besonders gut erhalten. In ihrem unteren Teil steht sie bis zu 5, im Querteil sogar noch bis zu 6 m Höhe an. Dieser Teil war außen durch einen Rundturm, innen durch eine große Zisterne besonders widerstandsfähig und ist wohl bis zu seiner ursprünglichen Höhe erhalten. Der weitere Aufbau bestand vermutlich aus einer Brüstung im Lehmziegelbau, die auf der mit Platten abgedeckten Mauer ruhte.
Die Südmauer war etwas schwächer, 2,35–2,45 m, und steht nirgendwo über 3 m an.

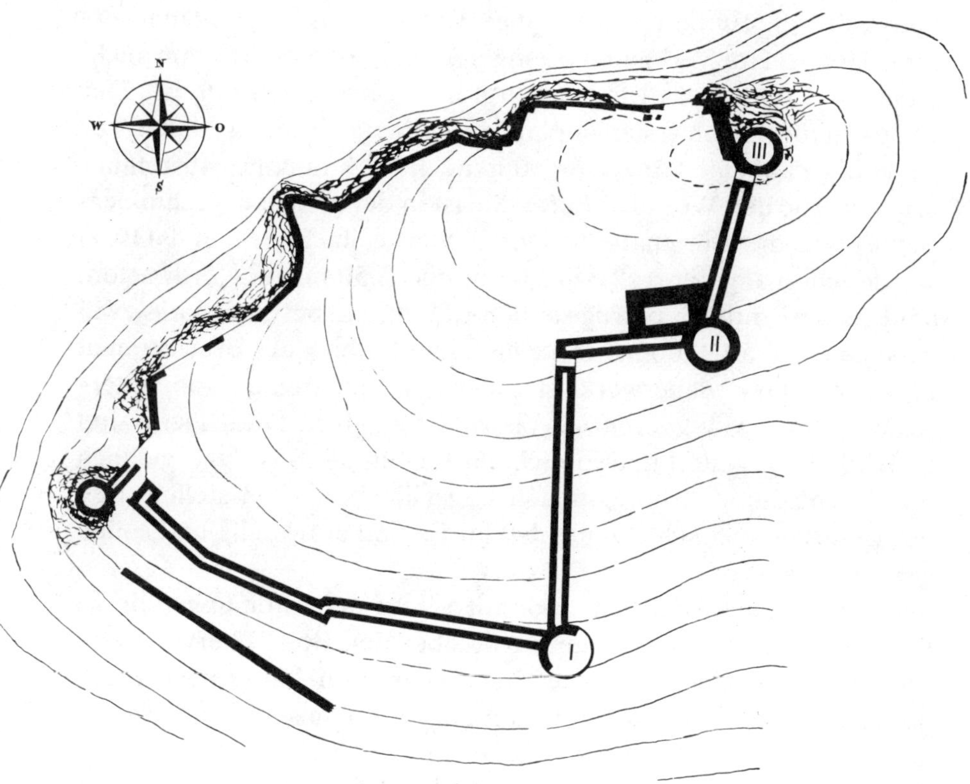

Plan der Festung Kasárma

Die Rundtürme haben sich nicht, wie man erwarten sollte, als besonders stabil erwiesen, sondern sind weitgehend zerstört. Der Südostturm (I) ist fast ganz verschwunden. Der Südwestturm und Turm II stehen noch bis zu 2 m an. Mit 5 m Höhe am besten erhalten ist der Nordostturm (III) an der höchsten Stelle des Kastells, aber auch er nur, weil er in späterer Zeit ausgebessert worden ist.
Der Durchmesser der Türme variiert ziemlich stark. Die beiden mittleren I und II messen 7,40 m, Turm III hat 6,20 m, der Südwestturm nur 4,90 m.
Das Kastell hatte zwei Ausfallpforten im Osten, von denen die untere so verschüttet wurde, daß sie von innen nicht mehr zu sehen ist. Der Eingang zur Burg befand sich an ihrer niedrigsten Stelle, beim

Südwestturm. Er hatte eine Länge von 4 m und, die heute verschwundene Holzverkleidung eingerechnet, eine Breite von nicht mehr als 1,40 m, was für ein Burgtor ungewöhnlich eng ist. Der Burgweg führte von Osten her an der Südmauer entlang auf das Tor zu. Hier ist auf eine Länge von 30 m noch die 3 m hohe Stützmauer erhalten, die den Weg absicherte. Sie ist in der gleichen Technik errichtet wie die Burgmauern. Deren Stärke im Süden und Osten wurde schon angeführt: 2,35–2,45 m und 2,50 m. Im Nordwesten, am Felsrand entlang, betrug sie nur 1,80 m. Sie bestanden aus zwei Schalen von 0,50–0,60 m Stärke mit einer Füllung aus Bruchsteinen und Erde. Das Mauerwerk ist polygonal mit Steinen von unterschiedlicher Größe, vereinzelt bis zu 1,50 × 1 m. Die Blöcke sind außen stark geglättet und in dichtem Fugenschluß verlegt, vielfach mit durchlaufenden horizontalen Lagerlinien, so daß stellenweise der Eindruck von Schichten entsteht. Es sind aufwendig und solide gebaute Mauern.

Das Innere des Kastells ist stark mit Schutt und Erde angefüllt, so daß die Mauerzüge innen nur wenig über den Boden hervorragen. Im unteren Teil sind zahlreiche Mauern von Wohnhäusern zu erkennen, die jedoch einer späteren Zeit angehören, als man das Kastell als Siedlungsplatz, sozusagen als Dorfmauer benutzte.

Zwei Wiederherstellungen zumindest hat Kazárma im Lauf seiner Geschichte erfahren. Die erste gehört vielleicht noch der römischen Zeit an. Der Verfall war nur erst wenig fortgeschritten. Man besserte die beschädigten Mauern und Türme aus, indem man einfach die herabgefallenen Steine wieder aufeinanderschichtete, ohne sie neu zu bearbeiten. Die dabei entstehenden Lücken wurden mit kleinen Steinen und Tonscherben in Mörtel ausgefüllt. Diese Wiederherstellung ist am Nordostturm (III) und bei einzelnen Teilen der Südmauer am besten zu sehen.

Die zweite Neubefestigung hatte eine bereits stark verfallene Burg wiederherzustellen. Auf den Resten der Rundtürme der Ostmauer wurden Rechtecktürme errichtet. In der Ost- und Südmauer waren Breschen zu schließen. Auf der Nordseite war ein ganzer Abschnitt den Berg hinabgerutscht. Hier nahm man die Linie ein Stück nach innen zurück und richtete nur eine Stützmauer wieder auf. Alle diese Wiederherstellungen bestehen aus kleinen Bruchsteinen im Mörtelverband und gehören frühestens dem Mittelalter an. Der Name der

Burg läßt vielleicht auf venezianische Zeit schließen.* Wann wurde das ursprüngliche Kazárma errichtet?
Trotz des außerordentlich großen Vergleichsmaterials, das inzwischen systematisch zusammengetragen wurde, ist es selbst für die Spezialisten unmöglich, allein aus der Art des Mauerbaus sichere Schlüsse auf die Entstehungszeit eines Bauwerks zu ziehen. Teils gibt es Bautraditionen, die sich lange gehalten haben, teils kehren örtliche Vorlieben zu Bauweisen zurück, die anderswo längst abgelegt sind. Sicheren Anhalt bieten am ehesten die Befestigungselemente, mit denen man der Erfindung neuer Belagerungsmaschinen zu begegnen suchte, vor allem dem Rammbock (Widder) und den Torsionsgeschützen, obwohl auch diese Indizien nur eine Einordnung in einen ziemlich großen Zeitraum ermöglichen.
Der Bedrohung durch den Widder, mit dem man Wehrmauern zum Einsturz brachte, suchte man natürlich durch Verstärkung der Mauern zu begegnen, weiter dadurch, daß man die langen Mauerzüge in kürzere Abschnitte unterteilte und durch Rücksprünge verfestigte, und dann dadurch, daß die Türme nicht mehr in die Festungsmauer eingebunden, sondern unabhängig errichtet wurden, so daß sie beim Einsturz der Mauern als selbständige Wehreinheiten bestehenblieben. Diese Mittel des Wehrbaus finden wir beide in Kazárma angewandt, so daß von der Mauerbautechnik her die Zeit von 430–350 v. Chr. am wahrscheinlichsten ist.
Nun berichtet Thukydides (V 53ff.), daß im Sommer 419 Krieg zwischen Argos und Epidaurus ausbrach und daß zunächst die Argiver zweimal in das Gebiet der Epidaurier einfielen. Als aber im Sommer des folgenden Jahres während der Schlacht von Mantinea die argivischen Truppen in Arkadien standen, fielen die Epidaurier ihrerseits nach Argos ein, wo sie von den restlichen, gegen sie ausrückenden Truppen viele töteten. Vielleicht darf man annehmen, daß die Argiver, um sich gegen solche Überfälle künftig zu sichern, unter anderem auch das Kastell von Kazárma anlegten, so daß es also dem Ende des 5. Jahrhunderts zuzuordnen wäre. Denn Kazárma bewacht die Straße Argos–Epidaurus. Sie war nicht nur die wichtigste Verbindung zwischen den beiden Nachbarstaaten, sondern in Friedenszei-

* Doch stammt die Wiederherstellung auf keinen Fall von den Venezianern selbst, die viel solider zu bauen pflegten.

ten zugleich die kürzeste und schnellste zwischen Athen und Argos und weiter ins Innere des Peloponnes, da der Hafen von Epidaurus unmittelbar Ägina gegenüberlag, während sonst die athenischen Schiffe die ganze Argolis umfahren mußten, um in die Häfen von Argos Temenion (Nea Kios) und Nauplion zu gelangen.
Die antike Straße lief nicht wie die heutige südlich, sondern nördlich an der Festung vorbei, dort wo man jetzt die großartige Aussicht auf das Dorf Metóchi (Ajios Dimítrios) und den Arachnäon hat. Es bleibt noch nachzutragen, daß die kleine Kirche in der Schlucht unterhalb des Nordwestabhangs eine Kapelle der Ajía Marína aus dem 12. Jahrhundert ist mit einem besonderen, ganz ausgefallenen Grundriß.

Kastráki

Die Burg Kastráki liegt nur wenige Kilometer östlich von Kazárma und ungefähr einen Kilometer nördlich der modernen Straße. Sie ist jedoch so stark verfallen, daß sie von der Straße aus kaum zu erkennen ist. Sie ist auch etwas umständlich zu erreichen. Ein direkter Anstieg von der Straße aus ist nicht möglich. Man fährt bis zum Dorf Jannouléïka, wo sich links eine Abzweigung nach Choutaléïka (3 km) findet, die man einschlägt. Nach 700 m biegt von der Asphaltstraße links eine Erdstraße ab, wo man auch wieder einbiegt. Nach 800 m erreicht man die kleine Siedlung Rousvanéïka. Hier beginnt der Fußweg, der in einer guten halben Stunde nach Kastráki führt. Er durchquert zunächst einen tiefen Wasserlauf. Bei der später folgenden Abzweigung nimmt man den oberen, schmaleren Weg, der geradeaus weiterführt. Es ist ein schöner, lohnender Spaziergang in völliger Einsamkeit, mit dem Steilabfall des Arachnäon zur Rechten über die Schwellen und Hügel seiner Vorberge. Auch die antike Straße muß ungefähr diesen Verlauf genommen haben.
Kastráki, was – als Deminutivform von *kastron* – wörtlich *kleine Burg, Kastellchen* bedeutet, ist in Wirklichkeit nicht kleiner als Kazárma und läßt sich mit ihm auch der Lage nach vergleichen. Wie dort sind Norden und Nordwesten durch starken Felsabfall geschützt, während die Süd- und Ostseite durch Mauern zu befestigen waren. Der Hang senkt sich auch hier von Norden nach Süden, aber weniger stark. Das Gelände im Innern der Burg ist sehr viel ebener.

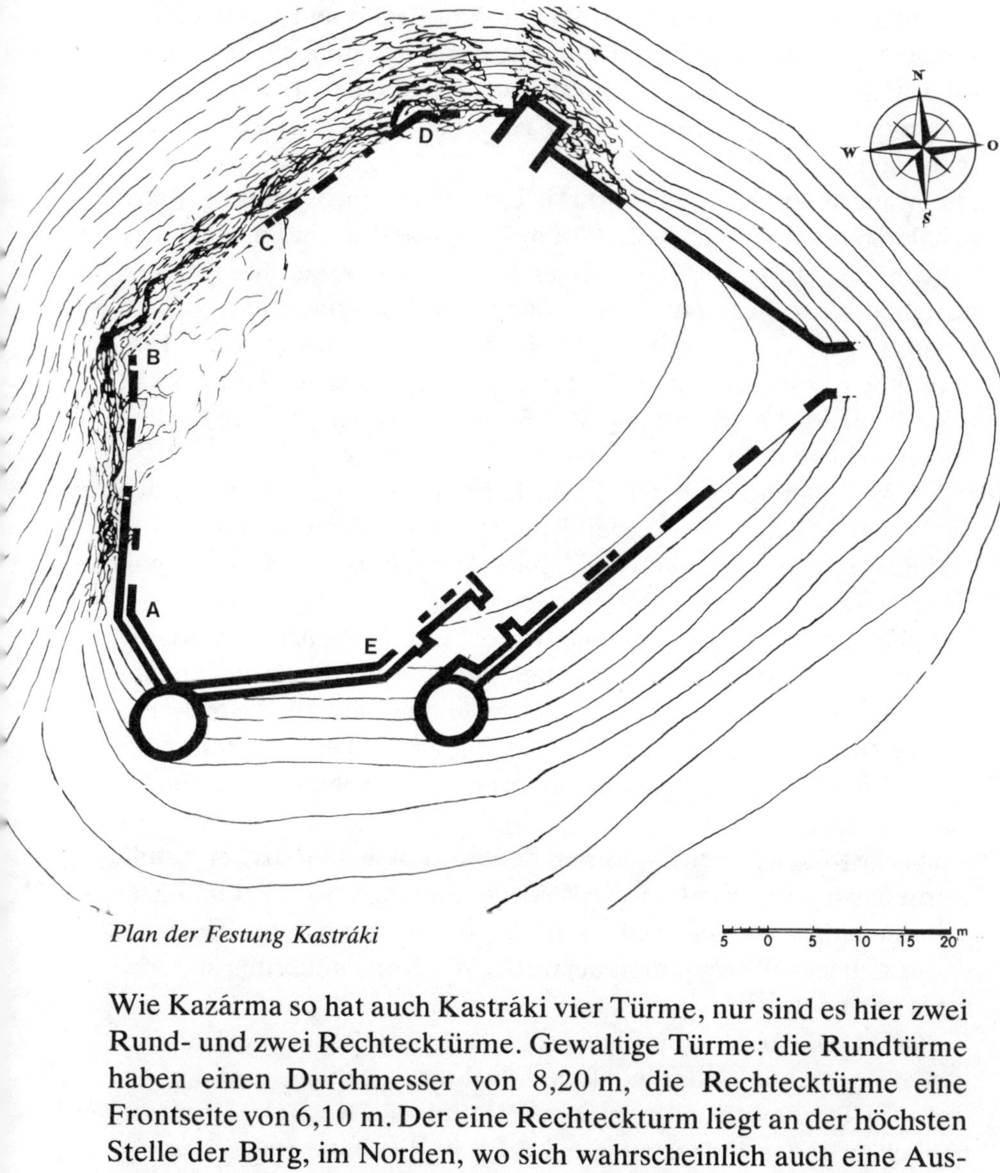

Plan der Festung Kastráki

Wie Kazárma so hat auch Kastráki vier Türme, nur sind es hier zwei Rund- und zwei Rechtecktürme. Gewaltige Türme: die Rundtürme haben einen Durchmesser von 8,20 m, die Rechtecktürme eine Frontseite von 6,10 m. Der eine Rechteckturm liegt an der höchsten Stelle der Burg, im Norden, wo sich wahrscheinlich auch eine Ausfallpforte befand. Der andere ist weit nach Osten vorgeschoben. Die beiden Rundtürme schützen die Südseite. Der östliche deckt gleichzeitig den Eingang, an der tiefsten Stelle der Burg wie in Kazárma. Es ist ein sogenanntes Tangentialtor, das nicht senkrecht, sondern parallel zu den Mauern in die Burg hineinführt. Der Turm bedrohte die rechte, vom Schild ungeschützte Seite der Angreifer. Außerdem

war ein trapezförmiger Vorhof von 6,05 m Breite und 4,50–6,50 m Länge angelegt, um die Eindringlinge darin abzufangen. Erst dann folgte der eigentliche 2,40 m breite und 2,10 m tiefe Toreinlaß. Wo außen der Burgweg, der Aufgang zum Tor, verlief, ist heute nicht mehr festzustellen.
Die Mauern von Kastráki sind mit Erde und Bruchsteinen gefüllte Schalenmauern von 2,10–2,20 m Stärke. Aber sie sind nicht in der soliden, dichtgefugten Bauweise errichtet wie in Kazárma, sondern bestehen aus rohen, nur leicht behauenen Polygonen, mit großen Fugen und Lücken, die durch kleine Steine geschlossen sind. Ihre Stabilität war dadurch stark herabgesetzt. Auch scheinen sie nicht überall auf den Fels gebettet gewesen zu sein, so daß größere Partien abgerutscht sind. Im ganzen stehen die Mauern von Kastráki nicht mehr als 2–3 m hoch an. Der besterhaltene Teil ist die Südseite, wo die Mauer zwischen den beiden Rundtürmen außen noch bis zu 4 m Höhe erhalten ist, während das Innere so mit Erde angefüllt ist, daß sie dort kaum über den Boden hervorragt.
Sorgfältiger als die Mauerzüge waren das Eingangstor und die Türme gebaut. Aber auch sie haben dem Verfall kaum widerstanden. Der Ostturm ist fast völlig verschwunden, und auch Nord- und Südwestturm sind nur mäßig erhalten. Allein der Torturm steht noch bis zu 4 m Höhe an. Über seine ursprüngliche Höhe läßt sich nichts ausmachen.
Auch Kastráki ist irgendwann seit dem Mittelalter wiederhergestellt worden, wie zahlreiche Ausbesserungen mit Bruchsteinen und Ziegeln im Mörtelverband beweisen. Auch hat man damals Teile des ursprünglichen Polygonalmauerwerks zur Konsolidierung mit Zement verputzt.
Zunächst scheint das primitive, grob gearbeitete Mauerwerk im Gegensatz zu stehen zu der wohldurchdachten Toranlage und den gewaltigen Türmen. Aber es ist kein Zweifel, daß Kastráki einer einheitlichen Bauperiode entstammt, doch ist die Datierung schwierig. Die Bauweise mit Rohpolygonen läßt überhaupt keinen Schluß zu, denn ganz von selbst kommt sie in Spar- und Notzeiten immer wieder von neuem auf. Tangentialtore sind alt und haben eine lange Tradition gehabt. Selbst ein so auffälliges Merkmal wie die gleichzeitige Verwendung von Rund- und Rechtecktürmen gilt sowohl für die klassische wie für die hellenistische Zeit. Eindeutig für ein jüngeres

Datum sprechen die Anlage des Torhofes vor dem eigentlichen Eingang, die isolierte Errichtung der Türme als selbständige Einheiten und die – allerdings sehr sparsame – Verwendung von Lotkanten. Wegen der so viel billigeren Bauweise gegenüber Kazárma wird man Kastráki nicht mit diesem gleichzeitig ansetzen. Vielleicht ist es erst nach 362 v. Chr. entstanden, als nach dem Tod von Epaminondas und dem Ende der Vorherrschaft Thebens die Verhältnisse auf dem Peloponnes wieder sehr unsicher wurden.
Kastráki hatte eine wichtige Funktion insofern, als es an der engsten und am leichtesten zu schließenden Stelle lag, wo die Straße Argos–Epidaurus zwischen dem Ausläufer des Arachnäon und den südlichen Vorbergen hindurchführte. Hier endete das östlichste Tal der argolischen Ebene, und hier begann etwas weiter die kleine Hochebene von Ligourió. Kastráki scheint also die Grenzfestung der Argiver gegen die Epidaurier gewesen zu sein.

Kirchen der Argolis

Außer einer Reihe kleinerer byzantinischer Kirchen, die ganz verschiedenen Epochen angehören, besitzt die Argolis drei größere, die sich durch ihre Nachbarschaft und ihre Übereinstimmung in Bauplan, Größe und Schmuckformen als zusammengehörig erweisen und offenbar aus einer gemeinsamen Bautradition hervorgegangen sind. Sie gehören dem auf dem griechischen Festland weit verbreiteten Typus der Kreuzkuppelkirchen auf rechteckigem Grundriß an, einem Grundriß, der dreiteilig angelegt ist, mit einem Narthex im Westen, drei Apsiden im Osten und einem quadratischen Mittelteil mit einer hohen Kuppel über vier Säulen. Leider haben alle drei Kirchen ihren ursprünglichen Freskenschmuck gänzlich verloren und auch moderne Fliesenböden erhalten, so daß sie im Innern nichtssagend bis trostlos aussehen und wir uns nur mit ihrer Architektur zu beschäftigen haben.
Die byzantinische Kirche verzichtet auf Portal und Fassade und kleidet sich in das Gewand einer schlichten, anspruchslosen Ziegeltech-

nik, hat alle ihre Pracht nach innen gewandt, in den Freskenschmuck der Wände, in die Kostbarkeit ihrer Lampen und Leuchter, in das Gold der Bilderwand und der Ikonengründe. Den westlichen Betrachter zieht ihr Äußeres gewöhnlich nicht sonderlich an, er geht schnell darüber hinweg, ohne sich klarzumachen, wie groß und edel eigentlich die Haltung ist, die im Äußeren so streng und schlicht auftritt, und wie paradox und erstaunlich bei einer Epoche, die den Prunk außerordentlich liebte und deren Sprache als rhetorisch und schwülstig geradezu verrufen ist. Die Schlichtheit des Außenbaus ist gewiß einer der schönsten Ruhmestitel der byzantinischen Zeit. Westliche Monumentalitätssucht dagegen hat so monströse Phänomene hervorgebracht wie beim Dom von Orvieto, wo die Fassade unverhohlener Selbstzweck ist und den Körper der Kirche nach beiden Seiten um mehrere Meter überragt, eine hohle und abstoßende Effektmacherei, wo im wirklichen Wortsinn »nichts dahinter« ist. Oder die Karlskirche in Wien, die mit ihrer Schauseite verspricht, was die Kirche selbst und die drei anderen Seiten auch nicht entfernt halten, so daß der Besucher sich regelrecht genarrt fühlt.
Die Schauseite, eine Spezialität italienischer Inkrustationsfassaden, wo manchen Städten das Geld schon für die Fassade ausging, ist dem byzantinischen Kirchenbau fremd, so wie sie dem klassischen griechischen Tempel fremd gewesen war. Aber es wäre ganz falsch, die Schlichtheit des Ziegelbaus für Einfachheit zu halten. Und zumal die Marienkirche von Merbaka ist ein schönes Beispiel, mit welchem Geschmack, mit welcher Sorgfalt und Feinheit eine Kirche errichtet sein kann, die auf den ersten Blick recht anspruchslos erscheint – und es in den Maßen und dem äußeren Grundriß auch wirklich ist.

Die Marienkirche von Chonika

Das älteste der drei Gotteshäuser ist die Marienkirche von Chonika, einem Dorf im Norden der argivischen Ebene, das man als letztes durchfährt, wenn man das Heraion besucht. Neuerdings ist Chonika durch eine Asphaltstraße mit Mykene verbunden, so daß man also, von Nauplion kommend, nicht mehr den Umweg über Argos und die vielbefahrene Hauptstraße zu nehmen braucht, um die Burg Agamemnons zu erreichen. Fährt man den umgekehrten Weg, so muß man allerdings in Mykene fragen, da die Abzweigung nach Chonika dort nicht bezeichnet ist. Sie liegt mitten zwischen den vielen Tavernen.

Die Kirche von Chonika ist eine der außerordentlich vielen griechischen Kirchen, die der Himmelfahrt Mariä (Kímisis tis Theotókou) geweiht sind, die am 15. August als eines der höchsten und beliebtesten Kirchenfeste gefeiert wird. Sie liegt auf einem großen freien Platz unmittelbar an der Hauptstraße des Dorfes und erhebt sich wie ein antiker Tempel auf einem dreistufigen Unterbau. Wenn dieses Podest auch vielleicht keine direkte Nachahmung antiken Tempelbaus ist, so scheint sein Material doch von alten Bauten herzurühren, wahrscheinlich aus dem nahe gelegenen Heraion. Es trennt und erhöht die Kirche gegen ihre Umgebung, aber der ursprüngliche Grund war vielleicht eher, in sumpfigem Boden ein festes Fundament zu legen.

Die Kirche mißt nach Breite und Länge 8,80 × 15,30 m. Die Apsiden sind innen rund, außen dreiseitig, als halbe Sechsecke, gebildet. Die Mittelapsis springt 0,90, die beiden Seitenapsiden springen 0,60 m vor. Der dreistufige Unterbau folgt genau diesen Vorsprüngen.

Das Mauerwerk ist errichtet aus rechteckig geschnittenen gelben Kalksteinquadern, die in durchlaufenden horizontalen Schichten von wechselnder Stärke verlegt sind. Zwischen zwei Kalksteinschichten ist jeweils eine Schicht aus dünnen, dunkelrot gebrannten Flachziegeln eingelegt. Ebenso sind die vertikalen Stoßfugen zwischen den Kalksteinblöcken mit den gleichen Ziegeln besetzt, so daß also jede Quader rings von Ziegeln eingeschlossen ist (sogenannte Cloisonné-Technik). Die vier Ecken der Kirche sind durch größere – abwechselnd als Läufer und Binder verlegte – Marmorquadern verfestigt. Ähnliche Marmorquadern bilden auch die Einfassung der Türen.

Die Kirche von Chonika zeichnete sich ursprünglich durch eine ungewöhnlich große Zahl von Türen aus, die später zum Teil zugemauert wurden. Ursprünglich aber führte auf beiden Langseiten je eine Türe sowohl in den Hauptraum der Kirche wie in den Narthex. Eine fünfte Tür führte von Westen in den Narthex, so daß dieser auf allen drei Außenseiten Eingänge besaß. Diese vielen Eingänge kommen nicht nur einem stürmischen Kirchenbesuch zugute, sondern – etwas überraschend – auch der Reinigung des Gotteshauses. Als der Ver-

A Nordseite

fasser am 14. August 1978 die Kirche zuletzt besuchte – es war der Vortag vor dem großen Hauptfest von Mariä Himmelfahrt, – war ein Tankwagen vorgefahren, hatte die Kirche voll Wasser gepumpt, und die große Reinigung ging einfach so vor sich, daß das ganze Wasser nun zu den Türen wieder hinausgekehrt wurde.

Die Türen sind von breiten Bögen aus dreifachen Ziegellagen überwölbt und auf den Seiten von großen, 2,55 m hohen Marmorkreuzen flankiert. Oberhalb der Kreuze verläuft eine Zahnleiste, die die gesamte Mauer in zwei parallele Bänder einteilt. Diese Zahnleiste schließt auch die Bögen über den Türen ein. In den Zwickeln, wo sie an den Bögen aufsteigt, sind besondere Schmuckelemente angebracht. Aus Ziegelstücken und Mörtel sind hier Rechtecke mit dekorativen Zeichen gebildet, die einzeln oder gereiht die Türbögen flankieren. Man hat hinter diesen Zeichen alle möglichen Geheimnisse vermutet und sie als Kryptogramme zu entschlüsseln versucht, sie haben aber aller Wahrscheinlichkeit nach nur dekorative Funktion.

Auch die Fenster in den Giebeln und Apsiden sind von einer Zahnleiste umschlossen. Weitere Zahnleisten verlaufen unter den Dachkanten. Die verschiedene Höhe der inneren Gewölbe der Kirche wird nicht kaschiert, sondern an das Dach nach außen weitergege-

B Ostseite

ben, das in mehrfacher Abstufung und im Wechsel von Sattel-, Pult- und Flachdächern ein vielfältiges System bildet.
Die Mitte der Kirche ist überragt von einer 9,95 m hohen Kuppel über einem achtseitigen Tambour von 2,20 m Höhe und 2,95 m innerem Durchmesser. Die Kuppel ruht auf vier Säulen von 3,45 m Höhe einschließlich der schmucklosen, korbartigen Marmorkapitelle. Die Säulen bilden ein Quadrat von 3,60 m Seitenlänge.
Bei den Marmorelementen der Kirche ist außer dem dreistufigen Sockel, den Kreuzen und den Einfassungen von Ecken und Türen noch ein viertes zu erwähnen. Die Ostseite mit den Apsiden nämlich ist nicht wie die anderen ganz aus Kalksteinquadern erbaut, sie besitzt vielmehr in ihrer unteren Zone eine Täfelung aus großen Marmorquadern. Darauf ruht ein dreiteiliges Gesims, von dem unmittelbar die Fenster aufgehen. Durch den hohen Marmorsockel wird der Apsisseite ein besonders gediegenes und festliches Aussehen verliehen, ein Gestaltungseinfall, der bei einer späteren Kirche verschwenderische Nachahmung finden sollte.
Wir finden also die Marienkirche von Chonika nicht nur mit außergewöhnlicher Sorgfalt erbaut, sondern auch mit vielfältigen Schmuckelementen aus Ziegeln und Marmor ausgestattet, die sie der Beachtung nicht nur der Spezialisten wert machen. Und groß ist un-

ser Bedauern, wenn wir bedenken, daß die Innenausstattung dem Außenbau an Aufwand und Schönheit entsprochen haben wird, für uns aber ganz und für immer verloren ist.
Chronologische Hinweise über ihre Entstehungszeit gibt uns die Kirche nicht. An der Südmauer finden sich einige Kritzeleien, in denen die Sonnenfinsternisse vom 8. März 1661 und vom 2. Juni 1760 festgehalten sind.* Aber einen chronologischen Hinweis auf ihre eigene Datierung enthält die Kirche nicht.

Die Marienkirche von Merbaka

Zur zweiten Kirche bringt uns die Straße, die unmittelbar hinter der Unterburg von Tiryns, bei einem aufgegebenen Gebäude der Konservenfabrik Kyknos nach rechts abbiegt, wenn man von Nauplion kommt, und in etwa 4 km zum Dorf Ajía Triáda und von hier weiter nach Dendrá und Midéa führt. Die Kirche befindet sich links von der Straße, kurz bevor man das Dorf erreicht, und liegt teils auf dem Geviert des Friedhofs, teils auf einem freien Platz. Ajía Triáda hieß bis vor wenigen Jahren Merbakas**, und die Kirche ist in der Literatur als die Kirche von Merbaka bekannt. Es hat guten Grund, wie wir sehen werden, an dieser alten Bezeichnung festzuhalten.
Auch die Kirche von Merbaka ist eine Marienkirche wie die von Chonika, der sie im Grund- und Aufriß vollkommen gleicht, nur daß ihre Proportionen etwas schlanker sind. Sie mißt 8,45 m in der Breite und 14,70 m in der Länge, ist also etwas kleiner als die Kirche von Chonika, während die Kuppel eine Scheitelhöhe von 10,35 m erreicht (Chonika 9,95 m). Noch bestimmender sind die übrigen Maße des Kuppelbaus: Höhe der Säulen einschließlich Kapitell 3,75 m (Chonika 3,45 m), Höhe des Tambours 2,40 m (2,20 m), Seitenlänge des Säulenquadrats 3,50 m (3,60 m). Die Schlankheit des Turms, die in den veränderten Maßen zum Ausdruck kommt, ist außen noch dadurch betont, daß die acht Ecken des Tambours von schmalen Säulen gebildet werden, die ihn noch aufstrebender erscheinen lassen.

* *echáthe ho hélios – die Sonne verlor sich.*
** mit Endungs-s wie Mistrás. Aber im Deutschen hat sich die Akkusativform ohne s eingebürgert.

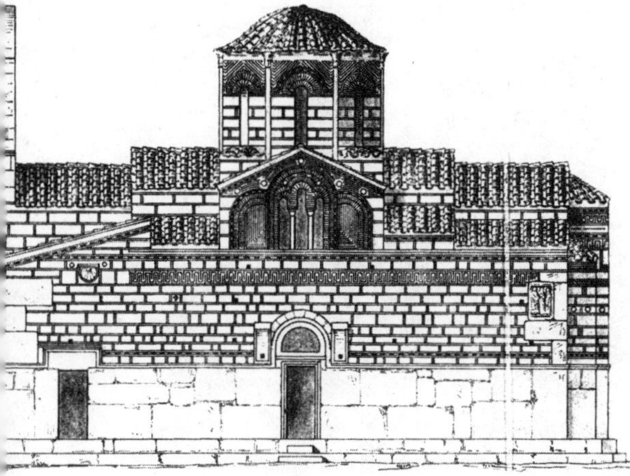

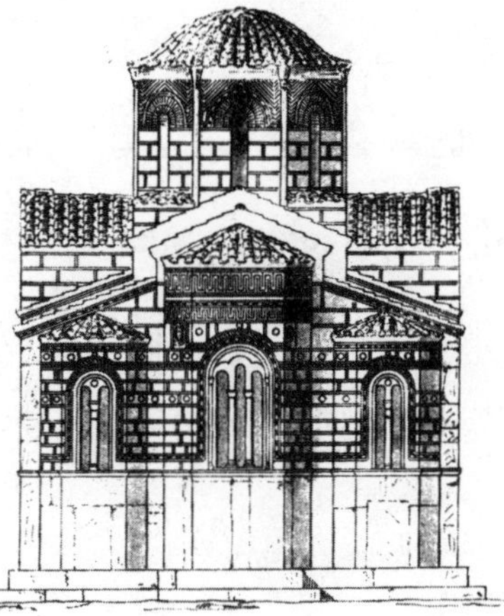

A Südseite · *B Ostseite*

Die Kirche von Mérbaka

Auch sonst ist die Kirche von Merbaka in der Höhe gestreckter: Scheitelhöhe der Haupttonnen, die das Kreuz bilden, 6,65 m (6,25 m), des Altarraums 6,20 m (5.70 m), der Nebenapsiden 4,80 m (4,10 m). Sie wirkt im ganzen feingliedriger und aufstrebender.

Auch die Kirche von Merbaka ruht auf einem massiven dreistufigen Unterbau aus antiken Werkstücken, aber noch viel auffälliger als in Chonika macht sich nun die Erinnerung an eine antike Tempelanlage geltend. Denn während dort, wie wir sahen, nur die Ostseite einen Marmorsockel besitzt, auf dem die Fenster der Apsiden ruhen, umzieht ein solcher Marmorsockel von 1,80 m Höhe in Merbaka die ganze Kirche. Und er besteht in der Tat aus antiken Werkstücken. Es sind sogar eine Reihe von Inschriften in ihn verbaut. Er wird durch ein die ganze Kirche umziehendes Kalksteingesims abgeschlossen, das auch die Bögen über den Türen miteinbezieht.

Der Oberbau besteht aus Cloisonné und zeichnet sich durch eine vollkommen durchsichtige Gliederung aus. Über der untersten Quaderschicht folgt eine Zahnleiste, unter der obersten ein kräftiges Mäanderband von 40 cm Breite. Dazwischen befinden sich sieben Quaderschichten von wechselnder Stärke, von denen die mittlere mit Abstand die breiteste ist. Durch sie wird die Quaderwand in zwei

a

b

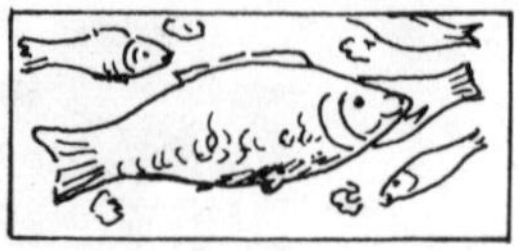

c

a–c Porosquadern mit Relief: Weinranken und Fische

d

d Ziegelschmuck

e

e Ziegelschmuck: In der Mitte das sogenannte Dis-epsilon

Schmuckelemente der Kirche von Mérbaka

Zonen unterteilt, von denen die eine durch die Zahnleiste, die andere durch das Mäanderband geschmückt ist. Das breite, sorgfältig gelegte Mäanderband ist eine Neuerung der Ziegelornamentik von Merbaka und kehrt auf allen vier Seiten wieder. Über der Hauptapsis ist es sogar verdoppelt.

Andere Schmuckelemente kehren nicht mit gleicher Regelmäßigkeit wieder. Nur in der untersten Quaderreihe der Nordseite rechts von der Tür findet sich eine Reihe von Kalksteinen, die mit Flachrelief geschmückt sind: mit Weinranken oder mit Motiven mit Fischen und Muscheln (→ oben a–c). Sie waren wohl einmal für einen Fries gedacht. Es sind aber nur einzelne von ihm übriggeblieben oder zur Ausführung gelangt.

Vor allem auf der Südseite findet sich die Besonderheit, daß die senkrechten Flachziegel zwischen den Kalksteinquadern verziert sind mit einer feinen, nur bei genauem Hinsehen wahrnehmbaren Dekoration. Es sind ihnen Muster aufgepreßt: Perlschnüre oder Rankenwellen, die, weil sie aus gegenständigen e gebildet zu sein scheinen, auch Disepsilon genannt werden (→ oben e).

Überraschenderweise finden sich die aus Ziegelstücken und Mörtel gebildeten Rechtecke mit »kufischen« Zeichen, die in Chonika die Türbögen flankieren, in Merbaka nur ein einziges Mal, eine Kreuzform, in der siebten Quaderreihe der Südseite zwischen Haupt- und Nebentür (→ oben d).

Dafür wartet Merbaka mit einer anderen Besonderheit auf. Es sind die zahlreichen Fayenceschalen von 12–15 cm Durchmesser, die im Ziegelwerk der Giebelfenster in Zwickeln und Scheiteln, besonders reich aber an den Apsiden angebracht sind. Sie werfen die Sonnenstrahlen in Feuergarben zurück und verleihen dem Mauerwerk leuchtende Farbtupfen.

Einen weiteren Haupteffekt machen die antiken Spolien, die in die Außenwände der Kirche verbaut sind. Auf der Südseite, dem Friedhof zu, ist links oben eine byzantinische Sonnenuhr angebracht mit der Stundenzählung A–IB = 1–12, die, wie es scheint, praktisch benutzt worden ist.

Als Gegenstück befindet sich auf der rechten Seite ein antikes Grabrelief mit Inschrift. In symmetrischer Entsprechung sind zwei ähnliche Spolien auf der Nordseite angebracht. Hier befindet sich das zweite antike Grabrelief links, während als byzantinisches Gegenstück rechts ein Teil von einer Chorschranke eingelassen ist, mit einer Raute und fünf Rosetten als Muster.

In älteren Beschreibungen der Kirche wird noch ein weiteres antikes Marmorrelief mit der Darstellung eines Totenmahls als besonders schön hervorgehoben. Dieser Block ist aber Ende 1872 aus der rechten Seite der rechten Nebenapsis, wo sich jetzt eine Lücke befindet, herausgebrochen und gestohlen worden und seither verschollen.

Von dem Gesims mit Mäander, auf dem das Fenster der Hauptapsis ruht, konnte der französische Archäologe G. Roux nachweisen, daß es von einem Triglyphenaltar des Heraions herstammt.

Wir wollen noch anfügen, daß die Zahl der Türen gegenüber Chonika verringert ist – auf der Nordseite ist der Eingang in den Narthex ganz entfallen und auf der Südseite zu einer Nebentür verkleinert, – und daß der Glockenstuhl auf der Westseite wie in Chonika eine spätere Zutat ist, die sich trotz Mißachtung aller statischen Sicherheit bis heute ohne Schaden erhalten hat. Die vielen Gerüstlöcher in der 3., 7. und 10. Quaderschicht der Nordwand scheinen daher zu rühren, daß hier in späterer Zeit eine gedeckte hölzerne Vorhalle der Kirche angefügt war.

Dem reichen Schmuck des Außenbaus entsprach ganz sicher ein seiner würdiger Aufwand im Inneren. Das einzige, was davon für uns noch greifbar ist, sind die vier korinthischen Kapitelle der Kuppel-

A Westseite

säulen, die keine antiken Werkstücke darstellen, sondern im sogenannten weichen Akanthusstil eigens für die Kirche angefertigt wurden. Im übrigen aber macht ihr Inneres einen geradezu finsteren und verwahrlosten Eindruck, so daß man sich nicht lange darin aufhält, sondern bald wieder zur Betrachtung des herrlichen Außenbaus zurückkehrt.

Bei außerordentlich reicher Vielfalt der Schmuckelemente hat eine Gestaltung von großer Vollendung der Kirche von Merbaka doch eine ruhige Gesamtwirkung verliehen. Harmonie der Maße und Vollkommenheit in Anordnung und Wechsel des Materials machen sie nicht nur zur schönsten Kirche der Argolis, sondern zu einer der bedeutendsten und eigentümlichsten in Griechenland überhaupt.

Die Klosterkirche von Aria

Die dritte byzantinische Hauptkirche der Argolis ist die Klosterkirche von Ajía Moní beim Dorf Aria, wenige Kilometer östlich von Nauplion. Man erreicht sie, indem man Nauplion auf der Straße nach Epidaurus verläßt und in der großen Eukalyptusallee nach etwa 800 m, unmittelbar vor der ersten Kurve, nach rechts einbiegt.

Die Klosterkirche von Aria ist ihren beiden Vorgängerinnen gegenüber dadurch im Nachteil, daß sie sich nicht auf freiem Gelände er-

B Nordseite

hebt, sondern an einen Hang gebaut ist, der nur die Nord- und Ostseite frei betrachten läßt. Dafür ist sie von den drei Kirchen die größte: 8,35 × 18,10 m. Sie übertrifft an Länge die Kirche von Chonika um 2,80 m, die von Merbaka um 3,40 m, und zwar dadurch, daß sie einen doppelten Narthex erhielt, ihr Grundriß also um einen zweiten Narthex erweitert ist, was eine Veränderung auch aller anderen Proportionen zur Folge hatte.

Die Kuppel erreicht eine Höhe von 10,35 m über einem Tambour von 2,10 m und auf Säulen von 10,55 m einschließlich Kapitell. Das Kreuz des Mittelteils ist mit Tonnengewölben gedeckt, die mit 7,15 m nennenswert höher sind als in Chonika oder Merbaka (6,25 m und 6,65 m). Merkwürdig ist die Gestaltung des Altarraums, wo die Höhe des Tonnengewölbes nach der Tiefe zu von 6,75 m auf 6,50 m abfällt, offenbar zur Erhöhung der perspektivischen Wirkung. Diese Schrägung ist an das Dach weitergegeben, wo wir nicht wie bei den beiden anderen Kirchen eine terrassenförmige Abstufung haben, sondern wo der Mitteltrakt durch zwei schräg abfallende Satteldächer vor und hinter dem Turm gedeckt ist. Besonders unorganisch wirkt das anschließende Pultdach des äußeren Narthex. Auch die Kirche von Ajía Moní ruht auf einem dreistufigen Unterbau, der aber nicht als solcher in Erscheinung tritt, da er hier primär zur Ausgleichung des Geländeabfalls dient.

Das Mauerwerk ist wie in Chonika und Merbaka in Cloisonné errichtet, bleibt im Schmuck aber stark hinter beiden zurück. So fehlen zum Beispiel völlig als Verzierung jene Rechtecke aus Ziegelstücken und Mörtel mit »kufischen« Zeichen. Selbst die Zahnleiste ist nur sparsam verwendet. Fayenceschalen sind in geringer Zahl angebracht, aber es fehlen alle antiken Spolien, obwohl sie leicht zur Verfügung gestanden hätten, wie die zahlreichen antiken Werkstücke, die auf dem Vorplatz des Klosters zusammengetragen sind, beweisen.
Von Merbaka hat die Kirche den rings umlaufenden Marmorsockel, allerdings nur in Höhe von einer Lage, übernommen, die Verwendung des breiten Mäanderbandes und die Ecksäulen am Tambour. Von Chonika kehren die Marmorkreuze wieder, und zwar in wechselnder Zahl und Größe. Zwei große von 2,80 m Höhe befinden sich auf der Nordseite, zwei kleine von 1,25 m auf der Westseite und noch einmal drei auf der Südseite.
Die Zahl der Eingänge ist weiter verringert. Es gibt nun keinen direkten Zugang zum Hauptraum mehr, sondern nur noch drei zu den Vorräumen: von Norden einen in den inneren Narthex, von Süden und Westen je einen in den äußeren. Die Eingänge im Norden und Westen sind durch Vorbauten über zwei Säulen geschützt. Ähnliche Schutzdächer waren auch für Merbaka vorgesehen, wie die Konsolen zu seiten der Türen beweisen. Sie sind aber dort nicht zur Ausführung gekommen oder später wieder abgebrochen worden.
Die Klosterkirche von Ajía Moní ist nun weniger durch ihren, wie wir gesehen haben, etwas eklektischen und unorganischen Außenbau als vielmehr dadurch bedeutsam, daß sich auf einer Marmorplatte an der Westseite rechts neben dem Fenster die Bauinschrift erhalten hat, die ermöglicht, unsere drei Kirchen genau zu datieren. Nach dieser Inschrift wurde die Klosterkirche unter Bischof Leon von Argos im April des Jahres 6657 seit Erschaffung der Welt eingeweiht, das entspricht nach unserer Rechnung dem Jahr 1149 n. Chr.
Das Episkopat des Bischofs Leon von Argos ist durch Konzilsakten für die Jahre 1143–1157 belegt. Wahrscheinlich war er aber schon sehr viel früher im Amt, denn er scheint nicht nur die Kirche erbaut, sondern das Kloster überhaupt gegründet zu haben. Es war ursprünglich ein Nonnenkloster. Da es aber in relativer Nähe des Mee-

res lag und offenbar wiederholt durch Pirateneinfälle behelligt oder zumindest beunruhigt wurde, beschloß Bischof Leon, die Nonnen von dieser ständigen Angst und Sorge zu befreien und ihnen ein neues Kloster weiter im Inneren des Landes, an der Örtlichkeit Bouzi, zu errichten.

Das ursprüngliche Kloster aber wurde in ein mehr oder weniger wehrhaftes Mönchskloster umgewandelt, so daß die erwähnte Inschrift von 1149 nicht die Gründung, sondern die Neugründung anzeigt, wodurch es sich auch erklärt, daß das Kloster von Aria im Volksmund den Namen Nea Moní, Neues Kloster, erhielt. Die Bezeichnung Ajía Moní ist wahrscheinlich eine Selbststilisierung des Klosters, dem der Name Nea Moní zu trivial war.

Von der Verlegung des Nonnenklosters und der Neugründung des Mönchsklosters erfahren wir durch ein Memorandum (Hypómnema), das Bischof Leon im Oktober 1144 verfaßte und das sich durch einen glücklichen Zufall in einer mittelalterlichen Handschrift der ehemaligen Hofbibliothek von Turin erhalten hat. Wir erfahren darin sowohl von der Klosterregel (Typikón), die Bischof Leon für das neue Mönchskloster erließ, als besonders auch von seinen Bestimmungen für das gegenseitige Verhältnis der beiden Klöster zueinander.

»Die Regeln und Weisungen für die Lebensweise der Mönche, für ihre Kost und Kleidung, für ihre gottesdienstlichen Pflichten und das übrige Zugehörige« setzten unter anderem die Zahl der Klosterinsassen auf sechsunddreißig fest »oder auch mehr, niemals aber weniger«.

Das Verhältnis der beiden Klöster zueinander wird wie folgt geregelt: Beide sind als selbständig und voneinander gänzlich unabhängig anzusehen.

Alle Liegenschaften, die Leon dem Nonnenkloster zur Sicherung seines Unterhalts zugewiesen hatte, verbleiben auch nach seiner Verlegung nach Bouzi und nach der Verwandlung des ursprünglichen Klosters in ein Mönchskloster in seinem Besitz.

Wenn die Äbtissin ihre Zustimmung gibt, kann der Abt als Vertreter und Bevollmächtigter des Nonnenklosters in Vermögensfragen auftreten, zum Beispiel bei der Kontrolle des Vermögensverwalters des Klosters oder bei der Lösung von Schwierigkeiten, bei denen die Mitwirkung des Abtes gewünscht wird.

Die ökonomische Zusammenarbeit der Klöster darf keinen Anlaß zu Ärgernissen geben. Der Abt darf das Kloster nicht mehr als zweimal im Jahr besuchen, und nur zu gottesdienstlichen Zwecken. Dem Abt droht Exkommunikation, wenn er sich bei seiner Vermittlertätigkeit von den Besitztümern oder Einkünften des Klosters etwas widerrechtlich aneignet.
Entweder war die Kirche – oder auch der Bischof persönlich – in ähnlichen Fällen durch üble Erfahrungen gehörig gebrannt, oder aber Bischof Leon war ein umsichtiger und vorausschauender Mann. Jedenfalls tun wir hier einen konkreten Blick in die Praxis mittelbyzantinischer Klosterverwaltung, der uns außerdem über das Verhältnis unserer drei Kirchen zueinander näheren Aufschluß gibt. Denn niemand zweifelt daran, daß die Örtlichkeit Bouzi mit Merbaka identisch ist und daß wir in dem dortigen Gotteshaus die Kirche des von Bischof Leon gegründeten Nonnenklosters vor uns haben, die etwa um 1140 errichtet wurde. Wie aber kam es zu der Bezeichnung Merbaka?
Wir sagten schon, daß der Name vor einigen Jahren von Amts wegen aufgehoben und durch Ajía Triáda ersetzt worden ist. Zu den vielen Orten in Griechenland, die, ziemlich einfallslos, nach ihrer Hauptkirche der Heiligen Dreieinigkeit Ajía Triáda heißen – wie andere Dörfer Ajios Nikólaos, Ajios Petros, Ajios Dimítrios –, so ist nun auch noch ein Ajía Triáda der Argolis hinzugekommen. Der Name Merbaka hat den Behörden vermutlich slawisch oder albanisch geklungen, und das Slawische und Albanische soll ja nun, verständlicherweise, nicht mehr sein. In Wirklichkeit ist aber die Bezeichnung Merbaka weder das eine noch das andere, sondern in ihr kehrt der Name der ostflämischen Stadt Moerbeke wieder. Damit aber hat es folgende Bewandtnis.
Als die Franken 1205 den Peloponnes erobert hatten, richtete Papst Innozenz III. als ersten lateinischen Bischofssitz auf der Halbinsel das Bistum Patras ein. Ihm folgte 1212 das Bistum Korinth, dem der Ostpeloponnes unterstellt wurde. Den Bischofsstuhl von Korinth aber bestieg im Jahre 1277 Wilhelm von Moerbeke, ein bedeutender Mann seines Zeitalters, mit unsterblichem Namen in der Philosophiegeschichte des Mittelalters. Er war der philologische Berater und Mitarbeiter des Thomas von Aquin als einer der ganz wenigen Leute, die damals Altgriechisch konnten. Er hatte eine Reihe von

griechischen Autoren ins Lateinische übersetzt, seine folgenreichste Leistung aber war, daß er die für das Mittelalter maßgebende Übersetzung des Aristoteles schuf, besonders der Metaphysik, Politik und Rhetorik, durch die der griechische Philosoph zur größten weltlichen Autorität der Scholastik aufstieg, schließlich als *der Philosoph* schlechthin galt und *die Richtschnur der Wahrheit,* ja *der Vorläufer Christi in der Erkenntnis* genannt wurde.

Wilhelm übertrug auch eine Reihe von antiken Kommentaren zu Aristoteles und veranlaßte damit die Aristoteles-Kommentare des Thomas. Er war um 1215 in der flämischen Stadt Moerbeke geboren, und der Name seiner Vaterstadt ist es, der in unserem Merbeka weiterlebt.

Das Kloster von Bouzi gehörte zum Bistum Wilhelms. Vielleicht, daß er es wegen seiner Schönheit oder Stille besonders liebte und hier seine Vakanzen zu verbringen pflegte. So verband sich der Name des berühmten Mannes mit seinem Lieblingsaufenthalt und lebt noch heute, nach sechshundert Jahren, darin fort.

Der Fall ist keineswegs einmalig. Wir finden zum Beispiel, daß im Namen der Frankenburg Santoméri der Name ihres Gründers aus dem Geschlecht der Saint Omer sich seit dem Mittelalter bis heute erhalten hat.

Zwei Nachträge ganz verschiedener Art sind noch zu machen.

Pausanias berichtet, daß sich in der Nähe von Nauplion die Quelle Kanathos befand, in der nach argivischer Legende Hera, die Schutzgöttin des Landes, jährlich badete und dabei ihre Jungfräulichkeit zurückgewann. *Diese Legende aus dem Festspiel, das sie der Hera veranstalten, gehört zu den geheimen Dingen* (Pausanias II 38,2). In Analogie zu anderen Kultbräuchen darf man sich vielleicht vorstellen, daß der Mythos jedes Jahr symbolisch nachvollzogen wurde, indem eine Prozession ein altgeheiligtes Kultbild der Göttin zu der kathartischen Quelle geleitete, wo es gebadet wurde. Wie auch immer, man glaubt, daß die schöngefaßte Quelle, die sich im Garten des Klosters Aria unterhalb der Kirche befindet, nichts Geringeres ist als die antike Kanathos der Hera.

Und nun noch etwas Technisch-Modernes. Sehr bald, nachdem man aus der Eukalyptusallee zum Kloster eingebogen ist, liegt links an der Straße ein »Marmorsägewerk«. Dort werden große Blöcke »in Scheiben geschnitten«. Man hat nicht oft Gelegenheit, diesen Arbeitsvorgang zu sehen. Wer will, kann sie hier wahrnehmen. Es ist schon eine überraschende Sache, zu erleben, wie die großen Marmorblöcke geradeso wie Holz mit der Kreissäge zerschnitten und wie in weiteren Arbeitsgängen die Platten begradigt, zerlegt und poliert werden. In modernen Marmorschneidwerken hat man heute schon Maschinen, die jeweils fünf Scheiben gleichzeitig abtrennen. Das von Aria gehört zu den älteren, aber es ist dafür besonders instruktiv.

Die Erlöserkirche von Plataníti

Den drei Hauptkirchen der Argolis sollen noch die beiden wichtigsten kleinen folgen.

Die Straße von Ajía Triáda (Merbaka) nach Chonika führt im Dorf Plataníti an einer Kirche vorbei, die so winzig ist, daß man sie entweder gar nicht beachtet oder zunächst für ein Grabmal oder Baptisterium hält. In Wirklichkeit handelt es sich um eine echte Kreuzkuppelkirche auf der kleinen Fläche von 5,35 × 5,85 m, mit einem halben Sechseck als Apsis. Auf dem fast quadratischen Grundriß bildet sie eine Art Zentralbau. Die vier Gurtbögen, die die Kuppel tragen, formen ein griechisches Kreuz und lassen einen quadratischen Mittelraum frei. Die Kuppel erreicht eine Scheitelhöhe von 6,85 m. Der achtseitige Tambour, auf dem sie ruht, erscheint im Verhältnis zum Unterbau der Kirche übermäßig breit.

Das Mauerwerk ist in Cloisonné errichtet. Porosquadern von doppelter Länge wie Höhe sind rings von dünnen Flachziegeln umrahmt. Die Stärke der Quaderschichten schwankt zwischen 24 und 35 cm. Die Ecken sind aus Marmorquadern errichtet.

Nach ihrer Restaurierung macht die kleine Kirche, die dem Erlöser geweiht ist, *toû Sotĩros,* einen geradezu eleganten Eindruck. Von ihren Fresken sind leider nur ganz geringe Reste erhalten.

Die Johanneskirche von Ligourió

Auch die kleine Johanneskirche von Ligourió, die rechts am Ortsausgang steht, wenn man nach Epidaurus fährt (→ Abb.), ist eine Kreuzkuppelkirche des 11. Jahrhunderts mit polygonaler Apsis. Aber die Kuppel ruht auf zwei Pfeilern und zwei Säulen (von ganz verschiedener Stärke und Länge).

Die schiefe achtseitige Kuppel ist nicht die ursprüngliche, sondern eine Erneuerung. Auch der Narthex mit einer Längstonne in der Mitte und zwei Quertonnen an den Seiten ist später hinzugefügt.
Das ziemlich regellose Mauerwerk enthält eine Reihe von Spolien aus Epidaurus. Der bescheidene Ziegelschmuck mit einigen degenerierten »kufischen« Zeichen, besonders links innen im Narthex, bezeugt die begrenzten Mittel der Stifter. Die geringen Reste der Fresken gehen vielleicht noch auf das 12. Jahrhundert zurück.
Eine besondere Einzelheit findet sich an der nördlichen Außenwand, wo ein schmaler rötlicher Stein mit der ungelenken Inschrift eingemauert ist: *O Herr, hilf Deinem Diener Theophýlaktos, dem Baumeister von der Insel Keos!* Es ist eine einzigartige Durchbrechung der Anonymität, in der die byzantinische Architektur sonst für uns verharrt.
In historischen Quellen wird die kleine Kirche Johannes des Barmherzigen, Ajíou Ioánnou toû Eleímona, nicht erwähnt, wie auch sonst über Ligourió wenig bekannt ist.

Das Kloster Agnoûntos

Die 1971 eröffnete Küstenstraße Isthmia–Epidaurus, die mit großem Aufwand hauptsächlich für die Athener Besucher der Festspiele errichtet wurde, hat ein Kloster zugänglich gemacht, das in seiner Felseneinsamkeit verloren und vergessen war. Nun steht es dicht an der Autobahn und ist zu einer Sehenswürdigkeit und einem vielbesuchten Rastplatz und Ausflugsort geworden. Im Talgrund gegenüber liegt ein versumpfter See. Für den Touristen macht er die Landschaft elegisch, aber das Klima wird er nicht gerade verbessern. Vielleicht ist auch deswegen das Kloster seit seiner Erschließung nicht neu bewohnt, sondern wird – lediglich als Sehenswürdigkeit – von den Nonnen des eine Stunde entfernt liegenden Taxiarchenklosters mitbetreut.
Das Besondere des Klosters Agnoûntos ist, daß es dem Besucher als Burganlage entgegentritt. Wehrhaft liegt es auf seinem Hügel, von

8 m hohen Mauern umgeben, deren Ecken durch Wehrerker gesichert sind. Das einzige Tor führt durch ein Tonnengewölbe direkt auf den Eingang der Kirche zu, die uns mit einer reichgeschmückten Westwand empfängt. Über der Tür befindet sich eine Rundbogennische mit einem Marienbild. Darüber ist ein antikes Werkstück eingemauert, aus Marmor, mit Spiral- und Mäanderleisten und einem eindrucksvollen Löwenkopf in der Mitte. Vielleicht, daß es aus der Tholos von Epidaurus stammt. Jedenfalls ist es kein Wasserspeier. Darüber befindet sich ein Kreuz mit der Losung: Jesus Christus siegt. Den Abschluß bildet ein zweiteiliges Fenster.
Die Kirche hat die Außenmaße 6,25 × 13,20 m und ist vollkommen symmetrisch gestaltet. An den Hauptraum sind im Osten und Westen zwei große Apsiden angesetzt, die fast die Höhe des Zentralraums erreichen und ohne Zweifel von der Hagía Sophía in Konstantinopel angeregt sind. Die Kirche besitzt keine Säulen, sondern die Kuppel ruht im Norden und Süden auf zwei hohen Blendarkaden und im Osten und Westen auf den Kugelschalen der Apsiden. Die Erweiterung durch die Apsiden und das Fehlen der Säulen verleihen dem Kircheninneren eine weitaus größere Raumwirkung, als die Außenmaße vermuten lassen, eine Wirkung, die von der übermäßig hohen und weiten Kuppel noch verstärkt wird.
Die Gründungszeit des Klosters ist wie üblich unbekannt. Es blühte schon im 14. Jahrhundert und war vom örtlichen Bischof unabhängig, unterstand direkt dem Patriarchen von Konstantinopel, was aber praktisch mit jedem griechischen Kloster von einiger Bedeutung der Fall gewesen zu sein scheint. 1715 wurde es von den Türken, mit denen es sich gutzustellen wußte, von der Steuer befreit und 1822 von den Griechen, zur Anerkennung für die Dienste, die es den Teilnehmern der Ersten Griechischen Nationalversammlung geleistet hatte, die vom 20. Dezember 1821 bis 15. Januar 1822 im nahe gelegenen Piáda (Nea Epídavros) tagte.
1803 hatte es nur noch drei Insassen, aber 1833 wieder dreißig und entging daher der Aufhebung durch die ottonische Klosterreform. 1945 wurde es als Dependance (Metóchi) dem Taxiarchenkloster angeschlossen, das seinerseits in ein Nonnenkloster umgewandelt wurde.
Die jetzige Kirche ist nicht byzantinisch, sondern stammt aus der Türkenzeit, aus dem 17. oder dem Anfang des 18. Jahrhunderts. Bis

auf das Marienbild in der Apsis, den Pantokrator und zwei Evangelisten, die durch Feuchtigkeit schwer beschädigt sind, ist der Freskenschmuck vollständig erhalten und stellt die größte Sehenswürdigkeit des Klosters dar. Ein ungewohnter leuchtendblauer Grund überstrahlt alle anderen Farben und bestimmt den ersten Eindruck, der uns sofort anzeigt, daß wir es mit einer späten Ausmalung zu tun haben. Die Fresken stammen aus dem Jahre 1759 und sind das Werk eines Anagnóstis Papadópoulos.
Der Faltenwurf der Gewänder ist mit großer Künstlichkeit ausgeführt, aber die Wiedergabe der Gestalten und Gesichter befreit sich nicht von der Trockenheit der verfallenden Kunst nachbyzantinischer Zeit. Der Gesamteindruck ist trotz allem groß und feierlich. In den Zwickeln der Kuppel sind wie üblich die vier Evangelisten dargestellt, in jeder ausgemalten oder mosaizierten Kirche einer der anziehendsten Punkte des ikonographischen Programms. In der Klosterkirche Agnoûntos ist aber durch die Anfügung der beiden großen Apsiden die Zahl der Zwickel verdoppelt, und in den zweiten vier sind als Entsprechung zu den Evangelisten die vier Protopsalten, die großen Hymnendichter der orthodoxen Kirche, dargestellt.
In den Evangelistenzwickeln der Kuppel sind merkwürdige Vorrichtungen zur Schallverstärkung angebracht. Das Gesims ist in den drei Farben Rot, Blau und Gelb illusionistisch bemalt, als ob es skulptiert wäre. Der Bodenbelag der Kirche besteht glücklicherweise nicht aus Kacheln, sondern aus Porosplatten. Auffallend, aber in ihrer Bedeutung unerklärt sind drei marmorne Säulentrommeln, die in Reihe in der Mitte des Kirchenschiffs liegen.
Das Kloster ist dem Tod Mariä geweiht, und so finden wir auf dem Templon, das nur noch in der Mitte Spuren der Vergoldung zeigt, sonst aber mit ordinärer Fußbodenfarbe neu gestrichen ist, von rechts nach links die vier Ikonen Johannes des Täufers, Christi, Mariä und die ihres Todes. Es sind Werke eines Eustáthios Kourtésis aus dem Jahre 1715, gediegene und ansprechende Schöpfungen, aber hinter den Ikonen des Klosters Loukoûs bleiben sie doch weit zurück.
Es bleibt noch der Name zu erklären. Nach dem Buchstaben genommen wäre *Moní Agnoûntos* das Kloster des Unwissenden. Das hat wenig Sinn, jedenfalls keinen, mit dem irgend jemand etwas anzufangen wüßte. Man hat den Namen daher mit Ortsnamen wie *Seli-*

noûs, Myrrhinoûs, Rhamnoûs in Parallele gesetzt, die von Pflanzennamen gebildet sind, Sellerie, Myrrhe und so weiter, wo denn *Agnoûs* von *ágnos* herkäme, der im Altertum der Hera heilig war: *agnus castus,* auf Deutsch *Keuschlammstrauch,* in manchen Gegenden auch *Mönchspfeffer* genannt. – Im Volksmund dagegen heißt das Kloster *Panajía i Agnánta.* Das könnte vom Verb *agnanteúo, ins Weite sehen*, herkommen und sich auf die Lage des Klosters beziehen, das auf einer weithin sichtbaren oder weit ins Land schauenden Höhe liegt. Auf seinem Siegel nennt das Kloster sich *Hierà Monè Agnóntas,* eine Variante, die keine einleuchtende Erklärung zuläßt.

Ausflug nach Lyrkía

Von der großen argolischen Ebene erfreut sich nur der Ostrand der Aufmerksamkeit der Touristen: Mykene, das Heraion, Tiryns, vielleicht noch Merbaka, vielleicht noch Midéa. Aber den Westrand sieht kaum jemand auch nur auf der Karte an. Und doch lohnt auch dieser Teil der Argolis durchaus einen Besuch, und er wird durch zwei moderne Asphaltstraßen erschlossen, von denen die eine nach Karyá auf das Artemisiongebirge führt, die andere durch das Inachostal nach Lyrkeia (Lyrkía) auf das Lyrkeiongebirge.

Karyá, was einfach *Nußbaum* heißt und ein häufiger griechischer Ortsname ist, liegt 24 km von Argos entfernt in 680 m Höhe am Ostabhang des Artemisiongebirges. Die Straße führt an einer Reihe von Dörfern vorbei durch das Tal des Charadros aufwärts, der heute Xeriãs heißt, weil er meist trocken liegt. Auf der linken Seite des Flusses, auf der rechten, so wie man hinauffährt, beim Dorf Mazi, vermutet man das antike Oinóë, bei dem eine berühmte Schlacht stattfand, mit der es die besondere Bewandtnis hat, daß ihre Zeit noch viel unsicherer ist als der Ort. Sie kommt bei keinem antiken Geschichtsschreiber vor. Wir wissen von ihr allein durch den Bericht des Pausanias über die Weihgeschenke, die Argiver und Athener für ihren Sieg über die Spartaner stifteten. Das der Athener war ein Gemälde, und zwar in der sogenannten Bunten Halle. In der Stoá poikíle befanden sich Gemälde von vier Schlachten, zwei mythischen und zwei historischen. Davon war die eine die Schlacht von Marathon, die andere die Schlacht von Oinóë. Sie muß also für die Athener von außerordentlicher Bedeutung gewesen sein, wenn sie diesen Sieg über die Spartaner mit der Schlacht von Marathon in Parallele setzten, obwohl es sich dabei in gewissem Grade natürlich auch um propagandistische Überhöhung gehandelt haben kann. Die Schlacht wird heute gewöhnlich um 460 v. Chr. angesetzt. Früher datierte man sie in den Korinthischen Krieg (395–386). Sie wird vermutlich immer ein Kuriosum der Alten Geschichte bleiben.

Karyá

Wenn man sich Karyá nähert, so sieht man auf dem Steilhang des Artemisiongebirges im oberen Drittel einen einzigen riesigen Baum stehen als auffällige Landmarke. Es ist eine Steineiche. Nun berichtet Pausanias, daß es zwei Wege über das Artemision von Argos nach Mantinea gab, den einen bei der sogenannten Steineiche (Prinos), den er selbst benutzte, den anderen über die »Leiter« (Klimax). Der Leiterpass lag gegenüber von Lyrkía, der andere aber oberhalb von Karyá, und die heutige Steineiche kann sich nicht weit von der Stelle befinden, wo die des Altertums stand. Daß es sich um denselben Baum handelt, ist ausgeschlossen, denn auf eine Lebensdauer von zweitausend Jahren bringt seine Art es nicht. Aber es erscheint gar nicht undenkbar, daß ein Freund und Kenner des Altertums im vorigen Jahrhundert bewußt jene Steineiche pflanzte, um die Stelle zu markieren, wo in der Antike der südliche Übergang von Argos nach Mantinea verlief, den der berühmte Reisende selbst benutzt hatte. Und so wird man denn auch von den Einwohnern des Dorfes stolz auf »die Eiche des Pausanias« hingewiesen.
Karyá empfängt den Besucher gleich zu Beginn mit seiner großen Platía. Hier endet die Fahrstraße, und hier liegen das Hauptkaphenion, die Polizeistation und die Kirche. Das Dorf selbst zieht sich steil den Hang hinauf, wo es sich in lauter Einzelhäuser auflöst. Neue gibt es nur wenig, aber auch hier sind die Argiver dabei, sich einige alte als Sommerhäuser herzurichten, denn der Ort bietet Frische und Kühle nicht nur durch seine Höhenlage, sondern auch durch seinen großen Wasserreichtum. Er ist rings von Nußbäumen und Platanen

umgeben. Sieben Wassermühlen arbeiteten einmal hier, bevor sie von der Elektrizität stillgelegt wurden. Und das Wasser fließt nicht nur am Dorf vorbei, es wird auch in Rinnen durch seine Gassen geleitet.

Karyá hat noch eine zweite, kleinere Platía auf halber Höhe, wo die Schule steht. Auf beiden Plätzen sind erst kürzlich, 1978, zwei Denkmäler zu Ehren der einheimischen Helden des Freiheitskrieges errichtet worden. Es sind durchaus ansprechende Schöpfungen, keineswegs provinziell, sondern von sicherem Geschmack und solidem Können. Man hat einen guten Griff mit den beauftragten Künstlern getan. Aber diese unverwandte Vorliebe der Griechen für Denkmäler und ihr passioniertes Attachement an den Freiheitskrieg haben für den modernen Mitteleuropäer doch etwas Befremdliches. Ein unendlicher Unterschied liegt freilich darin, daß, wo wir uns mit Reformation, Aufklärung, Klassik und Romantik beschäftigen, den Griechen der Freiheitskrieg dies alles ersetzen muß. Und während es sich dort um große geistige Bewegungen handelt, die unser Sein und Selbstverständnis begründen, sehen sie sich fast ganz auf das Militärische und Politische eingeschränkt. Überkompensation ist da fast unvermeidlich. Ein Grieche spricht vom Freiheitskrieg nicht so wie etwa ein Protestant von der Reformation, sondern er spricht geradezu vom Heiligen Krieg, und das macht die Sache natürlich finster. Denn der Heilige Krieg, und erst recht die Heiligen Krieger, Helden und Heroen haben dann nur noch partiell etwas mit der Wirklichkeit zu tun. Der Freiheitskrieg ist großenteils ein stets erneuter Anlaß, ja geradezu eine öffentlich sanktionierte Verführung für den unausrottbaren Hang zu großen Worten und schönen Reden. In der Konsequenz kann der Freiheitskrieg den Weg zum objektiven Geschichts- und Selbstverständnis geradezu blockieren. Eine griechische Darstellung von Alexander Ypsilántis, Kolokotronis und Kapodistrias ist immer in Gefahr, wenn nicht rhetorisch, zumindest apologetisch zu werden. Will man sich über die stark ausgeprägten Schattenseiten dieser Männer und ihres Wirkens objektiv informieren, so muß man zu ausländischen Darstellungen greifen.* Die grie-

* Wir möchten hier daran erinnern, daß die bedeutendste und ausführlichste deutsche Darstellung des griechischen Freiheitskrieges diejenige von Karl Mendelssohn-Bartholdy ist: *Geschichte Griechenlands von der Eroberung Konstantinopels durch die Türken im Jahre 1453 bis auf unsere Tage* (das heißt bis zur Volljährigkeit und Thronbesteigung König Ottos). 2 Bde.

chische Befangenheit bewahrt ihre Nationalhelden davor, in einer Weise analysiert zu werden, wie es bei uns etwa mit Friedrich II. oder Bismarck geschehen ist. Auch da liegen Welten zwischen den Mitgliedern der Europäischen Gemeinschaft.

*Lyrkía***

Die Fahrt nach Karyá ist eine Bergfahrt, die uns in ständiger Steigung auf eine Höhe von 680 m bringt. Die Fahrt nach Lyrkía gibt eine Vorstellung von der Ausdehnung der argolischen Ebene nach Westen, wo das Fruchtland ohne Zweifel auch in mykenischer Zeit schon genutzt worden ist. Auf eine Länge von 16 km führt die Straße durch den breiten Talgrund des Inachos, mit minimaler Steigung, fast völlig eben. Nach der Fahrt von 16 km befinden wir uns auf einer Höhe von 240 m, nicht höher als der Gipfel des Palamídi. Bei Lyrkía weitet sich das Tal noch einmal zur Ebene, bevor es sich in die Berge verliert. Es sind also bedeutende Agrarflächen, die die Argolis hier noch einmal besitzt. Und die große Überraschung ist, daß sie in wesentlichem Umfang zum Tabakanbau genutzt werden, oft säuberlich geschieden, auf der einen Flußseite Korn und Gemüse, auf der anderen Tabak. Die Sorten von Lyrkía sollen zu den besten gehören, die es in Griechenland gibt. Es ist eine wohlhabende gepflegte kleine Landstadt, und überall ist ihr wichtigstes Produkt zum Trocknen aufgehängt.

Die Fahrt nach Lyrkía hat aber auch dem archäologisch Interessierten etwas zu bieten. 7 km, nachdem man von der Straße Argos–Korinth abgebogen ist, steht rechts an der Straße auf einem Hügel eine schöne neue Kirche, es folgt ein verfallenes Gehöft, dann geht die Straße in eine Kurve, und links erscheint die Brücke nach Schino-

Leipzig 1870/71. Der Verfasser ist ein Sohn des berühmten Komponisten und wandte zehn Jahre seines Lebens an dieses Werk, mit dessen Abfassung er seine Kräfte erschöpfte. Er verbrachte den Rest seiner Jahre in einer Heilanstalt. Das Buch ist ein klassisches Werk der deutschen Geschichtsschreibung und zum Beispiel an gedanklicher Durchdringung und politischer Analyse dem weit überlegen, was die neueste griechische Darstellung in der *Historía toû Elleníkoû Ethnous,* Bd. 12: *Die griechische Erhebung und die Gründung des griechischen Staates (1821–1832),* Athen 1975, bietet.

** Über die moderne Betonung sind sich die Griechen selbst nicht einig. Die Karte schreibt Lýrkia, der Argolisführer Lyrkía. Die Einheimischen selbst gebrauchen die zweite, die antike Form.

chóri (Mastixdorf). Man verläßt den Wagen und betritt die Brücke. Von hier aus sieht man halblinks auf einem Hügel eine Bastion. Es ist der sogenannte Pyrgos Skalas, der Turm von Skala, wie die Gegend dort heißt. In Wirklichkeit ist es aber nur eine Bastion, eine breite Seite mit zwei kurzen Schenkelmauern. Das Mauerwerk ist mit Ziegeln durchsetzt und also nicht antik. Vielleicht trug sie einmal einen Ziegelaufbau von mehreren Stockwerken, wie wir ihn für die antiken Türme der Argolis angenommen haben. Die moderne Brücke ist wahrscheinlich an die Stelle einer älteren oder einer Furt getreten. Der Turm auf dem Hügel besaß eine günstige Position, diesen Flußübergang zu bewachen. Und diese Stelle wird dadurch besonders interessant, daß man entweder bei Schinochóri (Chelmi) oder Skala (Paläokastraki) das antike Lyrkía vermutet. Im übrigen ist der Inachos, der einmal der Hauptfluß der Argolis war und in ihrer Mythologie eine wichtige Rolle spielte, heute kaum weniger ausgetrocknet als sein Nachbar und Nebenfluß Xeriãs und weitgehend nur noch Geröllfeld und Kiesgrube.

Abermals nach 7 km, 14 km nach der Abzweigung von der Straße Argos–Korinth, 2 km vor Lyrkía liegt rechts die Abzweigung nach Douka, die verheißungsvoll mit Asphalt beginnt, der aber schon sehr bald endet. Nach etwa 2 km taucht vorauf ein steiler Felsen auf, er trägt das Plateau mit der Burg von Lyrkía. Die Straße steigt in Kurven an und erreicht nach 3 km das Niveau der Burg. Hier läßt man den Wagen stehen, denn von hier hat man den leichtesten Zugang.

Das Kastell von Lyrkía ist von den vier Burgen der Argolis, die wir in diesem Buch beschreiben, die größte. Aber sie gehört auch zu denen, die auf dem Plan imposanter aussehen als in der Natur. Sie ist nicht besonders gut erhalten, und man kann ihre Mauern im Gelände nur mit Hilfe des Plans verfolgen.

Das Plateau ist auf drei Seiten von schroffen Felsabstürzen eingeschlossen, die zum Teil senkrecht, im Osten bis zu 25 m, im Süden und Westen bis zu 15 m tief abfallen. Im Norden ist es durch einen flachen Sattel mit dem Hauptberg verbunden. Hier war also die verwundbarste Stelle, und hier wurde es durch drei Türme gesichert. Die Türme sind so in den Sattel gelegt, daß sie sich fast auf gleichem Niveau befinden. Zur Ostseite sinkt die Mauer dagegen um etwa 5 m ab, um von Süden her wieder anzusteigen, denn das Plateau hatte seine höchste Stelle an der Westecke und senkte sich gleichmäßig

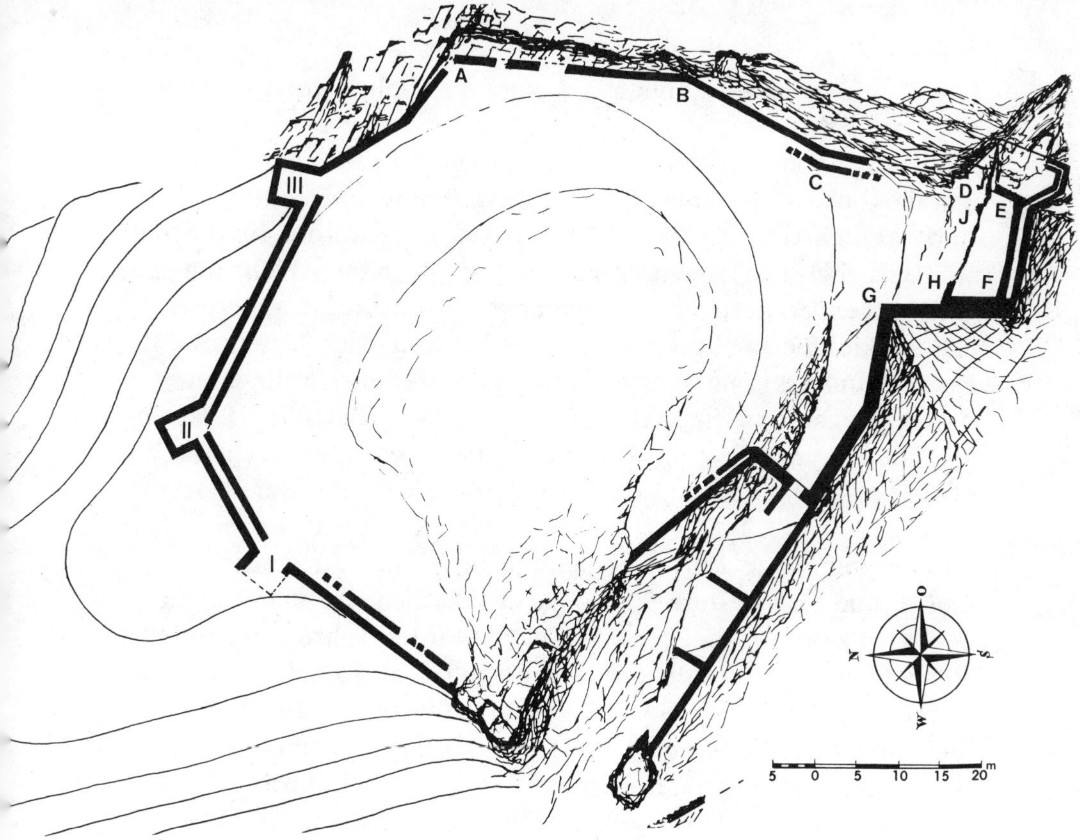

Plan der Festung bei Lyrkía

nach Osten. Die Mauer, eine polygonale Schalenmauer mit Erd- und Bruchsteinfüllung, hat durchgehend eine Stärke von 2,50 m. Nur die Tormauer und das anschließende Stück nach Südosten besteht aus zwei Polygonalschalen ohne Zwischenfüllung mit einer Gesamtstärke von 1,40–1,50 m. Nur an einer Stelle im Südwesten steht die Mauer noch bis zu 3 m an, sonst nicht mehr als 1,50 m, außen, denn die Innenschale ist meist so von Erde zugeschwemmt, daß sie nicht mehr zu sehen ist. Auch die Türme stehen nicht über 1,50 m an. Ihre Frontseiten haben eine Breite von 5,50 m. Das stark zerfallene Tor lag auf der Südwestseite. Der erhaltene Schwellstein zeigt an, daß es etwa 1,60 m breit und 1,20 m tief war. Der Burgweg kam von Südosten herauf und bog bei einem großen Felsblock unterhalb der Westecke des Kastells um fast 180° in den Torweg ein. Auf einer Länge von 50 m lief er unter der Südmauer dahin, die ihn beschat-

tete. Der Torweg wird außen von einer 4 m hohen Polygonalmauer gestützt.
Mauerzüge von Wohnbauten im Innern sind nicht mehr festzustellen, möglicherweise aber unter der Erdfüllung verschüttet.
Imposanter als die verfallenen Mauern der Burg werden für die meisten Besucher ihre Lage und Aussicht sein. Von ihrer Höhe auf dem vorspringenden Felsen bietet sich eine Rundsicht, die außerordentlich ist. Sie überblickt das Inachostal bis weit nach Osten und die Ebene von Lyrkía im Westen. Im Süden breitet sich die Kette des Artemision aus, an die sich im Westen die Westberge des Lyrkeion anschließen. Im Altertum kontrollierte das Kastell aber nicht nur das obere Inachostal und die Ebene, sondern gleichzeitig zwei Pässe, den schon erwähnten Leiterpaß, der von Argos nach Mantinea führte und bei der heute Portes genannten Stelle das Artemision überschritt, und eine weitere Straße nach Arkadien, die unmittelbar an der Burg selbst vorbei zunächst nach Norden führte, um auf der Hochebene nach Westen einzubiegen und über Aléa die Ebene von Orchomenós oder von Stymphalos zu erreichen.
Die Burg von Lyrkia ist eine einheitliche Anlage, die innerhalb einer bestimmten Zeit errichtet wurde. Charakteristisch für ihre Technik ist, daß die Türme keine selbständigen Wehreinheiten, sondern in die Mauern eingebunden sind, ja die innere Schalenmauer führt überhaupt hinter den Türmen durch, so daß diese eigentlich nicht mehr als Bastionen sind. Diese Art Festungsbau hatte nur Sinn, solange der Widder noch nicht erfunden war, der Rammbock, mit dem man Mauern zum Einsturz brachte. Die Burg von Lyrkía war dadurch besonders gefährdet, daß auf dem flachen Sattel der Nordseite Widder ideal zum Einsatz gebracht werden konnten. Sie muß also vor dem Ende des 5. Jahrhunderts errichtet sein. Wahrscheinlich gehört sie der Zeit des dreißigjährigen Friedens an, den Argos und Sparta 451 miteinander schlossen. Ihre Bestimmung war, die Nordwestgrenze der Argolis gegen Arkadien zu decken.

Kephalóvryso

Von der Burg führt die Straße, die hier streckenweise der antiken folgt, auf eine Paßhöhe und von dort über die Hochebene zwischen Lyrkeion und Trachý in 7 km zum Dorf Douka, das zwar selbst nicht

viel bietet, aber die Fahrt geht durch eine grandiose Berglandschaft.
Von Douka sind es noch einmal 6 km bis zum Dorf Kephalóvryso, gegen Ende in starkem Anstieg. Auch sind die letzten 4 km reichlich schlecht und eine ziemliche Geländefahrt.
Das Dorf liegt nach Norden, am Fuß einer steilen Bergkurtine, deren Mitte hier eine Falte bildet. Es bekommt nur wenig Sonne, im Winter verschwindet sie schon am Frühnachmittag hinter der Bergwand. Der Name war es gewesen, der mich zu dieser etwas abenteuerlichen Fahrt verleitet hatte, denn Kephalóvryso bedeutet, daß sich hier ein Kephaläri befindet, eine Quelle, Vrýsi, die als unterirdischer Abfluß aus dem Felsen tritt. Sie ist der Grund, warum das Dorf in dieser Höhe und ungünstigen Sonnenlage entstanden ist. Das Wasser tritt reichlich aus, aus einem Felsengang auf dem Grund der genannten Bergfalte. Im Sommer, heißt es, wenn das Wasser niedriger steht, könne man 70 m tief in den Berg hineinwaten und gelange dann an einen großen unterirdischen See, in dem sich das Wasser, von weit her kommend, sammle. Die Quelle fließt so stark, daß sie einen kleinen Fluß bildet, den wasserreichsten Nebenfluß des Inachos.
Das abgelegene Dorf mit seiner schlechten Straße ist arm, und der einfachste Test für die Wirtschaftslage: gibt es Neubauten?, ergibt nur zwei Anbauten, kein einziges neues Haus, dafür aber manches verfallene. Das Dorf, nur 36 km von Argos entfernt, würde sich vielleicht zur Sommerfrische eignen, aber dafür fehlen alle Fazilitäten. Es gibt keine Unterkünfte, keine Taverne, es gibt nicht einmal ein richtiges Kaphenion. Nur im Pantopolíon, der Gemischtwarenhandlung, kann man einen Kaffee bekommen. Die Jugend ist fast ganz ausgewandert. Man trifft einige aufgeschlossene Leute »im blühenden Mittelalter« und einige verbitterte Alte, die schon fast gespenstisch wirken in ihrer Leblosigkeit. Das typische Bild eines verarmenden, schrumpfenden Bergdorfes, für das es welche Hilfe gibt?
Eine Frau ruft mir vom Chajáti, vom Söller ihres Hauses, unbefangen zu: »Woher sind Sie, wenn man fragen darf?«
Ich nehme die Frage rein lokal und sage, ich käme aus Saloniki. »Aus Saloniki?« wiederholt sie gedehnt, mit einigem Zweifel offenbar, ob ein Mazedone wohl so aussieht. Doch dann kommt das fällige »Herzlich willkommen!«, und ich antworte mit dem landesüblichen Gegengruß. Als ich zurückkomme, bemerkt ihre Nachbarin mit un-

gewohnter Zudringlichkeit: »So lernen wir Sie gar nicht kennen, wenn Sie gleich wieder gehen.«
Und auch beim Kaphenion/Pantopolíon redet man mich ohne Umstände an. Dort sitzen zwei Männer. »Wollen Sie uns nicht etwas Gesellschaft leisten? Setzen Sie sich zu uns, und trinken Sie einen Kaffee mit uns! Wir sehen hier nur selten einen Fremden.«
Der Tag geht zur Neige, und ich möchte noch einmal auf die Burg von Lyrkía. Aber es wäre eine verletzende Unhöflichkeit, die Einladung auszuschlagen. Auch interessiert es mich natürlich sehr, von den Leuten etwas zu erfahren. Das Dorf hat noch vierzig Familien. Bezeichnenderweise geben die griechischen Dorfbewohner die Einwohnerschaft gewöhnlich nicht in Personen, sondern in Familien an. Auf die Frage, was das Dorf produziert, kommt die ironische Antwort: guten Sauerstoff, frische Luft (kaló oxygónon). Und in der Tat ist das übrige bescheiden. Ein paar Schafe, ein bißchen Getreide, ein paar Nüsse. Man wundert sich, wie es zum Leben reicht. Neuerdings haben sie die staatliche Erlaubnis bekommen, auch hier oben Tabak anzubauen, nicht an den Berghängen natürlich, sondern weiter unten im Tal. Nun versucht man, es Lyrkía nachzutun. Am Klima scheint es nicht zu scheitern, obwohl doch auch die unteren Felder soviel höher liegen als Tal und Ebene von Lyrkía.
Einer der beiden Männer hat einen Bruder, der in Deutschland arbeitet, und er hat ihn vor einiger Zeit in Bonn besucht. Es war Februar und gerade Karneval, und er berichtet mit Befremden, daß unbekannte Mädchen ihn in einem Lokal ohne weiteres geküßt hätten. Ich sage, offenbar habe er ihnen sehr gefallen. Aber damit ist für ihn kein zureichender Grund genannt, und ich beeile mich zu erklären, daß solche Sitten in Deutschland auf den Karneval und auch dann strikt auf das Rheinland beschränkt seien – indem ich wieder einmal ganz vergesse, daß eigentlich auch Bayern zur Bundesrepublik gehört. Um das etwas delikate Thema zu wechseln, wage ich nun doch nach den beiden Krücken zu fragen, die er neben sich stehen hat. Er ist mit seinem Motorrad vor fünf Monaten in der Dunkelheit in eine Schlucht gestürzt, sechs Meter tief. Der Kopf ist wie durch ein Wunder heil geblieben, aber er hatte ein Bein und mehrere Rippen gebrochen und schwere innere Verletzungen erlitten. Man hat ihn nicht nach Argos, sondern gleich nach Athen gebracht, und er hat nicht nur den Sturz, sondern auch diesen Transport überlebt. Man hat ihm

dort die Brust geöffnet, das geronnene Blut herausgenommen und eine große Transfusion gemacht. Man hat ihm das Blut gewechselt, wie er sagt. Und er hat sich sehr gut erholt, sieht frisch und gesund aus und kann bald auch wieder frei gehen. Er hat wirklich, wie man griechisch sagt, einen Heiligen zum Beschützer gehabt. So ist der Abschied fröhlich, und die guten Wünsche, die ich dabei ausspreche, sind nicht nur so zum bloßen Trost gesagt, sind vielmehr voller Hoffnung, ja schon fast erfüllt.
Zum Besuch der Burg ist es nun zu spät. In Lyrkía sind bereits die Lichter an. Sie erinnern an das eine, von dem der Mythos berichtet. Als einziger von den fünfzig Söhnen des Aigyptos entrann Lynkeus der Bluthochzeit mit ihren Kusinen, den Danaiden. Hypermestra hatte ihren Verlobten geschont. Er konnte sich nach Lyrkía flüchten und zündete dort ein Feuer an zum Zeichen, daß er gerettet sei. Und Hypermestra antwortete ihm mit einem Feuersignal von der Larissa, daß auch sie in Sicherheit sei. Zur Erinnerung an die Rettung der beiden begingen die Argiver alljährlich ein Fackelfest. Lyrkía habe ursprünglich Lynkia geheißen, berichtet Pausanias (II 25,5).

Das Löwengrab von Mykene

Von Mykene gehört haben heißt vom Löwentor gehört haben. Aber daß es dort auch ein Löwen*grab* gibt, ist nur wenigen bekannt, jedenfalls sind es nur ganz vereinzelte Touristen, die es besuchen. Im Polyglott-Führer wird es nicht erwähnt, und damit ist es für die meisten nicht existent.
Wenn man zum Besuch Mykenes seine Eintrittskarte gelöst hat und sich dann in Richtung auf das Löwentor aufmacht, liegt nur wenige Schritte hinter dem Schalterhäuschen links im Zaun eine Tür, die gewöhnlich unverschlossen ist, die man sich sonst vom Wärter öffnen lassen muß. Wenn man diese Türe durchquert und ein Stück halbrechts weitergeht, steht man schon nach 50 m über der Öffnung des Löwengrabs, das einfach deswegen so heißt, weil es in der Nähe des Löwentors gelegen ist.

Zwei Gründe gibt es, auf das Löwengrab hinzuweisen. Die ungeheure Touristenflut, die in der Hochsaison über Mykene hereinbricht, ist schon im Freien schwer erträglich, das Schatzhaus des Atreus aber, das in der Tat das bedeutendste Monument der mykenischen Architektur und ein wahres Wunderwerk ist, macht sie durch ständige Überfüllung für jeden sinnvollen Besuch untauglich. Das Löwengrab dagegen liegt abseits des Touristenstroms, wenn auch nur um wenige Schritte. Aber die kurze Entfernung genügt, um es zu isolieren. Hier hat man ein Kuppelgrab ganz für sich, kann es in Ruhe studieren und genießen, kann in seinem Schatten sitzen und sich ganz der Fremdheit und Großartigkeit dieser Bauten überlassen.

Der zweite Grund, es zu empfehlen, klingt zunächst paradox: das Löwengrab ist nicht vollständig erhalten, seine Kuppel ist eingestürzt und reicht nur noch bis zur Höhe der Oberschwelle. Aber dieser Mangel bietet die Möglichkeit, besser als bei jedem anderen Kuppelgrab in Mykene deren Anlage und Architektur zu studieren. Im ganzen sind neun Kuppelgräber in Mykene erhalten, deren Entstehung sich über einen Zeitraum von etwa 250 Jahren erstreckt (etwa 1500–1250 v. Chr.) und die von unterschiedlicher Qualität und Größe sind. Die Kuppelgräber waren Königsgräber und sind wie die Pyramiden von Ägypten mit sehr unterschiedlichem Aufwand errichtet worden. Das bedeutendste und kostbarste, ganz aus sorgfältig gehauenen, zum Teil gewaltigen Blöcken errichtet, ist das sogenannte Schatzhaus des Atreus, das der gleichen Zeit angehört wie das Löwentor. Kein anderes mykenisches Grab, außer dem wahrscheinlich vom selben Architekten stammenden Kuppelgrab von Orchomenós in Böotien, ist mit dem gleichen Aufwand errichtet. Aber unter den übrigen gehört das Löwengrab mit zu den größten und schönsten.

Die Frage nach dem Ursprung der Kuppelgräber hat nach langem Widerstreben zu dem Eingeständnis geführt, daß sie sich nicht aus fremden Kulturen herleiten lassen. Sie sind weder babylonisch noch ägyptisch und haben auch in Kreta nur scheinbare, aber keine wirklichen Vorläufer. Irgendwo müssen sie ja nun einmal ihren Anfang genommen haben. Es war eine genetische Zwangsidee, ihn immer weiter zurückverlegen und die Erfindung nicht den Mykenern selbst zuschreiben zu wollen, die die einzigen waren, die diese Grabform

gebaut und sie zur Vollendung gebracht haben. Sie findet sich nur auf dem griechischen Festland und auf einigen Inseln. Der Kuppelbau ist allen anderen antiken Kulturen fremd, und wie für Babylonien die Tempeltürme, für Ägypten die Pyramiden, für Griechenland Tempel und Theater charakteristisch sind, so sind es für die mykenische Architektur die Kuppelgräber. Sie stehen in der gesamten Mittelmeerwelt einzigartig da und werden erst nach eineinhalb Jahrtausenden im 2. Jahrhundert n. Chr. durch das Pantheon Kaiser Hadrians in Rom übertroffen.
Die Kuppel wurde in den Abhang eines Hügels hineingebaut, doch so, daß die Spitze daraus hervorragte und nachträglich mit wasserdichtem Ton und Erde bedeckt wurde. Die Kuppelschale ist nach dem Prinzip des sogenannten falschen Gewölbes errichtet, das heißt, die umlaufenden Mauerringe wurden überkragend übereinander verlegt. In einem zweiten Arbeitsgang wurden dann die vorstehenden Kanten zu der gleichmäßigen sphärischen Schale abgearbeitet. Je nach Vermögen sind die Gewölbe aus sehr verschiedenem Material errichtet. So besteht zum Beispiel die Kuppel des Ägisth-Grabes aus unregelmäßigen Bruchsteinen und war daher ebensowenig stabil wie ansehnlich. Man möchte annehmen, sie sei zur Verschönerung mit Putz verkleidet gewesen, doch ist davon keine Spur erhalten. Die aufwendigste Lösung bietet das Atreus-Grab, das ganz aus großen Konglomeratblöcken errichtet ist, dem festesten Gestein, das die Umgebung von Mykene bietet. Beim Löwengrab ist eine mittlere Lösung eingeschlagen. Die Kuppelschale besteht aus ziemlich flachen, aber gleichmäßig geglätteten und sauber verlegten Kalksteinziegeln, die zur Konsolidierung auf zwei Reihen großer Konglomeratblöcke aufliegen.
Den Zugang zur Kuppel vom Rand des Hügels aus bildete ein langer horizontaler Gang ohne Neigung, der sogenannte Dromos, dessen Seitenwände dem Kuppelbau entsprechend gestaltet sind. Beim Atreus-Grab bestehen sie aus langen, zum Teil ungeheuren Konglomeratblöcken, beim Löwengrab aus mittelgroßen Blöcken aus dem weicheren Porosgestein. Sie haben dem Druck des Hügels nicht standgehalten und sind zur Hälfte eingestürzt, während die Wände des Atreus-Dromos noch ihre ursprüngliche Höhe von fast 10 m besitzen. Der Anfang des Dromos am Rand des Hügels war gewöhnlich durch eine Reihe von Einfassungssteinen bezeichnet.

Den Übergang vom Dromos zur Kuppel vermittelte der monumentale Eingang, das sogenannte Stomion. Die Fassade enthielt eine über 5 m hohe Tür, die sich wie ägyptische Pylone nach oben leicht verjüngte, also trapezförmig war. Die Tiefe des Eingangs entspricht ungefähr seiner Höhe. Die Decke wurde von riesigen Oberschwellen gebildet, die weit über die Seitenwände hinausragten, um das gewaltige Gewicht des ganzen oberen Gewölbes und Hügels vom Durchgang weg auf die Seiten abzuleiten. Beim Atreus-Grab sind es zwei Steine, die den Eingang abdecken, von denen der innere mit 8 m Breite, 5 m Tiefe und 1,20 m Höhe ein Gewicht von hundert Tonnen erreicht. Beim Löwengrab finden wir drei Steine über dem Eingang, von denen der größte, der innere, immerhin auch ein Gewicht von zwanzig Tonnen aufweist. – Bei den älteren Gräbern ist die Innenkante der Oberschwelle geradlinig, das heißt, es ist auch der innere Deckstein rechteckig gebildet. Das Löwengrab gehört bereits zu dem Typus, wo dieser Stein vollkommen in die Rundung der Kuppel eingepaßt ist. Die gewaltigen Blöcke der Oberschwelle wurden natürlich nicht von unten auf ihren Platz gehoben, sondern auf Holzbohlen über den Hügel gezogen und an ihre Stelle gebracht.

Zur Sicherung der Stabilität ist auch beim Löwengrab der Eingang ganz aus Konglomerat erbaut. Nur die Fassade ist aus Poros vorgesetzt, weil die Tür zum Schmuck von zwei Faszien umrahmt ist, die sich in Poros leichter einschneiden ließen als in Konglomerat. Der lange Türsturz von Poros, der nicht nur die Tür, sondern den ganzen Dromos überspannte (→ Plan), ist herabgefallen und liegt nun rechts vor dem Eingang, wo man ihn in seiner ganzen Länge bestaunen kann. Merkwürdigerweise ist die Unterschwelle ganz verschwunden.

Über dem Türsturz setzte sich die Fassade mit einem »Obergeschoß« fort. Es ist beim Löwengrab nicht erhalten, doch ist sicher anzunehmen, daß es wie bei allen späteren Kuppelgräbern in der Mitte das sogenannte Entlastungsdreieck hatte, das den Druck von Kuppel und Hügel von der gefährdeten Mitte der Deckplatten weg auf die tragenden Seitenwände ableitete.

Die Fassade des Atreus-Grabes war mit reliefverzierten Halbsäulen aus grünem Lasurstein und mit grünen und rötlichen Reliefplatten geschmückt, deren Leichtigkeit und Eleganz in merkwürdigem Ge-

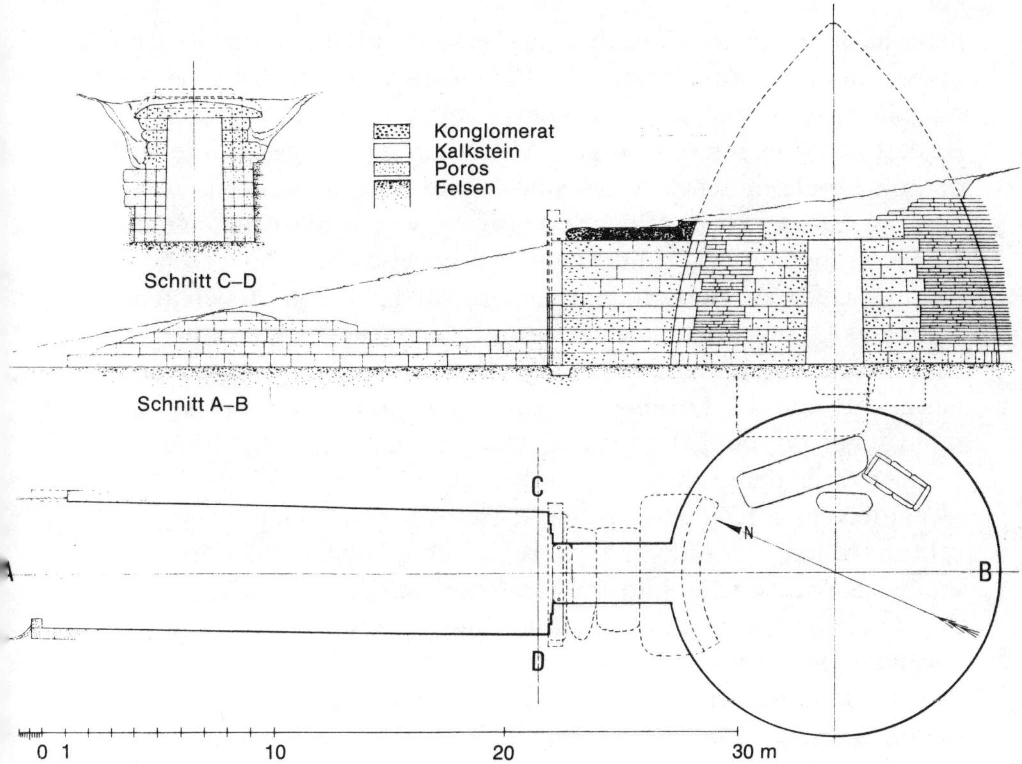

Schnitt und Plan des Löwengrabs von Mykene

gensatz stand zu dem gigantischen Mauerwerk, das sie verhüllten. Wie die Fassade des Löwengrabs geschmückt war, wissen wir nicht. Aber auch sie wird ohne Zweifel prächtig gewesen sein. Als was aber waren die Prunkfassaden aufzufassen? Als Eingang zum Totenpalast? Zweifellos hat der ungeheure Aufwand, den die mykenischen Könige an ihre Grablege wandten, etwas Ägyptisches an sich, wenn auch eine direkte Herleitung von dort nicht möglich ist. Er steht jedenfalls in ganz auffälligem Gegensatz zu den Totenbräuchen, die vorher und nachher in Griechenland üblich waren. Andererseits scheinen die Mykener trotz des ungeheuren Architekturaufwands keinen eigentlichen Totenkult geübt zu haben. Der Verstorbene wurde nur respektiert, solange er noch nicht vollständig verwest war. War aber einmal sein Fleisch vergangen, so konnten die Gebeine ohne Umstände beiseite geräumt werden. Sie scheinen dann nicht mehr als individuelle Überreste angesehen worden zu sein. – Tieropfer, vor allem von Hunden, in drei Fällen (Marathon, Lerna und Nauplion) auch von Pferden, kommen vor, die die Lieblingstiere der Bestatteten gewesen sein mögen. Menschenopfer dagegen, die wiederholt angenommen wurden, sind immer noch umstritten.

Wie die erhaltenen Zapflöcher beweisen, waren die Eingänge der Kuppelgräber durch – wahrscheinlich bronzebeschlagene – Doppeltüren geschlossen. Bei den späteren Gräbern befanden sie sich in der Mitte des Durchgangs. Nach Abschluß der Bestattung und der unterirdischen Totenfeiern wurden sie geschlossen, der Eingang wurde vermauert und der Dromos mit Erde zugeschüttet, so daß ein geschlossener Grabhügel entstand. Die Vermauerung des Eingangs diente sowohl dem Schutz des Grabes wie dem der Türen. Beim Löwengrab, das zeitlich dem mittleren Typus angehört, lag die Tür direkt am Anfang des Durchgangs, auf gleicher Höhe wie die Fassade, mußte also bei der Zuschüttung zusammen mit dieser geschützt werden. Ob man den Eingang hinter der Tür zugemauert hat, ist nur zu vermuten. Bei jeder neuen Bestattung mußte das Grab wieder freigelegt und dann erneut vermauert und zugeschüttet werden. Um diesen Arbeitsaufwand zu verringern, hat man sich bei der Bestattung von Kindern in einigen Fällen darauf beschränkt, den Dromos freizulegen, in dessen Seitenwände das Grab eingelassen wurde.

Die wunderbare Ruhe und das Schützende, das man in den Kuppelräumen empfindet, sind wahrscheinlich den gewählten Maßverhältnissen ebenso zuzuschreiben wie der elementaren Raumform. Die Kuppeln vermeiden das Spitze, waren im allgemeinen etwas niedriger als breit. So beträgt beim Atreus-Grab der Durchmeser 14,50 m und die Scheitelhöhe 13,20 m. Dagegen scheint das Löwengrab eine spitzere Kuppel besessen zu haben. Einem Durchmesser von 14 m steht eine errechnete Scheitelhöhe von ca. 15 m gegenüber. In den Maßen der Kuppel konnte sich also das Löwengrab mit dem Atreus-Grab durchaus vergleichen. Während sie im Durchmesser nur um einen halben Meter zurückblieb, war sie in der Höhe fast um 2 m größer. Im Dromos dagegen steht das Löwengrab dem Atreus-Grab weit nach, dessen 6 × 36 m es mit nur 5,40 × 22 m gegenübertritt. Die Höhe der Tür und die Länge des Durchgangs betrug bei beiden Gräbern 5,40 m, ihre untere Breite 2,70 m beim Atreus-, 2,40 m beim Löwengrab.

Das Atreus-Grab weist eine besondere Nebenkammer als Grablege auf, die sich sonst nur noch bei dem großen Kuppelgrab von Orchomenós wiederfindet, eines der Argumente für die Identität des Architekten. In den übrigen Kuppelgräbern wurden die Toten entweder auf dem Boden des Kuppelraums beigesetzt oder in Gräbern, die in diesen eingetieft waren. Das Löwengrab besaß drei Grabaushebungen auf der linken Seite (→ Plan), davon die eine mit den ungewöhnlich großen Abmessungen von 2 × 5,60 m bei 3 m Tiefe. Die Mykener verwandten im allgemeinen keine Särge oder Bahren. Der Tote wurde auf Matten oder einer Kieselunterlage zu ebener Erde bestattet.
Keines der neun Kuppelgräber von Mykene ist ungeplündert aufgefunden worden, und wir wissen im ganzen von den Bestattungssitten und Jenseitsvorstellungen nur wenig.
Man hat die Kuppelgräber als großartige architektonische Nachbildungen von Höhlen (als Totenwohnungen) aufgefaßt. Dem widerspricht nicht nur die prunkvolle Fassade, sondern auch die Tatsache, daß mehrere von ihnen auch innen geschmückt waren, wahrscheinlich mit (vergoldeten) Bronzerosetten, von denen die Stiftlöcher in den Mauern erhalten sind. Eine solche mit Rosetten bedeckte Kuppelschale weckte aber ganz andere Assoziationen als die einer Höhle.
Viele Fragen zu diesen großartigen Schöpfungen der mykenischen Architektur und zu den mykenischen Totenbräuchen bleiben unbeantwortet. Ihnen nachzusinnen ist das stille, abgelegene Löwengrab ein bevorzugter Ort.

Midéa und Dendrá

An einem Aprilsonntag des Jahres 1926 machte die amerikanische Archäologin Dorothy Burr einen Erkundungsausflug durch die Argolis. Sie hatte sich einen Führer und einen Esel gemietet und erreichte etwa drei Stunden südöstlich von Mykene am Rande der Ebene das Dorf Dendrá, wo sie einige Bauern auf dem Feld antraf,

die versuchten, schwere Steine aus der Erde zu ziehen, Steine, die offenbar zu einem mykenischen Kuppelgrab gehörten. Miss Burr teilte ihre Feststellung der Polizei in Nauplion und Argos mit, und der Ephoros der Argolis, N. Bertos, bemühte sich sofort um die Sicherung des Grabes.
Zu jener Zeit fanden zwei Ausgrabungen in der Argolis statt, eine amerikanische unter C. Blegen im Heraion und eine schwedische unter A. W. Persson in Asíne bei Tolón. Blegen war von seinem Unternehmen so in Anspruch genommen, daß er die Grabung in Dendrá nicht zusätzlich übernehmen konnte. Die Schweden dagegen, die bis dahin in Asíne kein besonderes Glück gehabt hatten, waren gerne dazu bereit, die Frage war nur, wie die Sache zu finanzieren sei. Als dieses Problem durch die Großzügigkeit mehrerer schwedischer Privatleute und Institutionen gelöst war, begann am 2. Juli 1926 die Ausgrabung des Kuppelgrabes von Dendrá. Da die Kuppel eingestürzt war, mußte nicht nur der 17 m lange Gang, sondern auch das Grab selbst ausgeschachtet und die ganze Erdmasse auf Funde kontrolliert werden. Diese beschwerliche und langwierige Arbeit war am 25. Juli abgeschlossen, ohne mehr als einige Scherben, vereinzelte kleine Goldreste und eine Reihe von Achat- und Fayenceperlen zu ergeben.
Der Boden des Grabens war mit einer dünnen Stuckschicht bedeckt, die jedoch an vier Stellen unterbrochen war, wo man offenbar den Boden ausgegraben hatte und wo sich die eigentlichen Gräber befinden mußten.
Am folgenden Tag, dem 26. Juli, begannen die Schweden, die vermuteten Gräber auszuheben, zuerst das an der Ostwand. 30 cm unter der Oberfläche machten sie den ersten bedeutenden Fund, einen massiven Goldring mit einer merkwürdigen Tierdarstellung auf der $2\,^1/_2$ cm großen Platte. Mit Eifer gruben sie weiter und stießen in einer Tiefe von 50 cm auf unregelmäßige Steinplatten, offenbar die Deckung des Grabes. Die Platten wurden entfernt, und die Grabung ging weiter. Man grub 60, 70, 80 cm tief, aber kein Skelett und keine Grabbeilagen wollten sich zeigen. Nur in die Erde eingesprengte Holzkohleteilchen ließen erkennen, daß man den unberührten Grund noch nicht erreicht hatte. Erst in einer Tiefe von 1,50 m zeigten sich Gebeine, das Skelett einer Prinzessin, das von einer herrlichen, 80 cm langen Goldkette aus achtzehn größeren und achtzehn

kleineren Rosetten und von einem Gürtel mit fünfunddreißig Goldanhängern bedeckt war.
Am 29. Juli wandten sich die Ausgräber dem zweiten Grab, auf der Westseite, zu, wo die Aussparung im Stuckboden bedeutend größer war. In einer Tiefe von 75 cm kam in der Mitte der Grube ein zerbrochenes Straußenei zum Vorschein, das durch eine silberne Tülle zur Flasche ergänzt und durch Gold- und Bronzebänder und bunte Glasornamente verstärkt und geschmückt war. Gegen Abend, nur wenige Minuten vor Arbeitsschluß, wurde ein Goldrand in der Erde sichtbar und eine unversehrte Goldschale geborgen, ein bedeutendes Stück, außen mit Stierköpfen in Niellotechnik verziert. Die Schale wurde gesäubert und mit Wein gefüllt, und Ausgräber und Arbeiter tranken gemeinsam daraus, auf das Wohl Griechenlands und Schwedens.
Am nächsten Tag fand man den Toten, dem diese Schale beigegeben war, die Königin. An ihrem linken Handgelenk lag noch eine schöne Gemme aus Karneol mit zwei wilden Ebern eingeschnitten. Zu ihren Füßen fand sich eine Steatitlampe und eine Goldkette aus einundsechzig kleineren Gliedern in der Form von Pfeilspitzen.
In der anderen Hälfte des Grabes kam nach und nach eine ganze Sammlung von Bronzewaffen zutage und schließlich auch der goldbeschlagene Griff eines Schwertes. Kein Zweifel, daß man sich den Gebeinen des Königs näherte, der offenbar mit der Königin im gleichen Grab bestattet war. Aber nun gaben die Schweden eine schöne Probe ihres Nationaltemperaments. Es war Freitagabend. Sie brachen die Grabung ab und traten das übliche zweitägige Wochenende an. Erst am Montag, dem 2. August, setzten sie die Ausgrabung fort, um das Königsgrab freizulegen. Die Gebeine des Königs waren, wie zu erwarten, von den wertvollsten Beigaben begleitet. Zu seinen Häupten lagen die Reste eines Helmschmucks, kleine Platten aus blauem und grünem Glas mit überraschenden Themen aus der Mythologie, darunter die erste Darstellung Europas auf dem Stier und der Chimära. Zu seiner Rechten lag ein goldbeschlagenes Kurzschwert, zu seiner Linken lagen drei große goldbeschlagene Schwerter, das eine mit einem Knauf aus Achat, die beiden anderen mit Knaufen aus Elfenbein. Bei seinen Füßen fand sich ein fünftes goldbeschlagenes Schwert, dazu vier Speerspitzen und zwei Messer, aus Bronze. Auf dem Unterleib des Königs stand eine flache Bronze-

schale, auf seinem Mittelleib standen drei Silbergefäße: ein Pokal mit dramatisch bewegten Jagdszenen, eine flache Schale ohne Bildschmuck und schließlich ein Becher in der Form der berühmten Goldbecher von Vaphió und ebenso wie diese mit Stierdarstellungen geziert, aber, da aus Silber, zum größten Teil korrodiert und aufgelöst. Das weitaus schönste und kostbarste Gefäß aber stand auf der Brust des Königs, eine große Goldschale, auf der Außenseite mit einer überaus kunstvollen Unterwasserlandschaft geschmückt. Vier Tintenfische schweben mit schlingenden Armen über Korallenriffen. Vom Rand des Gefäßes, den eine Reihe von Argonauten schmückt, tauchen Delphine in die Tiefe hinab. Es ist das schönste mykenische Goldgefäß, das bis jetzt gefunden wurde (→ Abb.). In der Schale lagen noch vier Ringe, drei mit Platten von 5 cm Länge, und sechs Gemmen aus Halbedelsteinen, unter denen zwei durch besondere Pracht hervorragen.
Es war ein außerordentlich glücklicher und reicher Fund, wie es eines zweiten nicht bedarf, um ein Archäologenleben zu erfüllen.
Die beiden weiteren Gruben, die sich noch im Boden des Kuppelgrabes befanden, erwiesen sich als von ganz anderer Art. Die im Süden, am Eingang zur Kuppel, maß ca. 2 × 2 m im Quadrat und 1,20 m in der Tiefe und war völlig gefüllt mit einem Gemisch aus Holzkohle und Erde, mit eingesprengten Teilen von Goldbeschlägen, Bronzeteilen, Stücken verbrannten Eisens, Fayenceperlen, Halbedelsteinen und anderem mehr, aber keinen Knochen. Es handelte sich offenbar um eine Opferstelle. Dagegen war die vierte Grube im Norden, 1,50 × 0,50 m im Rechteck und 0,70 m tief, ausschließlich mit unverbrannten Knochen gefüllt, menschlichen sowohl wie tierischen, darunter der gut erhaltene Schädel eines Hundes. Außerdem fanden sich in dieser Grube einige Fayenceperlen von einer Art, wie sie sonst in unserem Grab nicht vorkommt.
Ist es schon auffallend, daß der König und die Königin im gleichen Grab, in der gleichen Grube bestattet sind, so lassen die Fundumstände keinen Zweifel daran, daß sie auch gleich*zeitig* zu Grabe getragen wurden. Die Gründe dafür könnten verschieden sein, aber ein Zufall ist doch nicht sehr wahrscheinlich. Und so taucht also die Frage auf, ob wir es hier vielleicht mit einem mykenischen Beispiel von Menschenopfer zu tun haben, jenem auch bei anderen Völkern bekannten Brauch, daß die Witwe ihrem Mann in den Tod folgte.

Bewiesen werden kann es im vorliegenden Fall nicht, aber auch der Umstand, daß die Königin mit soviel weniger Beigaben bedacht war als der König, ist merkwürdig. Und vor allem ist da jene Grube mit den Skelettresten, denen eines Menschen und denen eines Hundes. Die Vermutung ist schwer zu unterdrücken, daß es sich um die Gebeine eines Dieners und des Lieblingshundes des Königs handelt, die ihrem Herrn ins Jenseits folgen mußten. So öffnet uns das Kuppelgrab von Dendrá einen Blick auf den dunklen Brauch, den die mykenischen Funde unseren Augen gewöhnlich verhüllen, den aber die homerischen Leichenfeiern mit ihren Menschenopfern ausführlich bezeugen.

Die reichen Funde des Königsgrabes veranlaßten die Schweden, die Grabung in Dendrá im nächsten Jahre, im Sommer 1927, fortzusetzen. Zwar wußte man, daß es keine Kuppelgräber mehr gab, aber man fand eine Reihe von Kammergräbern, also jener einfacheren, weniger aufwendigen Form, wo das Grab nicht gemauert, sondern einfach als Kammer in den weichen Felsen eingeschnitten ist. Und auch hier gab es wieder eine sonderbare Entdeckung. Im Kammergrab 2 machte man einen der größten mykenischen Bronzefunde, die jemals gemacht worden sind. In einer einzigen Grube, die übrigens direkt und mitten im Eingang lag, an einer Stelle also, wo sonst niemals Beigaben niedergelegt werden, fanden sich nicht weniger als fünfunddreißig gut erhaltene Bronzegegenstände: siebzehn Gefäße von zum Teil beträchtlicher Größe, sieben Lampen, vier Spiegel, ein Schwert, zwei Messer, eine Speerspitze, eine sechszackige Harpune und zwei Schneiden. Einzigartig war der Umstand, daß bei dem Schwert, den Messern und den Spiegeln sogar die Holzgriffe noch erhalten waren, und zwar so gut, daß der Konservator zum Teil sogar die figürlichen Darstellungen wieder erkennbar machen konnte. So zeigt ein Spiegelgriff auf jeder Seite ein Paar sitzende Frauen, von denen die eine einen Spiegel, die andere einen Zweig hält. Und in einer der Lampen war ein großes Stück mykenischen Tuches erhalten.

In der Grabkammer selbst fanden sich keine Schätze, die die Beigaben des Eingangs noch übertroffen hätten, wie es eigentlich zu erwarten war. Und doch waren auch hier die Funde merkwürdig genug. Es waren unter anderem drei Steatitlampen, davon die eine mehr als einen halben Meter hoch, vier große Alabastergefäße, ein mit weißen Glasperlen geschmückter Bronzedolch, einige kleine granulierte Goldgegenstände, eine Gemme. Weiter Hunderte von Glasornamenten in allen möglichen Formen und Mustern, die ursprünglich mit Goldblech überzogen waren, und etwa 40000 Glasperlen, die einmal zu einem bunten perlenbestickten Tuch oder Gewand gehörten.

Dann fanden sich in dem Grab zwei roh behauene Steinfiguren, eine Art Menhire, die unter Umständen Menschen darstellen könnten, zwei steinerne Schlacht- oder Opfertische (0,85 × 2 m und 0,80 × 1,20 m), an der Rückwand ein gemauerter Herd oder Altar und darüber in der Wand sieben tiefe Löcher, deren Anordnung an das Sternbild des Großen Bären erinnert und in denen vielleicht Metallrosetten befestigt waren, die das Sternbild darstellten(?). Schließlich noch zwei Gruben, gefüllt mit Tierknochen, von Ochsen und Schafen oder Ziegen, auch einige Fledermäuse dazwischen. Aber was sich nicht fand, waren Menschengebeine. Keine Spur, auch nicht ein Zahn. Dieser Umstand ist so merkwürdig, daß Persson den Gedanken erwogen hat, ob es sich am Ende gar nicht um ein Grab, sondern um eine Kultstätte handelte. Aber dieser Annahme widerspricht, daß die ganze Anlage völlig in der Art eines Grabes ausgeführt ist und auch mitten in einem Friedhof liegt, dicht umgeben von anderen Gräbern. Das aber bedeutet, wir haben ein leeres Grab vor uns, ein Kenotaph, errichtet natürlich nicht nur zu Ehren, sondern vor allem zum Kultdienst für Männer, die, als Kauffahrer oder Krieger, aus fremdem Land nicht zurückgekehrt waren. Und es könnte sein, daß die beiden rohen Steinfiguren die Verstorbenen darstellen und vertreten sollten.

Die weiteren Ausgrabungen in Dendrá fanden nun in großen Abständen statt. Grab 6 wurde erst 1937 freigelegt, die Gräber 7–11 1939. Alle sind Kammergräber. Von ihnen war Grab 10 besonders reich ausgestattet. Eine Reihe schöner großer Tongefäße war darin, eine Waage aus Bronze, die vielleicht religiöse Bedeutung hat und sich von der Seelenwägung des ägyptischen Totengerichts herleitet, fünf Silbergefäße, vor allem aber reiche Goldfunde, darunter eine Schale, die zu den schönsten und besterhaltenen mykenischen Goldgefäßen gehört, die wir besitzen (→ Abb.). Der Rand ist kunstvoll in acht Ausbuchtungen gearbeitet, und die einfache, aber sehr dekorative Verzierung besteht aus stilisierten Efeublättern, die mit ihren

Spitzen ineinandergreifen. Dazu fand sich ein kompletter Goldschmuck: ein Ring mit Kultszene auf der Platte, ein Paar große Ohrgehänge, vier herrliche Goldketten mit ganz verschieden geformten Gliedern und acht große Goldrosetten von 6,5 cm Durchmesser, die den Gürtel zierten.

Der Krieg brachte eine lange Unterbrechung, bis 1960 noch einmal ein bedeutender Bronzefund in Dendrá gelang. In Grab 12, unmittelbar nördlich des gerade beschriebenen Grabes 10, wurde außer drei großen Bronzegefäßen und einem Bronzespiegel ein kompletter mykenischer Brustpanzer gefunden, der erste und einzige, der bis jetzt ans Licht gekommen ist. Daß man Beinschienen aus Bronze besaß, war nichts Neues, auch daß die Lederhelme bronzene Wangenplatten trugen, hat nichts besonders Überraschendes, obwohl auch solche Wangenplatten zum erstenmal in unserem Grab gefunden wurden, aber daß man in der Zeit vor 1400, in die der Fund durch die beigegebenen Tongefäße datiert wird, auch schon bronzene Brustpanzer, eine komplette Panzerung des ganzen Oberkörpers kannte, war eine große Überraschung. Man hatte einer so frühen Zeit bis dahin nur Lederkoller zugetraut. Der Panzer ist aus einer Anzahl einzelner Stücke und Platten zusammengesetzt, die man nun glaubt, einer Reihe waffentechnischer Ausdrücke Homers zuordnen zu können (→ Abb. und Seite 107).

So hat denn Dendrá eine Menge bedeutender, zugleich wertvoller und merkwürdiger Funde geliefert, die der Besucher des Athener Nationalmuseums sich ebenso gründlich ansehen sollte wie die Funde aus Mykene, mit denen sie im selben Saal stehen. Ob und welche weiteren mykenischen Schätze und Überraschungen der Boden von Dendrá noch birgt, ist nicht vorherzusagen, sicher aber ist, daß nordwestlich des mykenischen Friedhofs eine bedeutende frühhelladische Siedlung liegt, aus der Zeit vor 2000 v. Chr., die vielleicht eines Tages auch einmal freigelegt wird und uns Einblick gibt in die früheste Besiedlung Griechenlands und der Argolis und in die Entwicklungsstufen, die der mykenischen Zeit vorausgingen.

Die nächste Frage ist aber die, zu welcher Stadt eigentlich der Friedhof gehört, dessen reiche Gräber wir hier beschrieben haben.

Nur eine Viertelstunde nordöstlich von Dendrá erhebt sich ein hoher Berg, bei dem die argivische Ebene ihren östlichen Abschluß findet. Nach Süden und Südosten fällt er steil in die Ebene ab, nach Südwesten, also auf Dendrá zu, senkt er sich sanfter, und terrassierte Felder und ein Mandelbaumwald bedecken den Abhang. Auf diesem Berg befand sich in mykenischer Zeit die Stadt Midéa, und ohne Zweifel ist sie es, zu der die Gräber von Dendrá gehören. Die kyklopischen Umfassungsmauern Midéas sind noch in größeren Partien erhalten, die um so eindrucksvoller sind, als sie hoch auf einem Berge liegen, was für eine mykenische Befestigung ungewöhnlich und überhaupt das einzige Beispiel ist, das wir kennen. Die Mauer umschließt die Stadt nur im Osten, Norden und Westen, im Süden und Südwesten aber sind die Abstürze so steil, daß ihre Befestigung sich erübrigte. Die Stadt besaß zwei Tore, ein kleines im Westen, ein größeres im Osten. Das Westtor liegt an der Stelle, wo die Mauer endet und ihre Funktion an die steile Südwand übergibt. Es wird auf der einen Seite von einem der Mauer vorgesetzten Turm, auf der anderen aber von einem senkrechten Felsen gebildet. Das Westtor ist nicht sehr eindrucksvoll, auch ist der Aufstieg zu ihm schwierig und anstrengend, und außerordentlich ermüdend ist es, von ihm auf den Gipfel des Berges zu klettern. Viel leichter zugänglich und auch viel imposanter ist das Osttor, und hier ist auch die Mauer am besten erhalten. Von der Rampe, die einst zum Tor führte, sind kaum noch Spuren zu sehen. Die Mauer aber steht hier noch über 6 m an, und wenn sie auch nur grob zusammengefügt ist, so ist sie mit ihrer Breite von 5 m doch ein überaus imposantes Bauwerk und allein schon durch die Arbeitsleistung erstaunlich, die sie erforderte – in solcher Höhe und bei dem harten Gestein.

Das von der Mauer umschlossene Terrain gliederte sich in zwei Gebiete, ein unteres, flacheres, das heute zum Teil der Feldbestellung dient, und den steilen, unregelmäßigen Gipfel, die Akropolis. Die beiden Teile sind nicht nur durch den Nordabfall der Akropolis, sondern eigens auch durch eine Mauer voneinander getrennt, die senkrecht vom Osttor ausgeht und sich am Fuße der Akropolis quer durch das ganze Gebiet zieht.

Vom Palast sind nicht einmal mehr die Fundamente in Resten erhalten, doch befindet sich etwa 50 m östlich des höchsten Gipfels ein relativ ebenes Plateau, das deutlich Spuren künstlicher Einebnung zeigt. Hier muß der Palast einst gelegen haben. Da das Plateau kein einheitliches Rechteck bildet, sondern aus einem schmaleren und einem breiteren Rechteck besteht, die im rechten Winkel zueinander

liegen, so hat der Palast von Midéa in seiner Anlage vielleicht nicht den Palästen von Tiryns und Mykene, sondern eher dem von Arne geglichen, der auch aus zwei rechtwinklig gegeneinandergesetzten Flügeln besteht.
Aus den wenigen Kleinfunden, die die schwedische Expedition von 1939 auf der Akropolis gemacht hat, geht so viel mit Sicherheit hervor, daß der Berg schon in mittelhelladischer Zeit, also in der Epoche, die der mykenischen vorausgeht, ausgedehnt besiedelt gewesen ist, daß die Besiedelung aber mit der mykenischen Zeit endet. Am Ausgang der mykenischen Zeit ist Midéa verlassen und nicht wieder neu besiedelt worden. Erst aus byzantinischer Zeit gibt es wieder einige geringe Funde.
Wie es scheint, ist also Midéa nicht von den Dorern zerstört, sondern von den Mykenern freiwillig aufgegeben worden. Damit kann es auch zusammenhängen, daß es im homerischen Schiffskatalog nicht erwähnt wird, wo wir es doch mit Mykene, Tiryns und Asíne zusammen erwarten sollten. Die Gründe für seine Aufgabe, wenn diese wirklich historisch ist, wären wohl vor allem in seiner wenig günstigen Lage zu suchen, die sowohl die Feldbestellung als auch die Verbindung zum Meer sehr erschwerte. Daß es aber in seiner Blütezeit eine bedeutende Burg gewesen ist, bezeugen nicht nur seine aufwendige Befestigung und die reichen Funde seiner Gräberstadt, sondern auch die Überlieferungen der griechischen Sage.
Als Perseus das Abenteuer mit der Meduse bestanden und Andromeda befreit hatte, kehrte er nach Argos zurück an den Hof seines Großvaters. Das Verhängnis fügte es, daß dieser eines Tages athletischen Spielen zusah, bei denen Perseus am Diskuswurf teilnahm. Die Scheibe glitt ihm aus und traf seinen Großvater, den sie erschlug. So erfüllte sich das Orakel, daß Perseus seinen Großvater töten würde. Er mochte nun nicht an der Stätte des Unglücks weilen und regieren, tauschte mit seinem Onkel die Herrschaft und gelangte so in den Besitz von Tiryns, Mykene und Midéa, von denen er die beiden letzteren mit Mauern umgab, während Tiryns schon von seinem Großonkel Proitos befestigt worden war. Andromeda aber gebar ihm viele Söhne, von denen Elektryon die Herrschaft über Midéa erbte, wo ihm Alkmene geboren wurde, die Mutter des Herakles.
In der Atridensage ist Midéa mit dem Fluch verbunden, den Pelops über sein Geschlecht aussprach und der jene schrecklichen Greuel

zur Folge hatte, die das europäische Drama bis heute mit Stoff versorgen. Vor seiner Heirat mit Hippodameia hatte Pelops einen Sohn von einer Nymphe, den er mehr liebte als seine ehelichen Kinder. Da stiftete Hippodameia ihre Söhne Atreus und Thyest an, den Stiefbruder zu erschlagen. Im Grame verfluchte Pelops sein ganzes Geschlecht, Hippodameia aber floh mit ihren Söhnen nach Midéa, wo sie auch starb.

Der moderne Besucher wird aber Midéa wohl weniger seiner Sagen als seiner unvergleichlichen Aussicht wegen schätzen. Ganz am Ostrande der Argolis gelegen, von Mykene, Argos und Nauplion nahezu gleich weit entfernt, hat es eine einzigartige Aussicht über die ganze Ebene und ihre vielgestalten Randgebirge. Nach Osten blickt es in die Berge und Täler des Arachnäon, um seinen Fuß aber bildet der Wechsel der Felder und Gärten ein lustiges farbiges Muster. Ein Fluß zog einst dicht im Süden vorbei, der Priás, aus dem Tal, das Trapezóna und Arachnäon zwischen sich bilden. Heute ist er, wie so viele antike Flüsse, ausgetrocknet, Xeropótamos. Nur sein graues Steinbett zieht sich noch streng durch das Land und spaltet den Teppich der Felder. Der Verfasser konnte, als ihn bei seinem ersten Besuch ein Junge aus Dendrá auf den Berg begleitete, den Schulmeister nicht unterdrücken und fragte den kleinen Nikos nach dem Namen des Flusses. Nur wenige Eleven Mitteleuropas werden wohl so geschickt ihre Unwissenheit verbergen können wie der griechische Bauernjunge, der zur Antwort gab: er hat einen Namen sowenig wie Wasser – oúte neró dhen échi oúte ónoma.

Zeitlos läßt sich am Rand der Akropolis träumen, wo die senkrechten Abstürze die Verbindung zur Ebene aufgehoben und uns weit und frei über das Land entrückt haben. Und wenn es Abendzeit ist und die Argolis ins Farbenspiel der Dämmerung taucht, dann die Ebene langsam erlischt, auf den Gipfeln aber ringsum rot und violett das Sonnenlicht lange noch nachglüht – es gibt nur wenige Orte in Griechenland, die mit ihrer Erhabenheit uns so beglückten und lösten wie dieser. –

Nur wenige Seiten sind aus dem alten Buch von 1966* übernommen, aber an dem Kapitel über Dendrá und Midéa habe ich nicht flicken, sondern lieber nachtragen wollen.

* Werner Ekschmitt, *Ins unbekannte Griechenland,* Berlin 1966

Die Ausgrabungen in Dendrá sind zuletzt 1977 wiederaufgenommen worden und haben als erstes dazu geführt, daß das Kuppelgrab, das von den Dendriten lange Jahre als Müllgrube benutzt worden war, geleert und gereinigt und der Besichtigung zurückgegeben wurde. Es wurde eine Reihe weiterer Kammergräber entdeckt, und es steht nun fest, daß die mykenische Nekropole sehr ausgedehnt ist und noch viele ungeöffnete Gräber umfaßt. Über die Funde, die gemacht wurden, ist bis jetzt jedoch nichts bekanntgegeben. Ein Teil der mykenischen Gräber war, wie es scheint, in einen frühhelladischen Grabhügel hineingebaut, das heißt, es haben sich, wie über dem Palast von Lerna, auch hier Teile eines Steinkreises gefunden, der wahrscheinlich einen frühhelladischen Tymbos begrenzte, dessen Aufschüttung aber längst verschwunden ist. In seinem Bereich sind die Skelette von vier Pferden gefunden worden, von denen zwei als die besterhaltenen vorgeschichtlichen Pferdefunde in ganz Europa und Kleinasien bezeichnet werden. Die Tiere waren offenbar ihren Herren als Totenopfer dargebracht worden, ein Brauch, der auch anderswo für die letzte Phase der frühhelladischen Zeit (etwa 2200–2000 v. Chr.) bezeugt ist und der sich bis in die mykenische Epoche fortgesetzt hat, wo solche Pferdeopfer in Nauplion, Lerna und Marathon gefunden wurden.
In noch viel frühere Zeit hinauf führt die Entdeckung einer neolithischen Siedlung bei Dendrá, die anschaulichen Aufschluß ausgerechnet über die damalige Kriegstechnik gebracht hat. Es ist eine Reihe von neolithischen »Geschossen« gefunden worden, serienmäßig an gefertigten, sozusagen normierten Schleudersteinen, die im Museum von Nauplion ausgestellt sind.
1978 sind die Ausgrabungen in Dendrá nicht forgesetzt und auch die frühhelladischen Pferdeskelette nicht geborgen, sondern nur mit einem Zelt überdacht worden, was um so unverständlicher ist, als die ganze Gegend mit großen Kostenaufwand nun schon eineinhalb Jahre lang Tag und Nacht bewacht wird.
Die einzige größere Ausgrabung in Midéa hatte 1939 stattgefunden. Damals wurden auf der Akropolis die Reste der Zitadelle gesäubert und acht Versuchsgräben angelegt, davon zwei von 30 m Länge. Die schwedischen Ausgräber sprachen dann von einem Palast, weil es einen solchen ja eigentlich gegeben haben müßte. In Wirklichkeit ist aber Substantielles und Greifbares nicht gefunden worden, wie bei

den ganzen Arbeiten überhaupt nur ein einziges komplettes Gefäß zutage gekommen ist.
Die damals gefundene Keramik ist in den sechziger Jahren noch einmal neu und systematisch untersucht worden. Dabei hat sich ergeben, daß der Berg von frühhelladischer Zeit bis zum Ende von Mykenisch III B (1230–1200) besiedelt war, danach aber nicht mehr. 1963 wurde auch noch einmal eine Ausgrabung vorgenommen, nämlich im Nordostteil des Mauerrings in einer Zerstörungsschicht, einem Aschendepot, eine Fläche von 4 × 5 m genau untersucht. Auch hier zeigte sich eindeutig dasselbe Ergebnis. Sichere Scherben aus Mykenisch III C waren nicht festzustellen, so daß die Besiedelung mit III B geendet haben muß. Man glaubte aber auch Anzeichen dafür zu besitzen, auf welche Weise das Ende eingetreten war. Es fanden sich Knochen von Schweinen, Schafen, Ziegen und Kühen, und alle waren stark angenagt, ja in einzelnen Fällen waren nur noch Splitterreste von den Knochen übrig. Muscheln wie in den anderen Schichten gab es nicht, dafür aber verspeiste Schildkröten, die sonst fehlten. Mit anderen Worten, man glaubte festzustellen, daß die Burg belagert und durch Aushungerung bezwungen worden sei. Die fehlenden Muscheln bedeuteten, daß sie vom Meer abgeschnitten worden war. Man hat also die oben angeführte Annahme, Midéa sei wegen seiner ungünstigen Handels- und Ackerbaulage freiwillig aufgegeben worden, revidiert und hält nun ein Ende durch Kriegsereignisse für wahrscheinlicher.

Die Straße nach Dendrá führt über Ajía Triáda. Die Gräber liegen unterhalb des Dorfes, links von der Hauptstraße, an einem Feldweg.
Um nach Midéa zu kommen, fährt man wieder zum Ortseingang zurück und biegt dort nach links ab, wo man von rechts gekommen ist. Die Straße führt dann zu einer hoch gelegenen Kapelle des heiligen Thomas, an deren Fuß eine große Baumgruppe steht, unter der man den Wagen parkt. Bevor man nach Midéa aufbricht, lohnt es sich, zu der Kapelle hinaufzusteigen, wo man nicht nur eine weite Aussicht über die argolische Ebene, sondern auch eine nützliche Orientierung für den Aufstieg auf den Berg gewinnt. Man geht dann wieder ein Stück hinunter, bis sich nach links ein Feldweg am Berghang entlang öffnet. Diesen Pfad schlägt man ein. Er überquert nach

wenigen hundert Metern die Asphaltstraße und führt dann nach Midéa hinauf. Man hat sich oben an der Kapelle über die Lage des kleinen Mandelbaumwaldes orientiert, den man anstreben und sich dann links halten muß, wo man zu dem imposantesten Teil der kyklopischen Mauer, der Ostseite und dem Osttor, kommt.

Das Archäologische Museum von Nauplion

Das rustikale dreistöckige Gebäude, das die Westseite des Syntagmaplatzes von Nauplion mehr abschließt als eigentlich ziert und dessen Masse und Schwere nur durch die Arkaden des Erdgeschosses eine Auflockung erfahren, ist das ehemalige Flottenarsenal der Venezianer. Es wurde 1713 erbaut, gegen Ende der zweiten venezianischen Herrschaft über den Peloponnes (1686–1715), die nur ein Menschenalter dauerte, aber auch in der Zeit der nachfolgenden Türkenherrschaft (1715–1821) noch konsolidierend fortwirkte. Ranke hat über diese Epoche eine Jugendarbeit verfaßt, geschöpft aus den Quellen der venezianischen Archive: *Die Venezianer in Morea* 1835*. Es war sozusagen sein persönlicher Beitrag zum griechischen Freiheitskampf und ist eine glänzend geschriebene Arbeit von vielfältigem Interesse, deren Lektüre nachdrücklich zu empfehlen ist.
Die Bauinschrift mit dem geflügelten Löwen von San Marco ist über den Arkaden unversehrt erhalten:

Arsenal der Flotte/zum Nutzen und Schmuck der Stadt/
von Agostino Sagredo/Provveditore der Flotte/prächtig erbaut.

Sagredo war es auch, der 1711–1714 den Palamídi gewaltig ausbaute und mit nicht weniger als sieben Zitadellen befestigte. Er ließ sich nicht träumen, daß er das alles für die Türken erbaute, denen Arsenal und Festung schon 1715 zufielen. In neuerer Zeit diente es als

* Leopold von Ranke, Gesammelte Werke, herausgegeben von W. Andreas, Wiesbaden/Berlin 1957. Bd. 12: *Studien und Portraits zur italienischen Geschichte,* S. 127–177.

Kaserne und beherbergt seit 1930 das Archäologische Museum von Nauplion und die Antikenverwaltung (Ephorie) der Argolis.
Von den vielen tausend Fremden, die Nauplion besuchen oder vielmehr im allgemeinen nur dort übernachten, um die gehäuften archäologischen Stätten der Argolis zu besichtigen, sind es nur ganz vereinzelte, die das Archäologische Museum besuchen. Die meisten scheinen gar nicht zu wissen, daß es so etwas dort überhaupt gibt. In Wirklichkeit beherbergt das Museum von Nauplion neben dem Nationalmuseum von Athen und den Museen von Chora und Theben die wichtigste mykenische Sammlung in Griechenland.
Zwar befinden sich die kostbarsten Funde von Dendrá in Athen, und auch die wertvollsten Stücke des 1951 aufgefundenen zweiten Gräberrunds von Mykene sind noch dorthin gelangt, aber seither bleiben alle Funde der neuen Ausgrabungen von Mykene und Tiryns in der Argolis und werden in Nauplion ausgestellt. Außerdem zeigt das Museum Funde aus Asíne, Berbáti, Dendrá, Midéa, Kazárma und Nauplion. Da es einen Katalog des Museums nicht gibt und so bald auch kaum geben wird, sei mit einigen Seiten kurz auf das Wichtigste hingewiesen.
Zu den eindrucksvollsten Funden gehört ein frühhelladisches Kühlgefäß (Psyktér) von 74 cm Durchmesser aus Tiryns (2200–2000 v. Chr.), ein ohne Töpferscheibe, aber völlig gleichmäßig gearbeitetes schweres Tongefäß mit akkuratestem Zackenrand. Eine tiefe Rinne für die Kühlflüssigkeit umschließt das eiförmige Vorratsgefäß, dessen Inhalt durch die Verdunstungskälte der Kühlflüssigkeit temperiert wurde.
Ansehenswert sind auch die beiden frühhelladischen kugelförmigen Vorratsgefäße aus Tiryns am ersten Fenster rechts, mit konischer Öffnung und schlaufenförmigen Griffen, nicht zum Anfassen, sondern zum Durchziehen von Tragseilen oder Tragbändern. Als Schmuck tragen sie Kreismuster aus offenen Kreisen. Es sind Gefäße von kompakter, sicherer Form. Den Formunterschied erkennt man, wenn man sie mit den unmittelbar danebenstehenden Gefäßen gleicher Art aus Asíne in der Vitrine vergleicht.
In den beiden Vitrinen rechts und links vom ersten Fenster rechts befinden sich je zwei sogenannte Schnabeltassen (sauceboats, → Abb.), die Leitform für die Periode Frühhelladisch II (ca. 2500–2200 v. Chr.) auf dem Festland wie auf den Inseln.

Akrokorinth

Rechts:
Die Kirche des heiligen Johannes des Barmherzigen bei Ligourió (Epidaurus)

Vorige Seite:
In Monemvasía

Folgende Doppelseite:
Blick von Loutráki über den Golf von Korinth auf den Peloponnes

Rechts: Am Unterlauf des Alpheios

Folgende Seite:
Oben das Dorf Alagonía mit den Quellen des Nedon auf der Westseite des Taygetos. Darunter die Frankenburg und Stadt Karýtäna bei Megalopolis

Die alte Brücke von Karýtäna aus dem Jahr 1440 mit ihrer kleinen Kapelle

Einen wesentlichen Teil der Sammlung bilden die Keramikfunde aus dem zweiten Gräberrund von Mykene, die bisher reichsten Zeugen aus mittelhelladischer Zeit (ca. 2000–1580 v. Chr.), die die Vorstufen der mykenischen Keramik darstellen, aus denen diese sich entwickelt hat. In der zweiten Vitrine im rechten Teil findet man die beiden charakteristischen Keramikarten dieser Epoche beisammen:

Die sogenannte mattbemalte Ware, die noch keine Glasur, auch nicht für die Bemalung kennt: dunkelbraune Zeichnung auf hellgelbem Grund.

Die sogenannte minyische Ware, ohne Zeichnung, charakterisiert durch ihre scharfen Kanten. Und zwar befinden sich in der Vitrine Gefäße sowohl der grau- wie der gelb-minyischen Ware. Als Form ist besonders bezeichnend der große Kelch mit zwei oder vier Ösen am geknickten Rand und mit geriefeltem Fuß.

Vom Gräberrund B zeigt das Museum auch die beiden Grabstelen von Grab 1 und 3. Beide tragen figürliche Darstellungen, die aber stark beschädigt und nicht leicht zu erkennen sind.

Die Stele von Grab 3 ist in Flachrelief gearbeitet und enthält in der oberen Zone ein Muster aus verbundenen Spiralen, in der unteren eine Tierkampfdarstellung, die dadurch schwer beeinträchtigt ist, daß die Stele später als Basis verwendet und in der Mitte ausgeschnitten wurde. Die Figuren der Komposition sind über Kreuz angeordnet: rechts unten liegt ein erschlagener Löwe, links oben ein erschlagener Mann, der die Glieder von sich streckt. Links unten ist ein zweiter Löwe, der über ein gestürztes Rind herfällt. Rechts oben eilt der Mann, der den ersten Löwen erschlagen hat, mit erhobener Keule nun auf den zweiten zu.

Die Stele von Grab 1 hat in der Archäologie besondere Bedeutung schon dadurch, daß sie es war, die im Frühjahr 1951 zur Entdeckung des zweiten Gräberrunds von Mykene führte. Ihr unterer Teil stand noch in der ursprünglichen Basis an der ursprünglichen Stelle. Hier ist die Darstellung in ganz anderer Technik gearbeitet, nämlich als Ritzzeichnung. Man erkennt relativ deutlich in der Mitte einen großen Stier mit gesenktem Kopf und eingestemmten Hinterbeinen. Rechts steht ein Mann mit einer erhobenen Stange. Er zielt aber nicht auf den Stier, sondern über ihn hinweg, und zwar auf einen Löwen, der über ein gestürztes Rind herfällt. Stier und Hirt stehen also in gemeinsamer Abwehrstellung gegen den Löwen. Rechts unten ist noch ein Zaun oder Pferch zu erkennen und ganz rechts am Rand ein Mann, der davonrennt, vermutlich um Hilfe zu holen.

Auf beiden Stelen ist also dasselbe Thema behandelt, und sie bilden einen Beitrag zu der umstrittenen Frage, ob es in mykenischer Zeit auf dem Peloponnes Löwen gegeben hat, worauf die Sage vom Nemeischen Löwen und das vielfältige Vorkommen des Löwenmotivs in der mykenischen Kunst hinweisen. Die Darstellungen auf den beiden Grabstelen lassen nun keinen Zweifel, daß der Löwe hier nicht als ästhetisches oder mythologisches Motiv aufzufassen ist, das durch die bildende Kunst des Alten Orients vermittelt wurde, sondern daß es sich um wirkliche Geschehnisse aus dem Leben der mykenischen Herren und Hirten handelt und daß bei solchen Löwenkämpfen die unter diesen Grabsteinen Bestatteten entweder den Sieg davongetragen oder den Tod gefunden hatten. Inzwischen ist die Streitfrage endgültig entschieden. Bei den deutschen Ausgrabungen in Tiryns sind 1978 zum erstenmal Löwenknochen gefunden worden.

Zu den Hauptattraktionen aus Mykene gehören dann die Funde aus den beiden Kulträumen auf der Akropolis. In dem einen wurden Fresken des 13. Jahrhunderts gefunden, die vielleicht wichtige Aufschlüsse über die mykenische Religion gegeben hätten, wenn sie nicht so stark fragmentiert wären. Vor einer kretischen Säule sehen wir eine Frauengestalt, die mykenisch gekleidet ist. Sie trägt die für Prinzessinnen charakteristische Kopfbedeckung mit einem kleinen Helmbusch darauf und hat das Gewand auf der Schulter geknotet. In beiden Händen trägt sie Sträuße, die vielleicht aus Kornähren bestehen.

Nur undeutlich zu erkennen ist eine stehende große Göttin, die etwas Spitzes (einen Speer?) in der Hand hält. Ihr gegenüber steht eine Priesterin, wie es scheint, in anbetender Haltung. Aber die Einzelheiten wie auch die kleinen Gestalten zwischen den Hauptfiguren bleiben unklar.

Aus dem anderen Kultraum sind neun große Statuetten von 60 cm Höhe ausgestellt, befremdliche Karikaturen mit erhobenen Händen und abstoßenden Grimassen, die Männer kahlköpfig, die Frauen mit monströsen Zöpfen oben auf den Kopf gelegt. Daß es sich um Kultidole handelt, möchte man ausschließen. Man kann ihnen nur apo-

tropäische Funktion zuschreiben. Die Körper sind monochrom bemalt und ganz unartikuliert. Sie sind auf der Scheibe gedreht und hohl und wirken wie Gefäße. Der ganze Nachdruck liegt auf den gewaltigen Köpfen mit den stark betonten Spitznasen, von denen aber die Bemalung jeden mit einer ganz individuellen Physiognomie ausgestattet hat. Jedenfalls sind es Statuetten, die manchen Bewunderer der mykenischen Kultur gehörig ratlos machen werden.
Erfreulich anzusehen sind zwei kleinere weibliche Tonstatuetten von 28 cm Größe mit festlicher Kopfbedeckung und hochgeschlossenem Gewand. Die an die Brüste erhobenen Hände charakterisieren sie als Götterbilder. Auch hier ist der Körper ganz undifferenziert als Röhre gestaltet, aber sorgfältig und festlich bemalt.
Zwei ähnliche Figuren von gleicher Größe sind in Tiryns gefunden worden. Wichtig und eindrucksvoll sind aus dem Kultraum mit den Monstren noch drei Tonplastiken mit geringelten Schlangen, die vielleicht am ehesten über den dortigen Kult Aufschluß geben werden.
Ein Prunkstück erster Ordnung des Museums von Nauplion ist die komplette Bronzerüstung aus Grab 12 von Dendrá aus der Zeit um 1400 v. Chr., die die Frage beantwortet, ob die Mykener außer Schilden auch sonst schon Schutzwaffen trugen. Der bisher einmalige Fund besteht aus einem Brustpanzer, zusammengesetzt aus Brust- und Rückenplatte, die an den Seiten zusammengebunden wurden, aus doppelteiligem Schulterschutz, schließlich einem großen Bronzering um den Hals und drei breiten Bronzereifen um die Hüften (→ Abb.). Die Rüstung erscheint zu kompakt, als daß sich einer frei darin bewegen und an einer Feldschlacht teilnehmen konnte. Sie diente eher zum Schutz im Wagenkampf. – Vom Helm sind die bronzenen Wangenklappen und einige Eberzähne erhalten, denn der Kopf war durch eine Haube aus Eberzähnen geschützt.
Die Vitrine links von der Rüstung ist unbezeichnet. Es sind ebenfalls Funde aus Dendrá: Waffen, Bronze- und Tongefäße.
Überraschenderweise hat sich gezeigt, daß die Mykener von größerer Körperlänge waren, als man sich wohl gewöhnlich vorstellt. Der Krieger, zu dem die Rüstung gehörte, wird auf 1,75 m geschätzt. Die Durchschnittsgröße der Männer im Gräberrund B betrug 1,70 m. Mindestens drei von ihnen waren über 1,80 m. In Kammergrab 13 von Dendrá waren die Bestatteten 1,68, 1,72 und 1,75 m groß.
In der zweiten Vitrine vor der Rüstung ist noch besonders auf die

wertvollen Steingefäße aus Mykene hinzuweisen, die man leicht übersieht, weil sie so ungünstig ins Bodenfach gestellt sind.
Die zweite Vitrine an der hinteren Wand zeigt die Funde aus dem Kuppelgrab von Kazárma: als Kettenglieder eine Anzahl linsenförmiger Siegelsteine aus Karneol mit eingravierten Greifen, Vögeln und Streitwagenfahrern, die von einem der beiden Fürsten getragen wurden, Perlen aus Amethyst und Glaspaste, Ketten – als wertvollste die vollständige Amethystkette der Fürstin –, Reste eines Elfenbeinkamms und Reste von Elfenbeineinlegearbeiten, vielleicht eines Schmuckkästchens, geringe Überbleibsel von einmal sehr viel reicheren Beigaben aus diesem leicht vergänglichen Material. Weitere Funde aus Kazárma in der letzten Vitrine rechts: Messer und Dolche, Pfeilspitzen, Gefäße, Bronzeschalen einer Waage und der verzierte Goldrand einer Lampe aus Silber, deren Schale zerfallen ist. Von den Tieropfern, die im Innern der Kuppel unmittelbar vor dem Eingang dargebracht wurden, sind die Knochen eines Kalbes ausgestellt, das aber erst sehr viel später bei einer nachträglichen Totenfeier geopfert wurde. Schließlich ein Siebgefäß und eine Lampe aus Ton, die eine Steinlampe nachahmt. Ein erstklassiges Beispiel einer echten mykenischen Steinlampe steht gleich am Eingang des Saales links, sie ist mit zwölf »Schnecken« verziert und wurde in Nauplion gefunden.
Zu den wichtigsten Funden aus Kazárma gehört aber auch die Reihe großer kostbarer Amphoren des sogenannten Palaststils (um 1450 v. Chr.) mit vielfältigen Mustern, am fünften Fenster links und an der hinteren Wand.
Aus Asine ist der schönste Fund der kleine Tonkopf des sogenannten »Herrn von Asíne«, der aber vielleicht von der Figur einer Sphinx oder eines Stiermenschen stammt.
In der dritten Vitrine im rechten Teil (Gang) befinden sich zwei kykladische Gefäße aus Gräberrund B von Mykene (Nr. 13477 und 13481). Es sind die für die mittelkykladische Zeit (ca. 2000–1600 v. Chr.) charakteristischen Schnabelkannen, bei denen Hals und Ausguß vom Henkel sozusagen »am Schopf gefaßt« und nach hinten zurückgezogen werden. Im vorliegenden Fall sind es Gefäße mit kugelförmigem Körper. Gleichzeitig kommt in mittelkykladischer Zeit in der Gefäßmalerei das Vogelmotiv zu großer Bedeutung, für das die beiden Vasen besonders schöne Beispiele geben.

Auf der einen (13477) sind in schwarzbrauner Farbe vier Vögel unbestimmter Art wiedergegeben, die über einstengeligen Lilien dahinfliegen. Sie sind in Umrißzeichnung gegeben mit ausgebreiteten Flügeln und einem dreigezackten Schwanz (Fasanenschwanz). Flügel und Hals sind mit linearen Mustern bedeckt.
Das andere Gefäß (13481), mit Augen am Kopf, trägt Schwalben als Dekor. Die Schwalbe galt wahrscheinlich auch den vorgeschichtlichen Menschen schon als freudig begrüßter Frühlingsbote. Jedenfalls war sie als Vogelmotiv besonders beliebt, wie Funde von Santorin und Melos beweisen. Sie sind auf unserer Kanne nur mit einem Flügel wiedergegeben, aber trotzdem unverwechselbar, nicht zuletzt durch den lang ausgezogenen Schwalbenschwanz, mit verdickten Enden. Zwischen den Vögeln füllt ein unbestimmbares (Pflanzen-?)Motiv den Raum. Es ist eine eindrucksvolle, skizzenhafte Wiedergabe von großer Könnerschaft der Pinselführung. Schwungvoll ist nur der Umriß gegeben ohne dekorative Füllzeichnung auf Flügeln und Hals wie beim ersten Gefäß. Beide stammen aus demselben Kulturkreis und derselben Zeit (16. Jahrhundert v. Chr.), beide sind auch nach Gefäßform und Motiv eng verwandt, und doch finden wir zwei völlig verschiedene Kunststile angewandt. Wie wunderbar aber auch, überhaupt zu sehen, wie eine vorgeschichtliche Kultur auf einmal die poetische Welt der Vögel entdeckt und sie zu ihrem Lieblingsmotiv macht.
In der zweiten Vitrine des rechten Teils stehen im zweituntersten Fach zwei kleine Kantharoi mit hochgezogenen Henkeln rechts und links, die in mittelhelladischer Zeit zum erstenmal auftreten, um nach einer außerordentlich langen Tradition eine der wichtigsten Gefäßformen der klassischen Zeit zu werden.
Eindrucksvoll sind die neolithischen Gefäße aus der Phranchthi-Höhle in der Vitrine rechts an der Eingangswand. Die neolithischen Funde der neuen Ausgrabungen von Dendrá sind in der Vitrine im Gang zum zweiten Stock ausgestellt: Klingen aus Feuerstein und Obsidian, besonders interessant die steinernen »Geschosse« (Schleudersteine). In der gleichen Vitrine rechts finden sich die paläolithischen Funde aus der Höhle von Kephalári.
Gegenüber die beiden »Menhire« aus Dendrá.
Im zweiten Stock befinden sich Funde aus geometrischer, archaischer und klassischer Zeit, vor allem Vasen und Tonplastiken. Die

Prunkstücke sind eine athenische Preisamphora unter dem zweiten Arkadenbogen und ein hellenistischer Löwenkopf aus Ton an der Eingangswand. Die merkwürdigsten Funde sind die kleinen Tonfiguren mit beweglichen Gliedern aus Kamari bei Korinth in der Vitrine zwischen dem dritten und vierten Fenster und einige Stücke aus Tiryns: die vier grotesken Tonmasken des 8. Jahrhunderts, für die immer noch keine überzeugende Erklärung gefunden ist, und die beiden Votivschilde aus Ton mit Beispielen der Malerei vom Ende des 8. Jahrhunderts, ein Zweikampf, eine Kentaurenjagd und Achill und Penthesilea.
Die Sammlung umfaßt eine Reihe bedeutender geometrischer Gefäße und illustriert anschaulich die Entwicklung der geometrischen Keramik. Wir finden eine kleine Sammlung schöner Tonstatuetten. Für das Verständnis von Kult und Volksglauben von besonderer Wichtigkeit sind die beiden Vitrinen an der Rückwand mit Opfergaben aus dem Heraion von Tiryns: Miniaturwiedergaben in Ton von Idolen, Gefäßen, Opferkuchen, Kuchentellern und ähnlichem mehr.
Vom zweiten Stock aus hat man eine schöne Aussicht auf den Syntagmaplatz und den Palamídi.

Ausflug nach Ermióni und Thermisi

Von den drei Regierungsbezirken der Argolis: Argos, Nauplion und Ermióni, bildet die Hermionis im Südosten eine natürliche Einheit, von der übrigen Halbinsel durch die Gebirge Didymon und Adéres getrennt, die von Kap Vourliãs im Westen bis Kap Skylaion im Osten eine zusammenhängende Kette bilden. Sie ist relativ dünn besiedelt und zählt mit 12000 Einwohnern nur ein Drittel und ein Viertel der Bevölkerung der Regierungsbezirke von Nauplion und Argos. Ihre wirtschaftliche Bedeutung ist jedoch nicht im gleichen Verhältnis geringer. Der Golf von Argos bietet mit seinen seichten Ufern nur sehr ungenügende Bademöglichkeiten, um so bessere die Halbinsel Ermióni mit ihren vielen Buchten und Stränden. Während sich der

Besichtigungstourismus der Argolis in Nauplion konzentriert, ist der Badetourismus in der Hermionis massiert.
Von den beiden Routen nach Ermióni führt die nördliche über Ligourió, Adámi und Trachiá durch das Bergland. Die südliche verläuft in ihrer ersten Hälfte am Meer entlang, über Drepanon, Vivári, Kandia, eine schöne, abwechslungsreiche, den meisten unbekannte Strecke, aber mit dem schweren Nachteil, nur bis Karnezéïka (30 km) asphaltiert zu sein. Von dort geht es weiter das anziehende Tal des Rhados hinauf, aber auf holpriger, staubiger Steinstraße (15 km).
Das Ideale wäre, auf der einen Strecke hin- und auf der anderen zurückzufahren, aber es bleibt für den Autofahrer eine echte Entscheidung, ob er neue Landschaften kennenlernen oder lieber eine angenehme Fahrt haben will.
Die beiden Straßen treffen sich bald hinter Trachiá, und die Strecke führt nun ins Gebirge hinauf. Kurz vor Erreichen der Paßhöhe zeigen sich rechts die ersten Dolinen. Das Wasser löst das zerklüftete Kalkgestein an einzelnen Stellen so stark auf, daß es zum Einsturz kommt und sich trichterförmige Vertiefungen bilden.

Didyma

Nach Überqueren des Passes liegt inmitten lauter kahler Berge plötzlich eine große fruchtbare Ebene vor uns, das Tal von Didyma, mit dem gleichnamigen Ort in der Mitte, der wie das Gebirge den Namen »Zwillinge« wahrscheinlich von dessen beiden fast gleich hohen Gipfeln* erhielt und schon im Altertum so hieß.
Noch bevor man das Dorf erreicht, steht rechts an der Straße ein kleines unscheinbares Holzschild mit der Aufschrift SPILAIA, *Höhle*. Es führt nach wenigen hundert Metern zu zwei ungeheuren Dolinen. Die eine liegt voraus in Fahrtrichtung als ein großer Einbruch am Rand des Gebirges. Die andere, in der Ebene, bemerkt man erst, wenn der Feldweg unmittelbar an sie heranführt. Hier hat die Natur Maßarbeit geleistet. Es ist ein Einbruch von 150 m Durchmesser und 80 m Tiefe, senkrecht und kreisrund. Es sieht zuerst wie ein riesiger Meteoriteneinschlag aus. Eine Doline von gleicher Größe und Re-

* Megalovoúni 1113 m, Koni 1124 m

gelmäßigkeit werden nur wenige Touristen gesehen haben, und es ist die Frage, ob es eine ähnliche in Europa überhaupt gibt.

Die Doline ist eingezäunt. Man kann nicht an ihren Rand treten, um sie in ihrem ganzen Umfang von oben zu betrachten. Aber auf der Südseite ist eine unterirdische Treppe durch den Felsen geschlagen, über die man ins Innere hinabsteigen kann. Erst hier zeigt sich der Trichter in seiner ganzen Größe. Er hat in der Tat etwas Kosmogonisches an sich und versetzt uns an einen Ort, der von Geschichte und Archäologie so entfernt ist wie möglich. Im Schatten des Spätnachmittags wirkte er unendlich beruhigend und friedlich. Die Welt wich zurück, doch ohne daß deshalb die Unterwelt näher gerückt wäre, wie es in solch chthonischer Tiefe leicht hätte sein können. Vielleicht rührt die Beruhigung daher, daß die Didymäer zwei einander gegenüberliegende Kapellen in die Felswände geschnitten haben, gewiß in der Absicht, den Bann der Natur zu brechen, und es scheint auch gelungen. Überraschend ist der große Farbkontrast an den Wänden und auf dem Grunde, obwohl es überall dasselbe Gestein ist.

Die zweite Doline liegt keine zehn Minuten entfernt. Ihr Einbruch ist nur wenig kleiner als der der ersten und ebenfalls ziemlich rund. Aber er ist weder so tief noch so gleichmäßig senkrecht, da die obere, dem Berg zu gelegene Wand Überhänge und Höhlungen bildet. Der Bann der Natur ist hier durch sie selbst gebrochen, durch große Krähenschwärme, die im Inneren herumlärmen. Auch grasen Ziegen- und Schafherden auf dem Grund der Doline, die die Hirten als Mandra, Hürde, benutzen, in der die Tiere reichlich Auslauf haben, ohne doch herauszukönnen. Auch hier der frappante Gegensatz zwischen dem roten Gestein der Wände und dem grauen des Dolinengrundes, wo man als geologischer Laie meint, die Verwitterung müßte gerade den umgekehrten Effekt hervorbringen. Staunenerregend auch die Erscheinung, wie die Bergdoline das Licht verschluckt, wenn man sie aus der Entfernung betrachtet.

Kiláda und die Phranchthi-Höhle

Die Straße führt nun aus der Ebene von Didyma wieder hinaus, der einzigen in der ganzen Argolis, die keinen Abfluß hat. Über den kleinen freundlichen Ort *Phourni, Backöfen,* geht es auf das hochgelegene Kranídi zu. Wir passieren dabei eine zweite Ebene, in die eine

tiefe Bucht einschneidet mit dem Städtchen *Kiláda, Tal,* auf der Südseite, einem befremdlichen Ortsnamen, geradezu widersinnig aber für eine Hafenstadt. Der blühende Ort, an den Fuß eines Berghangs gelehnt, lebt nicht nur vom Fischfang, sondern vor allem auch von seinen traditionsreichen renommierten Werften für größere und kleinere Fischerboote. Vor dem Hafen liegt die kleine Insel Koronís, die mit ihren Bäumen und weißen Bauten die Bucht zur Idylle macht. Gegenüber, auf der anderen Seite, öffnet sich mit einem niedrigen, aber unproportioniert breiten Eingang eine große Höhle. Die berühmte Phranchthi-Höhle* ist eine der ganz wenigen in Griechenland, die schon in der Altsteinzeit besiedelt waren, und die einzige bis jetzt, in der eine ununterbrochene Kontinuität bis zum Neolithikum besteht. Seit 1967 wird sie von amerikanischen Prähistorikern systematisch ausgegraben. Nach den bisherigen Ergebnissen liegen die Anfänge um 18 000 v. Chr.: die Bewohner Jäger und Sammler natürlich, Equiden, pferdartige Tiere, ihre Hauptbeute; bei kaltem, trockenem Klima die Landschaft vermutlich steppenartig. Um 8 500 setzten Temperaturanstieg und Niederschläge ein. Am Ende der Altsteinzeit war die Speisekarte durch Fisch und Land- und Seeschnecken erweitert. Auch wurden wilde Pflanzen gesammelt, Linsen, Wicken, Gromwell. Man wagte sich auch bereits aus der Höhle hinaus. Im Umkreis von 6 km sind zwei offene paläolithische Siedlungsplätze festgestellt worden.
Die mittlere Steinzeit (etwa 8 000–6 000 v. Chr.) bringt zunächst keine merkliche Veränderung in Lebensweise und Hilfsmitteln. Um 7 000 treten Obsidian und größere Fischwirbel auf, ein Zeichen, daß man nun schon weitere Seefahrten unternahm. Gegen Ende dieser Periode kommen Kleinwerkzeuge zum Fischen und Jagen auf aus einheimischem Feuerstein und aus eingeführtem Obsidian.
Um 6 000 treten große Mengen von Schaf- und Ziegenknochen auf, die bis dahin gänzlich fehlten. Ebenso erscheint das erste Getreide. Getreideanbau und Tierhaltung gehen wahrscheinlich auf die Ankunft von Zuwanderern aus Anatolien zurück. Der Anfang des Neolithikums ist noch ohne Keramik, bis es sich voll entwickelt und auch das Gebiet außerhalb der Höhle besiedelt wird. Der Brauch, Kinder

* Die Bezeichnung ist unbewußt pleonastisch, denn *Phranchthi* ist kein Name, sondern das albanische Wort für *Höhle.* Die Einwohner von Kiláda wie die vieler anderer Dörfer der Argolis waren Albaner.

innerhalb der Siedlung zu bestatten, beginnt im späten Neolithikum. Von besonderem Interesse waren Werkzeug- und Materialfunde zur neolithischen Perlenherstellung.
Beim Verlassen von Kiláda trifft man zwischen den letzten Häusern auf eine Kreuzkuppelkirche des 17. Jahrhunderts, dem Tod Mariä geweiht, bis 1948 Klosterkirche. Jetzt steht sie verlassen, aber auch unverändert. Fresken scheint sie nicht zu enthalten, aber ihr Äußeres ist anziehend durch seine eigenartigen Proportionen und seine ungewöhnlichen Zahnleisten und Blendarkaden an den Apsiden.
Kranídi ist Bezirkshauptstadt und Zentrum der Halbinsel Ermióni und sitzt wie die Spinne im Netz der Straßen, die von allen drei Buchten hier zusammentreffen, von Kiláda (5 km), Porto Cheli (7 km), Ermióni (10 km).
Trotz seiner Lage auf hoher Bergkuppe ist Kranídi eine Schifferstadt, entstanden aus einzelnen Siedlungen, die einst am Meer lagen, sich vor der Seeräubergefahr auf versteckte Höhen zurückzogen und später zusammenwuchsen. Die Kranidier besaßen ansehnliche Schiffskontingente in den Häfen von Kiláda und Porto Cheli und waren einst wie die Kalymnier als Schwammfischer bekannt, die alljährlich zu den Küsten Tunesiens ausfuhren. Heute leben sie von ihren Gärten und Feldern und von der Verwaltung der Halbinsel Ermióni.
Die Einfahrt in die Stadt ist eng und steil, aber dann weitet sie sich plötzlich zu einem schönen grünen Platz, der geradezu aufatmen läßt. Hier wird die Stadt freundlich und einladend, die sonst mit ihren übereinandergestaffelten Häusern verschiedenster Größe und Bedachung reichlich zusammengewürfelt erscheint. Das einzige historische Bauwerk, das der Stadt geblieben ist, scheint die Kirche der Heiligen Dreieinigkeit, Ajía Triáda, zu sein, die 1245, in fränkischer Zeit, ein Grieche in rein byzantinischem Stil errichten ließ und die ursprünglich Fresken aus der gleichen Zeit besaß.

Ermióni

Wir verzichten auf den Abstecher nach Porto Cheli, dem sichersten Hafen der Argolis und ihrem größten und zugleich auch problematischsten Hotelzentrum, verzichten, obwohl die Amerikaner dort Halieı̄s ausgraben, in dem sich um 465 die Tirynthier ansiedelten, als sie von den Argivern aus ihrer Heimat vertrieben wurden, und fahren gleich nach Ermióni weiter, weil wir es sonst mit unserem Tagespensum nicht schaffen.

Die antike Stadt Hermióne hatte eine überaus charakteristische Lage: auf einer nach Osten vorspringenden langgestreckten Halbinsel von etwa einem Kilometer Länge und nur 200 m Breite (→ Abb.). Durch Vorgebirge im Norden und Süden war sie auf beiden Seiten von geschützten Buchten umgeben. Der eigentliche Hafen aber lag im Norden, wo die Halbinsel zusammen mit dem Bergrücken des Krothi eine etwa 340 m breite Bucht umschließt.

Die Halbinsel war durch eine Stadtmauer vom Festland abgeriegelt und auch am Uferrand von ihr umzogen. Auf der Nordseite sind noch geringe Reste mit dem Unterbau zweier Türme erhalten. Sonst ist von der antiken Stadt nicht viel übriggeblieben. Ernst Curtius sah um die Mitte des vorigen Jahrhunderts noch die Ruinen des Theaters, die aber inzwischen ganz verschwunden sind. Einzig die Fundamente eines großen Tempels zusammen mit Grundmauern unbestimmbarer Gebäude und einer Reihe von Zisternen sind heute auf dem Rücken der Halbinsel noch erhalten. So bietet sie keine große archäologische Attraktion, aber einen sehr lohnenden Uferspaziergang. Das moderne Dorf konzentriert sich ganz im Westen und läßt das antike Vorgebirge unbebaut. So hat die Gemeinde eine Uferpromenade mit Bänken angelegt, hat sie für Autofahrer gesperrt, und man genießt hier, selten genug für Griechenland, eine ungestörte Wanderung.

Hermióne ist keine bedeutende Stadt gewesen. Auch namhafte Männer hat sie nicht hervorgebracht. Immerhin gehörte ursprünglich auch die Insel Hydra zu ihrem Herrschaftsbereich, die sie jedoch 525 an die von Polykrates vertriebenen Samier verkaufte, die sich zum Dank dem Schutz von Troizén unterstellten. Mit drei Schiffen nahm sie an der Schlacht von Salamis, mit dreihundert Hopliten an der von Plataä teil. Durch Anschluß an Sparta scheint es ihr gelungen zu sein, sich den Eroberungsversuchen der Argiver beharrlich zu entziehen. Um 465 nahm sie die von den Argivern vertriebenen Tirynthier bei Halieïs in ihrem Hoheitsgebiet auf. Als Parteigängerin Spartas wurde sie 430, gleich zu Beginn des Peloponnesischen Krieges, von den Athenern verwüstet. Dann scheint ihr eine lange Zeit des Wohlstands vergönnt gewesen zu sein, wovon besonders die

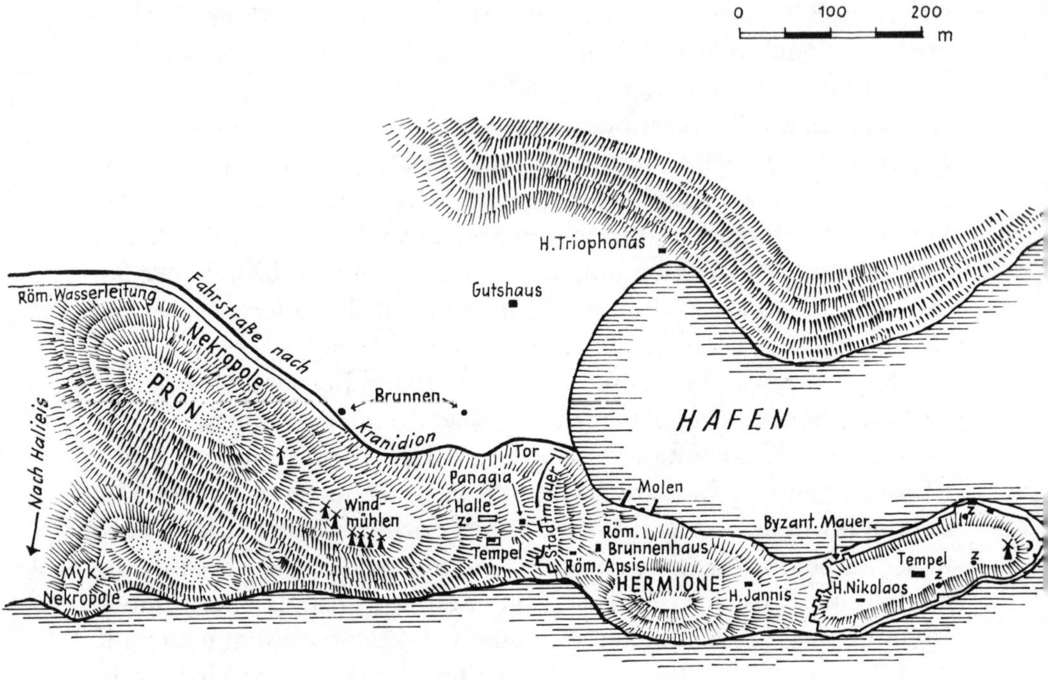

Plan von Hermióne

schönen Demetermünzen des 4. Jahrhunderts zeugen. Im 1. Jahrhundert v. Chr. wurden ihre Tempel von Seeräubern zerstört. Vom Wohlstand der Römischen Kaiserzeit zeugen bedeutende Mosaiken. Doch zur Zeit des Pausanias war der ganze Ostteil der Halbinsel bereits unbewohnt, wie heute. Den Reichtum der klassischen Zeit verdankte Hermióne vor allem seiner Purpurindustrie. Bei der Eroberung Susas durch Alexander den Großen sollen sich in der persischen Schatzkammer gewaltige Mengen von Purpurstoffen aus Hermióne gefunden haben – die Zahl von 5 000 Talenten = 130 000 kg ist wohl in jedem Fall übertrieben –, die 190 Jahre gelagert hätten, ohne Glanz und Farbe zu verlieren.
Das heutige Dorf Ermióni, das früher Kastrí hieß, liegt westlich der Halbinsel am Ostabhang des antiken Pron. Vor zehn Jahren war es noch ein ganz weltabgeschiedenes Dorf. Inzwischen ist auch hier der Tourismus eingekehrt und hat einiges in Bewegung gesetzt, ohne Auswüchse bisher und durchaus zur Annehmlichkeit des Touristen.

Fast alle, die eine Schiffsreise auf dem Saronischen Golf unternehmen, wählen Poros, Hydra oder Spetsä als Ziel. Es ist aber durchaus verlohnend, auch einmal in Ermióni an Land zu gehen.
Wenige Kilometer südlich der Stadt liegt ein bekanntes, viel besuchtes Kloster. Es besitzt zwei heilkräftige Quellen für Leber-, Milz- und Nierenleiden, und so wundert es nicht, daß es den Ajii Anárjyri geweiht ist. Die beiden Arztheiligen Kosmas und Damian, die auch im Westen hoch verehrt sind, werden im Griechischen gewöhnlich als die *An-árjyri*, die *Geld- und Mittellosen*, bezeichnet, weil sie rühmlicherweise von ihren Patienten keine Bezahlung nahmen.
Die Gründung des Klosters wird ins 14. und 11., ja bis ins 9. Jahrhundert hinaufgesetzt. Die historische Kunde beginnt erst im 17. Die Kirche ist aber vielleicht schon ein Jahrhundert älter. Obwohl es 1834 bei der Klosterreform König Ottos aufgelöst wurde, scheint es weiterbestanden zu haben. 1854 hat man die Kirche durch einen okkerfarbenen Verputz um ihr ursprüngliches Aussehen gebracht, bis heute. 1946 wurde der Konvent in ein Nonnenkloster umgewandelt und prangt nun in der Properkeit seines zementierten Hofes und seiner frisch gestrichenen Gebäude: Im Norden und Süden die Zellen, im Westen die Bibliothek und der Flügel der Äbtissin. Die Ostseite bildet der Garten.
Die Kirche auf einem Grundriß von 12,50 × 15 m schließt drei parallele Gotteshäuser ein. Der Haupt- und Mittelteil ist dem Tod Mariä geweiht, das Nordschiff den heiligen Anárjyri, das Südschiff der Geburt Johannes' des Täufers. Der Hauptkirche, die drei Apsiden hat, ist ein Narthex von vier Meter Länge vorgelegt. Sie besitzt ein nußbaumgeschnitztes Templon aus dem Jahre 1711 und einen großen, zwölfseitigen Leuchter zwar neuerer Zeit, aber eine eindrucksvolle Nachahmung eines Originals auf dem Athos. Die Fresken, die durch jahrhundertelangen Kerzenqualm völlig geschwärzt sind, hat man vor einigen Jahren zu reinigen begonnen, und sie prangen nun zum Teil wieder in ihren alten, unverfälschten Farben. Sie stammen spätestens aus dem 17., vielleicht schon aus dem 16. Jahrhundert.
Vom Hof zur Kirche steigt man heute sieben Stufen hinab, so sehr hat sich im Lauf der Zeit das Niveau gehoben. An der Eingangswand sind außen eine Reihe von Spolien eingemauert, die eine oder mehrere Vorgängerinnen der jetzigen Kirche bezeugen.

Nicht der geringste unter den Schätzen des Klosters, das auf halber Höhe am Berghang liegt, ist seine herrliche Aussicht. Von hier überblickt man die südliche Bucht von Ermióni mit ihren Vorgebirgen, die Insel Dokós im Mittelgrund, im Hintergrund Hydra, ein vielverschlungenes griechisches Küstenbild.
Zwischen Kloster und Stadt, auf einem kleinen Hügel am Meer etwa 700 m südwestlich von Ermióni, sind größere Mengen mykenischer Scherben gefunden worden. Man vermutet, daß sich hier die Nekropole des bronzezeitlichen Hermióne befand.

Iliókastron

Sieben Kilometer nördlich von Ermióni liegt das Bergdorf *Iliókastron, Sonnenburg,* ein klangvoller neugriechischer Name für einen einst sehr despektierlichen albanischen: Schlangennest oder so ähnlich. Die Burg, die der Namensänderung das Motiv verliehen hat, ist freilich nur in sehr geringen Resten erhalten und überhaupt der Abstecher nur für jemanden geeignet, der Zeit übrig hat und gern ein wenig im Land herumfährt.
Das Dorf selbst bietet nicht viel außer seiner ländlichen Freundlichkeit. Wenn man sich ihm nähert, zeigt sich im Hintergrund ein nackter hoher Felsen. Etwas näher, links, mit zwei rotgedeckten Häusern am Fuß, liegt ein niedrigerer, aber ebenfalls spitzer Gipfel. Man gelangt zu ihm nach etwa zweieinhalb Kilometern, wenn man über die Brücke des Dorfes den Weg geradeaus nimmt.
Im Norden hat die Natur aus Urgestein ein kleines Felsplateau aufgetürmt, das als natürliche Akropolis diente und unbefestigt war. Der Abhang senkt sich in schwacher Neigung nach Süden und ist stellenweise stark mit antiken Scherben bedeckt. Die ehemalige Stadtmauer ist jedoch nur im Osten, der Straße zu, verfolgbar, wo die Polygonalmauer streckenweise noch mit zwei bis drei Lagen ansteht. Ein Teil der verschwundenen Steine findet sich unten an der Straße wieder, wo der Besitzer eines Olivengartens sie in zwei Lagen neu aufgeschichtet hat, um sein Grundstück abzugrenzen. Wie die antike Burg hieß, wann und von wem sie errichtet wurde, das alles ist unbekannt und wird es ohne Inschriftenfunde auch immer bleiben.

Von Iliókastron an die Küstenstraße zurückgekehrt, setzen wir die Fahrt noch eine Strecke nach Osten fort. Wir passieren das kleine Kap, auf dem sich das Heiligtum der Demeter Thermisía befand, dann die Senke, in der seit dem 15. Jahrhundert Salinen betrieben wurden, die für die Venezianer zu jener Zeit eine bedeutende Einnahmequelle darstellten. Wir durchfahren die weitläufigen Hotel- und Bungalow-Anlagen Hydra Beach und sehen schließlich eine steile Bergformation vor uns aufragen, die Burg von Thermisi*.
Der Fels von Thermisi erreicht eine Höhe von 300 m und besteht aus einem niedrigeren längeren Rücken im Osten, der Häuser und eine Kapelle trug und unbefestigt war, und zwei steilen Gipfeln im Westen, auf denen sich die Festung befand. Sie waren einmal über den Sattel miteinander verbunden, sind aber heute ganz isoliert. Der westliche Fels, dessen ursprünglicher Zugang nicht mehr zu erkennen ist, war nur im Westen und Norden befestigt. Der östliche Gipfel war der höchste und trug auf einem Raum von etwa 30 × 90 m die Hauptfestung. Auf der Südseite stürzen die Felsen 30 m und mehr senkrecht ab. Hier war der Burgrand unbefestigt. An Bauten sind jetzt nur noch erkennbar eine Zisterne im Osten, ein Turm 5,20 × 6,10 m im Westen, eine byzantinische Kapelle des 11. oder 12. Jahrhunderts im Süden. Der Zugang lag im Nordwesten, wo jetzt noch eine Treppe vorhanden ist. An der Nordostecke befand sich eine Anlage für einen Aufzug. Das Mauerwerk besteht aus sehr unregelmäßigen Steinen mit reichlich Mörtel und ist nicht stärker als 0,80 m.

Am Nordabhang wurden vereinzelte spätmykenische Scherben gefunden.

Thermisi ist die abenteuerlichste Festung, die die Venezianer auf dem Peloponnes errichtet haben. Selbst aus der Nähe sieht sie absolut unbesteigbar aus. Einen überaus imposanten Anblick bietet sie aber auch vom Meer aus und muß selbst denen auffallen, die nach Spetsä fahren und nichts von ihr wissen.

Thermisi wurde 1388 von Maria von Enghien an die Venezianer verkauft, die es allerdings erst 1394 in Besitz nehmen konnten, da

* Die offizielle Bezeichnung des Dorfes ist Thermisía.

der Despot von Mistra ihnen mit der Besetzung zuvorgekommen war. Die erhaltenen Ruinen scheinen in der Hauptsache aus dieser ersten venezianischen Zeit (1394–1537) zu stammen. 1537 wurde die Burg kampflos den Truppen Suleimans des Prächtigen ausgeliefert. Die Türken scheinen keine Erweiterung der Festung vorgenommen zu haben, und auch während der zweiten venezianischen Besetzung (1686–1715) wurde Thermisi nicht neu ausgebaut. Da die Venezianer 1715 dem riesigen Truppenaufgebot der Türken auf dem ganzen Peloponnes nur sechstausend Mann entgegenzustellen hatten, die sie in den vier Hauptfestungen der Halbinsel konzentrierten, ist Thermisi auch damals kampflos geräumt, aber vielleicht wie Argos vorher gesprengt worden.

Die Burg von Ajionóri

Wer öfter in die Argolis fährt oder auch gleich beim ersten Mal eine besondere Route einschlagen möchte, braucht nicht der üblichen Hauptstrecke über Argos zu folgen. Es gibt eine neuausgebaute durchgehende Asphaltstraße, die bei Chiliomódi abbiegt und über Ajionóri und Limnes nach Chonika führt.

Ajionóri liegt 10 km südlich von Chiliomódi. Der Berg, der aus Gründen, die heute niemand mehr kennt, als heilig bezeichnet wurde, trägt eine ansehnliche Burg auf seinem Gipfel. Zwei ihrer Türme sind noch fast vollständig erhalten und bilden eine eindrucksvolle Landmarke. Die Festung ist nicht groß und mißt nur etwa 35 m im Durchmesser, aber sie hat die ausgefallene Form eines Fünfecks, wie es sonst nur noch die Burg von Kyvéri aufweist. Der Eingang mit seinem Vorhof lag auf der Nordseite, die im Westen durch eine bastionartige Mauerverstärkung, im Osten durch einen Turm geschützt war. Die Ostspitze des Kastells ist zerstört, aber die beiden Südtürme stehen noch in voller Höhe aufrecht, der eine sogar mit dem Gewölbe des zweiten Stockwerks. Beide Türme schließen im Untergeschoß eine Zisterne ein.

Entgegen seiner extravaganten Form ist Ajionóri keine Wehranlage

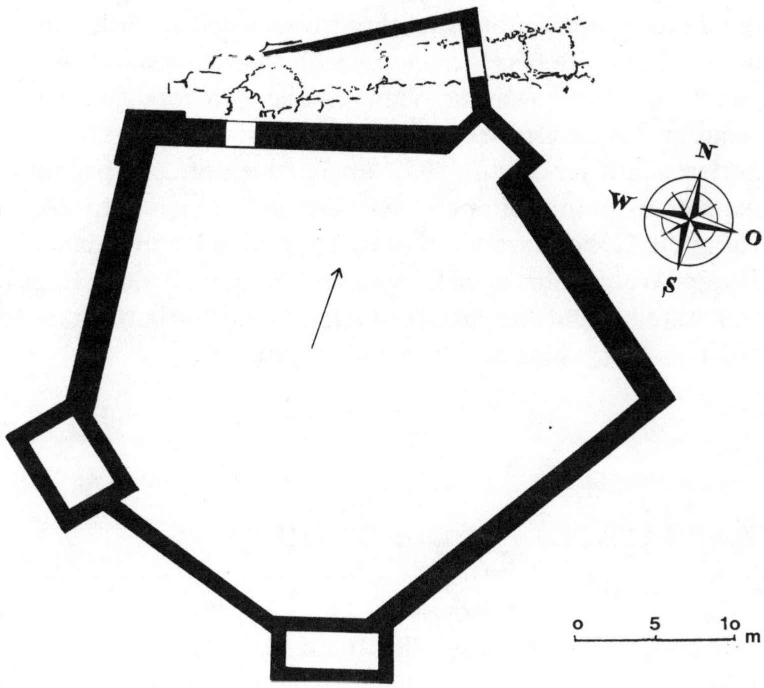

Plan der Burg von Ajionóri

erster Güte. Die Mauerstärke beträgt nur 0,90 m, und die Türme sind ganz ungleich in die Winkel des Fünfecks eingesetzt und so, daß sie den Wehrgang unterbrechen. Das Mauerwerk besteht aus ziemlich grob zugehauenen Blöcken, nur daß die der Türme etwas größer sind als die der Mauer.

Das heutige Dorf liegt auf dem Westsattel. Die alte Siedlung breitete sich auf den Abhängen unterhalb der Burg aus, wo noch zahlreiche Haus- und Kapellenreste zu erkennen sind. Tausend Häuser und vierzig Kirchen sollen es einmal gewesen sein, runde, symbolische, unverbindliche Zahlen. Eine untere Ringmauer, die das Dorf eingeschlossen und geschützt hätte, hat sich nicht feststellen lassen.

Die Burg von Ajionóri ist zwar imposant gelegen, aber das Gebiet, das sie unmittelbar überblickt, ist sehr begrenzt. Die umliegenden Berge treten ziemlich dicht an sie heran und lassen nur im Südwesten eine kleine Hochebene, nicht viel mehr als einen Talkessel zwischen sich frei, der nur ein sehr bescheidenes Fruchtland darstellt. Die von der Festung ausgeübte Sichtkontrolle war also überaus stark begrenzt. Ein größeres Herrschaftsgebiet wäre nur durch Außenposten zu überwachen gewesen. Wann und zu welchem Zweck sie hier errichtet wurde, ist unbekannt. Als erinnerter Tag ihrer Geschichte figuriert allein der 28. Juli 1822, an dem Demetrios Ypsilántis und Papaphléssas den Truppen des Dramalis hier schwere Verluste zufügten. Wie es dazu kam, ist im folgenden Kapitel näher berichtet. Bei der Weiterfahrt nach Limnes bekommt man einen Begriff davon, welch steiles und strapaziöses Gelände die Türken bei ihrem Rückzug aus Argos hier zu überwinden hatten.

Kephalári und die Mühlen

Der berühmte Satz, daß alles fließt und nichts bleibt, hat auf das Wasser selbst angewandt die Konsequenz, daß es eben nicht immer fließt, sondern zeitweise versiegt.
Bei Kephalári, 8 km südlich von Argos, konnte man bis vor wenigen Jahren eines der größten hydraulischen Phänomene bewundern, die der Peloponnes zu bieten hatte, das schon das Staunen der Alten erweckt und die Modernen zur Anlage eines verlockenden Ausflugszieles veranlaßt hatte, mit Baumesgrün und Wasserkühle, mit Kapelle und Taverne. Gelegen ist es am Fuß des Chaon, und zwar an der Stelle, wo unter einer steilen Felswand große Wassermassen unmittelbar aus dem Felsen traten. Es war die Quelle des Flüßchens Erasĩnos. Heute wird das Wasser direkt von Rohrleitungen aufgenommen. Der große Teich, der Kephalári seine Kühle bescherte und den Anfang des Flusses bildete, ist zu einem mit Pestwurz bedeckten Sumpf heruntergekommen. Aber das viele Grün, die schönen Tavernen und auch die Kapelle locken immer noch viele Argiver zu einem Abend- und Festtagsbesuch an.
Oberhalb der Quelle dringt eine Höhle mit hohen, weit ausladenden Gängen in den Berg ein, die ihm wahrscheinlich den Namen gegeben hat: *Chaon, der Gähnende* (von *chao, chasko*). Diese Höhle war, wie Ausgrabungen von 1972 ergaben, schon im Spätpaläolithikum be-

siedelt und gehört zu den relativ wenigen Spuren der Altsteinzeit, die sich bis jetzt in Griechenland gefunden haben. In klassischer Zeit wurden hier Dionysos, Pan und die Nymphen verehrt. In neuerer Zeit hat die rechte der beiden Höhlen eine Kirche aufgenommen, die der Gottesmutter der lebenspendenden Quelle geweiht ist – der *Panajía tis Zoodóchou pijís* –, wie es der Ort nahelegte.
Indessen ist die Wasserfülle, die hier aus dem Berge tritt, nur zum Schein eine Quelle und Kephalári nur zum Schein ein Name. Es ist vielmehr eine technische Bezeichnung der Geologie, und es gibt viele Orte in Griechenland, die so heißen. Mit *kephalári(on)* – von *kephalé, Kopf,* gebildet – bezeichnet man allgemein die Stelle, wo ein unterirdischer Abfluß ans Licht tritt, der sichtbare Fluß also seinen Kopf und Anfang hat. Schon Herodot berichtet, daß die Wasser, die bei Kephalári austreten und den Erasĩnos bilden, nichts Geringeres als den Abfluß des Stymphalischen Sees darstellen (Herodot 6, 76), und Diodor (15, 49) und Pausanias (8, 22) haben diese Angaben wiederholt. Und noch heute glauben die Leute, wenn man in eine Kluft am Stymphalischen See Tannenzapfen hineinwerfe, kämen sie bei Kephalári wieder heraus. Die Entfernung beträgt nicht weniger als 40 km, und ein so langer unterirdischer Abfluß erscheint zunächst als ganz unwahrscheinlich. Indessen hat das amerikanische Institute for Geology and Subsurface Research, das in Griechenland das United Nations Groundwater Project durchführt, durch Anwendung moderner Spurmethoden die Ansicht der Alten glänzend bestätigt.
Nun erscheint die Tatsache eines so langen unterirdischen Abflusses weniger wunderbar als die andere, daß die Alten hierüber die Wahrheit wußten. Und sie wußten sie nicht nur in diesem Fall, sondern auch noch in einem anderen, von dem wir später zu berichten haben. Daß sie Experimente unternommen haben, wie Oberst Leake 1806 bei seinem Besuch des Stymphalischen Sees annahm, ist vielleicht gar nicht so abwegig. Überall, wo Wasser in der Tiefe verschwand, war man natürlich begierig zu erfahren, wo es bleibe. Man machte das Wasser durch irgendeinen Zusatz kenntlich, und das Interesse und die Anteilnahme der Bevölkerung waren wohl groß genug, an den Ausgangspunkt zu melden, wenn sich von dem Zusatz etwas zeigte.
Kehrt man von Kephalári an die Hauptstraße zurück und setzt seinen

Weg nach Süden fort, so hat man nach dem Erasĩnos einen zweiten Fluß zu überqueren, den Chimarrhos, was auch wieder kein echter Name ist, sondern allgemein einen Gießbach bezeichnet.
Die Straße führt nun schnell zu den Mühlen und an den Fuß des Berges Pontínos, der durch das Kastell auf seinem Gipfel weithin kenntlich ist und, stark nach Osten vorrückend, die Küstenebene hier auf einen schmalen Streifen einschränkt. Die Mühlen müßten genauer die von Nauplion heißen, denn dieser Stadt gehörten sie zu, während die von Argos sich bei Kephalári befanden. Durch die Einführung der Elektrizität kamen sie außer Gebrauch und sind heute überhaupt verfallen, so daß der Ort einen Namen trägt, der nicht nur höchst einfach, sondern geradezu gegenstandslos ist. Und doch bleibt es für die Griechen ein Name von besonderem Klang, denn zweimal im Griechischen Freiheitskrieg bezeichneten die Mühlen von Lerna den Wendepunkt eines türkischen Feldzuges zur Wiedereroberung des Peloponnes. Dramalis kam von Norden, Ibrahim Pascha von Süden. Der erste gelangte 1822 mit seinem Versuch, Tripolis zurückzugewinnen, nicht über die Mühlen hinaus. Der zweite mußte 1825 auf den Plan verzichten, Nauplion zu erobern.
Zur Wiedereroberung des Peloponnes, den die Türken 1821, im ersten Jahr des Griechischen Freiheitskrieges, an die Griechen verloren hatten, zog Sultan Machmut II. im Sommer 1822 in Thessalien eine große Truppenmacht zusammen, wie sie seit dem Jahr 1715, dem großen Feldzug gegen die Venezianer, in Griechenland nicht mehr aufgeboten worden war. Sie zählte 24 000 Mann Infanterie, 6000 Reiter und eine wohlausgerüstete Artillerie. Zum Oberkommandierenden (Seraskier) hatte der Sultan seinen Namensvetter Machmut, den Pascha von Larissa bestellt, der nach seinem Geburtsort Drama in Thrakien den Beinamen Dramalis trug. Anfang Juli setzte sich das türkische Herr von Zeitun (Lamía) aus in Bewegung, durchzog Böotien, passierte unangefochten die Geraniapässe und gelangte am 17. Juli nach Korinth. Auch hier trat ihnen keinerlei Widerstand entgegen. Der griechische Kommandant hatte Akrokorinth, neben Monemvasía und dem Palamidi die stärkste Festung des Landes, vor der türkischen Übermacht kampflos geräumt. Er beging später unter der Last der allgemeinen Verachtung Selbstmord. Jussuf, der Pascha von Patras, der dem Oberkommandierenden entgegengezogen war, riet, da er die Schwierigkeiten des Geländes und die

Kampftaktik der griechischen Klephten aus eigener Erfahrung kannte, Korinth zum Standquartier des Heeres zu machen und von dort aus in einzelnen Feldzügen die wichtigsten Städte des Peloponnes zu erobern. Dramalis aber zog es vor, den ursprünglichen Plan einzuhalten und mit dem ganzen Heer nach Argos weiterzuziehen, wohin die türkische Flotte beordert war, um die Armee zu verproviantieren. Nauplion und der Palamídi befanden sich noch in türkischer Hand. Zwar waren seit längerem Kapitulationsverhandlungen im Gange, die aber durch verräterische griechische Unterbeamte hingezogen wurden. Nun war es zu spät. Das Erscheinen des türkischen Heeres machte die Aussichten der Griechen zunichte. Am 24. Juli besetzte Dramalis Argos. Und hier formierte sich der erste griechische Widerstand. Man hatte die Türken ungehindert die Dervenákia passieren lassen, den Engpaß südöstlich von Nemea, wo auch heute Straße und Eisenbahn auf der Strecke Korinth–Argos den höchsten Punkt überschreiten und wo mit geringer Truppenstärke das türkische Heer eine Zeitlang hätte aufgehalten werden können. Aber keiner der griechischen Klephtenführer hatte Lust, die Rolle des Leonidas zu übernehmen. Nicht eher als auf der Larissa, der Burg von Argos, trafen die Türken auf die ersten Griechen, die sich gegen sie verschanzten. Die einfache Absicht war, den Gegner auf dem Vormarsch nach Tripolis hier eine Zeitlang aufzuhalten, bis der griechische Widerstand zum Schutz Arkadiens formiert war.

Die griechische Regierung, Minister, Beamte und Abgeordnete, hatte beim Herannahen der Türken Argos fluchtartig verlassen. Sie bestieg ein Schiff bei den Mühlen und rettete sich nach Hermióne auf die andere Seite der Argolis. Man forderte auch den Präsidenten der Abgeordnetenkammer zur Übersiedlung auf, aber Demetrios Ypsilántis erwählte sich eine andere Aufgabe als die Flucht. Er sammelte siebzig beherzte Männer um sich, und mit ihnen zog er auf die Larissa, um die dortige kleine Besatzung von einigen Manioten unter der Führung von Karajánnis zu verstärken*.

Als Dramalis den Isthmus überschritt, befand sich Kolokotronis in Karýtäna. Wie in so vielen anderen Fällen war er auch jetzt wieder die Seele des Widerstandes und rettete die griechische Sache in einer

* *Karajánnis* ist ein türkisch-griechischer Mischname und bedeutet *Schwarzhand,* ähnlich wie es bei uns den Namen *Kleinhans* gibt. Die Vorfahren des Dirigenten Karajan stammen aber nicht aus der Mani, sondern aus Kozáni in Makedonien.

hoffnungslos erscheinenden Situation als ein Mann von nie verzagender Zuversicht. Es gab keine Lage oder Übermacht, die ihn hätte entmutigen können. Da die Zeit drängte, brachte er durch drakonische Maßnahmen ein Heer zusammen. Es erging ein Aufruf, der alle wehrfähigen Peloponnesier nach Tripolis zu den Waffen rief und diejenigen mit Exekution bedrohte, die ihm nicht Folge leisteten. An die nach Tripolis Einberufenen erging am 21. Juli der Befehl, sich nach Argos in Marsch zu setzen, ohne Ausnahme jeder, der imstande sei, Waffen zu tragen. Wer nach Verlauf von zwei Stunden noch in der Stadt angetroffen würde, würde erschossen werden. Kolokotronis rechnete im Ernst wohl nur auf die erprobten Scharen seiner Klephtenführer, aber es mußte ihm darauf ankommen, den 30000 Türken auch optisch, mit einer zahlreichen Truppe, entgegenzutreten. Er besetzte den engen Durchzug bei den Mühlen, um Dramalis den Weg nach Arkadien zu verlegen. Die Türken hatten sofort die Larissa eingeschlossen. Solange die Festung nicht erobert war, konnten sie sich weder in Argos sicher fühlen noch an einen Vormarsch gegen Tripolis denken. Durch den unerwarteten Zuzug von Ypsilántis und seinen Leuten war die Versorgungslage auf der Burg kritisch geworden. Kolokotronis ließ von den Mühlen aus die Eingeschlossenen mit Nachschub versorgen. Während die türkischen Belagerer durch einen Ausfall der Belagerten oder einen Angriff von außen abgelenkt waren, wurde auf der anderen Seite unbemerkt Proviant in die Burg geschafft. So wurde sie gehalten, und das türkische Heer blieb gebunden. Kolokotronis' Plan war, Dramalis in der Argolis, aus der nach allen Seiten nur Engpässe hinausführten, zunächst eingeschlossen zu halten, um ihm später beim Auszug schwere Verluste zuzufügen. Inzwischen begann die Lage des türkischen Heeres kritisch zu werden. Seine Versorgung hatte durch die Flotte erfolgen sollen, aber der türkische Admiral hielt sich in typischer Unzuverlässigkeit und Selbstherrlichkeit nicht an seinen Befehl, sondern segelte nach Patras weiter. Einmal wurde von der Höhe des Palamídi hoffnungsvoll das Herannahen eines Geschwaders gemeldet. Aber als auch dies vorüberfuhr, war das Schicksal des Heeres besiegelt. Es war einer der heißesten Sommer seit Menschengedenken. Das Getreide war auf den Feldern verdorrt. Die Fleischversorgung brach zusammen, denn das Vieh fand weder Weide noch Tränke, sowenig wie es Futter für die türkischen Pferde gab. Die

Stellung in der Argolis war unhaltbar geworden. Dramalis suchte sich durch Unterhandlungen zu retten. Er sandte einen christlichen Unterhändler ins Lager von Myli, um den Griechen Amnestie anzubieten. Als sie darauf nicht eingingen, erhielten sie zur Antwort, dann werde man gegen Tripolis marschieren. Die griechischen Truppenführer nahmen diese Drohung für bare Münze, nur Kolokotronis durchschaute, daß es sich um eine Kriegslist handelte und Dramalis in Wirklichkeit beschlossen hatte, nach Korinth zurückzukehren, so daß nun alles darauf ankam, ihm die Ausgangspässe zu verlegen. Als er im Kriegsrat mit seiner Ansicht nicht durchdrang, entschloß er sich, das Gros des Heeres zu verlassen und auf eigene Faust zu handeln, auf die wenigen Truppenführer gestützt, die ihm ergeben waren. Er besetzte die Dervenákia und eine Reihe wichtiger Höhen im weiteren Umkreis, um auch die Durchbrechenden verfolgen zu können. Da er nicht genug Mannschaften hatte – man schätzt, daß ihm im ganzen nicht mehr als 2300 Mann zur Verfügung standen –, mußte ihm auch Klephtenlist zur Verstärkung dienen. Auf einer wichtigen Höhe ließ er Mäntel, Mützen und Fahnen zwischen die Büsche hängen, so als ob sie von einer stärkeren Truppe besetzt sei. Und damit es auch an dem täuschenden Geräusch und Leben nicht fehlte, ließ er noch eine Reihe Pferde und Maultiere dort festbinden.

Als Vorhut ließ Dramalis am 6. August tausend Albaner gegen die Dervenákia ausrücken. Als erfahrene Bergbewohner erkannten sie aber früh genug die Unmöglichkeit, dort durchzukommen, und bogen nordwestlich gegen Nemea ab, so daß sie mit geringen Verlusten entkamen.

Am nächsten Tag erhielt in der Annahme, daß die Griechen den Paß nur schwach besetzt hätten, eine gemischte Division Reiterei und Infanterie den Befehl, den Durchbruch zu erzwingen. Sie geriet voll in das Feuer der griechischen Sperre. Die Verluste waren hoch, vor allem dadurch, daß in dem engen Gelände und wegen der nachrückenden Truppen kein schneller Rückzug möglich war. Als es schließlich gelang, sich neu zu formieren, schlug man eine andere Marschrichtung ein. Man wählte nun den weiter östlich gelegenen Weg über das Kloster Ajios Sostis, der die Dervenákia umging. Kolokotronis hatte drei Klephtenführern den Befehl gegeben, den Ausgang auch dieses Weges auf beherrschenden Höhen zu umstellen. Nur einer von ihnen

war rechtzeitig auf seinem Posten, Nikitarãs, der von Ajionóri herangerückt war. Er brachte den türkischen Truppen in den Abendstunden dieses unseligen Tages noch einmal schwere Verluste bei. Aber vor dem gänzlichen Untergang bewahrte sie die Säumigkeit der beiden anderen Klephtenführer.
Nach diesen verlustreichen Kämpfen zögerte Dramalis, mit der Hauptmacht auszurücken, und blieb einen ganzen Tag untätig in Argos. Inzwischen hatte Kolokotronis, der nach seinen Erfolgen im Kriegsrat wieder die erste Stimme besaß, die Anweisung für das weitere Vorgehen gegeben. Man hielt es für unwahrscheinlich, daß Dramalis noch einmal den Durchbruch durch die Dervenákia versuchen würde, sondern rechnete damit, daß er entweder den Weg über Ajios Sostis nehmen würde, auf dem am Vortage ein Teil der Truppen entkommen war, oder den weiter östlich gelegenen über Berbáti und Ajionóri. Den Ausgang des ersten besetzte Kolokotronis selbst, in der Burg von Ajionóri aber lag eine starke Truppe. Um die ausrükkenden Türken in die Zange zu nehmen, sollte ein möglichst großes Kontingent der Truppen bei den Mühlen sich im Dorf Charváti (Mykene) sammeln, das zwischen den Wegen nach Ajios Sostis und Ajionóri gelegen war. Dort würde man abwarten, welche Route Dramalis einschlüge, um ihm dann nachzurücken und ihn von hinten anzugreifen. Der Plan war ebenso einfach wie folgerichtig und ohne jedes Risiko, bis auf eines, die griechische Disziplinlosigkeit, Befehle nur nach Belieben auszuführen. Als nämlich Dramalis aus Argos ausrückte, zogen die für Charváti bestimmten Kontingente es vor, sich an der Plünderung des von ihm zurückgelassenen Lagers zu beteiligen, dessen Wert und Umfang ohnehin nur sehr begrenzt gewesen sein kann. So wurde Kolokotronis' Plan, dem der Erfolg so gut wie sicher war, durch seine eigenen Truppenführer vereitelt. Ypsilántis und Papaphléssas lieferten Dramalis bei Ajionóri eine erbitterte und verlustreiche Schlacht, aber sie konnten nicht verhindern, daß ein großer Teil der Feinde auf der Straße nach Korinth entkam, darunter auch Dramalis selbst.
Trotzdem war der Erfolg ungeheuer und überstieg jede Erwartung. Ein wohlausgerüstetes türkisches Heer von 30000 Mann, für das die Rückeroberung des Peloponnes nach menschlichem Ermessen eine risikolose Aufgabe war, war durch das Zusammentreffen unglücklicher Umstände kläglich gescheitert. Die Unzuverlässigkeit der eige-

nen Flotte, die Ungunst des Klimas und die Entschlossenheit des Gegners hatten ihm den Untergang bereitet. Besiegt, nur mit einem Teil seiner Truppen kehrte Dramalis nach Korinth zurück, das er erst zweieinhalb Wochen zuvor stolz und siegessicher verlassen hatte. Er sollte seine Niederlage nur um wenige Monate überleben. Am 9. November 1822 starb er in Korinth. Einer Typhusinfektion war der Rest seiner Kräfte nicht mehr gewachsen. Nach seinem Tod sollte der Feldzug endgültig liquidiert, das Lager in Korinth aufgelöst und der Rest des Heeres in seine Garnisonen zurückgeführt werden. Lediglich eine Besatzung von fünfhundert Mann blieb zur Verteidigung von Akrokorinth zurück. Ein Teil der Kontingente war übers Meer abtransportiert worden. Ein anderer in Stärke von etwa viertausend Mann trat Anfang Januar den Fußmarsch durch Achaja an, um sich in Patras einzuschiffen. Er wurde von den Griechen bei Akráta abgefangen und zwischen Gebirge und Meer von beiden Seiten eingeschlossen, so daß es kein Entrinnen gab. Nur der schnellen Entschlossenheit Jussufs, des Paschas von Patras, war es zu verdanken, daß wenigstens ein Teil von ihnen dem sicheren Verderben entging. Er schickte ihnen Schiffe zu Hilfe, in die sie sich unter ständigem Beschuß durch die Griechen und weiteren schweren Verlusten einschiffen konnten.

Der Untergang seines Heeres hatte dem Sultan und seinen Paschas, die die Griechen verachteten und ihren Freiheitskampf immer noch für einen geringfügigen Aufstand hielten, zum erstenmal eindeutig die Entschlossenheit und Gefährlichkeit ihres Gegners zu Bewußtsein gebracht. Das Ereignis konnte nicht verfehlen, auch auf den gerade damals tagenden Kongreß von Verona den größten Eindruck zu machen. Dort waren die Fürsten und Diplomaten der sogenannten Heiligen Allianz versammelt, um über die »orientalische Frage« zu konferieren. Man hatte es abgelehnt, die griechischen Gesandten auch nur vorzulassen und anzuhören. Aber die Niederlage des Dramalis war dazu angetan, wenigstens einem Teil der Versammelten, und sei es auch nur uneingestanden, eine respektvollere Meinung von den verachteten Insurgenten beizubringen.

Der Untergang des Dramalis hatte noch den Sturz eines zweiten türkischen Großen zur Folge. Churchit Pascha war ursprünglich Pascha von Tripolis und Herr des Peloponnes gewesen. Er wurde vom Sultan ausersehen, Alí Pascha, den mächtigen Rebellen von Jannina, einzuschließen und aufzuheben. Während der Belagerung von Jannina brach der griechische Aufstand aus, dessen schnelle Erfolge zum großen Teil darauf zurückgingen, daß der türkische Gouverneur des Peloponnes mit dem Hauptteil seiner Truppen im Epirus gebunden war. Der Sieg der Griechen brachte Churchit um seine Herrschaft und seine Hauptstadt, um seinen Harem und alle Schätze. Nach langer Belagerung fiel Jannina im Oktober 1821 durch Verrat. Aber erst vier Monate später gelang es, Alí Pascha, der sich auf die Insel im Janninasee zurückgezogen hatte, zu ermorden. Am 23. Februar 1822 ließ Churchit durch seinen Adjutanten das Haupt Alí Paschas nach Konstantinopel überbringen, wo es am Hauptportal des Sultanspalastes zur Schau gestellt wurde.

Es hätte aus mehr als einem Grund nahegelegen, die Wiedereroberung des Peloponnes Churchit zu übertragen. Er war der frühere Pascha der Provinz gewesen, er kannte die Verhältnisse dort am besten, er hatte wie kein anderer das Ziel, sich an den Griechen zu rächen, und er hatte sich gerade durch die erfolgreiche Lösung einer schwierigen Aufgabe ausgezeichnet. Daß die Wahl des Sultans auf Dramalis fiel, bedeutete für Churchit eine schwere Zurücksetzung. Es war nicht von ihm zu erwarten, daß es ihn drängte, den Ruhm seines Rivalen zu fördern. Es war nur natürlich, daß er Dramalis' Mißgeschick mit einer gewissen Genugtuung verfolgte. Aber nun klagte man ihn an, er habe Dramalis die Unterstützung verweigert und seinen Untergang mitverschuldet, vor allem habe er es unterlassen, die überlebenden Truppen aus Korinth zu retten. Er sah voraus, daß der Sultan im Zorn über den Verlust seines Heeres sich diese Anklage zu eigen machen würde. Um der Seidenschnur Machmuts zuvorzukommen, vergiftete er sich selbst. Drei Tage später trafen die Emissäre des Sultans ein und forderten seinen Kopf. Er wurde von dem schon bestatteten Leichnam getrennt und in einer silbernen Schüssel nach Konstantinopel gebracht. Nur wenige Monate nachdem Churchit dem Sultan das Haupt Alí Paschas übersandt hatte, folgte sein eigenes nach.

Auf griechischer Seite war der Sieg einzig und allein Kolokotronis zu verdanken. Ohne seine Energie und Autorität wäre so schnell gar kein Heer zusammengekommen, ohne seine Kriegserfahrung und seinen Instinkt für die Absichten des Gegners wäre den Türken der ungehinderte Rückzug gelungen. Ihre Niederlage hätte vernichtend sein können, wäre man von Anfang an seinen Plänen oder wenigstens während der Kampftage seinen Befehlen gefolgt. Für seine Verdienste verlieh der Ältestenrat des Peloponnes ihm das Amt des Archistrategen, des Oberkommandierenden über alle Landstreitkräfte. Hätte er dies Amt schon während des Feldzuges innegehabt, der Sieg wäre vollständig gewesen.

Nach der Niederlage von Dramalis war der Fall von Nauplion nur noch eine Frage der Zeit. Man mußte die vor einigen Wochen unterbrochenen Kapitulationsverhandlungen mit den Griechen wiederaufnehmen, um sich wenigstens freien Abzug und das Leben zu sichern. Denn die Festung war vom Ausbleiben der türkischen Flotte ebenso hart betroffen wie das Heer des Dramalis. So unglaublich es klingt, daß das türkische Oberkommando nicht imstande war, seine eigenen Festungen zu verproviantieren, Tatsache ist, daß die Besatzung von Nauplia am Ende nur noch Gras und Feigenblätter zu essen hatte und buchstäblich verhungerte. Die 857 Stufen des Palamídi, die schon die meisten Touristen trotz bester Ernährung hart ankommen, waren die Wachsoldaten nicht mehr imstande zu ersteigen, sie überließen die Bergfestung sich selbst. Durch zwei türkische Überläufer wurden die Griechen davon unterrichtet, daß der Palamídi unbemannt sei. Man stellte große Leitern bereit, und in der Nacht zum 12. Dezember erstiegen griechische Soldaten ungehindert die Mauern der ungeheuren Festung, an der schon ganze Armeen gescheitert waren. Am nächsten Morgen schoß man zur maßlosen Verblüffung der Türken ein paar Mal in die Stadt hinunter, zeigte ihnen die griechische Fahne und rief ihnen zu: Wir sind bereits hier oben, und ihr da unten seid so gut, euch innerhalb drei Stunden zu ergeben, sonst gehen die Kanonen los. Kolokotronis sicherte der Besatzung freien Transport nach Kleinasien zu, wobei allerdings jeder nur eine Uniform, ein Bettuch und ein Gebetbuch mitnehmen durfte, und er hielt Wort. Bei den Kapitulationen von Tripolis, Navarin, Korinth und Athen hatte die griechische Soldateska die Vereinbarungen gebrochen und in ihrer Rachsucht an den Kapitulanten, selbst an Frauen und Kindern, grauenhafte Exzesse verübt. Einzig den Albanern war es gelungen, aus Tripolis unversehrt zu entkommen, aber nur deshalb, weil Kolokotronis unter Einsatz seines eigenen Lebens ihnen persönlich das Schutzgeleit gab. Auch jetzt wachte er energisch über der Sicherheit der Kapitulanten. Den griechischen Solda-

tenhorden, die beutegierig die Tore von Nauplion umlagerten, wurde das Betreten der Stadt verboten. Ende Dezember wurden die Gefangenen unversehrt auf einem englischen Kriegsschiff nach Kleinasien eingeschifft.
So endete der Feldzug des Dramalis, und so fiel Nauplion im Winter des Jahres 1822. Zwei Jahre später, Anfang 1825, hatte das alte Erbübel der Zwietracht den Freiheitskampf völlig paralysiert. Die Führer waren mit sich zerfallen, die Staatskasse war leer, Kolokotronis in Haft genommen. In dieser Lage kam die Nachricht, daß Ibrahim Pascha mit viertausend seiner besten Fußtruppen und fünftausend Reitern in Methóni in Messenien gelandet sei, um den Peloponnes zu erobern. Die griechische Flotte, die im Vorjahr den Türken in mehreren Treffen schwere Niederlagen beigebracht hatte, lag, ohne Sold, zur Untätigkeit verurteilt. Ibrahim Pascha konnte auch seinen ganzen Nachschub ungehindert landen.
Die griechische Regierung sandte ihm eine Streitmacht entgegen, unter Führung eines im Landkrieg völlig unerfahrenen Admirals. Am 7. April kam es zur Schlacht bei Kremmýchi in der Nähe von Methóni, die zu gewinnen von vornherein aussichtlos war. Daraufhin wandte sich Mavrokordátos mit seiner Truppe nach Pylos, um die Festung mit verstärkter Besatzung gegen Ibrahim zu verteidigen. Am 27. April mußten die Griechen unter schweren Verlusten die Pylos vorgelagerte Insel Sphaktéria aufgeben. Mavrokordátos konnte sich mit den Überlebenden auf das Kriegsschiff »Ares« retten, dem es in einem verzweifelten, aber glücklichen Manöver gelang, die Sperre von vierunddreißig feindlichen Schiffen zu durchbrechen. Am 30. April mußte sich die alte Burg von Pylos ergeben, am 11. Mai fiel auch die neue.
Während Ibrahim Pascha seine Streitmacht neu formierte, um zur Eroberung des ganzen Peloponnes anzusetzen, spielte die griechische Regierung in Nauplion ihr Intrigenspiel fort. Aber angesichts der Niederlagen und unter dem massiven Druck der Einwohnerschaft mußte sie sich am 18. Mai entschließen, Kolokotronis zu amnestieren und in sein Amt als Heerführer wiedereinsetzen. Die Nachricht wurde mit unendlichem Jubel begrüßt. Niemand zweifelte daran, daß *der Alte von Morea* die Lage in kurzem wenden würde. Kolokotronis zog alle Truppen und alle wehrfähigen Männer zusammen, die er in der Argolis erfassen konnte, versorgte sich mit Vorrä-

ten, verließ Nauplion und zog hinauf nach Arkadien, um hier dem Vormarsch Ibrahims entgegenzutreten. Am 7. Juni griff ein Teil seiner Truppen den Feind bei Drampála an und wurde geschlagen. Vier Tage später bereits fiel völlig überraschend Tripolis, zur äußersten Bestürzung der Griechen. Furcht und Schrecken ergriffen die Argolis, die nun das nächste Ziel Ibrahims war, und die Gefahr wurde plötzlich akut, an die bis dahin niemand gedacht hatte, daß auch Nauplion, die Hauptstadt, in die Hände des Feindes fiel.
In dieser Not entschloß sich Ypsilántis aus persönlicher Initiative, so, wie er 1822 die Larissa verteidigt hatte, diesmal die Mühlen zu besetzen und zu befestigen, um an dieser engen Stelle Ibrahim aufzuhalten wie einst bei den Thermopylen Leonidas die Perser. Als er mit seiner Truppe ankam, hatte bereits ein anderer Heerführer mit der Verschanzung begonnen, Makryjánnis, den in Myli die Nachricht erreicht hatte, daß Tripolis, zu dessen Verstärkung er unterwegs war, bereits gefallen sei. Gemeinsam wurden nun die Mühlen systematisch befestigt, Gräben ausgehoben, Wälle aufgeschüttet, die Wasserversorgung gesichert, zwei Türme mit Wehrgängen und Schießscharten versehen.
Am gleichen Tag aber war, ohne daß die Griechen es wußten, Ibrahim bereits im Anmarsch. Ungehindert erreichte er Achladókampos und zog dann die sogenannte Potamiá hinunter zum argivischen Golf. Bei Kyvéri wurde er von griechischen Freischärlern angegriffen und auch von griechischen Patrouillenbooten beschossen, doch ohne daß ihn das ernstlich gefährden oder auch nur aufhalten konnte. Es wurde ein wenig gerastet, neue Munition wurde ausgegeben, und dann brach der Feind wieder auf, um gegen Argos zu marschieren. Inzwischen war es dunkel geworden. Die Griechen, ermüdet von der schweren Schanzarbeit, waren alle in Schlaf gesunken. Und auch die Wachen, als kein Laut sich erhob und ringsum nächtliche Stille herrschte, hielten sich an ihre Pflicht nicht länger gebunden, überließen sich der Müdigkeit und schliefen ein. Unbemerkt rückte der Feind heran. Im Augenblick der äußersten Gefahr aber hatte Makryjánnis einen Traum. Er beschreibt ihn selbst in seinen Erinnerungen. Er sieht einen Mann, der ihm zuruft: »Steh auf!« Er erwacht, schläft aber wieder ein. Die Gestalt erscheint ihm zum zweitenmal mit dem Ruf »Steh auf!«, und diesmal wird er wach und erhebt sich. Er sieht aus dem Fenster – das ganze Feld voller Türken.

Der Schrecken darüber, daß keiner der Griechen zu wachen schien, sondern alle schliefen, ließ ihn erstarren. Aber dann löste sich der Krampf in dem Schrei »Türken! Türken!« Die anderen im Zimmer werden schläfrig wach, und einer spottet: »Makryjánnis ist vor Furcht ganz hinüber, kann vor Angst nicht schlafen und sieht auch im Traum schon lauter Türken.« Aber Makryjánnis ist bereits hinausgestürzt, reißt fünfzig seiner Leute aus dem Schlaf und dringt über die Mauern der Staubecken und durchs Schilf am Meer entlang vor, so daß der Feind ihn nicht sehen kann, gelangt unbemerkt den Türken in den Rücken, eröffnet das Feuer und befiehlt nach der ersten Salve sofort das Messer. Und es gelingt ihm wirklich, die völlig überraschte und verwirrte türkische Vorhut, die sich, ebenfalls den Feind nicht ahnend, bei den Mühlen gelagert hatte, zu vertreiben und zurückzuschlagen. Inzwischen ist das griechische Lager durch den Kampflärm mobilisiert und kampfbereit. Die Türken aber sammeln sich am Fuße des Berges und erwarten die Ankunft Ibrahims.
Der wartet den Morgen ab und besteigt mit seiner Leibwache zur Erkundung den Gipfel des Pontínos, während seine Truppen das griechische Lager von allen Seiten einschließen, *daß keiner entkommt und auch nicht eine Spur von ihnen übrigbleibt.* Der beherzte Ypsilántis kommt jedoch der Umzingelung zuvor und besetzt mit seinen Leuten eine Mühle außerhalb, westlich des Verteidigungswalles, die er als Vorposten zu verteidigen gedenkt, um dem Feind beim Angriff auf die Schanze im Rücken zu sitzen.
Es war ein ungewöhnlicher heißer Tag, und die Araber* verhielten sich über Mittag ruhig, um die größte Hitze in ihrer Stellung vorübergehen zu lassen und erst mit sinkender Sonne anzugreifen. Da legten sich auch die Griechen zum Mittagschlaf nieder, um sich für den Kampf zu kräftigen.
Am späten Nachmittag beginnt der Angriff. In drei Wellen rücken die Araber vor. Zwei werden zurückgeschlagen, aber der dritten gelingt es, an einer schwach besetzten Stelle in die Umwallung einzudringen. Bevor sie jedoch Zeit findet, sich zu formieren und weiter vorzudringen, greifen die Griechen bereits im Nahkampf an, mit Säbeln und Messern um ihr Leben kämpfend. Ihre Taktik, zuerst die

* Die Truppen Ibrahim Paschas waren Araber, keine Türken, denn Ibrahim war der Adoptivsohn des türkischen Statthalters in Ägypten und mit seinen eigenen, also ägyptischen Truppen nach Griechenland gekommen.

Offiziere zu töten, führt zu vollem Erfolg. Die kommandolosen Mannschaften verwirren sich und verlassen in kopfloser und verlustreicher Flucht das Lager. Inzwischen verteidigt Ypsilántis auch seine Mühle erfolgreich gegen die feindliche Umzingelung, und von der Seeseite greifen einige Patrouillenboote unterstützend ein. Ibrahim, der den Kampf von der Höhe des Pontínos verfolgt, wirft sofort Verstärkung in die Schlacht, und die Griechen, die in Ausfällen den Feind weiter zurückgeschlagen haben, sind gezwungen, sich wieder hinter ihre Wälle zurückzuziehen.
Die Truppenstärke beider Seiten stand natürlich außer jedem Verhältnis. Die Schätzung der Araber schwankt zwischen sechs- und zwölftausend. Mag selbst die erste Zahl noch überhöht sein, nach Tausenden zählten sie auf jeden Fall. Ihnen standen höchstens dreihundert Griechen gegenüber. Aber die Araber hatten den Nachteil, daß sie in dem engen Küstenstreifen, teils durch den Abhang des Pontínos, teils durch ausgedehnte Sümpfe behindert, ihre Stärke nicht entfalten konnten.
Als die von Ibrahim befohlenen Verstärkungen vorrücken, machen sie sich zuerst daran, die Toten und Verwundeten zu bergen. Aber die Griechen stürmen sofort hinaus und benutzen die Situation zu einem Überraschungsangriff. Vor der Übermacht müssen sie sich indes bald wieder zurückziehen. Der Feind ist jedoch völlig überrascht, als die Griechen, die gerade erst hinter ihre Schanzen zurückgewichen sind, plötzlich wieder vorstürmen und mit äußerster Energie angreifen. Zweihundert Meter weit schlagen sie die Araber von den Wällen zurück, sind jedoch bereits wieder verschwunden, noch bevor der Feind sich zum Gegenangriff formiert hat.
Und nun erfolgt in diesem Kampf auf Leben und Tod ein friedliches, gemütlich-groteskes Zwischenspiel. Die Schlacht wurde auf dem Meer von einer französischen Fregatte verfolgt, deren gute Wünsche zwar auf seiten der Griechen waren, die sich aus Gründen der Neutralität aber allen aktiven Eingreifens enthalten mußte. Als die Griechen ihren zweiten Ausfall gemacht hatten, war der französische Kapitän so enthusiasmiert, daß er an Land ging, um die Freiheitshelden zu beglückwünschen. Und er ließ auch ein Faß Rum von seinem Schiff herbeischaffen und trank mit den Eingeschlossenen auf erfolgreichen Fortgang. Die Schlacht nimmt für einen Augenblick die Form einer fröhlichen Landpartie an, und die Eingeschlossenen be-

finden sich in einem Grade wohl, von dem ihre Landsleute auf der anderen Seite des Golfs nichts ahnen. Denn in Nauplion verfolgte man natürlich den Kampf und die auf- und abklingenden Feuerwellen mit größter Furcht und Besorgnis. Niemand hielt es für möglich, daß die dreihundert Eingeschlossenen einer solchen Übermacht im Ernst und auf die Dauer würden standhalten können. Zuversicht und Tatkraft der Belagerten erfuhren jedoch großen Auftrieb, als sie unverhofft eine Verstärkung von fünfzig Mann erhielten. Aus freien Stücken und rein persönlicher Initiative hatte der Freischärler Mitros Liakópoulos den Entschluß gefaßt, sich mit seiner Truppe übersetzen zu lassen und den Bedrohten zu Hilfe zu eilen.
Es begann bereits dunkel zu werden, als die Araber noch einmal zu einem massierten Angriff antraten, um die griechischen Schanzen zu überrennen. In diesem kritischen Augenblick traf eine weitere Verstärkung ein. Die Regierung in Nauplion hatte sich endlich entschlossen, den Bedrängten eine Kompanie regulärer Truppen zu Hilfe zu senden. Ihre Ankunft entscheidet die Schlacht. Durch die Verstärkung zur Siegesgewißheit begeistert, machen die Griechen einen rasenden Ausfall, unter einem fürchterlichen Siegesgeschrei, und die Araber, überrascht und verwirrt, wenden sich in panischem Schrecken zur Flucht, *wie Ziegen beim Ausbruch eines Gewitters.* Der Tag endet mit einem klaren Sieg, und die französische Fregatte bekundet ihre Begeisterung und Sympathie durch Abspielen von Triumphmärschen und der Marseillaise.
Aber so glücklich der Tag auch geendet war, dem nächsten Morgen sahen die Eingeschlossenen trotz der Verstärkung mit großer Sorge entgegen. Indes, Ibrahim reagierte anders, als zu erwarten war. Er zeigte nicht die Verbissenheit des Stärkeren, der es nicht erträgt, der Minderzahl zu weichen, und nicht abläßt, bis er sie erdrückt hat. Da die Verteidiger der Mühlen seinen Weitermarsch nicht aufhalten konnten, sah er keinen Grund, um den Preis großer Verluste auf ihrer Vernichtung zu bestehen. Er ließ ihnen den Triumph und nahm es hin, daß seine Macht hinfort nicht mehr als unbesiegbar galt. Er umging die Mühlen mit seinen Truppen und zog weiter nach Argos, das ihm nur auf der Burg Larissa Widerstand entgegensetzen konnte. Die unbefestigte Stadt aber mußte sich ergeben – und den Widerstand und Triumph der Mühlen mit einer furchtbaren Plünderung und Brandschatzung bezahlen.

Vorige Seite:
Die Tempelruine von Nemea

Rechte Seite:
Oben Landschaft bei Ägion
In der Mitte die Tempelterrasse von Lykósoura,
darunter die Bergfestung Ellinikón (Kynowría)

Folgende Doppelseite:
Blick auf Poros

Die Burg von Arla

Terrassenanbau bei Jeroliména (Mani)

Linke Seite:
In den Tälern des Chelmos
Unten das Selinoûstal

Folgende Seite:
Oben Váthia in der Mani
Unten Blick auf Ermióni

Inzwischen ließ die Regierung in Nauplion die Befestigungsanlagen des Palamídi in aller Eile zur Verteidigung einrichten, denn daß das nächste Ziel Ibrahims die Einnahme der griechischen Hauptstadt war, stand nur allzu sicher fest.
Als Ibrahim bis Tiryns vorgerückt war, eine halbe Wegstunde vor Nauplion, ließ er haltmachen. Er zündete die wenigen Häuser an, die sich dort befanden, und nahm einige harm- und wehrlose Zivilisten gefangen, dann – kehrte er wieder um, ohne auch nur den Versuch gemacht zu haben, Nauplion einzunehmen. Der Grund dieses außerordentlichen und völlig überraschenden Verzichts ist heute noch genauso rätselhaft und unbekannt wie an jenem denkwürdigen Tage vor 150 Jahren, als die griechische Hauptstadt ihre plötzliche und unwahrscheinliche Rettung nur einem Wunder zuschreiben konnte. Es heißt, Ibrahim Pascha habe nicht genug Kanonen und Belagerungsmaschinen gehabt, um einer so starken Festung wie dem Palamídi mit Erfolgsaussichten entgegentreten zu können, und durch seine Erfahrungen bei den Mühlen gewarnt, habe er den Rückzug angetreten. Eine andere Version berichtet, er habe sich die rechte Hand verletzt und aus Aberglauben den Vormarsch abgebrochen. Doch beide Erklärungen sind unverbürgt und unerhärtbar, der Vorgang bleibt ein Geheimnis. Nur soviel ist doch sehr wahrscheinlich, daß die Verteidiger der Mühlen mit ihrem Heldenkampf die taktischen Erwägungen Ibrahims beeinflußt und vielleicht sogar den Ausschlag bei seinem Verzicht auf Nauplion gegeben haben.
Acht Tage dauerte die Passion von Argos, bei der alle Kirchen und die meisten Geschäfte und Häuser in Flammen aufgingen. Dann kehrte Ibrahim nach Tripolis zurück.

Lerna, der Schnitt durch die Bronzezeit

Myloi (Myli), die ehemaligen Wassermühlen von Nauplion, in deren Gemarkung der Lernäische See liegt, wurden getrieben von den berühmten Quellen Amymóne, Pontínos und Lerna. Sie sind längst durch elektrische Mühlen abgelöst, und über den Quellen, mit denen so viele Sagen des Altertums verbunden waren, sind Pumpstationen errichtet, die das Wasser der Amymóne als Trinkwasser nach Nauplion pumpen und das der anderen Quellen zur Bewässerung auf die Felder. Und der berühmte Halkyonische oder Lernäische See, der den Alten für bodenlos und unergründlich galt, ist heute nur noch ein versumpfter Teich. In ihm hauste nach der Sage das Ungeheuer der zweiten Arbeit des Herakles, die Lernäische Schlange mit ihren neun Köpfen, von denen sich acht, abgehauen, jedesmal verdoppelten, während der neunte überhaupt unsterblich war*.

Es ist noch nicht lange so, aber seit einigen Jahren hat Myli etwas habituell Jahrmarktmäßiges angenommen. Hier herrscht immer Betrieb. Es ist, als ob alle Griechen, bevor sie zu der lästigen Gebirgsfahrt nach Tripolis aufbrechen, sich hier in einem der vielen Lokale noch einmal stärken müßten oder, nach glücklichem Überstehen der Rückkehr, hier erst einmal der Entspannung bedürften. Außer seinen vielen Tavernen bietet der kleine Ort von etwa achthundert Einwohnern, der erst seit 1933 selbständig ist und bis dahin zu Kyvéri gehörte, einen recht mäßigen Strand und Hafen, aber einen geradezu historisch-idyllischen Bahnhof, noch echt wie aus Großvaters Zeiten.

Die eigentliche Sehenswürdigkeit von Myli aber ist der unmittelbar an seinem Südende gelegene Hügel, dessen ganze Höhe nur durch eine Abfolge vorgeschichtlicher Siedlungen sich aufgeschichtet hat, die 1952–1958 von den Amerikanern ausgegraben wurden mit bedeutenden Ergebnissen zur griechischen Bronzezeit. Zur leichteren Übersicht für das folgende fügen wir hier das Epochenschema ein. Man unterscheidet die frühe, mittlere und späte Bronzezeit (zirka 2800–2000, 2000–1600 und 1600–1150 v. Chr.) mit jeweils drei Unterphasen. Räumlich unterscheidet man die Bronzezeit auf dem griechischen Festland = helladisch, auf Kreta = minoisch und auf den Kykladen = kykladisch. Die späthelladische Zeit nennt man gewöhnlich die mykenische.

Die spätesten Siedlungsfolgen Lernas aus mykenischer und geometrischer Zeit sind durch Erosion abgetragen. Die Höhe des Hügels beträgt heute 5,50 m, von denen sich mehr als die Hälfte in neolithi-

* Die Lernäische Hydra war, wie ihr Name sagt, eine Wasserschlange. Und mit ihren Häuptern *(kephalaí)* waren wohl die vielen *kephalária* gemeint, die dort überall hervorquellen und von denen jedes, wenn man es zuhält, an zwei anderen Stellen wieder herauskommt.

scher Zeit aufgeschichtet hat. Unter den Siedlungen der Bronzezeit liegt eine große, drei Meter tiefe Schicht, die der frühen und mittleren Jungsteinzeit angehört (6000–5000 und 5000–4000 v. Chr.). Schon im 6. Jahrtausend also haben sich die ersten Siedler in Lerna niedergelassen, damals in völlig ebenem Gelände. Das fruchtbare Land und das fischreiche Meer werden sie zur Wahl dieses Wohnorts bestimmt haben, noch mehr aber vielleicht die reiche Wasserversorgung durch die vielen Quellen.
Die bis auf den natürlichen Grund reichenden Tiefengrabungen, die zwanzig Besiedlungsschichten der Steinzeit ergaben, mußten wieder zugeschüttet werden. Nur ein einziges neolithisches Fundament ist jetzt für den Besucher sichtbar (→ Plan Seite 151, Nr. 1). Es gehört einem Rechteckhaus des mittleren Neolithikums an (zirka 5000–4000 v. Chr.), dessen Wände aus Lehm bestanden. Das Fundament verrät bereits eine geschickte Mauertechnik, und es scheint in so früher Zeit schon eine regelrechte Siedlung mit unregelmäßigen Gassenfluchten bestanden zu haben. Diese Häuser und Gassen sich mit Menschen, Leben und Tätigkeit erfüllt vorzustellen, fällt etwas leichter, wenn wir wissen, daß die Bewohner gerbten, töpferten und webten, daß sie Schafe, Ziegen und Schweine hielten, daß sie nicht nur Fische und Vögel fingen, sondern auch Hasen und Füchse, ja sogar Bären jagten, und es wird uns vollends gelingen, wenn wir die in Form und Dekor zum Teil außerordentlich schönen Gefäße vor Augen haben, die sich in der Lerna-Abteilung des Museums von Argos befinden. Befremdlich für uns sind die Bestattungsbräuche. Erwachsene wie Kinder wurden innerhalb der Siedlung begraben, zwischen und unter den Häusern der Lebenden, unverändert das ganze Neolithikum hindurch.
Der schönste steinzeitliche Fund aus Lerna ist eine kleine Tonstatuette von 18 cm Größe, eine leider kopflose nackte Frauenfigur von großer künstlerischer Vollendung, wahrscheinlich eine Darstellung der großen Muttergöttin, obwohl ihr die aufdringlichen Merkmale der Fruchtbarkeit, die die neolithischen Idole sonst gewöhnlich betonen, ganz fehlen.
Nach dem mittleren Neolithikum nimmt die Stärke der Besiedlung in Lerna ab, bis es schließlich ganz aufgegeben wird und mehrere Jahrhunderte unbewohnt bleibt. Die Schicht Frühhelladisch I (zirka 2800–2600 v. Chr.) ist auf dem Hügel nicht vertreten.

Erst um die Mitte des 3. Jahrtausends wird es neu besiedelt, um in der nun folgenden Epoche (Frühhelladisch II zirka 2500–2200 v. Chr.) seine größte Blüte zu erleben. Die neuen Siedler, die sich im Besitz einer fortgeschrittenen Kultur befanden, planierten zunächst den ganzen steinzeitlichen Hügel, um auf der so geschaffenen Fläche ihre Wohnungen zu errichten, die sich bald zu einer stadtähnlichen Siedlung entwickelten. Sie bauten geräumige Häuser, von denen die größten zweiräumig waren und Fundamentmauern bis zu 1,15 m Stärke besaßen. Die Steine waren nicht einfach übereinandergeschichtet, sondern im Fischgrätmuster verlegt, einander dachförmig stützend. Auf den Steinfundamenten erhoben sich Lehmmauern aus groben luftgetrockneten Ziegeln. Man schätzt, daß Lerna zu seiner Blütezeit etwa hundertfünfzig Häuser mit achthundert Einwohnern umfaßte. Und zwar bildete es eine Wehrsiedlung, umgeben von einer Befestigungsmauer. Zuerst war es nur eine einfache Mauer, die den Hügel einschloß. Später entstand eine komplizierte Befestigungsanlage. Da wurde die Stadt mit einem doppelten Mauerring umgeben, der durch Quermauern in Mannschafts- und Vorratsräume unterteilt war. Über ihnen verlief ein flaches Dach, auf dem, durch eine Außenbrüstung geschützt, die Wächter ihren Dienst versahen und von wo aus sie im Ernstfall die andringenden Feinde mit Schleudern, Pfeil und Bogen und Wurfgeschossen abwehrten. Man fragt sich, gegen welche Feinde sich Lerna in dieser frühen Zeit, in der doch das Land noch außerordentlich dünn besiedelt war, zu schützen hatte. Der archäologische Befund zeigt, daß nur solche Orte befestigt waren, die in Meeresnähe lagen. Frühhelladische Städte im Landesinneren dagegen wie Eutresis und Orchomenós in Böotien waren unbefestigt. Daraus muß man schließen, daß die Gefahr vom Meer her drohte und daß es in früher Zeit schon ein hochentwickeltes Schiffahrtswesen gab, wo kriegerische Küsten- und Inselbewohner mit starken Kontingenten auf Seeraub ausfuhren, zum Teil offenbar in ferne Gegenden. Wie weit Lerna sich dagegen durch eine eigene Flotte zu schützen suchte, verraten uns leider weder direkte noch indirekte Indizien. Der überseeische Handelsverkehr und Güteraustausch scheint jedenfalls nicht sehr intensiv gewesen zu sein, dazu sind die gefundenen Importstücke zu wenig.

Die Befestigungsanlage hat im Laufe der Zeit natürlich eine Reihe von Veränderungen und Erweiterungen erfahren, die selbst an dem kleinen Abschnitt, der von ihr freigelegt wurde, abzulesen sind. Er war zum Beispiel ursprünglich verstärkt durch einen Wehrturm in U-Form, zu dem Raum 11 den Zugang enthielt. In den Räumen 9–11 ist ein Stück der älteren Wehranlage erhalten. Hier führte eine lange Treppe vorbei, wahrscheinlich zum Meer hinab, die von dem Mauerdurchlaß in Raum 8 ihren Anfang nahm. Es ist eine großzügige und bequeme Treppe mit flachen breiten Stufen aus großen Schieferplatten, eine der elegantesten Anlagen, die aus vorgeschichtlicher Zeit erhalten sind und die uns unmittelbar in die Zeit ihres Gebrauchs versetzt, eine Treppe, die man viel eher dem Palast als der Festung zuordnen würde. Sie wurde denn auch den Erfordernissen der Befestigung zum Opfer gebracht. Der Turm vor Raum 11 wurde abgetragen und durch einen größeren und massiven, ohne Innenraum, vor Raum 10 ersetzt, der die Treppe unter sich begrub (→ Plan Seite 151).

Bei anderen frühhelladischen Befestigungen stellt sich die Frage, ob sie die ganze Siedlung einschlossen oder nur einige besonders gefährdete Stellen schützten. In Lerna glauben die Ausgräber sicher zu sein, daß der doppelte Mauerring den ganzen Hügel umgab. Die Befestigung hätte in der Tat sonst gar keinen Sinn gehabt. Was sie schützte, war indessen nicht nur die Wohnsiedlung, sondern auch ein Palast.

Der ältere Palast von Lerna, das Gebäude BG, ist auf dem Plan nur mit gestrichelter Linie angegeben, weil er nur teilweise freigelegt und später wieder zugeschüttet wurde und dem Besucher nicht sichtbar ist. Die Ausgrabung ergab ein Bauwerk von 12 m Breite und mindestens 17 m Länge. Es ist aber sehr wahrscheinlich, daß es dieselben Proportionen wie der Nachfolgebau aufwies, nämlich eine Länge von etwas mehr als doppelter Breite, also zirka 25 m, so wie es auch bereits die Raumgliederung des späteren Palastes vorwegnahm. Der Grundriß wies der Länge nach drei parallele Zonen auf, einen breiten Mitteltrakt, der die Haupt- und Staatsräume enthielt, und zwei schmale Seitentrakte, in denen sich Korridore, Nebenräume und Treppenaufgänge befanden. Das Hauptportal lag im Süden. 90 cm betrug die Stärke der steinernen Fundamentmauern, auf denen sich Lehmziegelmauern erhoben. Es war ein für diese frühe Zeit großes, monumentales Bauwerk, das nur im Mégaron von Troja II eine Parallele hat, und es ist überaus zu beklagen, daß seine Zerstörung uns

nur die Fundamente, aber nichts von seinem Inventar hinterlassen hat. Nur ein einziger besonderer Fund ist zu erwähnen, den das Museum von Argos in der Lerna-Abteilung aufbewahrt. Es ist ein kunstvoll gearbeiteter transportabler Kultherd aus Ton, eine rötliche Scheibe von etwa 1,20 m Durchmesser. Der Rand ist mit eingeritzten Winkelhaken und eingestempelten Dreiecken verziert, die Vertiefung in der Mitte zur Aufnahme der Asche hat die Form einer Doppelaxt. Der Altar ist eines der wenigen Zeugnisse zur Religion der frühhelladischen Zeit, über die wir sehr wenig wissen, da zum Beispiel die frühe Bronzezeit Kultidole, wie sie uns aus neolithischer Zeit so zahlreich erhalten sind, nicht gekannt zu haben scheint. Nur die Kykladen setzen die steinzeitliche Tradition fort. – Auf dem Altar konnten nur Räucheropfer, kleine Ernteopfer und allenfalls Vogelopfer dargebracht werden. Tieropfer schloß seine Größe aus. War es der Hauptaltar, war es nur ein Nebenaltar des Palastes? Tieropfer, wenn es solche gab, wurden ohne Zweifel im Freien dargebracht.
Das Gebäude BG ging in einer großen Brandkatastrophe zugrunde, die auch die Befestigungsanlage ergriff und teilweise zerstörte. Aber es war trotzdem offenbar nur ein äußeres und partielles Unglück, das das Leben der Stadt nicht unterbrach. Jedenfalls besaß Lerna nach einiger Zeit die Mittel, den Palast an der gleichen Stelle, nur mit verschobener Orientierung, so daß der Eingang jetzt wie bei einem griechischen Tempel nach Osten zu liegen kam, größer und aufwendiger zu erneuern.
Der neue Palast mißt etwas über 12 × 25 m. Die sorgfältig und gleichmäßig gemauerten Steinsockel sind 90 cm breit und zirka 45 cm hoch. Auf ihnen lagerten die Wände aus quadratischen Lehmziegeln von ungewöhnlicher Größe: 36 × 36 × 13 cm. Der Haupteingang im Osten führte durch einen überraschend schmalen Vorraum (A) in eine große Halle von 6,45 × 8,05 m, den Thronraum und die Audienzhalle des Palastes (B). Im Westen schließen sich drei Räume unterschiedlicher Größe an, von denen der mittlere (D) auch noch ganz stattliche Maße aufweist: 5,75 × 6,30 m. Ein besonderes Merkmal des Grundrisses sind die langen Korridore an der Nord- und Südseite (F und G) sowie zwei schmale Räume an der Nordwest-Ecke und in der Süd-Mitte, die nur von außen zugänglich waren (H und J). Zwei Treppen führten von innen ins obere Stockwerk. Gedeckt war der Palast mit Tonziegeln und Schieferplatten,

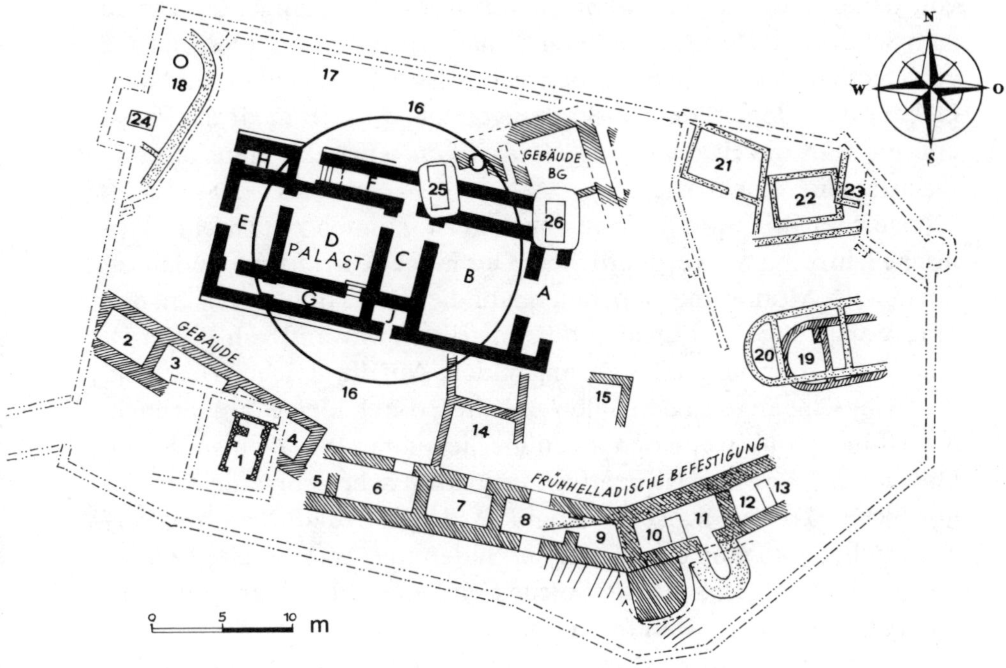

Plan der Ausgrabungen von Lerna

- *1* — *Neolithisches Haus (um 4000 v. Chr.)*
- *2–13* — *Räume in den Festungsmauern, Frühhelladisch II (zirka 2500 2200 v. Chr.)*
- *14* — *Teil eines Hauses, Frühhelladisch II*
- *15* — *Hausecke, Frühhelladisch II*
- *BG* — *Lage des älteren Palastes, Frühhelladisch II Anfang*
- *Jüngerer Palast (House of the Tiles), Frühhelladisch II Ende*
- *A* — *Eingang*
- *B* — *Audienzhalle*
- *C* — *Mittelraum*
- *D* — *Innerer Saal*
- *E* — *Nebenhalle*
- *F* — *Nördlicher Gang*
- *G* — *Südlicher Gang*
- *H, J* — *Vorratsräume*
- *16* — *Tumulus über dem Palast, Frühhelladisch III (zirka 2200 bis 2000 v. Chr.)*
- *17* — *Haus über dem Tumulus, Frühhelladisch III*
- *18* — *Apsidenhaus, Frühhelladisch III*
- *19* — *Apsidenhaus, Übergang Frühhelladisch III zu Mittelhelladisch*
- *20* — *Apsidenhaus, Mittelhelladisch (zirka 2000–1600 v. Chr.)*
- *21* — *Vorratsraum mit Pithoi, Mittelhelladisch*
- *22/23* — *Aufeinanderfolgende Häuser, Mittelhelladisch*
- *24* — *Spätmittelhelladisches Grab*
- *25/26* — *Schachtgräber, Mykenisch I (zirka 1580–1500 v. Chr.)*

von denen die letzteren wahrscheinlich die vorspringende Traufe zum Schutz der Wände bildeten. Die nicht normierten, sondern ganz verschieden großen Ziegel haben sich massenhaft erhalten und dem Gebäude zu Beginn der Ausgrabungen, als es noch nicht als Palast erkannt war, die Bezeichnung *House of the Tiles,* das Haus mit den Dachziegeln, eingetragen.
Mit welcher Präzision der Bau angelegt ist, können zwei architektonische Einzelheiten verdeutlichen. Der lange Korridor im Süden ist, um ihm die Monotonie zu nehmen, auf die Weise unterbrochen, daß zwei Vorsprünge, in Flucht und Breite der Westwand von Raum D, eine Verengung, einen Durchgang bilden. Auf die gleiche Weise sind auch vier Eingänge zu den Sälen gestaltet, durch kleine Vorsprünge, die in Flucht und Breite der gegenüberliegenden Wand entsprechen. Das andere Beispiel ist der kleine quadratische Vorraum vor der nördlichen Treppe (zwischen H und F), den man dadurch etwas vergrößert hat, daß man die Wände im Süden und Westen eingezogen, etwas schmaler gemacht hat. Solche Feinheiten bezeugen eine Bautechnik von hohem Stand und langer Tradition.
Die Eingänge zu Raum B und C und zur nördlichen Treppe waren mit Holzpfosten verkleidet, die heute zur Verdeutlichung ergänzt sind. Die Fußböden bestanden aus einer dicken Lage gelben Tons und darüber einer dünneren Auflage in Rotbraun. Auch außen war der Palast rings von einem Estrich aus gelbem Ton umgeben, dem ein gelber Verputz der Mauern entsprach. An der Westhälfte des Palastes liefen im Norden und Süden lange Banksockel entlang.
Die Innenwände trugen eine rotbraune Tonauflage, die ganz mit engen Wellenlinien bedeckt war, offenbar mit einer Art Kamm eingeritzt. Ursprünglich hatten die Ausgräber dies für den endgültigen Schmuck und Verputz der Wände gehalten, bis man später in der Halle B feststellte, daß es sich nur um die Grundierung handelte und die Wellenlinien den Zweck hatten, die eigentliche Schmuckschicht zum Haften zu bringen. Sie war zumindest in Raum B in rechteckige Paneele unterteilt, wie Ritzlinien beweisen.
Da nun die westlichen Räume nur diesen Wellenputz tragen, so geht daraus hervor, daß die Brandkatastrophe, der der Palast zum Opfer fiel, eintrat, noch bevor er überhaupt vollendet war. Darauf weist auch der Umstand hin, daß unverhältnismäßig wenig Gefäße in seinem Bereich gefunden worden sind, Metall- und Prunkstücke aber

überhaupt nicht. Lediglich in dem kleinen Raum J, möglicherweise aus dem oberen Stockwerk herabgefallen, wurde eine größere Anzahl von Gefäßen gefunden und, zur großen Überraschung der Ausgräber, eine große Menge von Tonsiegeln (Siegelabdrücken), die man bis dahin für das Sondergut Kretas gehalten hatte.
Im ganzen sind zwei große Siegeldepots in Lerna gefunden worden: eines von zirka 100 Stück in einem Haus, das der gleichen Brandkatastrophe wie der ältere Palast BG zum Opfer fiel, und die 124 Abdrücke aus Raum J des jüngeren Palastes. Sie hatten Krugverschlüsse versiegelt oder Schnüre, mit denen Holzkästen und Weidenkörbe zugebunden waren. Da der kleine Raum J so große Mengen von Vorräten nicht fassen konnte, müssen sie im Obergeschoß gestapelt gewesen und die Siegelabdrücke von dort heruntergefallen sein, im Feuer der Katastrophe gehärtet, während die von ihnen versiegelten Behälter und Güter verglühten. Ebenso erging es offenbar den Siegeln selbst. Von den über hundert verschiedenen Siegeln, die in Lerna nach dem Zeugnis der Abdrücke in Gebrauch waren, sind nur ganz vereinzelte im Original erhalten, vermutlich weil die übrigen vorwiegend aus Holz oder Elfenbein bestanden und verbrannten.

Vier Siegelabdrücke von Lerna

Rätselhaft ist freilich, daß im Oberstock des noch unvollendeten Palastes bereits ein so großes Depot von Wirtschaftsgütern bestanden haben soll. Aber die eigentliche und positive Überraschung bildet nicht dieses zweifelhafte Vorratslager, sondern die erstaunliche Vielfalt und Qualität der durch die Abdrücke bezeugten Siegel. Siebzig sind allein durch das Palastdepot bezeugt, fast alle mit kunstvollen, zum Teil sogar mit komplizierten, ja geradezu raffinierten Linienmustern: exakte, harmonisch ausgewogene drei- oder vierteilige Mäander, Schleifen oder Spiralen, drei mit einer Spinne in der

Mitte. Die Siegel waren sämtlich rund, mit einem Durchmesser zwischen 1,5 und 3,5 cm. Die Existenz einer so umfangreichen und so vollendeten Siegelschneidekunst stellte eine große Überraschung dar, nicht zuletzt durch den Kontrast, in dem sie zu der ziemlich anspruchslosen Keramik steht, die Verzierung fast gar nicht kennt. So mag es noch manche Fertigkeiten und Künste im Lerna der Palastzeit gegeben haben, die uns dadurch vorenthalten bleiben, daß der Palast nicht mit vollem Inventar, sondern noch vor seiner Vollendung unterging, und dadurch, daß kein einziges Grab aus dieser Zeit gefunden wurde, das mit seinen Beigaben Aufschluß über Kunsthandwerk, Waffen- und Schmuckindustrie geben könnte, wie es an anderen Ausgrabungsstätten gewöhnlich der Fall ist.

Eine andere Art von Siegeln, nämlich Rollsiegel, wahrscheinlich aus Holz, wurde verwandt, um Gefäße zu schmücken. Einige der großen Pithoi tragen unter dem Rand eine Zierleiste, die durch Abrollung eines Siegels eingedrückt wurde. Ein Spiralmuster mit unverwechselbar stilisierten Tieren in den Zwischenräumen, das in Lerna vorkommt, ist gleichzeitig auch an zwei anderen Stellen der Argolis gefunden worden, in Zygouriés bei Kleonä und in Tiryns. Entweder gab es also irgendwo eine Töpferei, die die Siedlungen der Argolis belieferte, oder, wahrscheinlicher, die Töpfer zogen von Siedlung zu Siedlung und arbeiteten nach Bedarf, wobei sie natürlich die ihnen vertrauten Formen und Zierden wiederholten. Alle Gefäße sind in dieser Periode noch mit der Hand geformt, erst in der nächsten gibt es einige wenige Beispiele für den Gebrauch der Töpferscheibe.

Es versteht sich von selbst, daß Paläste, wie die beiden von Lerna, nicht das Zentrum von hundertfünfzig Häusern und achthundert Einwohnern bildeten, sondern über einen ausgedehnten Herrschaftsbereich geboten, vielleicht mit einer Anzahl dörflicher Siedlungen, jedenfalls aber mit großen Gebieten bewirtschafteten Landes. Ohne Gefahr dürfen wir uns vorstellen, daß das »Reich« des Fürsten von Lerna die argolische Ebene von Kyvéri bis Kephalári umfaßte und vielleicht noch ein ganzes Stück darüber hinaus nach Norden auf Argos zu, je nachdem, wie mächtig der dortige Nachbar war, worüber wir bis jetzt nichts Sicheres wissen. Das ganze Gebiet ist überaus wasserreich, und der Fürst von Lerna war darin außerordentlich begünstigt gegenüber zum Beispiel seinem Kollegen in Tiryns, wo in Frühhelladisch II ebenfalls eine bedeutende Herrschaft

bestand. Weizen und vor allem Gerste wurden auf den Feldern angebaut, Feigen mit Vorliebe geerntet und ebenso auch bereits Oliven, und es tut sich die überraschende Perspektive auf, daß einige Pflanzenbezeichnungen dieser frühen Einwohner von Lerna bis zum heutigen Tage in unserer eigenen Sprache fortleben. Wenn nämlich, wie es das Wahrscheinlichste ist, die Leute von Frühhelladisch II diejenigen waren, die jene vorgriechische Sprache sprachen mit den Stämmen auf -nth- und -ss-, die in so vielen Ortsnamen in Griechenland und Kleinasien wiederkehren: Korinth, Pyranthos, Parnaß, Halikarnaß und so weiter, so würde das bedeuten, daß uns von ihnen die Pflanzennamen *Minze (Minthe), Hyazinthe, Narzisse* und *Zypresse* überkommen sind, den *Absinth* (Wermut) nicht zu vergessen und auch nicht das Terpentin, das von der *Terebinthe* kommt.
Die Tierhaltung beschränkte sich vielleicht wie im Neolithikum noch auf Ziegen, Schafe und Schweine. Die Bienenzucht ist sehr wahrscheinlich hinzugekommen, denn *melissa* ist ein Wort der gleichen vorgriechischen Sprache. Das waren die Produkte, mit den Sekundärerzeugnissen Leder und Wolle, mit denen man Güteraustausch treiben konnte. Schiffe gingen auf der Bucht von Argos regelmäßig hin und her und immer öfter auch auf weite Fahrt.
Es war ein reiches, blühendes und vielfältiges Leben, das sich in der zweiten Phase der frühen Bronzezeit entwickelt hatte. Der Möglichkeit nach war es eine Epoche mit den glänzendsten Aussichten. Wenn man bedenkt, daß in Kreta die Zeit der frühen Paläste erst mit dem Beginn des 2. Jahrtausends einsetzt, während wir in Lerna bereits um 2200 v. Chr. große Palastanlagen vorfinden, so ermißt man, welche Entwicklung die Kultur der frühen Bronzezeit bei ungestörtem Verlauf in der Argolis hätte nehmen können. Die Zerstörung des Palastes und die Eroberung Lernas durch fremde Einwanderer zerschnitt eine große Entwicklung und beendete eine Epoche. Es sollte siebenhundert Jahre dauern, bis die Argolis sich zu gleicher kultureller Höhe erhob und dann in der mykenischen Zeit eine einzigartige Entwicklung nachholte.
Der Brand, dem die Palastanlage BG und Teile der Befestigung zum Opfer fielen, scheint mit keiner Eroberung in Zusammenhang zu stehen, sondern ein Unglück des Zufalls gewesen zu sein, von dem sich die Stadt bald wieder erholte. Merkwürdig ist aber der Befund, daß der Fürst nach einiger Zeit den Befehl gab, den Palast größer

und aufwendiger neu zu bauen, daß er es aber unterließ, auch die Befestigung wiederherzustellen, die vielmehr in Ruinen liegen blieb. Fühlte man sich so sicher? War man so völlig ahnungslos gegenüber drohender Gefahr?

Und merkwürdig und unerklärt ist die Pietät, mit der die Eroberer die Stelle des zerstörten Palastes behandelten. Sie räumten seine Trümmer ab und ließen vom Schutt nur so viel zurück, wie zur Aufhäufung eines flachen, tumulusartigen Hügels nötig war, den sie über den Fundamenten errichteten. Er maß 19 m im Durchmesser, war am Rand mit Steinen eingefaßt und auf seiner ganzen Fläche mit Kieseln bedeckt und so als ein besonderer Bezirk ausgespart, auf dem generationenlang niemand wagte sein Haus zu errichten.

Die Siedlung der Eroberer, Frühhelladisch III (zirka 2200–2000 v. Chr.), unterschied sich von ihrer Vorgängerin am auffälligsten durch das, was ihr fehlte. Sie kannte keine Befestigung mehr und keinen Palast, und aus ihrer Keramik war völlig verschwunden, was das bezeichnendste und auffälligste Gefäß von Frühhelladisch II gewesen war, wo immer sich dessen Schichten finden: die Schnabeltasse, sauceboat auf englisch (→ Abb.). Dieses seltsame und unverwechselbare Gefäß, mit seiner absonderlichen, eigenartig unsymmetrischen, auch schwer herzustellenden Form, ein Gefäß, von dem niemand genau weiß, wozu es eigentlich diente, und das immer wieder aufs neue überrascht und belustigt, weil es so merkwürdig an ein laufendes Huhn erinnert, mußte nun symmetrischen Gefäßformen weichen. Unter ihnen ist keine, die mit gleicher Kompetenz wie die Schnabeltasse die neue Epoche repräsentierte, aber ein Trinkgefäß mit Doppelhenkeln und sich verbreiterndem Rand kommt ihr wenigstens nahe. Charakteristisch ist, daß in der neuen Phase die Gefäßbemalung eine sehr viel größere Rolle spielt als in der vorhergehenden. Die ersten auf der Töpferscheibe gedrehten Gefäße treten auf, und es finden sich der erste importierte Krug aus Troja und die ersten Importe aus Kreta, während Gefäße von den Kykladen auch in der vorhergehenden Periode schon vorgekommen waren.

Die Häuser der Eroberer waren zwar immer noch recht geräumig – es sind solche von 12, ja von 15 m Länge gefunden worden –, aber das Mauerwerk ist nicht mehr so sorgfältig errichtet, und die Hälfte der Häuser ist nun nicht mehr rechteckig, sondern apsidal (→ Plan Seite 151, Nr. 18 und 19), mit einer Apsis am einen und einer offenen Vorhalle über ein oder zwei Holzsäulen am anderen Ende. Die Apsis war gewöhnlich durch eine Wand abgetrennt und diente als Küche oder Vorratskammer. Eine weitere Querwand trennte bei den größeren Häusern auch den übrigen Raum noch einmal in zwei Zimmer. Von den Haupträumen besaßen viele einen runden Herd.

Frühhelladisch III geht ohne Bruch in die mittelhelladische Schicht über, und doch beginnt mit ihr wieder eine ganz neue Epoche für Lerna. Die Häuser sind zwar immer noch sowohl rechteckig als auch absidal, aber nur von bescheidener Größe. Zu den kretischen und kykladischen Importen treten solche aus dem Balkan und von Ägina hinzu. Unter den Haustieren haben Huhn und Pferd ihren ersten Auftritt in Lerna. Am auffälligsten ist der Unterschied in den Bestattungsbräuchen, der unzweifelhaft zeigt, daß es sich um eine neue Bevölkerungsschicht handeln muß. Gräber aus Frühhelladisch II fehlen in Lerna vollständig. Die Toten wurden offenbar außerhalb der Stadt begraben. Aus Frühhelladisch III fanden sich weniger als ein Dutzend, und ausschließlich Kindergräber. In mittelhelladischer Zeit dagegen ist es Brauch, die Toten wie im Neolithikum innerhalb der Siedlung zu bestatten, zwischen den Häusern unter den Gassen nicht nur, sondern auch unter den Schwellen und Böden der Wohnungen. Mehr als zweihundert mittelhelladische Gräber sind gefunden worden, Kisten- und Grubengräber. Auffallend ist der außerordentlich große Anteil an Kindergräbern. In einem Grabungsabschnitt fanden sich unter siebzig Bestattungen nur sechzehn Erwachsene. Der hohe Anteil beweist nicht nur eine große Kindersterblichkeit, sondern hat vielleicht auch einen religiösen Hintergrund. Möglicherweise bestattete man vor allem Kinder in der Nähe der Lebenden, weil man glaubte, die Seele des verstorbenen Kindes werde eine schnelle Neugeburt bewirken.

Die mittelhelladische Siedlung muß sich langer und ungestörter Entwicklung erfreut haben. Viele Bauschichten ohne Brandspuren folgen aufeinander. Eines der ersten Bauwerke, die in Lerna freigelegt wurden und das man als Muster eines mittelhelladischen Hauses konserviert hat, ist das Fundament 20, ein Apsidenbau mit drei Räumen. Dieses Haus ist viermal auf denselben Fundamenten erneuert worden. Es hat in der zweiten Phase aber offenbar einen Brand erlitten, und das Kind, dessen Skelett auf dem zweiten Boden gefunden wurde, haben die Eltern wohl dadurch verloren. – Unter Haus 20 liegt sein Vorgänger Haus 19 mit genau demselben Plan, das den Übergang von Frühhelladisch III zu Mittelhelladisch bildet. Kontinuierlich geht die mittelhelladische Periode in die mykenische über (um 1600 v. Chr.). Aus ihr sind vor allem zwei Schachtgräber in der Art der berühmten, von Schliemann entdeckten gefunden worden (Nr. 25 und 26). Sie befinden sich an der Nordostecke des jüngeren Palastes und reichen tief in seine Fundamente hinein, die sie zerstörten. Es muß für die Ausgräber eine bittere Enttäuschung gewesen sein, diese Gräber ausgeraubt zu finden. Zwei kleine Trinkgefäße (Kantharoi) in Grab 26 waren die einzige Ausbeute. Ebenso blieben die zugehörigen Wohnbauten unauffindbar. Ein Friedhof auf dem Hang des Pontínos beweist, daß Lerna mindestens bis in geometrische Zeit besiedelt war, aber die oberen Schichten, auch schon die mykenischen, sind durch Erosion fast ganz abgetragen.

Wir haben die Schichten von Lerna beschrieben und nun noch das Ergebnis nachzutragen, wie seine Schichtenfolge störend in eine berühmte Frage eingriff. Das überaus schwierige und verwickelte Problem der griechischen Einwanderung, für die es direkte archäologische Zeugen ja nicht gibt, hat man im allgemeinen so zu lösen versucht, daß man die Griechen zu Beginn des 2. Jahrtausends in ihre späteren Wohnsitze eindringen läßt. Man hatte von der frühen Bronzezeit des 3. Jahrtausends ein relativ geschlossenes, einheitliches Bild. Ihm gegenüber bedeutete der Beginn der mittelhelladischen Zeit (um 2000 v. Chr.) einen scharfen Bruch. Die frühhelladischen Siedlungen wurden zum großen Teil zerstört, in manchen Fällen nicht wieder neu besiedelt. Die Eroberer brachten ein ganz anderes Kulturgut, eine ganz neue Keramik mit, vor allem verursachten sie zunächst einen starken Abfall des früheren Niveaus. Da nun die mittelhelladische Kultur im Laufe ihrer vierhundertjährigen Entwicklung kontinuierlich in die mykenische überging und da man die Träger der mykenischen Kultur für Griechen hält, so müssen die Zerstörer der frühhelladischen und Begründer der mittelhelladischen Kultur die Vorfahren der späteren Griechen sein. Es war in der Abfolge der Bronzezeit sozusagen keine andere Lücke frei, in der sie sonst hätten auftreten können. Man muß sich bei dieser Antwort aber wohl bewußt bleiben, daß der Zeitpunkt der griechischen Einwanderung weder archäologisch noch historisch, noch philologisch bestimmt wurde, auch möglicherweise niemals bestimmt werden kann, sondern nur auf eine sehr indirekte Weise, durch einen logischen Schluß. Dabei haftet dieser Lösung andererseits eine sehr direkte archäologische Schwierigkeit an. Die mittelhelladische Kultur tritt mit zwei ganz verschiedenen Keramikformen gleichzeitig auf. Beide sind völlig ausgeprägt und charakteristisch. Die eine ist die sogenannte minyische Keramik. Es handelt sich um Gefäße mit scharfen Knicken und Kanten, von denen vielfach angenommen wird, daß sie Metallgefäße zum Vorbild hatten. Das Material ist meistens ein grauer, seltener ein gelber Ton, in der guten Qualität seifenartig, glänzend glatt. Nach Form und Material unverwechselbar. Die andere Keramik ist die sogenannte mattbemalte Ware, mit ganz anderen Formen und ganz anderer Oberflächengestaltung. Wie der Name sagt, wurde ein Dekor in matter Farbe aufgetragen. Es sind abstrakte geometrische Muster, in dunkelviolettem bis schwarzem Ton auf hellgelbem Grund. Es handelt sich um zwei völlig verschiedene Töpferwaren, und anzunehmen, daß die Begründer der mittelhelladischen Kultur, gleichviel, ob sie nun Griechen waren oder nicht, beide Arten, wie es der Befund verlangt, entweder mitgebracht oder an Ort und Stelle gleichzeitig entwickelt hätten, kommt der Behauptung gleich, sie hätten gleichzeitig über zwei verschiedene Sprachen verfügt. Das Problem scheint vorläufig unlösbar und ist bei großen Konsequenzen so vertrackt, daß man nicht gern daran rührt.

Aber von dieser Komplikation abgesehen, war es sonst doch ein einheitliches Bild der Abfolge, in gewisser Weise ein Spiegelbild der späteren Dorischen Wanderung. Die mittelhelladischen Einwanderer zerstörten die hohe frühbronzezeitliche Kultur und leiteten eine ganz neue Epoche ein, aus der ohne Bruch, in kontinuierlicher Entwicklung, die griechisch-mykenische Kultur hervorging.

In Lerna stellte Professor Caskey aber fest, daß die Zerstörung nicht Frühhelladisch III, sondern Frühhelladisch II betraf und daß dagegen der Übergang von Frühhelladisch III zu Mittelhelladisch sich zwar nicht kontinuierlich, aber friedlich vollzogen habe. Mit diesem unbezweifelbaren Ergebnis von Lerna überprüfte er nun die Grabungsbefunde anderer frühhelladischer Stätten, bei denen die Schichten nicht so scharf gegeneinander abgegrenzt waren wie in Lerna, und dabei ergab sich, daß auch bei mehreren anderen Sied-

lungen die Zerstörung nicht die Stufe Frühhelladisch III, sondern Frühhelladisch II getroffen hatte, so in Tiryns, Asíne, Zygouriés (Kleonä) und Korinth. In Mittelgriechenland lagen die Verhältnisse anders, aber zumindest für die Argolis ergab sich, daß hier eine allgemeine Eroberung und Zerstörung um 2200 v. Chr. die Schicht Frühhelladisch II beendet hatte.
Für die Argolis muß also die Einwanderung der »Griechen« um zwei Jahrhunderte früher als bisher angenommen werden. Den Wechsel um 2000 aber, der keinen Bruch, sondern eine Ablösung darstellt, kann man so erklären, daß damals »verwandte Stämme« die Nachfolge angetreten haben. Für die Verwandtschaft der Träger von Frühhelladisch III und Mittelhelladisch kann die Fortsetzung der Apsidalform im Hausbau, vor allem aber die Erscheinung angeführt werden, daß bereits in Frühhelladisch III Keramik gefunden wurde, die von der minyischen Ware des Mittelhelladikums »nicht zu unterscheiden ist«.
Nun ist gewiß von vornherein anzunehmen, einmal, daß die Landnahme der Griechen sich über einen langen Zeitraum erstreckte, zum andern, daß sie sich je nach den Umständen auf ganz verschiedene Weise vollzog, hier zerstörend, dort nur kriegerisch, anderswo vollkommen friedlich. Die Annahme, daß zweihundert Jahre später »verwandte Stämme« nachgerückt sind, sich mit ihren Vorgängern arrangiert und ihre eigene Kultur auf friedliche Weise eingeführt haben, hat nichts Gezwungenes an sich bis auf die schwierige Frage nach dem realen Grad dieser Verwandtschaft. Den verbindenden Elementen der Kontinuität der Hausform und eines kleinen Ausschnitts der Keramik, stehen ja doch sehr massive Differenzen gegenüber: das Erlöschen der Hauptformen der alten Keramik und ihre Ablösung durch zwei ganz verschiedene neue Arten gleichzeitig, vor allem aber der völlige Umschlag in den Bestattungsbräuchen. Der Befund ist alles andere als eindeutig. Vollends schwierig aber wird die Frage dadurch, daß der Ausgräber sich veranlaßt sieht, noch eine ganz andere Verwandtschaft nachdrücklich zu betonen. Es soll nicht nur die frühhelladische Bevölkerung mit der der Kykladen verwandt sein, was wir mühelos verstehen, sondern es sollen auch die Träger der mittelhelladischen Kultur »eine gewisse Verwandtschaft« – *some degree of kinship* – mit den Bewohnern der Kykladen nicht erworben, sondern besessen, mitgebracht haben. Wie aber die

mittelhelladischen Vorläufer der Griechen zugleich mit den Indoeuropäern und der mediterranen Vorbevölkerung der Ägäis verwandt gewesen sein sollen, darüber wird uns keine Aufklärung gegeben, sondern nur der Befund mitgeteilt.
Junge Archäologen haben die Konsequenzen aus Prof. Caskeys Grabungsergebnis ziehen wollen und kurzerhand vorgeschlagen, die bisherige Phase Frühhelladisch III abzutrennen und in Mittelhelladisch I umzubenennen. Dagegen hat aber Prof. Caskey bei mehreren Gelegenheiten ausführlichen Einspruch erhoben unter dem Generaltenor, es komme nicht auf eine neue Nomenklatur an, sondern darauf, zunächst noch weiteres Material zu sammeln.
Gegen die Vereinigung von Frühhelladisch III mit dem Mittelhelladischen weist er auf den Unterschied in den Bestattungsbräuchen als gravierende Differenz hin. Prof. Caskey nimmt also in der schwierigen Frage deutlich eine dialektische Position ein. Betont man den Bruch zwischen Früh- und Mittelhelladisch, so weist er auf die Kontinuität der Hausformen und der Keramik hin, betont man aber daraufhin die Einheit beider Epochen, so verweist er auf die Unterschiede in den Bestattungsbräuchen. Eine solche dialektisch-didaktische Position ist methodisch natürlich vollkommen korrekt, ja die einzig ehrliche, in der Sache aber ist sie äußerst unbefriedigend, um so mehr, als man nicht sieht, wie die Frage durch bloße Materialvermehrung gelöst werden könnte. Jedenfalls ist das Problem der griechischen Einwanderung durch die Ausgrabungen von Lerna nicht klarer geworden, im Gegenteil. Muß man sich aber aufgrund des vorliegenden Materials entscheiden, so leuchtet ein, daß die Übernahme von Hausformen und Keramik für die Zuwanderer weniger einschneidend war als die Änderung ihrer Bestattungsbräuche, so daß der Unterschied in den letzteren schwerer wiegt als die Übereinstimmung in den ersteren.

Lerna ist nur etwa zu einem Siebtel ausgegraben. Aber da die Ausgräber das Glück hatten, gleich zu Anfang das Bedeutendste, die Paläste, zu finden, über die hinaus nichts Wichtigeres zu erwarten ist, wurden die Arbeiten vorläufig eingestellt. Die endgültige Veröffentlichung ist bis jetzt nicht erfolgt.
Es gibt Ausgrabungsstätten, die ehrwürdig sind um des antiken Ortes willen oder bedeutend durch ihre Grabungsergebnisse, und an-

dere, die auch an sich, durch ihre Natur und Lage, einladend sind. Dazu gehört Lerna.
Der alte Wächter hat Sträucher und Blumen gepflanzt, die er seit Jahren pflegt. So ist ein richtiger kleiner Park entstanden, in dem man gerne verweilt, ganz unabhängig von seinen seltenen Zeugen aus Stein- und Bronzezeit.
Wir sehen keinen Anlaß, die Tatsache zu verschweigen, daß die griechische Antikenverwaltung es bis jetzt unterlassen hat, ein Straßenschild für Lerna aufzustellen, wie es sonst für alle Ausgrabungsstätten, und selbst sehr unbedeutende, üblich ist. Das jetzige klägliche Hinweisschild ist ein handgezimmerter Notbehelf des alten Wächters. Welche Animosität auch immer dahinterstecken mag, sie ist zum Schaden der Touristen und der griechischen Antikenverwaltung unwürdig.

Das Wasserwerk von Kyvéri

Wir setzen unsere Reise nach Süden fort. Hinter Lerna weitet sich die Küste wieder zur Ebene. Auf der linken Seite begleiten Zitronen- und Orangengärten die Straße. In dem offenen Gelände rechts haben sich zwei große Fabriken etabliert. Nach wenigen Kilometern verläßt die Straße die Küstenlinie und biegt nach Südwesten ab. Hier beginnt die schwierige und anstrengende Gebirgsstrecke nach Tripolis, die Hauptverbindung zwischen dem griechischen Festland und dem Peloponnes. Geradeaus aber führt eine Landstraße mitten in das Grün des Küstensaums hinein, die Straße nach Kyvéri. Irgendwo rechts liegt hier die Stelle, wo nach der Sage Herakles das unsterbliche Haupt der Lernäischen Schlange durch Vergraben unschädlich machte, und irgendwo links am Meer der Landeplatz, die Apóvathroi, wo Danaos mit seinen fünfzig Töchtern auf der Flucht aus Ägypten den Boden der Argolis zuerst betrat. Überraschende Assoziationen ergab die Feststellung, daß der heutige Friedhof von Kyvéri sich über einem mykenischen befindet.
Kyvéri wird dem europäischen Durchreisenden nicht viel sagen, aber

es ist nicht nur ein für griechische Verhältnisse bedeutender Ort von über tausend Einwohnern, sondern er hat auch eine besondere Lage. An einen steilen Hang gebaut, zieht er sich bis ans Meer hinab und ist zugleich Bergstadt und Fischerhafen. Vielfältigen Berufen bietet Kyvéri ein Auskommen, Handwerkern, Landwirten, Fischern. Es gibt keine wirtschaftliche Sorgen für die Einwohner, und nur wenige wandern aus in die Fremde. Früher wurden in der Ebene auch Baumwolle, Rosinen und sogar Reis erzeugt. Jetzt aber hat man sich auf Orangen und Oliven, vor allem aber auf Zitronen spezialisiert, die Exportqualität erreichen.
Die Küste des Golfs von Argos ist mit Badegelegenheiten nicht eben gesegnet. Der Strand von Kyvéri ist einer der passabelsten, obwohl auch hier der Sand mäßig und das Meer zu seicht ist. Aber die Bucht ist schön gelegen und ganz von Grün umschlossen. Strandpromenade und Campingplatz liegen unter hohen Bäumen. Wegen seines gesunden Klimas und seiner besonderen Lage soll Kyvéri schon in fränkischer und byzantinischer Zeit Sommerfrische gewesen sein. Auch die Venezianer ließen sich später hier nieder.
Hinter Kyvéri steigt die Straße stark bergan. Die Landschaft wandelt sich zur Steilküste. Es ist die schroff ins Meer fallende Ostseite des Zavitsagebirges, die dem Küstenweg hier eine fast unüberwindliche Schranke setzte. Im Altertum muß der Paß, die Anigräa, von der gleichen Gefährlichkeit gewesen sein wie die berüchtigten Skironischen Felsen bei Megara, nur daß der Verkehr hier ungleich geringer war. Noch vor fünfzehn Jahren war selbst die Fahrstraße, die man in neuerer Zeit gebaut hatte, schwierig und gefährlich. Aber nach 1965 hat man eine breite Trasse in die Felsen gesprengt und eine regelrechte Autobahn angelegt, die nun Argos und Leonídi nach modernsten Ansprüchen miteinander verbindet.
Etwa 2 km hinter Kyvéri, wo die neue Küstenstraße über einem Felsvorsprung ihre größte Höhe erreicht, ist im Meer, unmittelbar am Fuß des Berges, eine große technische Anlage zu sehen, ein schwerer Mauerring mit einem hohen kastenförmigen Gebäude. Es kann zuerst vielleicht wie ein Kraftwerk erscheinen, solange man sich die Frage nicht stellt, wie es hier gespeist werden soll. In Wirklichkeit ist es eine große Pumpstation. Der Betonring schließt die Stelle ein, wo mit starkem Druck Süßwasserquellen aus dem Meeresgrund dringen, die berühmte Dine, der Wirbel der Alten, ein Ke-

phalári, wie wir es schon kennen, nur daß es hier statt aus dem Berg aus dem Meeresboden austritt. In Wirklichkeit sind es nicht weniger als sieben Quellen, die hier austreten, sechs aus dem Meeresgrund, eine aus dem Felsen. Sie fließen das ganze Jahr hindurch mit gleicher Stärke und liefern 14–15 Kubikmeter Süßwasser pro Sekunde, 50–55 000 in der Stunde. Wegen einiger Mineralzusätze ist es zwar nicht trinkbar, es ist aber ohne Gefahr verwendbar zur Bewässerung von Feldern und Gärten. Es lag daher die Frage nahe, ob man die Meerquellen von Kyvéri, statt sie einfach verströmen zu lassen, nicht auffangen und nutzen könnte. Wir wollen nichts Unrechtes für uns in Anspruch nehmen, aber es erscheint nicht ausgeschlossen, daß die Idee ein deutscher Einfall war. Jedenfalls fertigte der deutsche Tiefbautechniker Prof. W. Stander 1965 eine Studie an, die die technischen Voraussetzungen berechnete. Die erste Anlage wurde aber nicht von ihm, sondern von dem griechischen Ingenieur Papadimitríou errichtet, der darauf verzichtete, sämtliche Quellen auszunutzen, und sich darauf beschränkte, die nahe am Ufer gelegenen einzuschließen, um eine tiefreichende Fundamentierung im Meer zu umgehen. Aber trotz dieser Beschränkung erwies sich die Anlage als zu schwach, sei es, daß sie ungenau berechnet und nicht ausreichend fundamentiert war oder das Unglück hatte, Opfer einer besonders harten Naturprobe zu werden. Jedenfalls räumte das Meer, als es eines Tages etwas unruhiger als gewöhnlich auftrat, die ganze Anlage hinweg. Man trat nach dem Malheur an Prof. Stander mit der Bitte heran, Einblick in seine Pläne und Berechnungen zu geben, aber damit hatte man die Treuherzigkeit des deutschen Ingenieurs denn doch überschätzt.

Am 21. April 1967 übernahm das Militärregime die Macht in Griechenland. Schon vier Wochen später, noch im Mai 1967, gab Papadopoulos den Auftrag zum Bau des Wasserwerks von Kyvéri an Dr. Stander, der damals noch nicht Professor war. »So verdankt also Kyvéri«, fügt der griechische Ingenieur mit einigem Nachdruck hinzu, »sein Wasserwerk Papadopoulos.« Und dies ist hoffentlich nicht der Grund, müssen wir unsererseits hinzufügen, daß es bis jetzt nicht vollendet wurde.

Nach zweijähriger Vorbereitung begann im Mai 1969 der Bau des Einfassungsrings mit den Schleusen und war im August 1970 abgeschlossen. 1970/71 erfolgte der Bau der Pumpstation. 1973 wurden

die Turbinen installiert, vier Turbinen mit einer Pumpleistung von je 8000 Kubikmeter pro Stunde.
Nach der Zypernkrise und der Wiederherstellung der Demokratie geht der Ausbau nur stark verlangsamt weiter. Zwar wurde von Oktober 1976 bis April 1978 von der Thyssen Stahl-Union Düsseldorf die Leitung fertiggestellt, durch die das Wasser auf den Berg gepumpt wird, Rohre mit dem erstaunlichen Durchmesser von 2,35 m. Es wurde auch der Felstunnel von 1100 m Länge und 8 × 8 m Querschnitt beendet, durch den das Wasser durch den Berg hindurch auf die Seite von Kyvéri gelangt, aber die Abschlußarbeiten gehen nur ganz zögernd weiter, und es scheint ungewiß, wann das Pumpwerk in Betrieb genommen werden kann.
Inzwischen hatte man jedoch im Mai 1976 mit dem Bau eines kleinen Pumpwerks begonnen, das im Juli 1977 eingeweiht wurde. Angeblich war der Zweck, in der Zeit bis zur Fertigstellung des Hauptwerks die Quellen nicht ungenutzt zu lassen, obwohl eine solche Begründung für einen Mitteleuropäer etwas merkwürdig klingt, der eher verstehen würde, wenn man alle Mittel und Kräfte an die Vollendung des Hauptwerks setzte aus der Erfahrung, daß Provisorien gewöhnlich die endgültige Lösung heillos verzögern oder gar gefährden. Aber zu Provisorien haben die Griechen ein fundamental anderes Verhältnis als die Europäische Gemeinschaft, in die sie nun eintreten wollen.
Immerhin arbeitet nun also wenigstens das kleine Werk mit einer Stundenleistung von 2400 Kubikmetern statt der 30000, die das große liefern würde. Das Wasser wird bis weit hinter Nauplion gepumpt. Bei Homer hat Argos das Epitheton *polydípsion. Polydípsion Argos* das ist das starkdürstende, wasserarme Argos. Aber diese Charakterisierung trifft keineswegs auf die Argolis im ganzen zu, denn das Gebiet südlich von Argos, zwischen Argos und Kyvéri, ist geradezu wasserreich. Sie bezieht sich vor allem auf das Gebiet östlich und nördlich von Argos, in dem die mykenischen Hauptzentren liegen: Mykene, Tiryns, Midéa. Und wenn in der mykenischen Ökonomie Landwirtschaft und Feldbestellung die Hauptrolle gespielt hätten, so wäre es in der Tat unbegreiflich, daß die mykenischen Zentren sich auf der Nord- statt auf der Südseite des Golfs von Argos befinden.
So kommt also das Wasser von Kyvéri nicht der unmittelbaren

Nachbarschaft, sondern weit abgelegenen Teilen der Argolis zugute. Es wird um den ganzen Golf herumgepumpt bis weit hinter Nauplion, nach Aria, Lefkákia, Tolón, Asíni bis nach Drepanon.
Und dieser ganze Segen trifft die Argolis nur deshalb, weil die Quellen von Kyvéri gerade noch auf ihrem Gebiet liegen. Keine hundert Meter weiter südlich beginnt die Kynouría, die nach der heutigen Einteilung der Regierungsbezirke zu Arkadien gehört. Auf die Frage: »Was würde denn sein, wenn die Quellen schon in der Kynouría lägen?« lautete die rhetorisch dramatisierte Antwort: »Die Arkader würden uns wie Türken behandeln.« – »Und wie behandelt ihr sie?« – »Wir werden ihnen, wenn das große Werk arbeitet, 5000 Kubikmeter die Stunde abgeben.« Von 30000 Kubikmetern 5000, ein Sechstel statt des von Christen wie Muslims geforderten Zehnten, das wird man loben müssen, wenn es soweit ist.
Nach der letzten Nachricht (Juni 1979) hat die Regierung fest zugesagt, das Werk bis 1980 fertigzustellen, und als erstes solle das Tal von Phychtia an das neue Bewässerungssystem angeschlossen werden. Die Zusage ist jedoch von vornherein illusorisch, da es mit der Fertigstellung des Pumpwerks allein nicht getan ist; auch die entsprechenden Wasserleitungen müssen vorhanden sein, da die alten ganz ungenügend sind. Die neue Wasserleitung reicht aber vorläufig nur bis Kyvéri, und ihre Fortsetzung ist bis jetzt nicht in Angriff genommen. Der Ausländer versteht natürlich überhaupt nicht, warum die griechische Regierung ein so eminent wichtiges und in den Hauptvoraussetzungen bereits realisiertes Projekt wie die Bewässerung der Argolis so dilatorisch behandelt. Noch weniger versteht man, warum die Abgeordneten der Argolis nicht alle Mittel aufbieten, diese wichtige Förderung ihrer Provinz durchzusetzen.
Das Phänomen so starker Süßwasserquellen im Meer war für die Alten natürlich ein Gegenstand des Staunens und der Ehrfurcht. Pausanias berichtet, daß die Arkader dem Gott des Meeres, der als Poseidon Hippios in Pferdegestalt verehrt wurde, aufgezäumte Pferde in der Dine zum Opfer brachten. Auch heute ist die Phantasie der Umwohner mit dem Geheimnis des Ursprungs so starker Süßwasserquellen beschäftigt. Man hält es für ausgeschlossen, daß die regenarmen Gebirge und Ebenen Arkadiens so große, das ganze Jahr hindurch gleichmäßig strömende Kephalária speisen, und allen Ernstes wird vorgebracht, die chemische Analyse habe ergeben, daß das

Wasser der Dine kein griechisches sei. Es müsse entweder aus den Alpen herkommen oder aus Süditalien, indem es unter der Adria hindurchfließe und, müssen wir, die Landkarte vor Augen, ergänzend hinzufügen, außerdem noch unter dem ganzen Peloponnes hinweg.

Nüchterner lautet der Bericht des Pausanias: *Wenn man über das Artemisiongebirge ins Gebiet von Mantinea kommt, empfängt einen die sogenannte Faulebene. Denn das Regenwasser, das in sie von den Bergen herunterkommt, macht die Ebene unbebaubar, und nichts würde hindern, daß sie ein See wäre, wenn das Wasser nicht in einem Erdspalt verschwände. Das hier verschwindende Wasser taucht in der Dine wieder auf* (Pausanias VIII 7,1f.).

Die sogenannte Faulebene liegt beim heutigen Nestáni, und das auf Seite 123 erwähnte Institute for Geology and Subsurface Research hat im Jahre 1962 auch diese Angabe des Pausanias überprüft. Am Ausfluß von Nestáni wurde das Wasser mit Tritium, einem radioaktivem Wasserstoffisotop, versetzt. Nach elf Tagen trat es in der Dine wieder aus. In Luftlinie beträgt die Entfernung 27 km. So wurde auch hier die Überlieferung der Alten durch Experiment glänzend bestätigt.

Auf der Weiterfahrt nach Süden finden wir einen zweiten *Anávolos, aufsteigenden Strudel,* im Golf von Argos. In der vorletzten Felsenbucht vor dem Beginn der Ebene von Astros dringt noch einmal eine Süßwasserquelle mit so starkem Druck aus dem Meeresboden, daß sie an der Oberfläche sichtbar wird. Im Unterschied zur Dine bei Kyvéri handelt es sich beim Anávolos von Astros nur um eine einzelne Quelle, auch strömt sie nicht wie jene das ganze Jahr hindurch gleichmäßig, sondern ist von wechselnder Stärke. Die Aufwölbung und die kreisende Bewegung sind am deutlichsten sichtbar, wenn das Meer nicht spiegelglatt, sondern leicht gekräuselt ist, wodurch sich der Umfang des Strudels schärfer abzeichnet. Man kann nicht zweifeln, daß es auch hier Wasser aus Arkadien sind, die das Kephalári auf dem Meeresgrund speisen.

Kynouría

Weder der Polyglott-Führer noch der Guide Bleu, noch selbst Kirsten-Kraiker leiten zu einem Besuch der Kynouría an. Die Griechen wissen von ihrer Bedeutung. *Ajion óros tis Peloponnísou – Heiliger Berg des Peloponnes –* ist der Beiname wegen der vielen Klöster, die seit byzantinischer Zeit hier entstanden sind. Ihretwegen nicht zuletzt wird man die Kynouría besuchen. Zwar haben nur wenige von ihnen ihre historische Gestalt bewahrt, dafür sind einige zu regelrechten, viel besuchten Wallfahrtsstätten aufgerückt.
Die Kynouría gehört heute verwaltungsmäßig zu Arkadien, deren vierte Provinz sie bildet. Ihre Süd- und Westgrenze verläuft auf den Höhen des Parnon, im Norden wird sie vom Zavitsagebirge begrenzt, im Osten vom Meer. Ihr Gebiet ist also vorwiegend Gebirgsland, großenteils Hochgebirge. Nur im Osten, an der Küste, sind

einige Ebenen eingelagert. Die größte im Norden bei Astros, zwei kleinere im Gebiet von Tyrós und im Süden die Ebene von Leonídi. Drei Flüsse fließen vom Parnon in diese Ebenen hinab: der Tanos und die Sintza (Charadros) bei Astros und Ajios Andreas in die Nordebene, der Daphniãs (Lorbeerfluß) in die Südebene von Leonídi.

Entscheidend für die heutige wirtschaftliche Lage der Kynouría ist der Bau der modernen Straße von Kyvéri nach Leonídi gewesen, der der ganzen Küstenregion zu stetig wachsendem Wohlstand verhilft. Von großer Bedeutung für den innergriechischen Tourismus ist die neue Straße Astros–Tripolis. Dagegen ist die große und wichtige Straße übers Gebirge, nach Ajios Petros und Kastrí, bisher nicht ausgebaut. Sie ist erst ab Ajios Petros asphaltiert, für die Verbindung nach Tripolis. Das heißt, die Nordwestregion der Provinz ist nicht zur Kynouría, sondern nach Arkadien hin orientiert, nicht zufällig oder willkürlich, denn es ist zum Teil Gebiet, das im Altertum zu Arkadien gehörte.

Die vierte wichtige Straße, von Ajios Petros übers Gebirge nach Süden, über Prastós und Paläochóri zum Kloster Elónis, ist immer noch abenteuerlich und für den Touristen praktisch unbefahrbar. Mehrere lohnende Ziele bleiben ihm auf diese Weise verschlossen, so das Kloster Karyés im Gebirge südlich von Ajios Andreas oder die Ruinen von Paläochóri nordwestlich vom Kloster Elónis. Die Stadt wurde 1826 durch Ibrahim Pascha zerstört. Auf eigenartige Weise ist aber die verflossene Zeit in ihr stillgestellt. Sie wirkt auf den Besucher, als ob sie gerade gestern zerstört worden wäre. Eine eindringliche, unverwechselbare Konfrontation mit der Geschichte.

Die Kynouría besitzt zwei größere Städte in der Küstenregion: Astros im Norden und Leonídi im Süden, das trotz seiner extremen, vom Kerngebiet weit entfernten Lage Provinzhauptstadt ist. Beide Orte sind erst nach dem Griechischen Freiheitskrieg entstanden, beide haben ihren ursprünglichen Charakter weitgehend bewahrt. Besonders Leonídi ist eine der schönsten und einladendsten Landstädte, die sich in Griechenland finden. Von den Bergstädten sind die beiden größten und wichtigsten die schon erwähnten Orte Ajios Petros und Kastrí, von denen das letztere Aussicht hat, ein Zentrum des arkadischen Sommertourismus zu werden. Ein ziemlich gültiges Kriterium für die Weltläufigkeit einer griechischen Stadt ist die

Frage, ob man dort Mittagessen finden kann oder nicht. Mit dem Abendessen ist es infolge der griechischen Lebensart sehr viel einfacher. In Leonídi und Kastrí findet man Mittagessen, in Astros und Ajios Petros bis jetzt (1979) aber nicht.

Die heutige Provinz Kynouría reicht weit über das hinaus, was im Altertum unter diesem Namen verstanden wurde. Bei den Alten scheint die Kynouría überhaupt mit der Thyreatis identisch gewesen zu sein, doch gehört wegen der Verworrenheit der antiken Nachrichten die Geschichte dieses Gebiets zu den dunkelsten Kapiteln der griechischen Altertumskunde. Auch haben seine Städte bis jetzt nicht sicher identifiziert werden können. Die Thyreatis war das Gebiet um die bisher unauffindbar gebliebene Stadt Thyréa, die aber in der Gegend von Astros gelegen haben muß, das heißt die antike Kynouría umfaßte in der Hauptsache die Küstenlandschaft mit der Ebene von Astros, etwa vom heutigen Timéni bis Kap Andreas. Südlich von Kap Andreas fallen die Hänge der Sevetíla so steil ins Meer, daß hier im Altertum jeder Überlandverkehr aufhörte und nur noch das Schiff weiterhalf. Hier beginnt ein Gebiet, das nackter Felsen und völlig unfruchtbar und selbst heute für den schnell und bequem dahinfahrenden Autotouristen noch eine rechte Durststrecke ist.

Dann gehörte die antike Kynouría auch nicht zu Arkadien, von dem es durch hohe und ausgedehnte Gebirge getrennt war, sondern ursprünglich zu Argos, war aber später jahrhundertelang ein Zankapfel zwischen Argos und Sparta. Die älteste Schlacht zwischen Spartanern und Argivern in der Thyreatis ist für das Jahr 719 überliefert, ein Datum, das außerordentlich früh erscheint und lieber auf sich beruhen bleibt. Der nächste Kampf wird ausführlich von Herodot berichtet mit Umständen, die zwar sagenhaft ausgeschmückt, aber für das griechische Selbstverständnis sehr charakteristisch sind.

Um die Zeit, als die Perser Sardes belagerten, das war im Jahre 546 v. Chr., waren die Spartaner eingerückt und hatten die Thyreatis besetzt. *Als nun die Argiver zum Schutz jenes Landstrichs heranzogen, kam es zu Unterhandlungen mit den Spartanern, und man einigte sich, daß je dreihundert Krieger aus beiden Heeren miteinander kämpfen sollten. Der siegenden Partei sollte der Landstrich zufallen. Die Heere selbst aber sollten nach Hause zurückkehren, damit sie nicht, wenn sie die Ihrigen unterliegen sähen, in den Kampf eingriffen.*

Nachdem diese Vereinbarung getroffen war, verließen die Heere den Kampfplatz, die Erwählten blieben zurück und begannen den Kampf. Sie waren einander aber so völlig ebenbürtig, daß von all den sechshundert Kriegern nur drei am Leben blieben, die Argiver Alkenor und Chromios und der Lakedämonier Othryades. Diese drei waren bei Einbruch der Nacht noch übrig. Da eilten die beiden Argiver, weil sie sich den Sieg zuschrieben, nach Argos, der Lakedämonier Othryades aber zog den gefallenen Argivern die Rüstungen aus, brachte ihre Waffen in das spartanische Lager und stand dann wieder auf seinem Platz auf dem Schlachtfeld. Am nächsten Morgen kamen die beiden Heere, um den Ausgang zu erfahren. Da schrieben sich denn beide Parteien den Sieg zu. Die einen sagten, es seien auf ihrer Seite mehr Leute geblieben, die anderen sagten, sie hätten aber ganz offen die Flucht ergriffen, während ihr Mann standgehalten und die Gefallenen ihrer Rüstungen beraubt hätte. Von dem Wortstreit ging man schließlich zu Tätlichkeiten über, und es kam zur Schlacht. Auf beiden Seiten waren die Verluste groß, doch die Lakedämonier siegten (Herodot I 82).

Die Erzählung vom stellvertretenden Kampf der Sechshundert ist natürlich eine unhistorische Ausschmückung. Aber daß man überhaupt eine solche Geschichte erfinden und mit dieser Erfindung Glauben finden konnte, ist bezeichnend für das agonale Kampfverständnis der Griechen in früher Zeit.

Seit jener unglücklichen Schlacht blieb die Kynouría im Besitz der Spartaner. Auch als sie im Dritten Messenischen Krieg (464–460) durch einen Helotenaufstand in die schlimmste Bedrängnis gerieten, als die Argiver sich im Bündnis mit den Athenern befanden und mit deren Hilfe sogar die Spartaner in der Schlacht von Oinóë geschlagen hatten, nahmen die Argiver aus uns undurchsichtigen Gründen diese günstige Lage nicht wahr, die Kynouría wieder in ihren Besitz zu bringen. Ebenso leisteten sie in dem Frieden, den sie 451 für dreißig Jahre mit Sparta schlossen, auf ihre Provinz Verzicht.

Im Peloponnesischen Krieg blieben die Argiver zunächst für eineinhalb Jahrzehnte neutral, und das hätte normalerweise auch die Kynouría vor Kriegshandlungen bewahrt. Aber ihre Zugehörigkeit zu Sparta setzte sie schweren Verwüstungen durch die Athener aus. Der Anlaß waren die Ägineten. Nachdem Ägina zweihundert Jahre lang eine der wirtschaftlichen Vormächte Griechenlands gewesen

war, verlor es 458 v. Chr. seine Selbständigkeit und mußte sich Athen unterwerfen, mußte den außerordentlich hohen Jahrestribut von dreißig Talenten (= 780 kg Silber) leisten, der seine Wirtschaft auf die Dauer zugrunde richtete, und dem Attischen Seebund beitreten. 431 aber, bei Ausbruch des Peloponnesischen Krieges, verloren die Ägineten sogar ihre Heimat. Als Parteigängerin Spartas wurde Ägina von den Athenern besetzt und seine ganze Bevölkerung von der Insel vertrieben. Die Heimatlosen wurden von den Spartanern in der Kynouría aufgenommen. Sie siedelten sich in mehreren Orten in den Bergen am Rande der Ebene an, die meisten in Thyréa, dem Hauptort der Landschaft. Aber auch das war nur der Aufschub eines noch schrecklicheren Endes. 421 landeten die Athener überraschend an der Küste, wo die Ägineten begonnen hatten, eine Festung zu errichten. Sie verließen den Strand in eiliger Flucht und zogen sich in ihre Stadt in den Bergen zurück. Aber die Athener rückten unverzüglich nach, erstürmten Thyréa, plünderten und verbrannten es und führten die Einwohner als Gefangene nach Athen, zunächst in die Sklaverei, um sie einige Zeit später in unmenschlichem Haß alle zu erschlagen (Thukydides IV 56f.).
Erst 371, nach der vernichtenden Niederlage der Spartaner durch Epaminondas, scheinen die Argiver es gewagt zu haben, die Kynouría zu besetzen. Sie wurden in ihrem Besitz 338 durch Philipp II. von Makedonien bestätigt, der gleichzeitig das Gebiet weit nach Süden ausdehnte, bis nach Zarax (Hierax). Die Kynouría umfaßte von da an auch die später so genannte Tsakonía, das Bergland zwischen Ajios Andreas und Leonídi. In diesem abgelegenen Gebiet des Parnon bewahrte die dorische Bevölkerung jahrhundertelang unverfälscht ihre Eigenart, ja, hier wird noch heute eine Art dorischer Dialekt gesprochen, das Tsakonische, als eine unmittelbare Fortsetzung der dortigen Regionalsprache des Altertums.
In hellenistischer Zeit scheint die Kynouría von Wechselfällen verschont und immer Argos zugehörig gewesen zu sein. In der römischen Kaiserzeit wurden die südlichen »tsakonischen« Städte dem Bund der sogenannten Eleutherolakonen angegliedert. Im Norden ist bei Astros eine große Domäne des Herodes Atticus nachweisbar.
Die älteste Erwähnung im Mittelalter findet sich in der aragonischen Fassung der Chronik von Morea, die berichtet, daß Wilhelm von

Villehardouin 1256 zur leichteren Unterwerfung der Tsakonen auf dem Gebirge das Kastell La Estella (Astros) gründete. Es ist wahrscheinlich mit den Ruinen identisch, die sich beim Dorf Ajios Jannis auf einer isolierten Höhe befinden. Sie kontrollierte einst die umliegenden Täler und Wege, durch die die Verbindung zwischen der Argolis und Lakonien und die zwischen dem Küstengebiet der Kynouría und Zentralarkadien verlief. Die Stätte ist im Volksmund unter dem öfter vorkommenden Namen *Kastron tis Oräās, Berg der Schönen,* bekannt, hinter dem gewöhnlich eine romantisch erfundene Prinzessinnen-Geschichte steht.

In den byzantinischen Quellen erscheint die Kynouría seit 1293 als zur Metropolis von Monemvasia gehörig. Vorübergehend gewann sie solche Bedeutung, daß sie selbst zum Rang eines Erzbistums aufstieg. Ihr Titel »Bistum von Rheontas und Prastós« umfaßte zwei Hauptorte des tsakonischen Berglandes, von denen der erste so vollständig verschwunden ist, daß heute niemand mehr weiß, wo er überhaupt gelegen hat. Prastós dagegen wurde 1826 von Ibrahim Pascha zerstört. Die geflüchteten Bewohner sammelten sich später wieder und siedelten sich in Leonídi an, das sich dann nach der Beendigung des Freiheitskrieges zur bedeutendsten Stadt der Kynouría entwickelte. Heute gehört die Kynouría zum Erzbistum von Mantinea, so wie auch seine staatliche Verwaltung an Arkadien angeschlossen wurde. Ein Grund dabei war wohl, den Arkadern wenigstens auf der Landkarte einen Zugang zum Meer zu verschaffen.

Außer Byzantinern und Franken haben abwechselnd auch Venezianer und Türken ihre Hand auf die Kynouría gelegt, die ersteren 1389–1540 und 1686–1715, die letzteren jeweils anschließend. Aus venezianischer Zeit stammt die Befestigung auf dem Vorgebirge von Astros, die indessen nicht zu den imposanten Anlagen der Seerepublik gehört. Weder das Hinterland noch der Hafen scheinen für sie von besonderer Bedeutung gewesen zu sein, bildet doch die Halbinsel Astros nur zwei flache Buchten, in denen bei stürmischer See größere Schiffe keinen wirklichen Schutz finden.

Die Nationalversammlung von Astros

Ob es ein antikes Astros gegeben hat, ist umstritten. Bei den antiken Schriftstellern wird es nicht erwähnt, und die einzige Notiz bei Ptolemäus ist zweifelhaft. Auf der Höhe des Felsens, wo sich jetzt das venezianische Kastell befindet, haben sich antike Reste nicht feststellen lassen. Das einzige Zeugnis des Altertums ist die schwere Polygonalmauer, die einmal die Landseite des Vorgebirges schützte. Ihr Verlauf auf den übrigen Seiten ist nicht mehr zu verfolgen und ihr Alter noch niemals bestimmt worden. So bleiben Zeit und Name der antiken Anlage unbekannt.

In neuerer, nachvenezianicher Zeit ist die Bedeutung von Astros immer nur sehr begrenzt gewesen. Es war nie ein wirklicher Hafen, sondern immer nur eine sogenannte Skala, ein Anlegeplatz. Erst die Friedenszeit nach Beendigung des Griechischen Freiheitskrieges hat eine bescheidene Siedlung auf der Landseite des Vorgebirges entstehen lassen. Da die Küstenniederung zum großen Teil versumpft ist, waren es nur ein paar Fischer, die sich hier niederließen. 1921 zählte sie 718 Einwohner, fünfzig Jahre später bei der letzten griechischen Volkszählung 1971 sogar nur 640. Die landarbeitende Bevölkerung siedelte sich 4 km weiter westlich am Rande der Ebene auf den Ausläufern des Gebirges an, wo Felder, Gärten und Pflanzungen üppig gedeihen und wo ein gesundes Klima herrscht. Dort entwickelte sich die eigentliche Stadt Astros, während die Siedlung an der Küste Parálion Astros = Küsten-Astros genannt wird.

Erst in den letzten Jahren hat auch Parálion Astros begonnen, sein dörfliches Dasein abzulegen. Die Eröffnung der neuen Straße Astros–Tripolis hat ihm zu einer ganz neuen Bedeutung verholfen. Durch diese Straße ist den Tripolitanern, die bis dahin auf ihrer arkadischen Hochebene vom Meer und jeder Bademöglichkeit abgeschnitten waren, ein leichter und auch relativ kurzer Zugang zur Küste verschafft worden, und sie machen von dieser Möglichkeit gebührenden Gebrauch, denn Parálion Astros verfügt über große Sandstrände. So ist dort plötzlich Tourismus entstanden. Man hat die Platía verschönert und eine Strandpromenade angelegt. Ein Jachthafen ist entstanden, und eine Reihe mehrstöckiger Hotels haben sich aufgetan. Die Veränderung ist gewaltig, und bisher ist es gelungen, alles mit Verstand und Geschmack zu bewältigen und Auswüchse und Abschreckendes zu vermeiden.

Die Entwicklung des »oberen« Astros muß sich einmal ähnlich stürmisch vollzogen haben. Nur wissen wir nicht viel davon. Wir wissen aber einiges von den bescheidenen Anfängen. Astros ist jedem gebildeten Griechen dadurch bekannt, daß es vom 29. März bis 18. April 1823 die Zweite Griechische Nationalversammlung beherbergte, die auch uns hier für einige Seiten beschäftigen soll. Es ging etwas kurios zu auf diesem neugriechischen Nationalkonvent, aber es hilft den guten Griechen ja nichts. So war es nun einmal, und so, wie es war, war es eben auch sehr charakteristisch.

Die Erste Griechische Nationalversammlung war im Dezember 1821 in Epidaurus zusammengetreten und hatte damals nicht mehr als 57 Abgeordnete gezählt. Die von ihr beschlossene Verfassung erwies sich bald als ungenügend. Über ihre Mängel herrschte Einmütigkeit bei »Zivilisten« (politikoí) wie bei Militärs (stratiotikoí), den beiden Parteien, die inzwischen durch den Lauf der Dinge einander gegenübergetreten waren. Die Politiker wünschten eine neue Verfassung aus sachlichen Gründen, die Militärs aus persönlichen, sie fühlten sich durch die alte zu wenig berücksichtigt. So konnte mit allgemeiner Zustimmung eine zweite Nationalversammlung einberufen werden, obwohl eine solche von der 1822 geschaffenen Verfassung nicht vorgesehen, auch von den damaligen Abgeordneten nicht beschlossen worden war.

Die Abgeordneten des neuen Konvents begannen bereits, sich in Hermióne zu versammeln, wohin sich die Regierung bei Anrücken des türkischen Heeres gegen Argos in Sicherheit gebracht hatte, als diese beschloß, ihren Sitz zu verlegen. Da die Türken unter Dramalis inzwischen vernichtend geschlagen und auch der Palamídi erobert worden war, wollte sie sich aus ihrem Versteck auf der anderen Seite der Argolis wieder hervorwagen und ihre Zelte in Nauplion aufschlagen, im Schutz der stärksten Festung des Landes. Als sie jedoch dort am 9. Februar 1823 mit ihren Ministern und zahlreichen Abgeordneten in den Hafen einlief, verweigerte ihr der Festungskommandant Demetrios Plapoutas, ein Schwager von Kolokotronis, die Landung. Er hatte von seiten der Militärs Befehl, ihr die Anerkennung vorzuenthalten. Er verweigerte ihr das Recht, sich als »Regierung« oder unter irgendeinem anderen offiziellen Titel in der Stadt niederzulassen, mit der Begründung, daß ihre Legislaturperiode am 15. Januar abgelaufen sei, was insofern nicht stimmte, als sie offiziell um vier Wochen verlängert worden war. Die Regierung blieb zunächst für mehrere Tage auf den Schiffen in der Hoffnung, Plapoutas werde sich umstimmen lassen, was er aber auf Geheiß seines Schwagers nicht tat. Da die Enge auf den Schiffen unerträglich und auch die Verpflegungslage kritisch wurde, beschloß die Regierung, die neue Nationalversammlung nach Ägina einzuberufen. Ende Februar änderte sie jedoch ihre Meinung und setzte unter Zustimmung der bereits eingetroffenen Abgeordneten und Bevollmächtigten als endgültigen Tagungsort Astros fest. Astros indessen war damals gar nicht existent, so wenig, wie im Jahr zuvor Epidaurus existent gewesen war. Die Erste Nationalversammlung fand vielmehr in dem kleinen Dorf Piáda statt, dem man, da es in der Nähe von Alt-Epidaurus lag, den wohlklingenden Namen Neu-Epidaurus (Nea Epídavros) verlieh, den es bis heute behalten hat. Ebenso wurde auch die Zweite Nationalversammlung in ein kleines Dorf einberufen mit dem verheißungsvollen Namen Kalývia Ajiannítika = Hütten von Ajios Jannis. Es war die Wintersiedlung, die die Einwohner des Bergdorfes Ajios Jannis sich weiter unten am Hang in milderem Klima errichtet hatten.

Nun konnte man zwar in diesen Hütten irgendwie den Nationalkonvent abhalten, unmöglich aber konnte man nach ihnen die Protokolle datieren. Und da die ganze Gegend seit alters tou Astrous = die von Astros hieß, so avancierte also dieser Name zur offiziellen Bezeichnung des Tagungsortes und später auch der Stadt.

Am 23. Februar traf die Regierung mit den ersten Abgeordneten zu Schiff an der Skala von Ajios Jannis ein, wie Parálion Astros damals hieß. Man begann sofort mit den notwendigen Vorbereitungen, das hieß zunächst einmal, mit der Quartierbeschaffung. Das Dorf wurde in vier Reviere eingeteilt und in jedem dieser Viertel die Zahl der Häuser, Stockwerke und Zimmer aufgenommen. Dann schritt man zur Registrierung der Einwohner und der eingetroffenen Fremden. Bei diesen letzteren stellte der »Generalkommissar der Allgemeinen Polizei Griechenlands« persönlich in jedem einzelnen Fall den Zweck des Besuches und seine voraussichtliche Dauer fest. Und er versuchte, Quartier bereitzustellen nicht nur für die, die schon eingetroffen waren, sondern auch für die, die noch kommen würden.

Der Militärkommissar (hoplarchegós) der Provinz erhielt Befehl, Wachen um das Dorf aufzustellen und jeden Ein- und Ausgehenden zu kontrollieren. Dem Polizeivorsteher von Skala wurde befohlen, alle ein- und auslaufenden Schiffe zu melden, samt Herkunftshafen, Fracht und Passagieren, und nicht zuletzt auch die Nachrichten weiterzugeben, die sie mitgebracht hatten.

Die Regierung sorgte auch selbst noch einmal für ihre Sicherheit und die der Abgeordneten, indem sie eine Sonderwache unter zwei ihr ergebenen Offizieren aufstellte. Sie ergriff auch sehr bald eine Reihe von Maßnahmen zur Selbstpropagierung. Vor allem suchte sie, durch gezielte Versprechen die Freunde von Kolokotronis auf ihre Seite zu ziehen und den Alten zu isolieren. Kolokotronis war Anfang März in Nauplion eingetroffen und schickte als ersten Unterhändler Petrobey Mavromichális nach Kalývia, dann Anagnostarãs, dann Papaphléssas, die der Regierung seine Vorschläge unterbreiten sollten. Der große Ränkeschmied erklärte sich jetzt auch bereit, Nauplion als Tagungsort zur Verfügung zu stellen. Aber der Regierung gelang es, seine Unterhändler auf ihre Seite zu ziehen. Keiner von den dreien kehrte zu ihm zurück, vielmehr forderten sie ihn auf, nun seinerseits nach Astros zu kommen.

Zur gründlichen Vorbereitung der Nationalversammlung wurde eine Abgeordnetenkommission eingesetzt, die in zwölf Sitzungen die erforderlichen Maßnahmen einleitete. Sie ließ sich aber auch zu der Parteilichkeit hinreißen, der Regierung den Dank der Nation für den großen Sieg bei Dervenákia auszusprechen, indem sie dabei eine Reihe von Personen namentlich aufführte, die mit dem Kampfgeschehen gar nichts zu tun hatten, während die Namen der Militärs, die die Schlacht wirklich geschlagen hatten, ganz übergangen wurden.

Am 29. März trat die Nationalversammlung zu ihrer ersten vorbereitenden Sitzung zusammen. Eine zweite folgte am nächsten Tag, dann begann die reguläre Arbeit. Da die Schule nicht groß genug war, um alle Abgeordneten aufzunehmen, und auch alle anderen Gebäude ungeeignet waren, fanden die Sitzungen, wie die der Alten, im Freien statt. Die Erste Nationalversammlung hatte unter den Orangenbäumen von Piáda getagt, die Zweite in Kalývia Ajiannítika versammelte sich in dem schönen großen Garten des reichen Grundherrn Demetrios Karytsiótis.

Im ganzen hielt die Zweite Nationalversammlung bis zum 18. April 17 Sitzungen ab und verabschiedete 52 Protokolle. Die Reihenfolge der Unterschriften war nach dem Verdienst um den Kampf für die Freiheit festgesetzt: Peloponnes, Hydra, Spetsä, Psará, Poros, Ägina, Koúlouri (= Kringel, d. h. Salamis), Kasos, Trikeri, Epidaurus, Ostgriechenland, Westgriechenland, Ägäische Inseln. Aus den Unterschriften unter der Verfassung geht hervor, daß 23 Kleriker, 196 Zivilpolitiker und 46 Militärs, im ganzen 265 Abgeordnete, teilnahmen, während es 1822 in Epidaurus nur 57 gewesen waren.
Kolokotronis inzwischen mußte einsehen, daß die Nationalversammlung ihm einiges voraus hatte: das absolute Übergewicht der Zahl, die Kenntnis der Verfahrensweisen und die Rechtmäßigkeit der Ansprüche, und daß es ein schwerer Fehler gewesen war, sie in Nauplion abzuweisen, statt sie dort unter seine Fittiche zu nehmen, wo er die Abgeordneten viel leichter hätte beeinflussen können. Er begann zu fürchten, sein blühender Lorbeer werde welken, wenn er sich weiter gegen die Volksvertretung stellte. Was vollends sollte aus dem vielgeprüften Vaterland werden, dessen Stärke doch mit seinem eigenen Ansehen bei Volk und Heer identisch war!
Am 30. März, dem zweiten Tag der Nationalversammlung, ließ er sich unter dem Schutz starker Wachmannschaften mit einem Anhang von vierzig Freunden, Abgeordneten und Militärs, in dem benachbarten Kalývia Melingítika nieder, »einen Flintenschuß von den Ajiannitischen entfernt«, wie er selbst sich ausdrückte, so daß die Gegend nun eher einem Heerlager glich als einer Nationalversammlung. Seine Spekulation war, die Abgeordneten würden, durch seine Nähe verunsichert, es nicht wagen, konkrete Beschlüsse zu fassen.
Statt dessen verstärkte die Nationalversammlung die Wachen, und obwohl sie in einigen Sitzungen Nervosität zeigte, ließ sie sich in ihren Zielen nicht irremachen. Der Ältestenrat des Peloponnes hatte Kolokotronis nach seinem Sieg bei Dervenákia das Generalkommando, die Archistrategie über die Streitkräfte verliehen. Die Nationalversammlung schaffte das Amt des Archistrategen ab, ebenso wie das des Admirals, und setzte fest, daß die Ministerien des Heeres und der Marine nicht von einem Heeres- und Marineminister, sondern jeweils von einem Dreierkollegium geleitet würden. Eine weitere Maßnahme, die gegen Kolokotronis gerichtet und darauf berechnet war, das Verhältnis zwischen Politikern und Militärs zu

festigen, war der Beschluß, fünfzig Offiziere zu Generälen zu befördern. Trotz seiner begründeten Bedenken, eine solche Polyarchie könne leicht zur militärischen Anarchie führen, ließ Kolokotronis sich in Geheimverhandlungen schließlich dazu bestimmen, selbst sogar diesen Beschluß zu unterschreiben. Die Nationalversammlung konnte einen vollen Sieg verbuchen. Trotzdem hatte ein Teil der Abgeordneten Kolokotronis nicht nur in Verdacht, er wolle die Nationalversammlung sprengen, sie fürchteten, er wolle sich selbst zum König von Griechenland ausrufen. Darum wurde eine Gesandtschaft beschlossen, einem Mitglied des Hauses Beauharnais die griechische Königskrone anzutragen. Die griechischen Abgesandten trafen allerdings erst ein, als der Prätendent bereits verstorben war.
Zu den ernsthaften Anliegen gehörte die Ergänzung der Verfassung von Epidaurus, die in ihrem Inhalt bestätigt wurde, einschließlich der Bestimmung, daß Mohammedaner und Juden in Griechenland keine politischen Rechte hätten. Aber sie wurde nun ergänzt durch Bestimmungen über die Rechtssicherheit des einzelnen bei Verhaftung und gerichtlicher Untersuchung. Erst jetzt wurden Menschenverkauf und Sklaverei für ungesetzlich erklärt und die Freiheit der Presse garantiert. Es erging der Auftrag für die Ausarbeitung des Militärrechts und eines neuen Strafgesetzbuches sowie für die Organisation der Gerichte. Es wurde eine neue Organisation der Provinzverwaltung beschlossen und das Gesetz über die Wahl der fünf Regierungsmitglieder und der hundertfünfzig Abgeordneten der neuen Nationalversammlung verabschiedet und festgesetzt, daß diese in zwei Jahren stattfinden solle. Beschluß gefaßt wurde über den Haushaltsvoranschlag und über die Ausgabe von Papiergeld. Die schwierige Frage der Veräußerung des nationalen Grundbesitzes kam zur Erörterung. Gebilligt wurde die Entschädigung der Inseln Hydra, Spetsä, Psará und Kasos für ihre Kriegsaufwendungen. Und auch die Einwohner von Kalývia Ajiannítika sollten für ihre Aufwendungen und Ansprüche entschädigt werden.
Zum neuen Sitz der Regierung wurde Tripolis bestimmt.
Der Nationalversammlung von Astros gelang es zwar, den Gegensatz zwischen Politikern und Militärs vorübergehend zu entschärfen, aber für eine dauernde politische Konsolidierung waren die bestehenden Schwierigkeiten zu groß und die Erwartungen und Ansprüche so vieler Seiten unvereinbar. Bei den anderen Landesteilen

herrschte der Eindruck vor, die gefaßten Personalbeschlüsse begründeten einseitig eine Vorrangstellung des Peloponnes. – Vergeblich befahl die Nationalversammlung Kolokotronis, der Regierung Nauplion mit seinen Wachen zu übergeben. Der Alte gab das Faustpfand der stärksten Festung des Landes nicht aus der Hand.
Das war die Nationalversammlung von Astros, die heute jedes Jahr am Freitag nach Ostern mit einem großen zweitägigen Fest gefeiert wird, in einem Astros, das sich aus einer Ansammlung von Hütten zu einer bedeutenden Stadt entwickelt hat, zu einer der wichtigsten und wohlhabendsten auf dem ganzen Peloponnes. Wer die Stadt durchquert, wird mit Erstaunen feststellen, daß sie mehrere große Kirchen besitzt. Dies Übermaß ist kein Ausfluß besonderer Frömmigkeit, sondern erklärt sich dadurch, daß Astros aus mehreren selbständigen Gemeinden zusammengewachsen ist.
Die Stadt ist für ihr gutes Klima bekannt. Zum Rang einer vielbesuchten Sommerfrische wird sie aber kaum noch aufsteigen, seitdem ihr der eigene Küstenvorort mit seinen Hotels und seinen Bademöglichkeiten den Rang abgelaufen hat. Ihr Wohlstand ist der Fruchtbarkeit des Landstrichs zu verdanken, blühendem Obst-, Wein- und Olivenanbau. Neuerdings ist aber auch Industrie hinzugekommen. Seit einigen Jahren besitzt Astros eine große Spinnerei und Weberei, von der es heißt, daß sie rund um die Uhr arbeitet und über zweihundert Arbeiter und Angestellte beschäftigt. Das ist für einen Ort von knapp dreitausend Einwohnern natürlich eine ganz bedeutende wirtschaftliche Stärkung.
Indessen ist es nicht die Stadt selbst oder die Erinnerung an die Zweite Griechische Nationalversammlung, die gelegentlich auch ausländische Besucher in ihre Mauern zieht, sondern es ist die Nähe des Klosters Loukoûs.

Das Kloster Loukoûs

Das Kloster Loukoûs liegt im Tal des Tanos, hoch auf dem rechten Ufer, an der Stelle, wo ein Nebenfluß aus dem Gebirge tritt, der dicht vor dem Kloster zwischen senkrechten Wänden vorbeizieht. Das Kloster und sein Garten sind von einer hohen Mauer umschlossen, und auch die riesigen Zypressen auf der Außenterrasse wirken gleichsam wie Wächter vor seinem Tor. Aber gleichzeitig bietet diese Terrasse dem Besucher zum Empfang einen großartigen Blick in das Tanostal, weit hinab bis ans Meer.
Bis 1968 waren die etwa 4 km von Astros zum Kloster eine Art vorbereitenden Pilgerwegs. Seither ist es jedoch mit der Bergeinsamkeit des Klosters zu Ende. Es liegt nun unmittelbar an der neuerbauten Straße Astros–Tripolis, ja, es liegt in einer Schleife dieser Straße. Sie bringt ihm nicht nur eine für ein Kloster ganz widersinnige Lärmbelästigung, sondern auch einen nie gekannten Besucherstrom. Mag er immer willkommen sein, so wird doch durch ihn die Stille und Intimität des Klosters nur noch weiter aufgehoben. Er hat die frommen Schwestern zur Einrichtung eines wohlbestückten Verkaufsraums mit Devotionalien veranlaßt, den es früher nicht gab. Er hat sie aber auch bewogen, in der Kirche eine sehr verdienstvolle Anlage indirekter Beleuchtung zu installieren, die die großartigen Fresken dem Besucher erst wirklich erschließt.
Die ursprüngliche Gründung des Klosters geschah vielleicht schon in frühbyzantinischer Zeit, wie die byzantinischen Marmorfragmente bezeugen, die als Spolien in die Außenmauern der Kirche verbaut sind. Die jetzige Anlage geht auf das 12. Jahrhundert zurück und besteht zu Ehren der Verklärung Christi, deren Feier das Weihfest des Klosters auch heute noch ist, am 6. August. Und das ist sein offizieller Titel: *Kloster der Verklärung des Erlösers – Monè tẽs metamorphóseos toû sotẽros.* Wann aber die volkstümliche Bezeichnung Monè tẽs Loukoûs aufkam, ist nicht mehr sicher festzustellen, noch weiß irgend jemand, was sie eigentlich bedeutet. Man hat an einen Kaufmann *Lukas* gedacht, der sich hier dem mönchischen Leben geweiht und das Kloster gestiftet haben soll, oder an die *heilige Lukía* (Santa Lucia), die vielleicht in venezianischer Zeit hier verehrt wurde. Man hat den Namen vom griechischen *lýkos, Wolf,* her-

leiten wollen, indem einmal Wölfe das bestimmende Merkmal der Gegend waren, oder – etwas passender – vom lateinischen *lucus*, indem das Kloster an der Stelle eines *heiligen Hains* errichtet sein soll, eine Version, der das Kloster selbst in seiner 1976 erschienenen kleinen Selbstdarstellung verständlicherweise den Vorzug gibt. Aber alle diese Herleitungen sind Phantasieprodukte und unerweislich. Und was das bitterste ist, von keinem dieser Namen oder Appellative läßt sich zu der Femininform tẽs Loukoûs kommen. Der volkstümliche Name des Klosters bleibt weiterhin, wie man griechisch sagt, eine Sphinx, die ihren Ödipus noch nicht gefunden hat.

Der Name Loukoûs erscheint zum erstenmal in einem Siegel des Patriarchats vom Jahre 1607. Das Kloster war aber schon in früherer Zeit autonom, vom lokalen Bischof unabhängig, und unterstand unmittelbar dem Patriarchen von Konstantinopel. Heute untersteht es dem Erzbischof von Mantinea, dessen Diözese die ganze Kynouría umfaßt.

Zu der Zeit, als die Venezianer auf der Burg von Astros saßen, wurde das Kloster latinisiert und gehörte im 16. Jahrhundert den Kapuzinern. Als aber Mitte des folgenden Jahrhunderts ein Aufstand in der Kynouría ausbrach, zu dessen Unterdrückung die Türken mit Heeresmacht in die Provinz einrückten, brachten sich die Kapuziner rechtzeitig übers Meer in Sicherheit, nicht ohne die über dem Südportal befindliche Gründungsinschrift auszumauern und mitzunehmen, um bei der Rückkehr ihr Besitzrecht auf das Kloster gegen jede Anfechtung sicherzustellen. Und so ist, da die erhoffte Rückkehr ein frommer Wunsch blieb, dieses wichtige Dokument verschollen.

Aus ihrer von den Türken besetzten Heimat zogen häufig griechische Mönche nach Rußland, wo die orthodoxe Kirche sich der Freiheit und des Reichtums erfreute. Das tat Anfang des 18. Jahrhunderts auch der Mönch Damaskinos aus einem Nachbarkloster von Loukoûs mit der Absicht, in der Fremde für sein armes Kloster Schätze zu sammeln und dann zu ihm zurückzukehren. Und wirklich war er nach Verlauf mehrerer Jahre wieder in der Heimat und brachte zahlreiche und wertvolle Reliquien mit. Aber er ließ sich bewegen, nicht in sein altes Kloster, sondern in Loukoûs einzutreten, dem er dann noch zehn Jahre segensreich als Abt vorstand, bis er 1760 starb.

Die Blütezeit des Klosters fand ihr Ende, als im Sommer 1826 Ibrahim Pascha plündernd und brennend in die Kynouría einfiel und selbst bis zu dem abgelegenen Loukoûs vordrang. Das Kloster wurde ein Raub des Brandes. Die Zellen gingen in Flammen auf, und auch die Kirche fing Feuer. Aber auf wunderbare Weise kam der Brand hier wieder zum Erlöschen. Nur der Narthex, die Vorhalle, brannte aus, die Kirche selbst aber blieb verschont. Und so ist es gekommen, daß in der Klosterkirche von Loukoûs eine Ausmalung erhalten ist, wie sie so schön, vollständig und stilistisch einheitlich nur noch in ganz wenigen Kirchen Griechenlands sich findet. Bis auf den Pantokrator in der Kuppel sind die Fresken vollständig, zum großen Teil auch in unverblaßten Farben erhalten, und um den Besucher schließt sich der byzantinische Kirchenraum in seinem originalen Schmuck. Die Fresken stammen einheitlich aus dem 17. Jahrhundert und umfassen Darstellungen zum Alten und Neuen Testament und zu einem der wichtigsten byzantinischen Kirchengesänge, dem Akáthistos Hymnos*. Die besterhaltenen befinden sich in den vier Tonnenge-

* Der Akáthistos Hymnos ist der beliebteste und bedeutendste Marienhymnus der orthodoxen Kirche. Er wurde im 6. Jahrhundert von einem unbekannten Dichter geschaffen und gelangte zu seinem fortdauernden Ruhm im Jahr 626, als die Einwohner von Konstantinopel ihre Errettung aus der Belagerung durch Perser und Avaren der Mutter Gottes zuschrieben, der sie durch stehendes Absingen des ganzen Hymnus dankten, daher der etwas befremdliche Name »Ungesessener Hymnus«. Er besteht aus 24 Strophen, die ein Akrostichon bilden, das das griechische Alphabet ergibt, das heißt, jede Strophe beginnt mit dem nächstfolgenden Buchstaben des Alphabets. Auf die Strophen mit ungerader Zahl folgen sieben Lobpreisungen Mariä, die sogenannten Chairetismoí (Chäretismí), auf die mit gerader das Hallellujah. Der Akáthistos Hymnos liegt den Hauptliturgien in den vierzigtägigen Fasten vor Ostern zugrunde. In den ersten vier Wochen werden nacheinander je ein Viertel des Hymnus gesungen, in der fünften der ganze. Jeder fromme Grieche nimmt an den Fastenfreitagen an den Chäretismí teil, wie man in der Volkssprache abkürzend den Akáthistos Hymnos nennt.
Für das Verständnis griechischer Fresken ist nun wichtig zu wissen, daß der Akáthistos Hymnos einen der größten und häufigsten Zyklen der byzantinischen Ikonographie darstellt. Und zwar kommen den 24 Strophen auch 24 Darstellungen zu, die mit einer nicht einleuchtend geklärten Bezeichnung die 24 »Häuser der Jungfrau Maria« (Oíkoi tẽs Panagías/Iki tis Panajías) genannt werden. Der Zyklus kommt nicht nur auf Wandmalereien, sondern vereinzelt auch auf Ikonen vor.
Die Hälfte der Szenen hat neutestamentliche Geschehnisse zum Gegenstand und ist in gewisser Weise dem westlichen Zyklus der Sieben Freuden Mariä vergleichbar. Es beginnt mit drei Darstellungen (Phasen) der Verkündigung. Es folgen die Empfängnis durch den Heiligen Geist, Mariä Heimsuchung, die Ratlosigkeit Josephs über das Geheimnis der Jungfrauengeburt, die Anbetung der Hirten, der Stern von Bethlehem, die Anbetung der Weisen aus dem Morgenland, ihre Rückkehr nach Babylon, die Flucht nach Ägypten und die Darstellung Jesu im Tempel. Die übrigen behandeln theologische Themen, aber die ersten zwölf sind Darstel-

wölben, die das griechische Kreuz bilden und die Kuppel tragen. Die Anordnung ist ganz übereinstimmend, es sind jeweils zweimal vier quadratische Darstellungen, durch eine Reihe von vier Heiligenmedaillons getrennt. Die eindrucksvollste Darstellung ist vielleicht die völlig unversehrte Himmelfahrt am Anfang des Chorgewölbes, bei der der farbliche Kontrast zwischen Krapprot und Olivgrün besonders lebendig zum Ausdruck kommt. Wie üblich wird Christus in der Mandorla von vier Engeln emporgetragen. Die Gruppen von je sechs Aposteln und einem Engel zu beiden Seiten befinden sich in der traditionellen Szenerie von Felsen und Bäumen, die hier in einer so glücklichen Verbindung von Stilisierung und Naturalismus dargestellt sind, daß für den modernen Betrachter aller Zeitabstand überwunden ist.

Auf die Himmelfahrt folgt die Darstellung des Pfingstwunders, das aber beschädigt und auch dadurch nicht so gut zu betrachten ist, weil es in der Tiefe des Gewölbes liegt. Unendlich beklagenswert ist der Verlust des Pantokrators in der Kuppel, den Nachlässigkeit erst in den allerletzten Jahren verschuldet hat. Durch Regenwasser waren in den sechziger Jahren zuerst leichtere, dann durch Schneewasser schwere Schäden aufgetreten, ohne daß die Kuppel abgedichtet und das Fresko restauriert wurde. Inzwischen ist es gänzlich verloren, die Kuppel kalkweiß. Seine Zerstörung ist eine unmittelbare Anklage gegen den griechischen Antikendienst und die Leitung des Klosters, die ein bedeutendes Kuppelfresko fahrlässig haben untergehen lassen und die dadurch zugleich ein einzigartiges Monument der byzantinischen Kunst der Vollständigkeit beraubt haben.

Um die Fresken von Loukoûs spielt noch eine zweite, weniger dramatische, aber ebenso merkwürdige Geschichte. Der erste, der sich in neuerer Zeit mit dem Kloster näher beschäftigte, war 1924 der bedeutende griechische Archäologe A. K. Orlándos, jahrelang Generaldirektor der griechischen Altertümer und jahrzehntelang Generalsekretär der Griechischen Archäologischen Gesellschaft bis zum heutigen Tage in schon fast biblischem Alter. In seiner Darstellung im Hemerológion tē̃s Megáles Helládos machte er unter ande-

lungen aus der neutestamentlichen Geschichte, deren erzählender Gehalt auch dem westlichen Besucher ohne weiteres zugänglich und verständlich ist.

In der Kirche von Loukoûs ist der Akáthistos Hymnos in der dritten Zone des Hauptraums dargestellt, über den Medaillons der Heiligen, das erste und das letzte »Haus« doppelt so groß wie die übrigen.

rem die Mitteilung, daß das Kloster keine Fresken besitze und seine Wände weiß gekälkt seien. Wie sich diese Angabe erklärt, bleibt unerfindlich, wie auch immer man es sich zurechtlegt. Das eigentlich Groteske an der Geschichte aber ist nun, daß von diesem Kalenderaufsatz von Orlándos die Nachricht durch Abschreiben übergegangen ist in alle drei großen griechischen Enzyklopädien: Elevtheroudákis, Ilíou und Megále Enkyklopädía, so daß Zehntausende von griechischen Lesern mit dem Irrtum ausgestattet wurden, eine der besterhaltenen griechischen Klosterkirchen habe keine Fresken. Zwei dieser Artikel waren nicht von irgendwelchen Lexikographen, sondern von bedeutenden griechischen Byzantinologen verfaßt, G. Soteríou und A. Xyngópoulos. Sie haben die Kirche beschrieben, ohne sie selbst gesehen zu haben, und dadurch die Fehlmeldung von Orlándos zu verheerender Wirkung gebracht.

Der zweite unschätzbare Besitz der Klosterkirche ist eine einzigartige Reihe von fünf großen Ikonen, auch sie eine Schöpfung einheitlichen Stils, einer einzigen Schule. Eine geschlossene Sammlung gleichwertiger Ikonen wird man vielleicht auf dem Athos noch einmal finden können, sonst in Griechenland aber nicht. Die Ikonen stammen wahrscheinlich aus der ersten Hälfte des 17. Jahrhunderts, aber trotz ihrer späten Entstehung sind es klassische Werke von einem erstrangigen Meister. Von ihrer Qualität bekommt man einen immer höheren Begriff, je öfter man Gelegenheit hat, sie zu vergleichen.

Die jüngste, eine Anbetung (Déesis) Christi durch Maria und die heilige Katherina ist nach der Weihinschrift 1641 gestiftet. Drei weitere wurden 1639 geweiht. Davon sind die Ikonen Johannes des Täufers und der Himmelfahrt Christi von zwei Brüdern gestiftet worden, mit bis auf den Vornamen gleichlautender Widmung, allerdings in unterschiedlicher Orthographie, teils mit denselben, teils mit abweichenden Fehlern:

*Bittgebet (Déesis) des Knechtes Gottes Eustathios (*Bruder: *Leon) Aryanitis und seiner Eltern Georg und Christine aus Monemvasía 1639.*

Die gestiftete Ikone ist sozusagen als ein ständiges Gebet gedacht, das immerzu für den Stifter Fürbitte leistet.

Die Widmungsaufschriften sind von verschiedenen Händen und in ungeschickter Schrift geschrieben. Auf keinen Fall stammen sie vom

Meister der Ikonen, sondern sind nachträglich hinzugefügt. Es könnte also durchaus sein, daß die Werke nennenswert früher entstanden sind und erst später gestiftet wurden, worüber nur ein Experte der byzantinischen Malerei Auskunft geben könnte. Eine wissenschaftliche Untersuchung der Ikonen von Loukoûs scheint es bis jetzt nicht zu geben.

Zu einer vollständigen griechischen Altarwand gehören: als Bekrönung eine Reihe von zwölf kleinen Ikonen, das sogenannte Dodekáorton, der Zyklus der kirchlichen Hauptfeste, und je zwei große Ikonen zu seiten des Altareingangs, der sogenannten Schönen Pforte, rechts die Ikone Christi und Johannes' des Täufers, links die Ikone Marias und daneben diejenige des Titelheiligen oder Titelfestes der betreffenden Kirche, im Kloster Loukoûs also der Verklärung Christi. In einer regulär ausgestatteten Kirche befindet sich die Titelikone auch noch einmal auf dem Proskynetárion, dem Anbetungsständer im Vorderteil des Kirchenraums, wo sie nach orthodoxem Brauch von den Gläubigen beim Betreten der Kirche geküßt wird. Fehlt das Proskynetári, so kann man den Namen der Kirche mit Hilfe der Ikone links von der Marienikone bestimmen.

Von den vier Hauptikonen ist in Loukoûs die Marienikone deutlich von den drei übrigen durch eine viel spätere Kunstauffassung und Maltechnik geschieden. Die Fünfzahl der klassischen Reihe kommt dadurch zustande, daß die Altarwand des Klosters an ihren äußeren Enden zwei zusätzliche Ikonen trägt, so daß sich von links nach rechts die Folge ergibt:

Anbetung Christi durch Maria und die heilige Katherina	(Widmung 1641)
Verklärung Christi	(ohne Widmung)
Marienikone	(Widmung ohne Jahreszahl)
Christusikone mit den vier Evangelistensymbolen	(Widmung 1639)
Ikone Johannes' des Täufers, eingerahmt von zwölf Darstellungen der Täufergeschichte	(Widmung 1639)
Himmelfahrt Christi	(Widmung 1639)

Wer bewegte Szenen liebt, wird der Verklärung und Himmelfahrt den Vorzug geben und von diesen beiden wieder der Verklärung wegen der größeren kompositionellen Klarheit. Von den drei übrigen

Werken ist aber vielleicht die Déesis mit Maria und der heiligen Katherina das geglückteste, vollkommen an künstlerischer Harmonie, göttlicher Ruhe, menschlicher Schönheit, ein Meisterwerk spätbyzantinischer Kunst.

Nach der Niederbrennung durch Ibrahim Pascha wurde Loukoûs bald wieder aufgebaut, sah sich jedoch schon wenige Jahre später einer neuen, ganz anderen, aber ebenso radikalen Bedrohung gegenüber. Das junge griechische Königreich, dem zu seiner Konsolidierung nicht eben glänzende Taufgaben in die Wiege gelegt waren, hielt sich für berechtigt, allen Landbesitz der Kirche, der nationalökonomisch unproduktiv war, einzuziehen und an die Bauern zu verpachten. Für die Existenzberechtigung der Klöster wurde ein Minimum an Insassen festgesetzt. Klöster, die diese Grenze nicht erreichten, wurden aufgelöst. Diese Bestimmung traf 1834 auch Loukoûs. Daraufhin richteten alle umliegenden Dörfer eine Petition an König Otto, daß das Kloster in Ansehung seiner ehrwürdigen Geschichte und als religiöses Zentrum der Provinz, auch als der Ort des einzigen Gästehauses, von der Aufhebung ausgenommen werden möchte. Und wirklich wurde drei Jahre später, 1837, durch eine königliche Verfügung die Wiederherstellung des Klosters gestattet. Es hatte das Glück, einen tatkräftigen Abt zu bekommen, der die Petition des Volkes und die Entscheidung des Königs ins Recht setzte und Loukoûs wieder zu einem segensreichen Ort der Frömmigkeit und des Gotteslobes, aber auch der Hilfe und des Trostes für die Armen und Leidenden machte. Und so ist es bis heute geblieben, nur daß Loukoûs seit 1947 ein Nonnenkloster ist.

Architektonisch bildet die Kirche von Loukoûs deutlich eine Vorstufe der klassischen Kirchen der Argolis, wenn sie auch vielleicht bereits derselben Bauschule angehört. Auch die Kirche von Loukoûs ist in Cloisonné-Technik erbaut, aber die Umrahmung der Steinquadern mit Ziegeln ist unregelmäßig und verleiht dem Mauerwerk keine Textur. Der weitere Ziegelschmuck ist dürftig: eine doppelte Zahnleiste bildet den Abschluß nach oben, aber eine Unterteilung der Wände findet sich nicht. Einige ungelenke Ziegelmuster von Zweigen oder Lebensbäumen, Sonnenrädern und Kreuzen, die vielleicht als stilisierte Monogramme Christi zu deuten sind, sollen den großen Flächen Abwechslung verleihen. Der auffälligste Schmuck sind eine größere Anzahl von byzantinischen Marmorfragmenten, die in die Außenwände eingemauert sind, und eine Reihe von blauweißen Fayencen und monochromen grünen Schalen und Kacheln. Zwei große Rhodosteller über der Hauptapsis sind modern und erst in unserer Zeit hinzugefügt.

Die Halbsäulen an den Kanten des achteckigen Tambours sind charakteristisch für die argivische Bauschule. Aber mit 12 m ist die Höhe der Kuppel überzogen und verleiht dem Außenbau etwas Disproportioniertes, wie auch im Innern der Pantokrator in zu große Höhe entrückt war. Solange aber die Kirche noch ihren Narthex besaß, waren wenigstens die Außenproportionen ausgeglichener.

Wie die Hauptkirchen der Argolis ist auch die Klosterkirche von Loukoûs eine Kreuzkuppelkirche über vier monolithen Säulen auf rechteckigem Grundriß (9,10 × 11,70 m). Im Unterschied zu den Kirchen der Argolis bildet aber das Kreuz nicht den freien Mittelteil der Kirche zwischen Narthex und Chor als selbständigen Teilen, sondern es geht, wie bei den meisten Kreuzkuppelkirchen, direkt in die Apsiden über. Dadurch fehlt der Kirche von Loukoûs das basilikale Element, die Längserstreckung des Bauwerks, die für die Kirchen der Argolis charakteristisch ist. Im Gegensatz zu ihnen besitzt die Kirche von Loukoûs auch nur einen einzigen Eingang, im Westen. Die ursprüngliche Türe muß kleiner gewesen sein als die heutige, denn die jetzige zerstört einen Teil der Fresken. Wahrscheinlich hat man beim Abbruch des Narthex die Tür erweitert.

Unmittelbar rechts außen vor der Kirchentür befinden sich ein ionisches Kapitell und ein antiker Architrav, etwas weiter davor zwei große korinthische Kapitelle. Drei weitere antike Kapitelle stehen um die schöne Platane verstreut, die den Vorhof der Kirche beschattet und unter der ein Kreis von Bänken aufgestellt ist, die die Besucher des Klosters zum Verweilen einladen. Eine kopflose Sitzstatue der Göttin Athene, eine allerdings grobe Arbeit, ist in einer Nische gleich rechts vom Eingang aufgestellt. Das alles sind Zeugen der antiken Nachbarschaft und Reste einer archäologischen Sammlung des Klosters, die einmal sehr viel reichhaltiger war, aber teils bei der Plünderung durch Ibrahim Pascha, teils in den Jahren der Aufhebung (1834–1837) Verluste erlitt, wie Ludwig Ross in seinen *Reisen im Peloponnes* 1841 berichtet, der das Kloster 1833 und 1840 besuchte und bei seinem zweiten Besuch zahlreiche Stücke nicht mehr vorfand, die beim ersten noch vorhanden waren.

Die Herkunft all dieser Fragmente ist nicht weiter rätselhaft. Unterhalb des Klosters, den Abhang zum Tanos hinab, befindet sich ein ausgedehntes Ruinenfeld, das trotz der starken Überwachsung die antike Besiedlung ohne Schwierigkeit erkennen läßt. Zwei kolossale monolithe Granitsäulen und der Teil einer dritten als Stütze eines Kalkofens sind heute die eindrucksvollsten Zeugen, die auf bedeutende und kostspielige Bauanlagen hinweisen und allein schon durch den Gedanken an ihren Transport den größten Respekt einflößen. Man hat in diesen Ruinen immer wieder eine der verschwundenen Städte der Thyreatis sehen wollen, zuerst Thyréa selbst, später Eua. Schon Ernst Curtius hatte aber erkannt, daß es sich nicht um eine antike Stadt, sondern nur um einen großen Landsitz handeln könne.
Was an Inschriften und Skulpturen übriggeblieben war, hatte der frühere Gymnasiarch von Astros aus eigener Initiative in einem kleinen behelfsmäßigen Lokalmuseum gesammelt. Es ist im August 1978 geschlossen und sein Bestand in Kisten verpackt worden, die nun einer ungewissen Wiederentdeckung entgegenharren.
Die wertvollsten Funde befinden sich aber nicht in Astros, sondern, wie üblich, im Nationalmuseum in Athen, das interessanteste Stück, ein Äthiopenkopf, sogar im Ausland, in Berlin.
Aus den erhaltenen Inschriften geht hervor, daß sich im Tanostal unterhalb Loukoûs, eine Villa des Herodes Atticus befand, eine Entdeckung, die der griechische Archäologe Konstantin Rhomäos 1906 veröffentlichte. Offenbar hatte der bekannte attische Milliardär aus Marathon, der im 2. Jahrhundert mit dem Kaiser Hadrian wetteiferte, durch großartige Bauwerke in Athen eine Art Apotheose des Altertums zu schaffen, und in dessen Odeon noch heute alljährlich die Athener Festspiele stattfinden, sich in dieser einsamen Gegend einen Landsitz anlegen lassen, um sich gelegentlich von dem Leben der Stadt und den Geschäften der Welt zurückzuziehen und der ländlichen Muße zu pflegen.
Im Keller des Athener Nationalmuseums wird eine kopflose Sphinx ägyptischen Stils sekretiert, die wegen ihrer minderen Qualität keine besondere Aufmerksamkeit verdiente, wenn sie nicht in dem großen Werk der *Expédition de Morée* 1838 abgebildet wäre, und zwar als aus Loukoûs stammend, und dadurch Anlaß zu einer weitgreifenden Kombination gegeben hätte. Es soll nämlich Herodes Atticus, der

ein großer Verehrer des Kaisers Hadrian war, es ihm auch darin nachgetan haben, daß er, wie dieser in seiner berühmten Villa bei Tivoli eine Nachbildung des ägyptischen Tales und Heiligtums von Kanopus anlegen ließ, auf seinem Landsitz bei Loukoûs in kleinerem Maßstab dasselbe tat. Daß Parallelen zur Villa Hadrian bei Tivoli bestanden, wird auch daraus geschlossen, daß eine für Loukoûs bezeugte Marmorgruppe, wie Menelaos den von Hektor erschlagenen Patroklos aufhebt, ein Motiv darstellt, das sich in der Villa Hadrian in drei Kopien wiederholt. Jene Sphinx im Athener Museumskeller wäre dann der letzte Zeuge von einer einstigen Sphinxallee in Loukoûs.(?)

Eine weitere Kombination wird dem belgischen Archäologen P. Graindor verdankt, der in den zwanziger und dreißiger Jahren in mehreren wichtigen Werken die Geschichte Athens in der Römischen Kaiserzeit dargestellt und 1930 auch eine Monographie über Herodes Atticus veröffentlicht hat. Graindor schlug vor, in dem Negerkopf aus Loukoûs nicht irgendeine exotische Darstellung zu erblicken, sondern ein Porträt Memnons, eines der drei Lieblingsschüler des Herodes, der ja nicht nur einer der reichsten Männer und größten Bauherrn, sondern auch einer der bedeutendsten Redner der Antike war. Da die stilistischen Merkmale den Kopf in der Tat in das Jahrhundert des Herodes weisen, so haben sich Graindors Vorschlag und Benennung allgemein durchgesetzt (→ Abb.).

Ausgrabungen haben in Loukoûs noch niemals stattgefunden, und auch die nähere Zukunft kann sich nur wenig Hoffnung darauf machen, da es verlockende Reste nicht gibt, ja nicht einmal die genaue Lage der Villa bekannt ist.

Die Klöster Paläopanajiãs, Malevĩs und Prodrómou sto Kastrí

Auf zwei Straßen kann man heute von Astros nach Tripolis gelangen. Die eine ist die moderne Schnellstraße, die am Kloster Loukoûs vorbei in 50 km auf glänzend ausgebauter Strecke und nur mäßigen Kurven und Steigungen auf die arkadische Hochebene führt (zuerst

das Tanostal aufwärts, dann ein langes Stück der Eisenbahn Achladókampos–Tripolis parallel, um kurz nach Ajios Sostis in die Straße Sparta–Tripolis einzumünden). Sie durchzieht bizarre Felsschluchten ebenso wie weite Täler und freundliche Dörfer und ist als Strecke unvergleichlich viel gefahrloser und bequemer, aber auch landschaftlich sehr viel schöner als die alte Hauptstraße über das Kteniasgebirge und Achladókampos mit ihren nicht endenden Kurven und langen Ödstrecken. Außerdem ist die Straße Astros–Tripolis kaum befahren. Viele Ausländer, die Sparta und Tegea besucht haben, würden sie gewiß auch in umgekehrter Richtung benutzen, wenn sie nur auf sie hingewiesen würden, was aber bei der völligen Unsystematik und Zufälligkeit der griechischen Beschilderung nicht der Fall ist. Man muß, 4,5 km vor Tripolis, die Abzweigung nach Ajios Sostis einschlagen. Von dort geht die Straße, die zunächst noch die alte ist, geradeaus direkt in die neue über.
Die andere Straße führt in weitem Bogen durch die Nordausläufer des Parnon, ersteigt eine große Höhe, um sich lange auf ihr zu halten. Sie berührt die Dörfer Ajios Jannis, Ajios Petros und nach 36 km Kastrí und beschert großartige Fernsichten über Gebirge und Täler. Im Bereich dieser Straße liegen zugleich mehrere Klöster, von denen wir die beiden alten in Muße, das große moderne aber nur kurz besuchen wollen.

Das Kloster Paläopanajiãs

Erst nach der letzten Biegung des Weges wird das Kloster sichtbar. Es ist nicht hoch am Hang gelegen, wo es dem Besucher schon von fern entgegenleuchtet, sondern liegt versteckt in einer Talmulde, wo die fast gleichmäßig sich senkenden Bergflanken eine Art Trichter bilden. An ihrem Fuß tritt eine starke Quelle aus. Wie eine Oase liegt der Talgrund zwischen den unfruchtbaren Hängen. Im Frühjahr blüht er voller Seidelbast. Der Herbst schmückt ihn prächtig mit dem Rot des Sanddorns. Die allzeit dunkelgrünen Zypressen aber sind auch hier die unwandelbaren Wächter des Klosters.
Es ist, wie so viele andere, dem Tod Mariä geweiht und trägt den Namen »Kloster der alten Panajía«, offenbar, weil ihm irgendwann in der Nachbarschaft eine neue zur Seite getreten ist, von der wir heute schon nichts mehr wissen. Aber der Name darf unsere Erwartung

nicht verführen. Ein byzantinisches Kloster ist es nicht. Die alte Kirche wurde 1786 zerstört und 1814 wiederaufgebaut, mit einem 1825 hinzugefügten Narthex. Sie enthält eine Reihe von Spolien, aber nur geringe Spuren von Fresken, wirkt festlich durch ihr holzgeschnitztes Templon und kann sonst ihre Neuheit nicht verbergen. Trotzdem trägt das Kloster seinen Namen nicht zu Unrecht. Es ist ein Mönchskloster und dadurch vor dem Modernismus, den der Übereifer der Nonnen gewöhnlich mit sich bringt, bewahrt worden. Es hat nichts Organisiertes an sich, es ist noch alles gewachsen. Es sind noch lauter alte Gebäude, aus Bruchsteinen, Holz und Ziegeln erbaut. Und der Hof breitet sich nicht gleichförmig und eben um die Kirche aus. Er hat noch die Ausläufer des Hangs, den Abfall des Geländes zu bewältigen. Da gibt es Stufen und Treppen, die Stockwerke der einzelnen Hofseiten liegen auf verschiedenem Niveau, ein lebendiges, abwechslungsreiches Bild. Seit Generationen sind mächtige Rebstöcke herangezüchtet, die die Hälfte des Hofes mit einer dichten Weinlaube bedecken. Und immerfort rauscht die Quelle, der dies alles verdankt wird.
Kaum war 1825 der neue Narthex vollendet, als das Kloster im darauffolgenden Jahr von Ibrahim Pascha heimgesucht wurde und ein Teil der Zellen in Flammen aufging. Das Kloster war aber bald wiederhergestellt, obwohl es damals außer dem Abt nur drei Mönche und drei Novizen zählte – und, wie man mit westlichem Erstaunen liest, eine Nonne, nämlich Sophronía, die 55jährige Schwester des Abts, die dieser nicht zögerte und offenbar auch nicht zu zögern brauchte, in sein Mönchskloster aufzunehmen.
Heute beherbergt die Paläopanajiá nur noch einen einzigen Mönch, der ebenfalls weibliche Hilfe hat, um das ganze in Ordnung zu halten. Der Abt versieht gleichzeitig die Pfarrstelle in Parálion Astros und beehrt nur zu besonderen Gottesdiensten das Kloster mit seiner Anwesenheit. Ich fragte den Mönch, ob ihm nicht manchmal unheimlich sei, so ganz allein in der Bergeinsamkeit und in den vielen Räumen. Wovor sollte ich mich fürchten? antwortete er. Wer wird etwas von mir wollen?
Aus der Zeit, da das Kloster einmal blühte, sind in der Kirche in Vitrinen eine Reihe von Erinnerungsstücken ausgestellt: mehrere Handschriften, einige türkische Firmane und eine Anzahl Reliquien des heiligen Panteleïmon. Wir erfahren aber dazu, daß diese Reli-

quien immer nur zum internen Gebrauch des Klosters gedient haben und niemals Gegenstand von Wallfahrten oder Prozessionen gewesen sind.
Wie kommt man zum Kloster? Wenn man Astros auf der Straße nach Ajios Petros verläßt, steht unmittelbar nach Passieren der großen Spinnerei links an einem Feldweg ein Schild nach Paläopanajiá. Man biegt ein und findet sich nach 50 m vor einer Abzweigung, wo zwei Wege diametral auseinandergehen. An dieser kritischen Stelle läßt uns, wie so oft, die griechische Beschilderung im Stich. Kein Mensch, der die Gegend kennt, hat sich vorstellen können, daß der Fremde hier vor einer unlösbaren Entscheidung steht. Also, man muß sich nach rechts wenden und erreicht dann ohne weitere Abzweigung nach etwa 4 km auf zuletzt ständig steigender Straße das Kloster.
Die Weiterfahrt nach Ajios Petros führt hoch ins Gebirge, und mit einem gewissen Erschrecken stellt man fest, daß das vermeintlich unsichtbare und versteckte Kloster in Wirklichkeit höchst exponiert liegt, schutzlos den Blicken derer preisgegeben, die auf die Höhen steigen. Seine Lage bot ihm nur vor Feinden Schutz, die von Astros, nicht aber vor denen, die übers Gebirge kamen.

Kastron Ellinikoû und Kastron tis Oräãs

Wenige Kilometer nach Rückkehr vom Kloster Paläopanajiá auf die Hauptstraße nach Ajios Petros erscheint links eine kleine moderne Kapelle mit zwei kleinen Fenstern und einem bescheidenen Glokkenturm. 300 m vorher biegt bei einer Telegrafenstange ein Erdweg nach rechts ab. Er führt nach einem Kilometer zu einem kleinen Gehöft, von wo es nur noch wenige Minuten sind zum Südende der Burg von Ellinikón. Sie liegt auf einem 630 m hohen Berg, der nicht nur unmittelbar die Straße von Astros nach Ajios Jannis beherrschte, das heißt die Sraße, die die Kynouría sowohl mit Sparta wie mit Arkadien verband, sondern der die ganze thyreatische Ebene überblickt. Die Ringmauer, die auf große Strecken bis auf die Fundamente gewaltsam zerstört ist, steht an anderen noch in beträchtlicher Höhe an (→ Abb.), und auch von den einmal zahlreichen Viereck- und Halbrundtürmen sind noch mehrere erhalten. Das Mauerwerk ist geschichtet polygonal. Es gibt aber auch Partien, wo die Blöcke überwiegend rechteckig behauen sind. Der Ring schließt mehrere Gelän-

deterrassen ein, auf denen noch Reste von Hausfundamenten und eine Reihe Zisternen erhalten sind.
Der Gipfel des Berges, zu dem der Zugang fast eben war, da er durch einen flachen Sattel mit den Nachbarhöhen verbunden ist, war besonders ummauert und zu einer scharf vorspringenden Bastion ausgebaut. – Geschichte und Namen der Burg bleiben unbekannt. An ihrem Fuß, in der Nähe der heutigen Fahrstraße, befanden sich Mitte des vorigen Jahrhunderts noch die Reste einer Pyramide. Es wäre die dritte unseres Buches gewesen. Sie ist inzwischen jedoch ganz abgetragen und spurlos verschwunden.

Wenige Kilometer hinter Ajios Jannis, nachdem die Straße die Hochfläche erreicht hat, biegt links ein Feldweg nach Kastron tis Oräās ab. Es ist eine etwas abenteuerliche Straße, die außerdem ein Flußbett durchquert, einen der Zuflüsse der Sintza, die bei Kap Andreas ins Meer mündet. Sie endet schließlich bei einem Gehöft, und hier liegt der Berg, ein fast gleichförmiger Kegel, direkt gegenüber. Den Gipfel nimmt ein quadratischer Turm von 6,70 m Seitenlänge ein. Im Osten erstreckt sich ein begrenztes Plateau bis zum Felsrand, der senkrecht abfällt. Nach Westen zu entfaltet sich der Mauerring, der talwärts ein langes, aber ziemlich schmales Gelände einschließt. Ein großer Teil des Dorfes lag noch weiter unterhalb. Der Mauerring ist von einem Tor und zwei Poternen durchbrochen. Erhalten ist noch eine grob gebaute Doppeltreppe, die auf den Wehrgang führte.
Das Mauerwerk besteht aus unbehauenen Steinen von sehr verschiedener Größe, fast ohne Verwendung von Ziegeln, und die ganze Anlage ist so primitiv, daß sie von einheimischen Mauerleuten rein in ihrer lokalen Manier ohne Anleitung eines übergeordneten Baumeisters errichtet zu sein scheint. Aus architektonischen Gründen lohnt es sich kaum, die Burg zu besteigen, und es ist fraglich, ob sie überhaupt aus der Frankenzeit stammt. Aber es ist wichtig, ihren Berg zu kennen. Seine beherrschende Lage ist kaum erkennbar, solange man sich an seinem Fuß befindet. Aber auf der Weiterfahrt nach Ajios Petros stellt man fest, daß er, wo immer man auch zu ihm zurückblickt, stets sichtbar bleibt und daß dieser ganze Teil der Kynouría unter seiner Kontrolle stand.

Acht Kilometer vor Ajios Petros liegt unmittelbar an der Straße, so daß man vom Asphalt gleich vors Tor gelangt, das Kloster Malevĩs. Es zählt mit Loukoûs und Elónis zu den drei wichtigsten Klöstern der Kynouría, was seine Wertschätzung bei der Bevölkerung anlangt, und hat sich in den letzten Jahren zu einem regelrechten Wallfahrtsort entwickelt. Seine Ikone gilt als wundertätig, und wenn es nicht Zufall war, was wir gesehen haben, so sind es besonders Gehbehinderte, die hier Linderung ihrer Leiden erhoffen. Das Kloster, das seit 1949 ein Frauenkloster ist, hat ein riesiges Gästehaus aus Beton gebaut, das ganze Scharen von Pilgern aufnehmen kann. Man fragt sich nur, wie diese Menge in der kleinen Kirche Platz finden und an der Liturgie teilnehmen soll.
Die Kirche, die während der deutschen Besatzung und des Bürgerkrieges Schaden genommen hatte, wurde nach dem Krieg, unter Verlust aller Fresken, auf ihrem alten Grundriß erneuert. Damals konnte niemand voraussehen, welchen Zulauf Maleví durch fromme Propaganda und den Ausbau der Straße einmal finden würde.
Der Besuch im Kloster ist so erkältend und enttäuschend, daß man am liebsten raten würde, es beim äußeren Bestaunen seiner Größe und Lage bewenden zu lassen, wenn es nicht doch auch wieder wichtig wäre zu erfahren, wie ein modernes Kloster und ein moderner Wallfahrtsort aussehen oder aussehen können. Man wird von einer Geistlichkeit, die den Pantokrator von Loukoûs ungerührt zugrunde gehen läßt, nicht erwarten, daß sie bei der Planung neuer Bauten besonderen Geschmack entwickelt, aber die Verwendung von Sichtbeton bei der Errichtung von Klostergebäuden sollte die Heilige Synode von Amts wegen verbieten. Wenn selbst die Kirche das Verhältnis zur Tradition verliert, wo überhaupt soll sie sich in Griechenland erhalten, das durch die jahrhundertelange Türkenherrschaft sich selbst auf das ärgste entfremdet wurde.
Das Kloster ist zuerst im 14. Jahrhundert bezeugt, seine Stiftung kann aber natürlich um einiges älter sein. Es lag ursprünglich hoch in den Bergen. Seine jetzige Lage ist die dritte und niedrigste in seiner Geschichte. Im Freiheitskrieg diente es Kolokotronis eine Zeitlang als Hauptquartier und Feldlazarett, und 1826, als sich die Hälfte aller griechischen Truppen vor Ibrahim Pascha nach Ajios Petros

zurückgezogen hatte, hatte er im Kloster seine Angehörigen in Sicherheit gebracht, bis der Ägypter auch in diese Bergeinsamkeit vordrang.
Maleví wurde 1834 durch die ottonische Klosterreform nicht betroffen, obwohl seine Besatzung mehr als merkwürdig war. Es hatte damals nur einen Mönch, aber dafür zwei Äbte. Der frühere war dem Kloster nicht, wie üblich, durch den Tod genommen worden, sondern durch Krankheit. Er war mit einem Fußleiden invalide und bettlägerig, also zwar außer Dienst, aber eben immer noch im Kloster. Zu dem einzigen Mönch gesellten sich noch ein Verwalter und ein Vorleser. Daß diese kleine Mannschaft zwei Äbte hatte, war aber nicht einmal das schlimmste. Das war vielmehr, in westlichen Augen zumindest, daß es auch hier wieder, horribile dictu, eine Nonne gab, Ekatärina, mit dem Zunamen Arápissa = die Araberin. Dieser ihr kurioser Familienname ist zwar überliefert, nicht aber, daß sie, wie die Nonne von Paläopanajiá, zu einem der Äbte in verwandtschaftlichem Verhältnis gestanden hätte. Trotzdem muß es eine ganz harmlose und unverdächtige Sache gewesen sein, sonst stünde sie kaum in den Annalen des Klosters verzeichnet. Außer den sechs geistlichen Mitgliedern gehörten zur Klostermannschaft noch sieben Lohnarbeiter, so daß Ekatärina die dreizehnte im Bunde war und ihm als solche hoffentlich kein Unglück gebracht hat.
Die wundertätige Ikone soll aus der besten Epoche, aus der Paläologenzeit, aus dem 14. Jahrhundert, stammen, aber davon haben wir ästhetisch und kunstgeschichtlich gar nichts, denn das Bild gehört zu den silberplattierten und ist selber gar nicht zu sehen. Unvermeidlich fragt man sich, warum ist von den vielen wertvollen Ikonen eines so alten Klosters nur diese eine erhalten geblieben, und warum steht es mit fast allen anderen Klöstern genauso traurig. In unseren Kirchen sind unendlich viel mehr gotische Tafelbilder erhalten als in den griechischen byzantinische Ikonen. Wir haben in Europa zwar keine Türkenzeit erlebt, aber Deutschland hat den Dreißigjährigen Krieg, Frankreich die Französische Revolution über sich ergehen lassen müssen, die sich beide verheerend auf den Bestand der kirchlichen Kunstschätze ausgewirkt haben. Trotzdem hat sich so unendlich viel mehr erhalten. Wir stehen wohl auch hier vor einer Folge des gestörten griechischen Traditionsverhaltens.

Der über 2000 m hohe Gebirgskamm oberhalb Malevĩs, unter dem die Straße entlangzieht, bildete die Grenzscheide zwischen Sparta und Argos. Hier führte im Altertum vom lakonischen Karyaí aus die Verbindung in die Kynouría hinüber. Es ist die Nordostriege des Parnon, des heutigen Malevó, von dem das Kloster seinen Namen hat. Zur anderen Seite bietet die Straße die herrlichsten Gebirgsfernsichten, bis wir Ajios Petros erreichen. Die Stadt war einmal der Hauptort der ganzen Gegend und ist noch heute ihr Verwaltungszentrum, aber sie macht nun einen verkümmerten, stagnierenden Eindruck. In der Wirtschaft, die ich als einzige geöffnet fand, war man nicht imstande, mir zu einem Glas Wein auch ein Stück Brot und Käse zu beschaffen, was weiß Gott in Griechenland das Selbstverständlichste ist. Ja, eßt ihr hier denn selber nichts? war man versucht zu fragen. Man riet mir, nach Kastrí weiterzufahren, dort gebe es Tavernen, dort würde ich zu essen finden. Ich hatte zuerst den Verdacht, die Leute wollten mich bloß loswerden. Aber wirklich fand ich in Kastrí zwei Tavernen geöffnet, von denen die, die ich wählte, nicht nur sehr ordentliches Essen, sondern auch an Brot und Wein Besseres als das Übliche bot, so daß die Hilflosigkeit und Ärmlichkeit von Ajios Petros nur um so stärker hervortrat. Die Taverne verfügte in den beiden oberen Stockwerken auch über Hotelzimmer, und ich erfuhr, daß Kastrí im Sommer eine zunehmende Zahl von Gästen aus Tripolis anzieht, die hier im Gebirge der brütenden Hitze ihrer Hochebene entgehen. Aber der maßgebende griechische Touristenführer *(»Touristikós odegós«)* behandelt immer noch Ajios Petros als den Vorort der Provinz, obwohl er dem Touristen gar keine Bleibe bietet.

In 950 m Höhe liegt Kastrí auf dem linken Ufer des oberen Tanostals. In eng eingeschnittener Schlucht zieht der Fluß tief unten vorbei. Auf der anderen Seite des Tales, wie ein Adlernest an die Felswand geheftet, liegt das Kloster, in 700 m Höhe vielleicht. Da ist also die Schlucht mit ihrem Ab- und Aufstieg zu bewältigen, will man zu ihm hingelangen. Von der Platía aus hat man die freieste Aussicht über das sich öffnende und wieder schließende Tal, an dessen fernem Ende, weit im Nordwesten, das Kloster Loukoûs liegt, und hier läßt man sich am besten, bevor man aufbricht, den Verlauf des Weges

und die Lage des Klosters, das von Kastrí aus nicht zu sehen ist, erklären, damit man eine allgemeine Orientierung hat, die sich später, steigt man einmal in die Schlucht hinunter, nicht mehr so leicht gewinnen läßt.
7 km kann man von Kastrí aus zum Kloster noch fahren. Es ist eine abwechslungsreiche, eindrucksvolle Fahrt, die durch mehrere steil an den Hang gebaute Siedlungen von Ajios Nikólaos führt, wie diese Ortschaften mit gemeinsamem Namen heißen, von denen das hochgelegene Kastrí der Hauptort ist. Die Dörfer mit ihrer ungewöhnlichen Steillage erinnern unmittelbar an die Bergstädte auf dem Pelion. Wie dort hat auch hier einmal Wohlstand geherrscht. Es sind zum Teil große, herrschaftliche Häuser, an denen man vorbeifährt.
Wenn man die letzte Siedlung verlassen hat, folgen drei Waldbäche, die die sicherste Orientierung geben. Man überquert den ersten, der ziemlich trocken liegt, und den zweiten, der munter dahinfließt. Unmittelbar vor dem dritten aber, der ebenfalls reichlich Wasser führt, biegt im spitzen Winkel scharf nach rechts der Weg zum Kloster ab, wie es auch ein Schild angibt.
Eine andere Orientierungshilfe für die Abzweigung geben zwei Kirchen. Im letzten Drittel unserer 7-km-Fahrt sieht man zwei Bergsporne vor sich, die von dem Abhang hervortreten, auf dem die Straße verläuft. Auf dem ersten liegt eine große, zweistöckige Kirche, die ausgebrannt ist, auf dem zweiten eine kleine würfelförmige Kapelle. Auf halbem Weg zwischen diesen beiden Kirchen liegt die Abzweigung.
Von hier an kann man nicht mehr mit dem Wagen weiter, sondern muß den Fußmarsch antreten. Im ganzen braucht es aber nur wenig mehr als eine Stunde, um das Kloster zu erreichen. Auf dem ersten Teil des Weges hat man zunächst in den Talgrund hinabzusteigen und den Tanos zu überqueren. Der Fluß, dessen klares Wasser unter dichten Platanen schnell dahinströmt, empfängt uns in einer idyllischen, malerischen Schlucht. Aber da es weder Furt noch Steg gibt, hat man einige Mühe, trockenen Fußes hinüberzukommen. Es ist nicht jedermanns Sache, sich von Stein zu Stein durch den Fluß zu balancieren. Das einfachste ist, man zieht Schuhe und Strümpfe aus. Etwas weiter unterhalb steht aber noch eine alte, heute nicht mehr benutzte Brücke, über die, wer es vorzieht, mit einigem Umstand hinüberklettern kann.

Dann beginnt der Aufstieg, nicht gleichförmig, sondern in mehreren Wellen von Sinken und Steigen. Der Weg führt nun auf der rechten Seite des Tales entlang und eröffnet, je höher man steigt, eine immer großartigere Aussicht. Gegenüber liegen nun die ganzen Siedlungen von Ajios Nikólaos zu einem schönen Panorama ausgebreitet, und es ist schon zum Verwundern, wie dicht hier am oberen Tanos die Menschen beisammen siedeln, wo so große Teile der Kynouría ganz unbewohnt sind. Und nun taucht auch voraus zum erstenmal eine Ecke des Klosters auf, um dem Wanderer ermutigend das nicht mehr ferne Ziel zu zeigen. Die Bergseite ist schroff und kahl, aber im Frühjahr mit ganzen Kolonien von blühender Iris geschmückt.

Das Kloster empfängt uns mit einem kleinen Vorplatz vor dem Eingangstor, wo die Aussicht freier ist als von den Terrassen und Söllern des Inneren und wohin sich die beiden einzigen Insassen, die es heute noch zählt, gern hinaussetzen, um die Gäste zu empfangen. Das Kloster erinnert in seiner Lage stark an das berühmte Kloster bei Stemnítsa, das auch Johannes dem Täufer geweiht ist. Beide sind an eine steile Felswand geheftet. Aber die Auskehlung bei Kastrí ist weiter und ausladender. Der Berg bei Stemnítsa bot nicht mehr Raum, als daß auch das Kloster selbst nur als steile Wand errichtet werden konnte. Bei Kastrí war so viel Platz, daß es ein schmales, an einer Längsseite offenes Rechteck bildet, das einen schmalen Hof umschließt. Die ältesten Zellen der jetzigen Anlage stammen aus dem Jahr 1704. Ob die ursprüngliche Gründung auf das Jahr 1196 zurückgeht, wie eine späte Inschrift vorgibt, ist mehr als zweifelhaft. Die alten Klöster hatten es nicht nötig, Einsamkeit vor den Menschen in solcher Abgeschiedenheit zu suchen, und die Regel hat viel Einleuchtendes für sich, die besagt, daß ein Kloster um so jünger ist, je weiter es abgelegen ist.

Im Lauf der Zeit wurde erweitert, hinzugebaut, so daß das Kloster nun ein abwechslungsreiches Ensemble aus zwei- und dreistöckigen Gebäuden bildet, dem jeder Schematismus fehlt, wie er das Kloster Malevĩs so unerfreulich macht. Der Kirche ist keine besondere Architektur zuteil geworden, und von ihrem einstigen Freskenschmuck sind nur noch geringe und außerdem späte Reste, des 18. Jahrhunderts, erhalten. Sie sollen von dem Mönch Jeremias von Adámi stammen, von dessen Hand in der Kirche des heiligen Adrian bei Katsíngri noch ein voller Zyklus erhalten ist.

Wie Maleví diente auch das Täuferkloster 1826 beim Einfall Ibrahim Paschas als Zuflucht, wohin man vor allem Frauen und Kinder in Sicherheit brachte. Und seine Lage bewährte sich glänzend. Es wurde erfolgreich verteidigt und der Angriff Ibrahims abgeschlagen. Zum kritischen Zeitpunkt, im März 1834, als es um Fortbestand oder Auflösung der Klöster ging, war es mit fünfzehn Insassen das volkreichste Kloster auf dem ganzen Peloponnes. Heute zählt es nur noch zwei Mönche, einen alten hoch in den Siebzigern, der es jahrelang allein bewohnte, und neuerdings auch noch einen jüngeren. Nach dem Aufenthalt des Abtes zu fragen, habe ich wirklich vergessen. Man denkt gar nicht, daß ein so kleiner Konvent überhaupt einen braucht.

Wenn das Kloster auf dem Weg zum erstenmal auftaucht, ist seine Lage an senkrechter Felsenwand höchst eindrucksvoll, und sie wird es immer mehr, je weiter man sich nähert und je deutlicher sie hervortritt. Aber wenn man dann ankommt, gibt es eine arge Enttäuschung. Es zeigt sich nämlich, daß dem Kloster gegenüber auf der anderen Seite des Flusses ein Dorf sich angesiedelt hat. Zwar ist das Kloster durch das tiefe Tal von ihm getrennt, aber bei der Enge und Steilheit des Tals sind sich beide auch wieder recht nahe, und trotz seiner extremen Lage entbehrt es nun der Stille und Einsamkeit, ist eigentlich kein richtiges Kloster mehr. Arbeitslärm, Hühnergegakker, Hundegebell, Motorradgeknatter dringt nun zu ihm herauf. Aber die beiden Insassen ziehen diese Nachbarschaft einer völligen Einsamkeit vielleicht sogar vor.

Unterhalb des Dorfes, das den ungewöhnlich poetischen Namen Perdikovrýsi = Fasanenbrunnen trägt, zeigten mir die Mönche ein großes Gehöft, das einmal vom Kloster bewirtschaftet wurde. Im Kriege sei es von den Deutschen aus unbekannten Gründen zerstört worden. Zwar wurde das Dach des Hauptgebäudes später wiederhergestellt, aber bewohnt ist das Gehöft seit seiner Zerstörung nicht mehr und wird mit der Zeit nun ganz verfallen.

Da man nicht weiß, ob man diese abgelegene Gegend jemals wiedersehen wird, tritt man den Rückweg mit großer Bewußtheit an, den Rückweg einer Wanderung, die für die meisten das Großartigste sein wird an diesem Klosterbesuch.

Wer nicht in Kastrí übernachten will, hat noch 28 km asphaltierter Straße bis Tripolis, einer lohnenden Gebirgsstraße, die nachher in

großen Schleifen in die arkadische Ebene hinuntersteigt. In den Ausläufern des Gebirges liegt links von ihr das Dorf Dolianá, wo sich die Marmorbrüche des antiken Arkadien befanden und wo zu Beginn des Freiheitskrieges eine berühmte Schlacht stattfand.
Trotz hereinbrechender Dämmerung entschloß ich mich, noch nach Tripolis weiterzufahren. Als ich Kastrí verließ und von der Landstraße aus das Kloster an seinem Steilhang sichtbar wurde, bot sich ein merkwürdiger Anblick. Eine dichte Wolke kroch das Tal hinauf, erreichte nach einiger Zeit das Dorf und das Kloster und hüllte sie ein. War es nur singulär? Geschah es öfter? Es fröstelte einen beim bloßen Anblick, zu denken, daß Dorf und Kloster am Ende dieses herrlich klaren Märztages plötzlich in eine Wolke eingetaucht und mit Feuchtigkeit und Nebel erfüllt würden, die alle Freundlichkeit der Gegend und des Klimas hinwegnahmen.
Landschaftlich vielleicht noch schöner als die Fahrt von Kastrí nach Tripolis ist die nach Sparta. Man kann von Kastrí auf direktem Weg übers Gebirge nach Lakonien kommen, indem man wenige Kilometer in Richtung Ajios Petros zurückfährt, wo rechts durch ein kleines Holzschild die Abzweigung nach Sparta bezeichnet ist, eine gute Erdstraße, landschaftlich überaus lohnend durch die großen Wälder. Von Karyés aus, einem der Hauptorte des Parnon, über den schon im Altertum die wichtigste Verbindung zwischen Lakonien und der Kynouría verlief, erreicht man die Nationalstraße Tripolis–Sparta.

Kastráki Astrous und Kap Ajios Andreas

Auf der Weiterfahrt von Astros nach Süden führt die Straße genau einen Kilometer nach Verlassen der Kreuzung Astros–Parálion Astros auf einen mit Zypressen und Kiefern bestandenen Hügel zu, der zu seiner Besteigung nicht einmal zehn Minuten erfordert. Es lohnt sich, hier eine halbe Stunde zu opfern, denn der Hügel liegt mitten in der Ebene der Thyreatis und bietet eine glänzende Aussicht und Orientierung über die ganze Landschaft. Der Blick richtet sich vielleicht zunächst auf das Meer, den Golf von Argos, in den das Vorgebirge von Astros mit seiner Burgenkrone hinausragt und den

im Hintergrund die Ketten der argolischen Berge begrenzen. Auf dem diesseitigen Ufer liegt die thyreatische Ebene vor uns. Im Norden ist sie ganz mit Ölbäumen bedeckt, rechts dagegen erstreckt sich eine unfruchtbare Niederung mit Sumpfgelände und einem ausgedehnten, Moustós genannten See. Sein Wasser ist salzig – die verkehrte Welt. Während bei der Dine und am Anávolos Süßwasser im Meer aufsteigt, finden sich hier auf dem Land Salzwasserquellen. Alle Versuche, die Niederung und den See zu entwässern, sind fehlgeschlagen. Das Gefälle ist zu gering, die Meeresbrandung drängt das abgeleitete Wasser sofort wieder zurück. Über zweitausend Morgen der astrischen Küstenebene gehen hier der Bestellung verloren. Die Drainierung würde zur Urbarmachung aber vermutlich auch wenig nutzen, denn der Boden bliebe salzig und unfruchtbar. Nur die Mückenplage würde stark verringert. So müssen sich die Kynourier weiter mit dem Fischreichtum ihres Sees trösten.
Etwas weiter südlich, fast genau in der Mitte zwischen Parálion Astros und Kap Andreas, liegt am Meeresufer ein isolierter charakteristischer Felshügel, der einfach *Chersonís – Vorgebirge, Halbinsel* genannt wird. An seinem Fuß haben sich neuerdings mehrere Sommerhäuser angesiedelt, obwohl auch die dort austretenden Quellen salzhaltig sind.
Wenden wir den Blick nach Norden, so erblicken wir den Doppelgipfel des Zavitsagebirges und weiter links den steilen Felsvorsprung, auf dem sich eine Einsiedelei des Klosters Loukoûs befindet. Es selbst bleibt unsichtbar, nur der enge Austritt des Tanostals zeigt seine Stelle an. Im Westen, der Landseite zu, liegt Astros ausgebreitet mit seinem weißen Häusermeer und seinen fruchtbaren Gärten und Pflanzungen. Etwas abseits erkennt man die große Textilfabrik. Im Hintergrund ziehen die Serpentinen der Straße nach Ajios Jannis das Gebirge hinauf. Über ihnen erscheint ein gleichförmig gewölbter Berg mit einem einzelnen Baum auf der Kuppe. Es ist der Berg mit der antiken Festung von Ellinikón, deren beherrschende Lage mitten über der Thyreatis von hier aus eindrucksvoll deutlich wird. Den Hintergrund bilden die hohen Berge des Parnon, die sich in gewaltigem Rund bis ganz nach Süden herumziehen, wo sie am Kap Andreas ins Meer auslaufen. Die kiefernbestandene Höhe des Kaps mit ihrer Kapelle antwortet gleichsam dem Hügel von Kastráki, auf dem wir stehen.

Auch er trägt eine Kapelle, Ajii Apóstoli, den Apostelfürsten Petrus und Paulus geweiht. Sie stellt einen einfachen Rechteckbau von 5,20 × 9,15 m dar. Leider hat man ihr altes Ziegeldach durch eine moderne Betonschale ersetzt, ohne diese wieder mit Ziegeln zu belegen, wie es sonst gewöhnlich geschieht. Die Kapelle bleibt aber dadurch ausgezeichnet, daß in ihre Außenmauern zahlreiche byzantinische Spolien verbaut sind, am verschwenderischsten auf der Eingangsseite. Die Oberschwelle wird durch einen 2,10 m langen byzantinischen Architrav gebildet. Zwei weitere Fragmente des gleichen Marmorgebälks sind zu seiten der Tür angebracht. Über ihr sind zwei marmorne Pinienzapfen, zwei Fragmente von byzantinischen Inschriften und das Bruchstück einer Chorschranke mit Zypresse und Kreuz eingelassen. In die halbrunde Öffnung über der Tür ist eine kleine Marmorplatte von 20 × 25 cm eingeklemmt, die die Reste einer Gründungsinschrift, aber keine Jahreszahl mehr enthält und wahrscheinlich von einer anderen Kirche stammt, erst nachträglich hierher verbracht worden ist, da man sie sonst doch wahrscheinlich auch eingemauert hätte. Die Gründungsinschrift der Apostelkapelle selbst befindet sich in zwei Zeilen auf dem Architrav über der Tür und berichtet, daß sie im Jahr 1611 von den Mönchen des Klosters Paläopanajiá errichtet wurde. Die Spolien beweisen, daß sich hier oder in der Nähe in alter Zeit bereits eine sehr viel größere und aufwendigere Kirche befunden hatte.
Der Hügel trägt seinen Namen *Kastráki, kleine Festung,* von einem neben der Kapelle liegenden zweistöckigen Herrschaftsgebäude, von dem noch vier tonnengewölbte Räume des Untergeschosses und die vollständige Südfassade erhalten sind. Es war kein Wehrbau, sondern, wie die erhaltene Fassade beweist, ohne Zweifel ein Herrensitz, allein schon durch seine Lage mehr als bloß ein Gutshaus der umliegenden Ländereien. Ob er in byzantinischer oder erst in türkischer Zeit errichtet wurde, können vielleicht nicht einmal Spezialisten entscheiden, die sich aber bis jetzt mit dem Bauwerk noch gar nicht beschäftigt haben. Sicher ist jedoch, daß er zur Zeit der Erbauung der Kapelle bereits aufgegeben war, da die Benutzung des einen Gebäudes die des anderen ausschloß. Keine Kunde dringt von seinen Bewohnern zu uns herüber, sowenig wie wir wissen, welche Bedeutung der Hügel von Kastráki im Altertum gehabt hat.
Noch dramatischer wird die Anonymität freilich beim Vorgebirge

von Ajios Andreas, wo ein ganzer Festungsring erhalten ist, ohne daß wir wüßten, wann und von wem er errichtet wurde, oder auch nur seinen antiken Namen angeben könnten.
Kap Andreas liegt 12 km von Astros entfernt, 9 km entfallen auf die Straße Kyvéri – Leonídi, 3 km auf die Abzweigung zum Meer. Dieses letzte Stück ist besonders schön. Die Straße führt zuerst durch eine große Eukalyptusallee, dann in leichten Kurven zwischen lauter Ölbäumen dahin. Zuletzt führt sie direkt auf die Reste einer einstmals mächtigen polygonalen Mauer zu, mit denen uns die Festung Ajios Andreas empfängt.
Die Straße wendet sich an dieser Stelle nach links. Bald darauf endet der Betonbelag. Man fährt dann noch ein Stück bis zur Mole weiter, hinter der man parken kann.
Es ist die Sache eines angenehmen, völlig unstrapaziösen Spaziergangs, sich einen Überblick über Art und Umfang der Festung zu verschaffen. Man beginnt den Rundgang am besten gleich von der Mole aus. Deren gedachte Verlängerung zur Landseite hin führt zwischen den beiden ersten Häusern der Siedlung hindurch direkt auf einen klar erkennbaren, in zwei bis drei Lagen erhaltenen Mauerring zu, der den nördlichen Abhang des Vorgebirges deckte und mit mehreren Türmen bestückt war. Der erste ist durch den modernen Straßen- und Hausbau verschwunden, aber das Fundament des zweiten ist noch gut erhalten und auf den ersten Blick dadurch auffindbar, daß zwei Johannisbrotbäume aus ihm hervorwachsen. Man kann auf der Mauer selbst entlanggehen. Will man aber ihr Polygonalwerk und ihre Türme deutlich sehen, so folgt man ihr besser außen. Nach weniger als dreihundert Metern trifft unsere Mauer senkrecht auf eine zweite, die die Westseite des Berges heraufkommt und zu der jener Mauerrest gehört, dem wir bei der Ankunft unten an der Straße als erstem begegneten. Wir wenden uns hier nach links und finden einen richtigen Pfad, der innen an der Bergmauer entlangläuft. Beim Aufstieg findet sich links, von einem Holzverschlag bedeckt, eine gut erhaltene antike Zisterne. Höher hinauf folgen deutliche Abarbeitungen zur Planierung des Felsens, wo einmal eine heute gänzlich verschwundene Anlage ihren Platz hatte. Später erkennt man Mauerzüge, die zu einem größeren Gebäude oder Bezirk gehört haben, und dann nähert man sich auch schon der höchsten Stelle des Vorgebirges, auf der sich jetzt in einem kleinen Kiefern-

wald die Kapelle des heiligen Andreas befindet. Im Altertum bildete das kleine Plateau die Akropolis und war durch eine eigene Ringmauer eingeschlossen, von der noch bedeutende Reste anstehen. Die Ringmauer der Kapelle ist unter leichter Versetzung nach innen durchgehend über der antiken erbaut, und ihr Tor steht direkt auf einem antiken Turm, der von der ganzen Akropolismauer am besten erhalten ist. Die Kapelle des heiligen Andreas bietet selbst nichts Besonderes, aber wir genießen von ihr aus in veränderter Perspektive noch einmal die Aussicht, die sich uns von Kastráki aus bot. Hinter der Kapelle folgt die Befestigungslinie den zum Teil senkrechten Felsabstürzen, wo die Mauer stellenweise überflüssig war und ausgesetzt zu haben scheint. Bald stößt man auf zwei Hirten- und Bauernhäuser, die an die Mauer gebaut sind und in deren Schutz sie sich besonders gut erhalten hat, was man freilich von oben nicht sieht. Links breitet sich hier das Hochplateau des Vorgebirges aus, auf dem hier und da noch Reste von Hausmauern zu erkennen sind. Unser Rundgang führt uns nun bald auf die Südseite des Kaps, wo es durch eine leichte Senke mit dem gegenüberliegenden Berg verbunden ist und besonders gefährdet war. Hier ist die Mauer durch zwei Ecktürme und einen Mittelturm verstärkt. An dieser Stelle läßt sich besonders gut die Konstruktion erkennen. Die Türme sind keine selbständigen, in sich abgeschlossenen Wehreinheiten, sondern in die Mauer eingebunden, ja, die innere Schale läuft überhaupt hinter den Türmen durch, so daß diese in Wirklichkeit nichts weiter als Bastionen sind. Die Anlage ist ganz mit der von Lyrkía zu vergleichen, auch die Topographie ist hier genau dieselbe, nämlich eine flache Senke. Es gelten also auch dieselben Schlüsse. Solche Türme hatten nur Sinn, solange der Widder noch nicht erfunden war, mit dem man Mauern zum Einsturz brachte und für den die flache Senke ideale Einsatzmöglichkeiten bot. Die Festung auf Kap Andreas muß also wie die von Lyrkía spätestens am Ende des 5. Jahrhunderts erbaut worden sein. Ein grundlegender Unterschied ist allerdings, daß Lyrkía eine reine Bergfestung war, während Kap Andreas eine Stadt umschloß. Sie zu identifizieren ist bis jetzt unmöglich.
Die Mauer biegt nun im rechten Winkel um und nimmt Richtung auf das Meer. Hier ist noch einmal ein Gehöft an sie angelehnt, wo sie bis zu 3 m Höhe erhalten ist. Die Stelle, wo sie die Küstenlinie erreicht, war mit einem Turm besetzt, der aber so völlig zerstört und

ausgehoben ist, daß man nicht einmal mehr erkennen kann, ob es ein Viereck- oder Rundturm war. Da aber alle erhaltenen Türme Vierecktürme sind, so wird wohl auch dieser einer gewesen sein. Im ganzen zählt die Küstenlinie acht Türme von etwa 3,50 m Breite, deren Erhaltungszustand zwischen fast völliger Zerstörung und 3 m Höhe schwankt. Die Meerseite war also noch einmal besonders geschützt, obwohl die felsige Küste zum Anlegen höchst ungeeignet war. Zur anderen Seite, den Abhang hinauf, sind zahlreiche zwar niedrige, aber deutlich erkennbare Mauerzüge von Wohnhäusern erhalten.
Damit ist unser Rundgang abgeschlossen, der im Vergleich mit den Burgbesteigungen in der Argolis ein wirklicher Damenspaziergang ist. Und er endet nicht ungeschickt auf der Terrasse einer kleinen Taverne, die auf der alten Mauer errichtet ist und in der man, unmittelbar über dem Meer und mit einer herrlichen Aussicht auf den argolischen Golf, ein erfrischendes Getränk oder auch eine kleine Mahlzeit doppelt erfreut genießt.
Wir wollen indessen nicht übersehen, daß wir mit unserem Rundgang einen Teil der Mauer nicht erfaßt haben, nämlich den unteren auf der Nordseite. Wir haben beim Aufbruch von der Mole gleich eine Sekante eingeschlagen, die nicht die eigentliche Nordfront bildet. Diese stellt vielmehr eine große halbkreisförmige Mauer dar, die vom einen Ende der Sekante bis zum anderen reicht. Zu dieser Ringmauer am Fuß des Nordrandes gehört jenes guterhaltene Mauerstück, das uns bei der Ankunft als erstes empfing. Ein weiteres, noch größeres, befindet sich unter dem Betonunterstand bei der Mole, und man sollte nicht versäumen, es sich anzusehen. Sekante und Halbkreis können kaum zu gleicher Zeit entstanden sein, vielmehr wird der letztere eine nachträgliche Erweiterung darstellen, sonst wären die Türme der Sekante kaum erklärlich. Im übrigen aber ist die Festung von Kap Andreas offenbar eine einheitliche Anlage.
Das Vorgebirge liegt an der Mündung der Sintza, die, aus dem Zentralmassiv des Parnon herabkommend, hier ihren Weg ins Meer nimmt. Aber wir haben an dieser Stelle ein weiteres Paradox der hydraulischen Phänomene der Kynouría. Der Fluß selbst ist schon im Frühjahr wasserlos und bietet nur ein breites, wüstes Geröllbett. Aber unmittelbar vor seinem Ende treten mehrere wasserreiche Kephalária in ihm aus, so daß wir bei Kap Andreas zwar eine Flußmündung haben, aber ohne Fluß.

Das Kloster Ajios Nikólaos Sintzas

Dem Ausflug zum heiligen Nikólaos von Sintza fehlt zur Vollkommenheit das eine, daß das Kloster auch bewohnt wäre. Aber es steht verlassen, und es ist nicht jedermanns Sache, vor verschlossene Türen zu kommen. Seit wann das Kloster aufgegeben ist, kann man nicht genau erfahren. Es sei nur vorübergehend unbewohnt, heißt es, und es ist in der Tat durchaus denkbar, daß die Nonnen im Sommer für einige Zeit in die kühle Schlucht hinaufziehen. Für dauernd aber wohnen sie am Rand von Leonídi, buchstäblich in seinem letzten Haus, im Klösterchen des heiligen Charálambos, des Freudestrahlenden. Es war einmal ein Metóchi, ein Landgut des Nikólaos-Klosters, und ist nun sein Hauptsitz geworden. Es liegt am Wege zum Kloster. Bei ihm verläßt man Leonídi und tritt die Bergwanderung an. Die Nonnen haben es modern hergerichtet. Man würde es von außen immer noch für ein Gehöft halten, wenn es nicht so superfein geweißt wäre. Der westliche Besucher findet wenig Klösterliches, überhaupt wenig Geistliches in seinem Hof und fragt sich aufs neue, was die Nonnen eigentlich veranlaßt, sich so bedingungslos dem Modernismus zu ergeben. Aber wenigstens halten sie auch das Kloster schön unter Kalk. Das sieht immer gepflegt aus, da ist von Verfall nach außen so schnell nichts zu sehen, die »getünchte Wand« des Evangeliums. Am Nachmittag des 25. März, des griechischen Nationalfeiertages zur Erinnerung an den Ausbruch des Freiheitskampfes 1821, gleichzeitig aber auch des Festes von Mariä Verkündigung, war nicht einmal eine Fahne über dem Kloster aufgezogen. Eine Anspielung darauf wurde im Metóchi des heiligen Charálambos mit der Auskunft beantwortet, am Morgen habe sie geweht, aber man habe sie schon wieder eingeholt. Wer weiß, wie lästig den Nonnen der Weg zum Kloster inzwischen geworden ist. Es hat ihm also nichts geholfen, daß man es 1953 in ein Nonnenkloster verwandelt und 1974 eine Fahrstraße zu ihm gebaut hat. Bis dahin war der heilige Nikólaos von Sintza einer der unzugänglichsten Heiligen des ganzen Peloponnes. Eineinhalb Stunden Fußweg von Leonídi, aber ein Stolperpfad schlimmster Sorte, bei dem man die Nase nicht vom Boden, auf einem Muli aber nur Magenschmerzen bekam. Die Fahrstraße hat vor allem den Vorzug, auf der gegenüberliegenden Seite ent-

langzuführen, wo man beim Aufstieg die Schlucht und das Kloster vor sich hat und nicht mehr blind einherläuft.
Mag das Kloster immer geschlossen sein, es lohnt sich sehr, es trotzdem zu besuchen. Der Weg führt zunächst über den Fluß in das jenseitige Leonídi, eine erholsame ländliche Vorstadt mit einzelnen, inmitten von Gärten gelegenen Häusern. Ein starker Kontrast zu der gedrängten Enge der Verkehrsstadt. Wenn man das Metóchi des heiligen Charálambos hinter sich gelassen hat, wendet man den Blick noch einmal zurück. Da liegt Leonídi ausgebreitet zu beiden Seiten des Lorbeerflusses und hinter ihm die geschlossene Kulisse der rötlichen senkrechten Felsen. Es wäre nicht geschmackvoll, sie Cortina di Leonídi zu nennen, aber es gibt keine zweite griechische Stadt, die eine solche Kulisse besitzt.
Dann beginnt der Aufstieg, zuerst noch durch offenes Hügelland, dann geht es in die Schlucht hinein. Der Weg wird nachher so steil, daß niemand ihn mit einem Personenwagen zu Ende fahren wird. Und es wäre auch sträflich, die letzte Strecke nicht zu Fuß zu gehen. Die Schlucht wird immer enger und nimmt geradezu etwas Urweltliches an, und das Kloster an hoher Felsenwand in absoluter Einsamkeit hat etwas unwirklich Imaginäres. Es liegt wohl nahe, das Kloster von Sintza mit dem von Kastrí und von Stemnítsa zu vergleichen. Alle drei liegen an steilen Felswänden und in engen Tälern, und doch sind sie sehr verschieden. Die beiden Täuferklöster von Stemnítsa und Kastrí liegen in freundlichen Flußtälern, von denen das eine eine reiche Vegetation, das andere zahlreiche Dörfer besitzt und die beide eine gewisse Weite haben. Das Nikólaos-Kloster liegt in einer engen Felsenschlucht, außerhalb der wohnlichen Welt. Von allen Klöstern, die wir in unserem Buch beschreiben, ist keines, das eine solch asketische, von der Welt zurückgezogene Lage hätte. Sie beeindruckt um so mehr, je mehr man vergleichen kann. Wie zum Paradox hat aber dann das Kloster selbst im engsten Teil der Schlucht viel freieren Raum als die beiden anderen Klöster. Seine beiden Kirchen, sein Glockenturm und seine Gebäude sind in breitem Band vor der Felswand aufgereiht. Davor aber ist durch eine hohe Stützmauer eine lange Terrasse angelegt. Mehr als jedes andere Element macht vielleicht sie das Kloster zur Oase. Sie schafft in der Felsenenge einen freien Raum, drängt die Natur zurück, überblickt sie. Hier ist die Enge überwunden, hier kann man sich frei bewegen, hier wird das

Auge wieder ein Fernsinn. Das Gefühl der Bedrückung weicht dem der Geborgenheit.
Zum Oasencharakter des Klosters trägt nicht wenig auch die Quelle bei, die etwas unterhalb entspringt und ohne die hier zu leben unmöglich wäre. Da sind nun Platanen mit ihrem Grün, mit Schatten und Kühle. Für die Insassen des Klosters muß jede Rückkehr gewesen sein wie eine kleine Wüstenfahrt ins Gelobte Land.
Oberhalb liegt eine Höhle, von der noch nicht untersucht ist, ob sie vielleicht in vorgeschichtlicher Zeit bewohnt war. In historischer Zeit aber führte hier einer der Übergänge von der Kynouría nach Sparta vorbei, durch einen ganz schmalen Paß, zu dem sich die Schlucht hinter dem Kloster verengt. Von dieser Seite wirkt es ungeschützt, Überfällen ausgesetzt, wenn man den Paß nicht sicherte, während es jeder Annäherung aus der Schlucht seine steile, unersteigbare Terrasse zukehrte. Leonídi erscheint in weiter Ferne, als ein winziger Ausschnitt im spitzen Winkel der Schlucht.
Die erste Erwähnung des Klosters geschieht im Jahr 1622. Wie lange es damals schon bestanden hatte, ob ihm vielleicht eine Einsiedelei vorausgegangen war, ist unbekannt, und aus seiner Geschichte sind nur ganz vereinzelte Nachrichten erhalten. 1783 wurde es durch Neubauten erweitert. 1828 bei der Registrierung unter Kapodistrias zählte es außer dem Abt fünf geweihte, 15 ungeweihte Mönche und 14 Lohnarbeiter. 1834 bei der Klosterreform unter König Otto hatte es nur noch vier geweihte und fünf einfache Mönche und einen Vorleser, was aber genügte, es vor der Aufhebung zu bewahren.
Das Kloster besitzt eine Bibliothek mit einigen Handschriften, jedoch keine Fresken mehr in der Kirche. Sie sind alle übertüncht.
Es besteht keine unbedingte Notwendigkeit, die Reise in Leonídi abzubrechen und nach Astros zurückzukehren. Man kann sie über den Parnon nach Geráki und Sparta fortsetzen, nur ist die Straße zum Teil sehr schlecht, siehe die Streckenbeschreibung Seite 405.

Arkadien

Arkadien ist die größte Provinz des Peloponnes und seine ärmste und zugleich die einzige, die keinen Zugang zum Meer hat, sondern gänzlich von ihm abgeschnitten ist. Sie nimmt die ganze Mitte der Halbinsel ein und umfaßt Landschaften der mannigfaltigsten Art. Das Übergewicht der Berge und die dünne Besiedlung machen sie für den Touristen eher herb und ungastlich. Sie bietet eindrucksvolle Strecken, aber sie ladet nicht zum Verweilen ein. Selbst die großen Ebenen machen nur vereinzelt den Eindruck der Fruchtbarkeit und Fülle. Es ist ein karges Land und weit entfernt von der Idylle, die die Bukolier seit hellenistischer Zeit dem Namen Arkadien angedichtet haben. Nur die Flußtäler mit ihren grandiosen Schluchten oder friedlichen Auen sind von außerordentlicher Schönheit. Das übrige ist meist streng und herb und verlangt, daß man erst mit ihm vertraut wird. Aber die ganze riesige Provinz besitzt nur eine einzige Stadt und ist allein schon deswegen für den Besucher aus dem verstädterten Mitteleuropa eine Idylle.

Bis zu fast 2400 m steigen die Hochgebirge auf, die Arkadien im Norden gegen den Korinthischen Golf abschließen: Kylléne (2376 m), Aroánia (2355 m) und Erýmanthos (2224 m), deren dicht geschlossene Kette nur schwierige Übergänge zum Meer offenläßt. Im Osten trennt eine Reihe von hohen Gebirgen Arkadien von der Argolis. Im Süden bilden die Wasserscheiden zum Eurotas- und zum Pamisóstal eine weniger unzugängliche Grenze gegen Sparta und Messenien. Geradezu offen aber ist Arkadien nach Westen. Hier gibt es keinen natürlichen Abschluß gegen Triphylien und Elis, hier liegt das weitverzweigte Flußsystem des Alpheios, und eine feste Grenze hat sich erst nach und nach in historischer Zeit herausgebildet.

Die hohen Randgebirge Arkadiens finden ihren Gegenklang in einem ebenfalls bedeutenden Zentralgebirge, dem Mänalon, das bis zu 2000 m aufsteigt (1981 m) und mit seiner langen Nord-Süd-Erstreckung die Provinz in zwei landschaftlich stark unterschiedliche Teile trennt. Im Osten liegt das sogenannte geschlossene Arkadien, eine Reihe von dicht aufeinanderfolgenden Ebenen in genau südnördlicher Richtung. Auf die größte, die Ebene von Tegea, an deren Westrand heute Tripolis liegt, folgt die von Mantinea, dann die von Orchomenós. Alle diese Ebenen stehen untereinander in der leichtesten Wegverbindung. Aber nördlich von Orchomenós tritt das Gebirge von Olígyrtos als ein hoher Riegel ein und trennt die Ebene von Pheneós von der Reihe der südlichen isolierend ab. Zu den genannten Hochflächen treten noch zwei kleinere hinzu: das ebenfalls stark isolierte Tal von Stýmphalos im Nordosten und die Ebene von Aséa im Südwesten. Bis auf die letztere sind alle diese Ebenen abflußlos und zum Teil versumpft, und bei starken Regenfällen oder wenn die Katavothren, die unterirdischen Abflüsse, verstopft sind, können sie sich in Seen verwandeln. Ganzjährige Wasseransammlungen infolge dieser Abflußlosigkeit sind der Takasee bei Tegea, beim antiken Pallántion, und der berühmte Stymphalische See.

Zu dieser Kette arkadischer Hochflächen tritt noch eine wichtige weitere hinzu, die große Ebene von Megalopolis, 200 m niedriger gelegen als die anderen und von der Ebene von Aséa durch das Paßgebirge des Tsemberoû getrennt. Der Bach von Aséa gilt als der Oberlauf des Alpheios, der den Tsemberoû durchbricht und mit der Ebene von Aséa auch die von Megalopolis entwässert, die er bereits als größerer Fluß verläßt, nachdem er den Helissón aufgenommen hat, der vom Mänalongebirge herunterkommend Megalopolis durchfließt.

Wenden wir uns nun von den Gebieten östlich und südlich des Mänalon nach Westen, so liegt das sogenannte offene Arkadien vor uns oder das Zentralarkadische Gebirge, in Wirklichkeit kein zusammenhängender Gebirgszug, sondern ein weitverzweigtes Berg- und Hügelland, das allein durch das große Flußsystem des Alpheios gegliedert wird, der gleichmäßig in nordwestlicher Richtung dahinzieht, von der Ebene von Megalopolis bis ans Meer. Zum echten Fluß aber wird er dadurch, daß er von Osten eine Reihe bedeutender Zuflüsse aufnimmt: zuerst den Helissón, der vom Mänalon herunterkommt, dann den Loúsios (Gortýnios) aus den Bergen von Dimitsána, schließlich den Ládon mit seinem ganzen weitverzweigten Flußsystem, und zuletzt den Erýmanthos vom gleichnamigen Gebirge herunter.

Diese vielgestaltige und vielteilige Landschaft, deren Gebiete weit entfernt voneinander lagen und zum Teil nicht einmal direkte Verbindungswege zueinander besaßen, war eigentlich nur durch die gemeinsame Sprache verbunden und hat nie eine politische Einheit gebildet, auch nie eine größere Rolle in der griechischen Geschichte gespielt. Sie hat nicht einmal ein gemeinsames Kultzentrum besessen. Zwar war das Lykaion schon in archaischer Zeit besucht, aber seine Blüte fällt erst in das 4. Jahrhundert, und auch das Heiligtum der Athena Álea von Tegea hatte trotz seines besonderen Asylrechts, das auch von Fremden angerufen wurde, religiöse Bedeutung nur für die Umwohner. Erst die Niederlage der Spartaner durch Epaminondas (371 v. Chr.) hat die Arkader veranlaßt, sich zu einem Bund zusammenzuschließen und wenigstens *eine* bedeutende Stadt zu gründen als politisches Zentrum des Landes und Bollwerk gegen die Spartaner, Megalopolis 368. Aber der Bund krankte fast von Beginn an unter dem alten Gegensatz zwischen Tegea und Mantinea, und politische Bedeutung hat er nur erlangt, indem er sich an den Achäischen Bund anschloß.

In ihrer Abgeschiedenheit konnten die Arkader auf die Idee kom-

men, sich selbst für die ältesten aller Menschen zu halten, und wegen der bei ihnen fortdauernden altertümlichen Gebräuche standen sie bei den anderen Griechen leicht in einem merkwürdigen Ruf. »Eichelesser« nannte sie – offiziell und wenig rühmlich – das Orakel von Delphi, es sei denn, es hätte sie dadurch als besonders tapfer bezeichnen wollen.
Die vorgeschichtliche Besiedlung Arkadiens ist sehr viel dichter gewesen, als man bis zum Beginn des Zweiten Weltkriegs gemeint hat und nach Lage der Dinge annehmen mußte. Inzwischen hat sich gezeigt, daß neolithische Siedlungen mit ziemlich gleichmäßiger Streuung das ganze Gebiet umfaßten, und auch in frühhelladischer Zeit (etwa 2800–2000 v. Chr.) gab es zahlreiche arkadische Siedlungsplätze. Die mittelhelladische Zeit dagegen bringt einen starken Abfall, und was für die Weiterentwicklung von großer Bedeutung und für den kulturellen Stand Arkadiens bezeichnend wird: an der mykenischen Kultur hat es kaum teilgehabt, zu ihrer Zeit bleibt es hinter den Nachbarlandschaften Lakonien, besonders aber Messenien und Argolis weit zurück. Bis jetzt ist nur ein einziges großes Kuppelgrab in Arkadien gefunden worden, in Análipsis bei Vourvourá. Dort wurden noch acht kleine Kuppelgräber gefunden, und eine weitere Anzahl kleiner Kuppelgräber hat man 16 km nördlich von Análipsis entdeckt, von denen jedoch Rhomäos nur eins öffnete und auch dies niemals publizierte. Ohne Zweifel wird man noch mehr Mykenisches entdecken, wie der Tempel der Athena Álea in Tegea und das Asklepios-Heiligtum von Pheneós über mykenischen Fundstätten liegen, aber im ganzen kann mit Sicherheit gesagt werden, daß Arkadien in dieser Zeit abseits der griechischen Kulturentwicklung lag.
Auch die Funde aus geometrischer Zeit sind ganz vereinzelt. Erst in archaischer Zeit setzt eine gleichmäßige Verteilung über das ganze Land ein. Die meisten Heiligtümer, die entdeckt wurden, hatten damals ihren Ursprung. Die Erscheinung ist nicht so zu verstehen, als ob die Griechen die Landschaft erst in dieser Zeit in Besitz genommen hätten. Ihr Dialekt beweist, daß die Arkader schon vor der Dorischen Wanderung auf dem Hochland des Peloponnes ansässig waren. Aber die archaische Zeit (700–500 v. Chr.) ist die Jugendzeit des griechischen Volkes, mit einer außerordentlichen Bevölkerungsvermehrung, die die große Kolonisationsbewegung ausgelöst

und offenbar auch dazu geführt hat, daß die Arkader nun ihr Land durch gleichmäßige Besiedlung wirklich in Besitz nahmen.
Die ursprüngliche natürliche Siedlungsform ist die Dorfgemeinschaft, und sie ist für Arkadien in gewisser Weise bis heute bestimmend geblieben. Ohne Zentralisierung kann sich aber ein kräftiges politisches und kulturelles, ja selbst kultisches Leben nicht entfalten. Wir wissen daher nicht, was es konkret heißt, daß im Zweiten Messenischen Krieg, in dem die Messenier Ende des 7. Jahrhunderts Land und Freiheit endgültig an die Spartaner verloren, auch »die Arkader« auf seiten der Messenier kämpften. Zwar gab es später eine arkadische Königsliste, aber sie war erfunden, den Königslisten anderer Stämme nachgeahmt. Ein allgemeines arkadisches Königtum ist unhistorisch. Dagegen können wir mit Sicherheit annehmen, daß schon in früher Zeit jeweils eine Anzahl von Dorfgemeinschaften zu Gauen zusammengefaßt war, aber wie diese Gaue organisiert waren, wissen wir nicht.
Die wenigen wirklichen Städte, die Arkadien besaß, waren durch Synoikismós entstanden, durch Zusammensiedlung mehrerer Dörfer, deren Bevölkerung ihren alten Wohnsitz aufgab. Die Dörfer Ostarkadiens lagen gewöhnlich auf Höhen und Abhängen am Rand der Ebene, einmal, um das kostbare Fruchtland zu schonen, aber auch, um vor Überschwemmungen sicher zu sein und weil sie sich dort viel besser verteidigen ließen. Tegea hatte den Vorzug, auf einem Höhenzug mitten in der Ebene zu liegen. Um 600 beschlossen neun Dörfer der Umgebung, sich der zentral gelegenen Siedlung anzuschließen. So entstand die Stadt Tegea als Fortsetzung des ehemaligen Dorfes. Als ganz neue Stadt dagegen, die vorher nicht existiert hatte, entstand einige Zeit später Mantinea. Hier siedelten sich fünf Dörfer der Randberge zusammen und ließen sich mitten in der flachen Ebene nieder, in einer Lage, die für eine archaische Stadt nicht eigentlich natürlich war. Durch Synoikismós entstanden sein soll auch Heräa auf dem rechten Ufer des mittleren Alpheios, oberhalb der Ladonmündung. Es war die einzige Handelsstadt Arkadiens und die erste, die Münzen prägte, angeblich schon um 550 v. Chr. Sie vermittelte den Handelsverkehr zwischen dem Küstengebiet von Elis und dem Inneren Arkadiens. Seit dem 3. Jahrhundert v. Chr. gab es hier auch eine Brücke über den Alpheios, die einzige auf seiner ganzen Länge.

Schließlich besaß Arkadien auch noch zwei Städtebünde. Der eine war eine Vereinigung von drei gleichberechtigten Städten, die arkadische Tripolis, die aber mit dem heutigen Tripolis gar nichts zu tun hat, sondern viel weiter nordwestlich lag, in den Bergen nördlich des jetzigen Langádia. Der andere war ein Bund von vier Städten unter Führung von Orchomenós. So besaß Arkadien eine Reihe ganz verschiedener politischer Organisationsformen.
Der Synoikismós Tegeas erfolgte wahrscheinlich, um die Stadt wirksamer gegen den Zugriff des spartanischen Nachbarn verteidigen zu können. Nach der endgültigen Eroberung Messeniens richtete sich die Expansion der Spartaner jedoch zunächst auf die Kynouría, die zu Argos gehörte. Erst um 550 griffen sie nach Arkadien über. Zweimal gelang es den Tegeaten nach dem Bericht des Herodot (I 66–68), den spartanischen Angriff abzuweisen, erst beim dritten Mal unterlagen sie. Sie mußten ihr südliches Bergland abtreten, so daß Sparta in den Besitz der arkadischen Pässe gelangte, mußten die Messenier, die bei ihnen im Exil lebten, ausweisen und sich verpflichten, Sparta Heeresfolge zu leisten. Die Spartaner verzichteten darauf, Arkadien zu annektieren, obwohl nach der Niederlage Tegeas die anderen Städte und Landschaften an erfolgreichen Widerstand nicht denken konnten, sondern faßten die Arkader unter ihrer Führung zu einem Wehrbündnis zusammen, dem sogenannten Peloponnesischen Bund, dessen wirklicher Titel lautete: die Lakedämonier und die Bundesgenossen. Es war die erste gemeinsame politische Organisation der Griechen und eine der entscheidenden Voraussetzungen für den erfolgreichen Widerstand gegen die Perser. Der Peloponnesische Bund bedeutete keineswegs, daß die Arkader mit ihren verschiedenen Gauen, Städten und Bünden nun zur politischen Einheit gelangten, vielmehr waren die Bundesgenossen nur mit Sparta, nicht aber auch untereinander verbunden. Aber er bewirkte doch, daß die Arkader aus ihrer Isolierung hinausgelangten, daß auch sie an den großen Ereignissen der griechischen Geschichte Anteil hatten. An der Schlacht bei Thermopylä nahmen außer den Spartanern je 500 Tegeaten und Mantineer, 120 Orchomenier und 1000 von den übrigen Arkadern teil. Allerdings zogen sie es vor, als die Stellung von den Persern umgangen worden war, nicht auf verlorenem Posten zu fallen, sondern zurückzugehen und das Land an aussichtsreicherer Stelle zu verteidigen.

Die Spartaner wollten nach Thermopylä das Festland preisgeben und nur den Peloponnes verteidigen, indem sie Stellung am Isthmos bezogen. Es soll Chileos gewesen sein, ein Bürger von Tegea, der die Ephoren davon überzeugte, daß die Athener recht hätten mit ihrer Ansicht, man müsse den Persern entgegenziehen. So brach nach langem Zögern das peloponnesische Bundesheer endlich nach Böotien auf und lieferte dort 479 zusammen mit den Athenern bei Platää die entscheidende Schlacht. Neben 5000 Spartanern kämpften 1500 Tegeaten und 600 Orchomenier mit. Die Mantineer aber erschienen zu spät auf dem Schlachtfeld und wurden von der Siegerehrung ausgeschlossen. Auf der ehernen Siegessäule von Delphi, die sich über zweieinhalbtausend Jahre hinweg auf dem At-Meidan von Istanbul bis heute erhalten hat, sind die Tegeaten und Orchomenier verzeichnet, die Mantineer aber nicht.

Die weitere Geschichte Arkadiens ist entscheidend bestimmt von der nie verlöschenden Gegnerschaft zwischen den Städten Tegea und Mantinea. Sie schlossen sich nicht nur militärisch, sondern auch politisch an ihre jeweiligen Nachbarn an: Tegea war mit Sparta oligarchisch, Mantinea mit Argos demokratisch.

Der mörderische Bruderkampf, in dem Athen und Sparta in einem fast dreißigjährigen Krieg um die Vorherrschaft in Griechenland rangen, griff zunächst nicht auf Arkadien über. Zum Ersatz bekriegten die Arkader sich untereinander. Im Norden von Orchomenós, im Süden von Tegea eingeschlossen, suchte Mantinea sein Gebiet nach Westen zu erweitern und annektierte eine Reihe von Orten auf dem Mänalongebirge und in der Ebene von Megalopolis. Tegea trat dieser Expansion 432 entgegen. Die Schlacht verlief unentschieden, und beide errichteten, ohne Einspruch der Pythia, Siegesmäler in Delphi, Mantinea mit größerem Recht insofern, als es die eroberten Gebiete behielt.

421 schlossen Athen und Sparta, durch zehn Jahre verlustreichen Krieges erschöpft, Frieden. Er sah ein Defensivbündnis von fünfzig Jahren vor, es hielt jedoch nur vier. Die Gegensätze brachen bei geringem Anlaß wieder auf, und diesmal griff der Krieg auch auf Arkadien über. Im Sommer 418 kam es bei Mantinea zu einer großen Schlacht, in der die Spartaner mit ihren arkadischen Verbündeten aus Tegea, Heräa und vom Mänalon den Mantineern, Argivern und Athenern gegenüberstanden. Die Spartaner gewannen die Schlacht.

Die Mantineer mußten einen dreißigjährigen Frieden schließen und die eroberten Gebiete freigeben.
Seitdem behielt Sparta Arkadien unter fester Kontrolle. In der zweiten Hälfte des Peloponnesischen Krieges, als sich der Kriegsschauplatz immer mehr ausweitete und sich bis nach Sizilien und Kleinasien verlagerte, blieb Arkadien verschont, ja es scheint sogar, daß es zu den Nutznießern des Krieges gehörte und einen starken wirtschaftlichen Aufschwung nahm; denn mehrere arkadische Städte begannen in dieser Zeit, zum erstenmal Münzen zu prägen.
Der Krieg endete 404 mit der völligen Niederlage Athens und der eindeutigen Vorherrschaft Spartas. Sie konnte auf die Dauer nicht unbestritten bleiben, das duldete weder die Eifersucht der anderen griechischen Staaten noch das Interesse der persischen Politik. 395 brach ein zweiter langwährender Krieg aus, der sogenannte Korinthische Krieg (395–386 v. Chr.), in dem die Verbündeten Theben, Korinth, Argos und Athen versuchten, die Vorherrschaft Spartas zu brechen. Er endete 386 mit dem schmählichen Königsfrieden, so genannt, weil der persische Großkönig ihn vermittelte. Alle griechischen Städte wurden durch ihn dem Wortlaut nach für autonom erklärt. In Wirklichkeit hatte Sparta die griechischen Städte in Kleinasien aus dem mutterländischen Schutz entlassen und sie dem persischen Einfluß preisgegeben, nur, um seine Vormachtstellung in Griechenland zu retten. Was es unter Autonomie der Städte verstand, zeigte sich im Jahr 385, als es an Mantinea die Forderung richtete, seine Stadtmauern niederzureißen. Sparta fühle sich durch sie bedroht, da der dreißigjährige Friede von 418, den man also eigentlich nur hätte zu erneuern brauchen, inzwischen abgelaufen sei. Die Mantineer lehnten es ab, über das spartanische Ultimatum auch nur zu verhandeln. Sie sandten Boten mit einem Hilfsgesuch nach Athen, die Athener waren aber nicht gewillt, sich für einen so entfernt liegenden Ort zu engagieren. Ungehindert schritten die Spartaner zur Belagerung. Schon 418 hatte König Agis versucht, Mantinea zu bezwingen, indem er das Wasser des Flusses von Tegea in die mantineische Ebene ableitete, um sie zu überschwemmen. Das Unternehmen war damals technisch gescheitert. Diesmal fand man eine sehr viel einfachere Lösung. Es war Herbst, und der Bach Ophis, der durch Mantinea floß, führte ziemlich viel Wasser. Er wurde aufgestaut, so daß das Wasser aus der Stadt nicht abfließen konnte. Es

drang in die Häuser und erreichte schließlich eine solche Höhe, daß es die Stadtmauer gefährdete, die nur aus einem Steinsockel, darüber aber aus ungebrannten Lehmziegeln bestand. Sie bekam Risse und begann sich zu neigen. Damit waren die Mantineer ihres Schutzes beraubt und mußten sich ergeben. Aber die Spartaner forderten nun nicht mehr nur Abtragung der Mauern, sondern überhaupt Auflösung der Stadt (Dioikismós). Die Mantineer wurden gezwungen, ihre Stadt zu verlassen und aufzugeben und sich wieder in den Dörfern anzusiedeln, aus denen sie sich einst zusammengefunden hatten. Die zweitgrößte Stadt Arkadiens hörte auf zu existieren.

Fünfzehn Jahre dauerte die Willkür Spartas, dann wurde sein Heer 371 bei Leuktra in Böotien von Epaminondas mit Hilfe einer neuen Schlachtordnung vernichtend geschlagen. Die Thebaner traten der spartanischen Phalanx mit ihrer eigenen Schlachtreihe nicht mehr frontal entgegen, wie es seit Jahrhunderten üblich war, sondern in der sogenannten schiefen Schlachtordnung mit einem Keil, der die feindliche Linie durchbrach und aufspaltete. Die spartanische Vorherrschaft fand damit ein abruptes Ende. Überall auf dem Peloponnes brachen Aufstände aus, wurden die oligarchischen Regierungen von demokratischen abgelöst.

Vor allen anderen wurden die Mantineer durch die spartanische Niederlage befreit. Sie beschlossen, ihre Stadt wiederaufzubauen, und erfuhren dabei vielfältige Unterstützung. Aber es ist ihr Ruhm, daß sie sich noch zu einer größeren Idee als zu der einer bloßen Wiederherstellung erhoben. Sie wollten die glücklich errungene Freiheit Arkadiens dazu nutzen, endlich ein eigenes Staatswesen zu errichten, einen arkadischen Bund *(Koinòn tõn Arkádon)*. Die Idee fand begeisterte Zustimmung, aber es ist bezeichnend für die griechische Uneinigkeit und Eigenbrötelei, daß einige Städte, und natürlich die wichtigsten, sich ihr von vornherein verschlossen, so Orchomenós und Heräa. In Tegea waren die Ansichten geteilt. Es kam zu Straßenkämpfen und blutigem Austrag. Die Führer der oligarchischen Partei wurden hingerichtet. Achthundert oligarchisch gesinnte Tegeaten flohen nach Sparta.

Wieder wandten sich die Mantineer an Athen, und wieder erhielten sie eine Absage. Um so bereitwilligere Unterstützung fanden sie in Theben. In mehreren Feldzügen hat dann Epaminondas versucht, den von Sparta befreiten Peloponnes neu zu ordnen. Der erste,

370/69, galt der endgültigen Befreiung Messeniens. Nach Jahrhunderten der Knechtschaft wurde es zum erstenmal in historischer Zeit ein eigenes Staatswesen. Die seit Generationen im Exil lebenden Messenier wurden aufgerufen, in die Heimat zurückzukehren. Am Ithome, dem heiligen Berg des Landes, der so oft ihre letzte Zuflucht gewesen war, wurde eine feste Stadt errichtet, als Symbol der politischen Selbständigkeit und als Bollwerk gegen Sparta.
Der zweite Feldzug 369 galt der Organisation des Arkadischen Bundes. Auch er sollte sein Zentrum in einer großen neuen Stadt haben. Die Städte und Gemeinden Ostarkadiens, des Arkadiens der Ebenen, blieben fortbestehen wie bisher, dagegen wurden zirka vierzig Gemeinden des offenen Arkadien, die etwa ein Drittel der Gesamtbevölkerung ausmachten, durch Synoikismós zu einer großen Stadt, *Megálē pólis,* vereinigt, die 368 in der Mitte der weiten westarkadischen Ebene an den Ufern des Helissón gegründet wurde. Die meisten der Ursprungsgemeinden verödeten, einige bestanden in Abhängigkeit von Megalopolis kläglich fort, andere behielten eine gewisse Bedeutung. In Megalopolis sollte hinfort die arkadische Vollversammlung tagen, das Parlament der Zehntausend, das die obersten Staatsbeamten wählte und über Krieg und Frieden beschloß. Das Bundesheer sollte fünftausend Mann umfassen. Es bestand seine erste Probe schlecht. In der sogenannten tränenlosen Schlacht wurde es von den Spartanern geschlagen, und Epaminondas mußte zu seinem dritten Peloponneszug aufbrechen, um den Arkadischen Bund zu retten.
365 führten die Arkader Krieg gegen ihre Nachbarn, die Eleer, besetzten Olympia und ließen die Tempelschätze zu Münzen umprägen, die sie für Soldzahlungen verwandten. An diesem Sakrileg schieden sich die Geister, es brachte den Bund zur Spaltung. Mantinea und die Bundesversammlung der Zehntausend verurteilten die Tempelanleihe, Tegea, die alte Widersacherin, und Megalopolis verteidigten sie. Beide Parteien zogen alsbald Verbündete auf ihre Seite, wobei es zu vertauschten Fronten kam. Mantinea wurde von Sparta, Elis und Achaja unterstützt, Tegea von Messenien, Argos und Theben. Epaminondas brach zu seinem vierten und letzten peloponnesischen Feldzug auf. 462 kam es vor Mantinea zu der großen Schlacht, die die Stadt in ganz Griechenland berühmt machte. Epaminondas operierte mit einer bis ins einzelne kalkulierten Gelände-

ausnutzung und Truppenaufstellung. Es war sein perfektester Aufmarsch und nach menschlichem Ermessen der Erfolg unfehlbar. Aber Epaminondas fiel in der Schlacht, der Angriff erlahmte, der Kampf endete unentschieden. So kometenhaft, wie die Vorherrschaft Thebens durch die Kriegskunst des Epaminondas begründet worden war, so plötzlich erlosch sie nun bei seinem Tode. Die Kontrahenten einigten sich auf den Status quo: Messenien behielt seine Selbständigkeit, und der Arkadische Bund blieb geteilt. So war die Einigung Arkadiens am großen Erbübel gescheitert. Die Einheit des Bundes hatte nicht einmal fünf Jahre gedauert. Philipp II. von Makedonien löste ihn 338 auf.

Die weltweiten Eroberungen Alexanders des Großen stellten das Griechentum vor nie geahnte Aufgaben und wiesen seiner Geschichte einen ungeheuren Rahmen. Aber auch dadurch kam das Mutterland nicht zur Ruhe. Die Geschichte des Peloponnes in hellenistischer Zeit (323–146 v. Chr.) ist vor allem bestimmt durch den Gegensatz zweier Bünde, die in der Idee Fortsetzungen des Arkadischen waren, nämlich des Achäischen und des Ätolischen Bundes. Mit ihnen traten Volksgruppen und Landschaften auf den Plan, die bisher nicht aktiv an der griechischen Geschichte teilgenommen hatten. Aber sie benutzten ihre unverbrauchten Kräfte nicht zur endlichen Einigung des Landes, sondern befehdeten sich wie bisher in endlosen Bruderkämpfen. Ihre wechselnden Koalitionen und Gegnerschaften mit den beiden anderen Mächten Innergriechenlands, Sparta und Makedonien, machen diese Zeit zu einer großen Epoche der Unruhe, die jede gedeihliche Entwicklung vereitelte, zum Teil katastrophale Untergänge herbeiführte. Megalopolis wurde 223 von Kleomenes III. von Sparta erobert und schwer verheert, so daß es neu wiederaufgebaut werden mußte. Ein Jahr später wurde das vielgeprüfte Mantinea vom makedonischen König Antígonos Doson völlig zerstört, seine Bevölkerung in die Sklaverei verkauft. An seine Stelle trat die Neugründung Antigoneia, Zentrum und Symbol der makedonischen Oberherrschaft über den Peloponnes.

Die römische Herrschaft war zunächst auch nicht segensreicher. Sie begann 146 v. Chr. mit der völligen Zerstörung Korinths, das für hundert Jahre aufhörte zu existieren. Zwar konzentrierten sich die großen Prüfungen des 1. Jahrhunderts v. Chr.: der Mithradatische Krieg, die Gewalttaten Sullas, die großen Schlachten, die um das

Erbe Cäsars geschlagen wurden, ganz auf das griechische Festland und gingen am Peloponnes glücklich vorüber, aber zu Gedeihen und Wohlstand konnte es seinen Bewohnern nicht verhelfen.
Strabon, der große Geograph des Altertums, berichtet im 1. Jahrhundert n. Chr., daß die Landschaften Arkadiens weitgehend verödet seien, so daß es sich nicht lohne, ausführlich über sie zu berichten. Die einst berühmten Städte seien durch die vielen Kriege zerstört und selbst die »Große Stadt« nur noch eine große Wildnis *(megálē erēmía)*. Es war nicht mehr die Frage, an der Geschichte teilzunehmen oder ein dumpfes Provinzdasein zu führen, es war nur noch die Frage des Überlebens.
Die augusteische Friedenszeit, die ganze Länder zu neuer Blüte brachte, konnte so furchtbare Verwüstungen nicht in kurzer Zeit heilen, und noch bevor Arkadien begann, sein Elend zu überwinden, setzten die Prüfungen der Völkerwanderung ein. Auf einem abenteuerlichen Kriegszug waren die Heruler 267 bis vor Athen gelangt und drangen schließlich, plündernd und brandschatzend, bis ins Innere des Peloponnes, bis nach Arkadien und Lakonien vor. Die Befestigungen waren verfallen, die Einwohner kampfungewohnt. Es blieb nur Preisgabe des Besitzes und Flucht in die Berge.
375 traf ein schweres Erdbeben den Peloponnes. Das Land hatte sich kaum von den Schäden erholt, als eine neue Katastrophe hereinbrach. Alarich mit den aufständischen Scharen der Westgoten stand von dem Versuch, Konstantinopel zu erobern, ab und fiel statt dessen in Griechenland ein. Widerstand trat ihm nirgends entgegen. Thessalien, Phokis und Böotien erlebten die ganzen Schrecken eines beutegierigen, rücksichtslos sich selbst versorgenden Barbarenheeres. Athen wurde verschont, aber das Heiligtum in Eleusis systematisch verwüstet. Ungehindert setzten die Goten Anfang 396 ihren Raubzug fort. Auch am Isthmus und in Korinth war kein Verteidiger da, der sie aufgehalten hätte. Kampflos fielen ihnen die Argolis, Lakonien, Arkadien und Elis zur Beute. Zu dem Haß gegen die byzantinische Herrschaft, den die Goten auf die Griechen übertrugen, kam der Fanatismus des anderen Bekenntnisses: die Griechen waren Orthodoxe, die Goten Arianer. Sie waren gegen die andersgläubigen Christen ebenso unduldsam wie gegen die immer noch zahlreichen Anhänger des antiken Götterglaubens. Die Absicht war vielleicht, den Peloponnes für immer in Besitz zu nehmen und ihn in ein Land

der Goten zu verwandeln. Dem fränkischen Peloponnes des 13. Jahrhunderts wäre dann ein gotischer des 5. Jahrhunderts voraufgegangen. Aber schon im Frühsommer 496 landete das römische Reichsheer unter dem Feldherrn Stilicho, der selbst von Geburt Vandale war, bei Korinth, schnitt den Goten die Rückkehr über den Isthmus ab und ging daran, die einzelnen Provinzen zurückzuerobern. Schließlich hatte Stilicho die Goten nach Westarkadien abgedrängt und sie auf der Hochfläche des Pholóë-Gebirges eingeschlossen, auf dem Nordufer des Alpheios, unmittelbar westlich vom Erýmanthos. Aber es gelang nicht, sie dort zu vernichten, sosehr sie auch durch Hunger, Durst und Seuchen bereits dezimiert und entkräftet waren. Alarich brach nach Norden aus und erreichte über die Meerenge von Rhion–Antírrhion das griechische Festland.
Die beiden Germanenstürme waren wie verheerende, aber kurze Gewitter vorübergegangen. Seit dem 7. Jahrhundert war der Peloponnes jedoch einer Einwanderung ausgesetzt, die nicht nur Verwüstungen, sondern dauernde Veränderungen herbeiführte, der Landnahme der Slawen.
Vergeblich hatte Kaiser Maurikios (582–602) versucht, das Vordringen der Slawen aufzuhalten. Nachdem sie im 6. Jahrhundert große Teile der Balkanhalbinsel besetzt hatten, drangen sie zu Beginn des 7. Jahrhunderts bis auf den Peloponnes vor und besiedelten dort zuerst Elis und Nordwestarkadien. Die dünnbevölkerten Gebiete machten ihnen die Landnahme leicht. Kriegerische Auseinandersetzungen waren selten. Die Griechen im Innern des Peloponnes zogen sich entweder auf die festen Küstenplätze zurück oder arrangierten sich mit den Eindringlingen zu friedlichem Zusammenleben. Die slawische Durchdringung war stellenweise außerordentlich stark, ja, es gab Landstriche, die ausschließlich von Slawen bewohnt waren, wie der nördliche Taygetos vom Stamm der Milingen oder das Mündungsgebiet des Eurotas von den Ezeriten oder das unwegsame Bergland nördlich vom oberen Alpheios in der Provinz Skorta. So wie sich andererseits auch griechische Stämme ganz auf sich selbst zurückzogen, die Mainoten in der Mani, die Tsakonen auf dem Parnon, die noch heute eine Art Dorisch sprechen. Für den Fortbestand des Griechentums auf dem Peloponnes war es entscheidend, daß die Slawen nur in einzelnen Gruppen und Stämmen auftraten und nicht das Ziel politischer Einigung und Herrschaft anstrebten. Sie erkann-

ten vielmehr die Oberhoheit des byzantinischen Kaisers ohne weiteres an. Erst nach langer Frist gingen sie dazu über, auch die festen griechischen Küstenplätze anzugreifen. 805 (oder 807) belagerten sie Patras und schlossen es zu Wasser und zu Lande ein. Die Lage der Stadt war kritisch. Aber durch einen energischen Ausfall, dem bald darauf ein Entsatzheer aus Korinth zu Hilfe kam, gelang es den Eingeschlossenen, den Belagerungsring zu sprengen und zu zerstreuen. Der Sieg von Patras war von weittragender Konsequenz und setzte die byzantinische Oberhoheit über die Slawen außer Zweifel. Zu neuen Auseinandersetzungen kam es erst wieder nach 840. Sie arteten bald zu einer allgemeinen zerstörerischen Landfehde aus. Die Slawen suchten sich nicht nur der byzantinischen Verwaltung zu entziehen, sondern überfielen und plünderten griechische Dörfer. Jahrelang lebte man in einer Art gegenseitiger Belagerung, bis endlich 849 ein starkes Reichsheer erschien, das die Slawen unterwarf und sie zwang, das Christentum anzunehmen. Von da an waren es nur noch die genannten Stämme der Milingen und Ezeriten, die versuchten, die kaiserliche Oberhoheit abzuschütteln. Was aber die große Menge der Slawen für immer befriedete, das war nicht die Militärgewalt des byzantinischen Reiches, sondern die Missionstätigkeit der orthodoxen Kirche. Das Griechentum hatte damals noch die Kraft, den Fremdstämmigen griechische Sprache und orthodoxen Glauben zu vermitteln und sie dadurch mit der Zeit ganz zu assimilieren. Es war nach zweihundert Jahren keine Rede mehr davon, daß man zwischen Griechen und Slawen noch unterschieden hätte. Dieser Einschmelzungsprozeß ist eines der erstaunlichsten Fakten in der mittelalterlichen Geschichte Griechenlands.

In unbedenklicher Verfolgung ihrer Handelsinteressen hatten die Venezianer die Teilnehmer des Vierten Kreuzzugs dazu überredet, statt den Ungläubigen das Heilige Grab den Byzantinern Konstantinopel zu entreißen (1204). Nach der Konstituierung des Lateinischen Kaiserreichs brach das Kreuzfahrerheer zur Eroberung Griechenlands auf. Schon 1205 nahm Gottfried von Villehardouin auch den Peloponnes in Besitz. Hundertzwanzig Ritter und ein paar hundert Knappen waren damals ausreichend, das offene Land der Halbinsel zu unterwerfen. Nur die großen Küstenfestungen und einige Städte im Landesinneren: Lakedämon (Sparta), Veligostí (Leontári), Niklí (Tegea) widerstanden der Eroberung, zum Teil noch für

Jahrzehnte. Es entstand das fränkische Fürstentum Achaja, ein getreues Nachbild des französischen Lehnssystems unter griechischem Himmel, das überseeische Frankreich, wie man es mit Recht nannte, *la France d'outre mer*.

Die einheimische Bevölkerung verlor alle politischen Rechte, die Kirche wurde latinisiert, das ganze Land in Baronien aufgeteilt. So auch Arkadien. Im Verhältnis zu seiner Größe und der Unwegsamkeit und Unzugänglichkeit seiner Landschaften erscheint die Zahl von vier Baronien gering. Dafür wurden zwei von ihnen mit besonders zahlreichen Ritterlehen ausgestattet: Matagrífon oder Akova im oberen Ladontal mit vierundzwanzig, Karýtäna am oberen Alpheios mit zweiundzwanzig. Sie hatten die Aufgabe, die Botmäßigkeit des slawischen Gaues Skorta zu garantieren und die wichtige Verbindung durch das Alpheiostal von Andravída, der fränkischen Hauptstadt in Elis, hinauf nach Arkadien und Lakonien zu sichern. Die beiden anderen arkadischen Baronien waren Veligostí bei Leontári und Niklí beim antiken Tegea.

Die beiden ersten Villehardouin, Gottfried I. (1210–1218) und Gottfried II. (1218–1245)*, waren kluge und besonnene, in Krieg und Verwaltung gleich geschickte Männer und brachten das Land in kurzer Zeit zu erstaunlichem Wohlstand. Der dritte, Wilhelm (1245–1278), ließ sich auf spekulative Kriegszüge ein und verspielte seinen sicheren Besitz. Er geriet 1259 in die Gefangenschaft des griechischen Kaisers von Nikäa, der ihn nur im Austausch gegen Lakonien mit den Festungen Monemvasía, Maina, Geráki und Mistra wieder freigab (1262). So kehrten die Byzantiner, die ein Jahr zuvor auch Konstantinopel wiedererobert hatten, auf den Peloponnes zurück. Die Folge waren endlose Feldzüge und Kämpfe, und schon 1263 gelang es den Griechen, auch im Norden der Halbinsel Fuß zu fassen und die Baronie Kalávryta zu erobern. Bereits zwei Generationen nach seiner Begründung hatte der Niedergang des Fürstentums Achaja begonnen, und nach dem Tod Wilhelms (1278), der ohne männlichen Erben starb und das Fürstentum seiner Tochter Isabella hinterließ, wurde es der Gegenstand dynastischer Spekulation und Heiratspolitik, und der schnelle Wechsel seiner Fürsten und

* Dies ist der traditionelle Ansatz. A. Bon hat jedoch nachgewiesen, daß Gottfried I. erst zwischen 1226 und 1231 gestorben ist, so daß er und nicht sein Sohn 1220–1223 Chlemoutsi erbaut hat.

Regenten verbrauchte seine Kräfte. 1320 glückte es den Griechen, ganz Arkadien mit allen vier Baronien zurückzugewinnen und dadurch ihren Besitz im Norden (Kalávryta) mit dem im Süden (Lakonien) zu vereinigen.
Die Hälfte des Peloponnes war damit wieder in griechischer Hand, und es entstand ein eigenes politisches Gebilde, das Despotat von Mistra, das sich besonders dank der langen und tatkräftigen Regierung des ersten Despoten Manuel Kantakouzenós (1348–1380) zu einem neuen Zentrum byzantinischer Baukunst, Malerei und Literatur entwickelte, und das zu einer Zeit, als Konstantinopel bereits begann, in der türkischen Flut zu versinken. Im Despotat von Mistra erlebte die sterbende byzantinische Kultur eine letzte Zuflucht und Blüte.
Um die Zeit, da die Griechen Arkadien zurückeroberten, begann zum zweitenmal ein fremdes Volk in den griechischen Siedlungsraum einzudringen und dessen Bevölkerungsverhältnisse grundlegend zu verändern, die Albaner. Seit dem 12. Jahrhundert waren sie aus ihren abgeschlossenen Bergkantonen hervorgedrungen, hatten später das Despotat von Arta aufgelöst und den Epirus besetzt und drangen seit Beginn des 14. Jahrhunderts immer weiter nach Thessalien vor. Als Krieger wegen ihrer Tapferkeit und Anspruchslosigkeit geschätzt, wurden sie von fränkischen wie griechischen Dynasten gleich gern in Sold genommen. So verfügte auch Manuel Kantakouzenós, der erste Despot von Mistra, über eine große albanische Söldnertruppe. Aber er rief die Albaner auch als Hirten ins Land, um die durch die vielen Kriege und Raubzüge entvölkerten Landschaften des Peloponnes neu zu besiedeln. So kamen in der zweiten Hälfte des 14. Jahrhunderts in großen Scharen albanische Bauern und Hirten aus Thessalien auf den Peloponnes gezogen, wo sie vor allem in Arkadien angesiedelt wurden, in der Gegend von Veligostí bei Leontári, am oberen Alpheios bei Karýtäna und in der großen Ebene von Niklí um Tegea. Anders als die Slawen widerstanden die Albaner der Gräzisierung. Sie nahmen zwar im allgemeinen den orthodoxen Glauben an, aber das Griechentum hatte inzwischen sowohl als politische wie als kulturelle Macht die Faszination eingebüßt, die seine Sprache für alle verbindlich machte, und so wurde schließlich in großen Teilen der klassischen Landschaften, auf Euböa, in Attika und der Argolis, aber auch auf Salamis und Ägina und

den übrigen Inseln des Saronischen Golfs Albanisch gesprochen, hier und dort bis zum heutigen Tage.
Zu den Wechselfällen, die inzwischen der Rest des fränkischen Peloponnes zu durchstehen hatte, gehörte ebenfalls fremder Zuzug von außen. Die Lehnshoheit über das Fürstentum Achaja war 1373 der Königin Johanna von Neapel zugefallen, und sie belehnte mit ihm im Jahr 1376 ihren vierten Gemahl, Otto von Braunschweig. So hätte denn das fränkische Fürstentum nach seinen vielen Herrschern schließlich auch einen Deutschen zum Regenten bekommen, wenn der es nicht vorgezogen hätte, das Lehen als bloße Geldquelle zu betrachten. Er verpachtete das Fürstentum auf fünf Jahre an den Orden der Johanniter auf Rhodos. Aber nicht nur verliefen die Kriegszüge des Ordens auf dem Peloponnes und in Albanien gänzlich erfolglos, sondern er wurde im Jahr 1380 oder 1381 vom Peloponnes überhaupt vertrieben, durch die sogenannte Navarresische Soldbande. Die Kompagnie war aufgebrochen, um für Jacob de Beaux, der als letzter aller Franken Anspruch auf den Kaisertitel von Byzanz erhob, Griechenland zu erobern. Als sie aber aus Böotien und Attika vertrieben wurde und der Titularkaiser, ihr Lehnsherr, starb, da nahm sie ihre Zuflucht auf dem Peloponnes und errichtete auf dem Boden des fränkischen Fürstentums eine Militärrepublik, mit dem Hafen Zonklon (Navarin) als Basis. Und diese Navarresen waren die ersten, die die Türken auf den Peloponnes zu Hilfe riefen. Anfang 1393 drang zum erstenmal ein türkisches Heer über den Isthmus vor. Ob es auch in Arkadien einfiel, ist ungewiß. Wahrscheinlich wurden nur die Gebiete um den Korinthischen Golf verwüstet.
Nach der Schlacht von Nikopolis an der Donau im September 1396, wo ein großes Heer von ungarischen, deutschen und französischen Rittern angetreten war, um die Macht Sultan Beyazits zu brechen, aber eine katastrophale Niederlage erlitten hatte, drang im Jahr darauf zum zweitenmal ein türkisches Heer auf den Peloponnes vor. Im Juli 1397 mußte Argos, dessen Burg verraten wurde, sich ergeben. Die Stadt wurde geplündert, die Bevölkerung in die Sklaverei verkauft. Diesmal fielen die Türken auch in Arkadien ein, ja sie drangen bis nach Lakonien vor, wo sie zwar Mistra nicht einnehmen konnten, aber den Despoten Theodor tributpflichtig machten. Die osmanische Eroberung hatte endgültig auch den Peloponnes erreicht.
1415 kam Kaiser Manuel II. zu einem langen Aufenthalt nach Mistra

und benutzte diese Zeit, um auf dem Isthmus von Korinth die Iustinianische Mauer zu erneuern oder vielmehr durch ein großes Befestigungswerk mit zwei Kastellen und 153 Türmen zu ersetzen. Selbst die Venezianer glaubten damals, daß das neue Hexamilion sicher wäre. Als aber 1423 das Heer Sultan Murads gegen den Peloponnes anrückte, wurde das große Befestigungswerk von den Janitscharen im Sturm genommen und dann zerstört. Zum zweitenmal drangen die Türken plündernd und brandschatzend ins Innere der Halbinsel vor. Es waren vor allem die Albaner, die es wagten, sich ihnen entgegenzustellen. In Ostarkadien lieferten sie ihnen eine unglückliche Schlacht, in der achthundert von ihnen gefangen und enthauptet wurden. Als barbarisches Siegesmal errichteten die Türken aus ihren Köpfen eine Schädelpyramide. Nach schrecklichen Verwüstungen zog das türkische Heer beutebeladen wieder ab.
Das Regiment der Navarresen war 1402 erloschen, und Centurione aus dem genuesischen Geschlecht der Zaccaria, Baron von Arkadía (Kyparissía), warf sich zum Herrn des Fürstentums auf. Ein Vierteljahrhundert lang konnte er noch einmal den Schein einer fränkischen Herrschaft aufrechterhalten, bis die Griechen ihn 1429 zur Abdankung zwangen. Im gleichen Jahr war auch die geistliche Baronie Patras, die dem jeweiligen lateinischen Erzbischof gehörte, eingenommen worden, und so wurde die Rückeroberung des Peloponnes vollendet zu einer Zeit, als im Norden bereits die Türken immer näher rückten. 1430 fiel Thessaloniki – das die Griechen freilich schon 1423 aufgegeben hatten, als sie es für 50000 Goldstücke an die Venezianer verkauften –, und im Oktober desselben Jahres kam auch Jannina mit dem Epirus in die Gewalt Murads II.
Im Frühjahr 1446 brach der Sultan mit einem großen Heer abermals nach dem Peloponnes auf, um Konstantin, den Despoten von Mistra, zu unterwerfen. Der Despot hatte die Befestigungen auf dem Isthmus wiederherstellen lassen und verteidigte sie entschlossen mit starken Streitkräften. Aber die Türken befanden sich inzwischen im Besitz der Artillerie, gegen die aller Heldenmut vergeblich war. Nach drei Tagen Beschießung waren die Schanzen durchlöchert, und als der Sturm begann, brach die Verteidigung zusammen. Dreihundert Griechen, die sich auf einen Hügel bei Kenchreä zurückgezogen hatten, wurden umzingelt und niedergemacht. Sechshundert weitere, die die Janitscharen gefangengenommen hatten, kaufte der

Sultan ihnen ab und ließ sie den Manen seines Vaters Mechmed zum Totenopfer darbringen. Dann führte er sein Heer gegen Korinth, das eingenommen und verwüstet wurde, gegen Sikyon und Ägion, schließlich gegen Patras. Da unterwarf sich der Despot und rettete damit Arkadien und Lakonien vor der Verwüstung. Mit der Beute aus den eroberten Städten und mit sechzigtausend ihrer versklavten Einwohner zog der Sultan nach Böotien ab.

Diese furchtbaren Verluste der griechischen Bevölkerung und starke neue Einwanderungen von Albanern, hatten den Anteil der Griechen gefährlich verringert. Als 1453, im Jahr der Katastrophe Konstantinopels, die griechische Verwaltung von den albanischen Hirten und Siedlern eine erhöhte Pacht für Äcker und Weiden verlangte, sammelten sich dreißigtausend Mann zu einem Aufstand und rückten gegen Mistra vor. Der Despot wußte sich keinen anderen Rat, als die Hilfe des Sultans anzurufen, dessen Vasall er war. Im Dezember erschien ein türkisches Entsatzheer auf dem Peloponnes, löste die Belagerung von Mistra auf und warf den Aufstand nieder, ein Vorgang, der sich im folgenden Jahr wiederholte.

Streitigkeiten der griechischen Dynasten untereinander, der Widerstand der Albaner und die Niederlage eines türkischen Kontingents bei Leontári 1459 veranlaßten Mechmed den Eroberer zu dem Entschluß, den Unruheherd des Peloponnes, Griechen wie Albaner, ein für allemal zu unterwerfen. 1460, dreißig Jahre nach der Eroberung Thessalonikis, sieben Jahre nach dem Untergang Konstantinopels, wurde Mistra bestürmt und eingenommen und der Peloponnes eine türkische Provinz.

Für diesmal dreieinhalb Jahrhunderte versank die Halbinsel aufs neue in Unfreiheit und Rechtlosigkeit, und eine sehr viel härtere, als die unter den Franken gewesen war. Aber die Türken duldeten die orthodoxe Kirche und eine gewisse Selbstverwaltung, sonst hätten die Griechen diese lange Knechtschaft als Nation kaum überlebt.

Von den Kriegen, die Türken und Venezianer um den Besitz der peloponnesischen Hafenfestungen führten, blieb Arkadien unberührt. Für ein Menschenalter gelang es den Venezianern, den Peloponnes noch einmal im ganzen zurückzuerobern (1686–1715). Von dieser für viele Verhältnisse des Landes segensreichen Zeit hat vielleicht selbst das abgelegene Binnenland Vorteil gehabt. Danach aber wurde Arkadien der Sitz der türkischen Verwaltung. Mehrere Städte waren vor 1686 Hauptstadt des Paschaliks Peloponnes gewesen. Nach 1715 wurde es Tripolitzá, inmitten der Hochebenen Ostarkadiens gelegen, Nachfolgesiedlung der mittelalterlichen Städte Niklí und Muchli. Der Name wurde später in Anlehnung an den antiken arkadischen Dreistädtebund zu Tripolis gräzisiert. In Wirklichkeit ist es ursprünglich ein slawischer Name: Dropolitsa. Weder dem Namen noch der Lage nach hat das türkische Tripolitzá mit der antiken Tripolis eine Verbindung.

Keine zwei Menschenalter war dem Land Frieden gegönnt, als es eine furchtbare Katastrophe über sich herbeizog. In dem großen russisch-türkischen Krieg 1768–1774 ließen sich die Griechen des Peloponnes durch die Versprechungen und Subsidien der Zarin Katharina der Großen und ihres Admirals Orloff zu voreiligen Hoffnungen verleiten. Die Halbinsel erhob sich zum ersten griechischen Freiheitskampf, mit solchem Erfolg, daß der Pascha in seiner verzweifelten Lage auf den verhängnisvollen Ausweg verfiel, vom Festland die islamischen Albaner gegen die Aufständischen herbeizurufen. Unter ihren Angriffen brach die Erhebung zusammen und für die Bevölkerung eine Zeit unsäglicher Leiden an. Denn die albanischen Freischärler zogen weder ab, noch unterstellten sie sich der türkischen Verwaltung, vielmehr rückten immer neue Freibeuter nach und erfüllten das Land mit namenlosen Greueln. Mord, Raub und Gewalt nahmen einen solchen Grad an, daß die Türken sich nach Jahren des Terrors entschließen mußten, die ehemaligen Verbündeten in aller Form zu bekriegen. 1779 wurde gemeinsam von türkischen Truppenverbänden und griechischen Freischaren die Hauptmacht der Albaner bei Tripolis aufgerieben und dann das Land nach und nach von den übrigen Banden befreit. Aber immer noch blieb eine starke Vermehrung des albanischen Bevölkerungsanteils die Folge.

Auch für den zweiten griechischen Freiheitskrieg war der Peloponnes der Ausgangspunkt und Arkadien der Hauptschauplatz. Ausgerufen wurde der Aufstand am 25. März im Lavra-Kloster von Kalávryta und konzentrierte sich schon bald auf die Belagerung der Hauptstadt Tripolis, wohin sich der größte Teil der türkischen Oberschicht aus dem ganzen Peloponnes in Sicherheit gebracht und der Pascha die türkischen Truppen zusammengezogen hatte. Die Griechen zweifelten zunächst an sich selbst, ob sie dem ausgebildeten Gegner in offenem Kampf überhaupt gewachsen wären, aber durch siegreiche Gefechte bei Valtétsi südwestlich von Tripolis wurde den Türken der Ruf der Unbesiegbarkeit entrissen und das Selbstvertrauen der Griechen gestärkt. Schließlich mußte das ausgehungerte Tripolis kapitulieren. Aber unter Bruch der Kapitulationsbedingungen, die freien Abzug garantierten, wurden die Eingeschlossenen zum größten Teil erschlagen und niedergemacht. Nur einer Elitetruppe von Albanern gelang es, sich durchzuschlagen und freien Ausgang zu erkämpfen. So nahm der Krieg von vornherein jene Grausamkeit an, die sich auf beiden Seiten in immer schlimmeren Greueln entlud.

Vergeblich versuchte Dramalis 1822, Nauplion zu erobern und nach Tripolis vorzudringen. Sein Angriff scheiterte bei Argos. Erst Ibrahim Pascha, der Adoptivsohn des türkischen Vizekönigs von Ägypten, konnte es 1825 besetzen. Sein Plan scheint es gewesen zu sein, den Peloponnes zu einer ägyptischen Provinz zu machen, bis ihn die Schlacht von Navarin im Oktober 1927 daraus vertrieb. Bei seinem Rückzug im Frühjahr 1828 zündete er Tripolis an und hinterließ den Griechen eine völlig zerstörte Stadt. Vielleicht hat keine andere griechische Landschaft im Freiheitskrieg so furchtbare Opfer bringen müssen wie Arkadien.

Mit der Freiheit war aber für Arkadien nicht auch bereits die Zukunft gewonnen. Die übergroße Armut veranlaßte die Bevölkerung, mit dem kostbarsten Besitz des Landes Raubbau zu treiben, mit den Wäldern. Es wird geschätzt, daß die Bewaldung bei der Übernahme von den Türken 48% betrug. Heute erreicht sie nur noch 11%. In einer Spezialstudie aus dem Jahre 1976 findet sich der selbstkritische Satz: »Am Anfang versuchten König Otto und die Bayern, etwas durchzusetzen und die Wälder zu schützen. Unseligerweise ließen die Grundherren und die Winkelpolitiker sie nicht gewähren, und so haben wir die 48% Wälder, die wir von den Türken übernahmen, bis 1909 auf 18% heruntergewirtschaftet, um heute mit unserer Gleichgültigkeit *(adiaphoría)*, unserer Mißwirtschaft *(kakodioíkesis)* und unserem Mißgeschick *(kakomoiría)* bei 11% wirklicher Wälder und einigen wertlosen Waldweideplätzen angelangt zu sein.« Inzwischen werden große und erfolgreiche Versuche zur Wiederaufforstung gemacht, aber es ist bezeichnend, daß es sich um Privatinitiativen handelt, durchgesetzt gegen staatliche Gleichgültigkeit und private Anfeindung.

Im ganzen ist Arkadien eine Provinz nicht nur ohne Industrie, sondern auch ohne Tourismus, deren Dörfer und Kleinstädte sich, wie wir sehen werden, rapide entvölkern. Die Statistik nach dem Zweiten Weltkrieg zeigt eine außerordentlich starke Bevölkerungsabnahme:

1940	1951	1961	1971
171 062	154 361	135 042	111 263

das heißt, innerhalb der letzten Generation ist die Einwohnerzahl Arkadiens um mehr als ein Drittel gesunken. In Messenien und Lakonien ist die Bevölkerungsabnahme kaum weniger drastisch. Die griechische Regierung zeigt sich von dieser Entwicklung ganz unbeeindruckt. Es gibt nicht einmal Pläne zur Rettung des Peloponnes, geschweige denn Maßnahmen.

Man rechnet damit, daß bis zum Jahr 1990 4,5 Millionen, das heißt die Hälfte der gesamten griechischen Bevölkerung, in den Ballungsräumen Athen und Thessaloniki massiert sein werden. Dafür sucht man einige Weichen zu stellen. Aber den Peloponnes überläßt man einfach seinem Schicksal.

Der Tempel der Athena Álea in Tegea

Zahlreich sind die Tempel und Heiligtümer gewesen, die Tegea in klassischer Zeit besaß. Schon im 2. Jahrhundert n. Chr. waren sie zum Teil verfallen. Heute sind sie so völlig untergegangen, daß wir trotz der Beschreibung des Pausanias nur mit großer Unsicherheit vermuten können, wo sie gelegen haben. Allein der Tempel der Athena Álea ist erhalten geblieben, wenigstens als Trümmerfeld.

Tegea liegt nur 8 km von Tripolis entfernt, weniger als zwei von der Straße Tripolis–Sparta, und doch machen nur ganz vereinzelte Touristen diesen Abstecher.

Pausanias sagt, daß der Tempel der Athena Álea alle anderen auf dem Peloponnes an Ausführung und Größe weit übertraf. Das Lob der größten Größe ist übertrieben, der Zeustempel von Olympia war wesentlich größer. Aber allerdings ist der Athena-Tempel von Tegea heute eines der eindrucksvollsten Trümmerfelder, die es in Griechenland gibt, das Olympia oder Nemea nur wenig nachsteht. Die um das Fundament verstreuten Säulentrommeln und Werkstücke machen einen so gigantischen Eindruck, daß sie einen Tempel von kolossalen Ausmaßen vermuten lassen. In Wirklichkeit übersteigen seine Maße nicht das Übliche. Das aber ist gewiß, wenn der Tempel von Tegea im gleichen Grade erhalten geblieben wäre und aufrecht stünde wie der Parthenon, daß er an Hochschätzung mit ihm wetteifern würde. Denn wie der Parthenon der bedeutendste Tempel des 5. Jahrhunderts ist, so ist der Tempel der Athena Álea der großartigste des 4., und wie der Tempel von Athen vom größten Bildhauer des 5. Jahrhunderts geschmückt wurde, so der von Tegea von einem der bedeutendsten des 4. Aber wo Phidias nur die Werkstätten für den Relief- und Skulpturenschmuck leitete, während der Tempel selbst vom Architekten Iktinos entworfen wurde, war Skopas von Paros sowohl Bildhauer als auch Architekt und entwarf den Tempel in allen seinen Teilen ganz nach seinen eigenen Vorstellungen. Und er schuf ein Bauwerk von besonderer Art, mit kühnen künstlerischen Neuerungen.

395 v. Chr. war der archaische Tempel der Athena Álea einem Brand zum Opfer gefallen. Weit länger als ein Menschenalter blieb er in Trümmern liegen, nur behelfsmäßig für den Kult wiederhergerichtet, bis man um 350 einen aufwendigen neuen Tempel in Auftrag gab und Skopas von Paros für die Gesamtleitung berief, der gerade seine Mitarbeit an der Ausschmückung des Mausoleums von Halikarnaß, das später zu den Sieben Weltwundern gezählt wurde, beendet hatte. Man hat vermutet, daß die Kosten des Tempels die Mittel der Stadt Tegea überstiegen und daß nicht sie, sondern der 370 gegründete Arkadische Bund ihn errichten ließ. Aber der Bund war schon im sechsten Jahr seines Bestehens gespalten, und eine gemeinsame Verehrung aller Arkader berichtet Pausanias zwar vom heiligen Herd auf dem Hügel des Zeus Klarios, vom Tempel der Athena Álea aber berichtet er sie nicht. Da der Tempel jedoch seit alters ein besonders verbürgtes Asylrecht besaß, war er auf jeden Fall von überregionaler Bedeutung.

Der Stylobat maß 19,20 × 47,55 m und trug 6 × 14 Säulen, 14 statt der üblichen 13, weil er in der Mitte der Nordseite einen zweiten

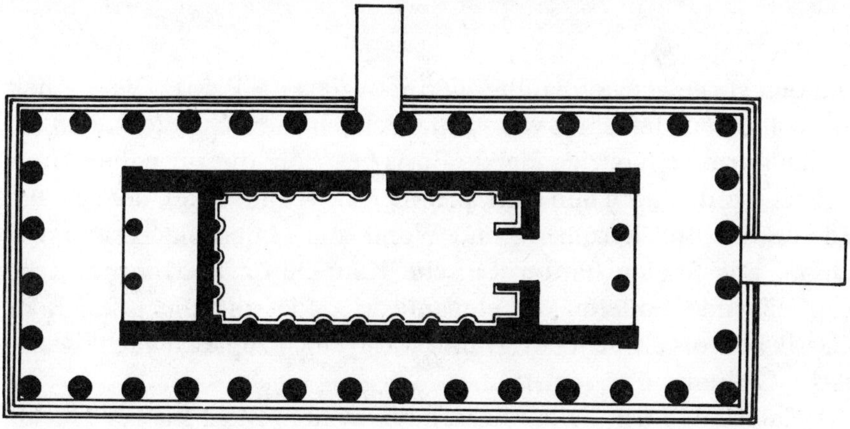

Plan des Athena-Tempels von Tegea

Eingang besaß, der also eine gerade Anzahl von Säulen verlangte. Der untere Säulendurchmesser betrug 1,55 m, und die Säulen waren mit 9,47 m Höhe, das heißt dem etwas mehr als sechsfachen Durchmesser, ungewöhnlich schlank. Der ungewöhnlichen Schlankheit der Säulen entsprach ein ungewöhnlich schmal gestalteter Architrav von nur ein Viertel Säulenhöhe und ein niedrig gehaltener Giebel. So war die Schwere und Wucht des dorischen Tempels einer ihm fremden Feinheit und Leichtigkeit gewichen. Die zweite Eigenart der Säulen neben ihrer Schlankheit war, daß sie keine Entasis, keine Schwellung, besaßen, sondern daß die Kannelüren geradlinig waren. Auch der Echinus wies keine Schwellung auf, sondern bildete einen Kegelstumpf, und das Kapitell war überhaupt sehr klein gehalten. Durch diese Geometrisierung fehlte den Säulen das Organische, Atmende. So trat zu der Leichtigkeit der Maßverhältnisse eine gewisse Starre und Kühle der Formen, und das Äußere des Tempels, seine Säulenhalle, wirkte wahrscheinlich stark stilisiert, obwohl auch sie die Feinheit aufwies, daß die Interkolumnien der Ecksäulen geringer waren als die übrigen, an den Schmalseiten 1,79 m statt 2,06 m, an den Langseiten 1,67 m statt 2,03 m.

Die in der Säulenhalle anklingende Leichtigkeit verdichtete sich im Innern zu einer Eleganz, wie sie kein anderer griechischer Tempel mehr erreicht zu haben scheint. Sie lag einmal in der Verwendung reich geschmückter Ornamentleisten, vor allem aber in einer ganz neuartigen Gestaltung der Cella. Um einen weiten einheitlichen Raum zu schaffen, hatte Skopas die obligate Säulenstellung aus der Cella herausgenommen und mit der Wand vereinigt, das heißt zu den

Wänden vorgelagerten Halbsäulen reduziert (→ Plan). Die Einheit von Wand und Halbsäule war nachdrücklich dadurch betont, daß die Säulen nur eine niedrige eigene Basis besaßen, die zur vollen Basis ergänzt wurde durch den stark profilierten Wandsockel, der sich um jeden Säulenfuß herumzog und Wand und Halbsäule zusammenschloß. Die Säulen hatten ionische Kannelüren und korinthische Kapitelle und bildeten die eleganteste Cella, die die griechische Klassik hervorgebracht hat. Damit war freilich zugleich auch die dorische Ordnung überschritten.

Die Halbsäulen der Cella reichten bei weitem nicht bis zur Decke, vielmehr lag zwischen ihr und dem Architrav ein Zwischenraum von mehr als 3 m. Wie die Wand dieses »Obergeschosses« gegliedert war, wissen wir nicht.

Der Tempel von Tegea besaß eine Reihe von Übereinstimmungen mit dem von Bassä. Dazu gehört beispielsweise, daß die Säulenabstände an den Schmalseiten um 3 cm größer waren als an den Langseiten. Beide Tempel besaßen große Vorhallen, die zwei Joche tief, das heißt ungefähr doppelt so tief wie die Seitenhallen, und zudem mit besonders schönen Kassettendecken geschmückt waren. Vor allem aber besaßen beide Tempel einen zweiten Eingang, der Tempel von Bassä im Osten, der von Tegea im Norden. Ein solch zweiter Eingang neben dem Haupteingang ist für einen griechischen Tempel ganz ungewöhnlich und hat zu vielen Vermutungen Anlaß gegeben. Ein Nebeneingang findet sich schließlich noch beim Tempel von Lykósoura. Hier ist eine breite Schautreppe vorgelagert, eine Art Kulttheater sozusagen. Man stellt sich vor, daß hier eine Gemeinde versammelt war, der durch die zweite Tür irgendein Mysterium gewiesen wurde. Entsprechend hat man auch in Bassä und Tegea die Nebentür als »Schau-« oder »Erscheinungstür« gedeutet. In Tegea könnte sie aber auch in einem ganz anderen Zusammenhang gestanden haben. Auf der Nordseite des Tempels befindet sich ein Brunnen, dessen Einfassung und Treppe noch erhalten sind. An diesem Brunnen ließ die Sage den Herakles die Auge vergewaltigen, die von ihm Mutter des Télephos wurde, der für den Tempel besondere Bedeutung hatte. Wie im einzelnen, wissen wir nicht, aber es ist denkbar, daß der Nebeneingang in Zusammenhang mit diesem Brunnen stand.

Skopas war nur in zweiter Linie Architekt. Der Tempel von Tegea ist das einzige Bauwerk von ihm, von dem wir wissen. Er war vor allem Bildhauer, einer der fünf oder sechs größten, die Griechenland hervorgebracht hat, und schmückte die Schmalseiten der Cella mit je sechs Metopen aus der Herakles- und Télephos-Sage und die beiden Giebel mit zwei großen Figurenkompositionen, die leider nur ganz fragmentarisch erhalten sind.

Auf der Eingangsseite im Ostgiebel war die Jagd auf den Kalydonischen Eber dargestellt. Atalante war jene Heroine Arkadiens, die ihre Freier zum Wettlauf mit ihr zwang und alle tötete, die ihr unterlagen, bis es Meilanion gelang, sie mit Hilfe der drei goldenen Äpfel der Aphrodite zu bezwingen, die er während des Laufs fallen ließ und die sie sich nicht überwinden konnte liegen zu lassen. Sie hatte den Peleus im Ringkampf bezwungen, an der Fahrt der Argonauten teilgenommen und dem Kalydonischen Eber die erste Wunde beigebracht. Als Ehrenpreis hatte Meleager ihr dafür den Kopf und das Fell des Ebers geschenkt, die später zu den berühmten Weihgaben unseres Tempels gehörten. An der Schlacht bei Aktium hatten die Mantineer auf der Seite des Augustus, die Tegeaten aber auf der Seite des Antonius teilgenommen. Sie wurden vom Sieger für ihre falsche Wahl damit bestraft, daß er die Hauer des Kalydonischen Ebers mit einer Länge von einem halben Klafter aus ihrem Tempel nach Rom entführte, wo der eine zu den Zeiten des Pausanias morsch, der andere aber noch wohlerhalten war. Wir wissen nicht, wie hoch die Tegeaten selbst diesen Verlust veranschlagten, sonst würden wir sagen, sei seien damals glimpflich davongekommen. Wenn Augustus darauf verzichtete, auch das Fell des berühmten Ungeheuers an sich zu nehmen, so wahrscheinlich deshalb, weil es schon damals unansehnlich geworden und kahl und ohne Borsten war, wie Pausanias es später beschreibt.

Das Motiv des Westgiebels war der Télephos-Sage entnommen. Télephos war, wie wir schon hörten, der Sohn des Herakles und der Priesterin der Athena Álea Auge. Er figuriert als Held einer weitläufigen Sage mit vielen Versionen. Er erschlug seine Oheime und floh nach dieser Untat nach Mysien, wo er unerkannt seine Mutter traf, die nach ihrem Fehltritt von ihrem Vater verstoßen worden war. Er war in Gefahr, sie zu heiraten, wurde jedoch, anders als Ödipus, davor bewahrt. Die Könige von Pergamon, das in Mysien lag, betrachteten ihn später als ihren Ahnherrn und widmeten ihm an dem

großen Zeusalter einen eigenen Fries. Télephos ist aber auch mit der Trojanischen Sage verflochten. Am unteren Kaïkos, beim späteren Pergamon, besiegt Télephos im Verlauf des Vorspiels des Trojanischen Krieges die Achäer, empfängt aber selbst von Achill eine unheilbare Wunde. Nach acht Jahren der Qual erhält er den berühmten Spruch *Ho trósas iásetai – Nur der die Wunde schlug, kann sie heilen.* Er sucht die Achäer in Argos auf und wird gegen das Versprechen, ihnen den richtigen Weg nach Troja zu zeigen, durch Achill von seinen Leiden befreit, ein Motiv, wie wir es ganz ähnlich aus der Philoktet-Sage kennen.
Außer Metopen und Giebeln hatte Skopas auch die Standbilder von Asklepios und Hygieia für die Cella geschaffen. Das Kultbild der Athena Álea selbst stammte noch aus dem alten Tempel, war ganz aus Elfenbein und wurde ebenfalls von Augustus nach Rom entführt.
Das Tempelfundament, wie wir es heute sehen, ist aus dem anstehenden Konglomeratgestein errichtet. Der ganze Oberbau aber bestand aus lakonischem Marmor, der im nahe gelegenen Dolianá gebrochen wurde. Auch das Dach des Tempels bestand aus Marmor.
Im 5. Jahrhundert n. Chr. wurde die Cella in eine dreischiffige Kirche umgewandelt. Die beiden Mauerzüge, auf denen ihre Säulenreihen standen, überlagern heute die Fundamente der Cella. Man muß sie sich wegdenken, weil sie sonst den Plan des antiken Tempels verunklären.
Rechts und links von der Ostrampe des Tempels lagen die Basen zweier ionischer Säulen, die als Postamente für Weihgeschenke dienten. Vor der Rampe liegen die Reste des riesigen Altars von 11 × 23 m.
Álea war ein besonders in Arkadien gebräuchlicher Beiname der Athene und bezeichnete wahrscheinlich die *Abwehrende, Schützende.* Jedenfalls war das Athena-Heiligtum von Tegea seit alters berühmt für sein streng respektiertes Asylrecht. Vertriebene und Flüchtlinge fanden hier eine sichere Zuflucht, und Arkadien war geradezu das Refugium für spartanische Könige, die sich mit den Ephoren überworfen hatten.
Von der Stadtmauer, die Tegea im 5. und 4. Jahrhundert einmal besaß, sind nur so geringe Spuren wiedergefunden worden, daß eine verläßliche Rekonstruktion ihres Verlaufs nicht möglich ist. Es gilt

aber als sicher, daß das Heiligtum der Athena Álea bereits außerhalb des Mauerrings lag. Die um 600 v. Chr. durch Synoikismós gegründete Stadt erstreckte sich auf dem leicht abfallenden Gelände zwischen dem Hügel des heutigen Dorfes Ajios Sostis und dem Tempel der Athena Álea. Hier lagen die Agorá, deren Nordostecke westlich der jetzigen Kirche von Paläá Episkopí festgestellt werden konnte, und seit dem 4. Jahrhundert das Theater, über dessen Orchestra später eben diese Kirche errichtet wurde. Um 175 v. Chr. wurde das Theater erneuert und ganz in Marmor aufgeführt. Nach Livius soll der Seleukide Antiochus IV., den wir eher in Jerusalem als in Tegea vermuten, der Stifter gewesen sein. Da das Theater sich an keinen Berghang anlehnen konnte und man noch nicht wie in römischer Zeit durch gewaltige Mauern und Substruktionen hoch ansteigende Sitzreihen künstlich errichtete, so waren wie in Mantinea die Sitzreihen flach, und der Zuschauerraum war von geringer Steigung. Sein Durchmesser betrug 40 m, der der Orchestra 10,50 m. Das einzige, was der moderne Besucher von diesem Theater sehen kann, sind einige Stufen unter dem heutigen Straßenniveau, abgedeckt durch ein schweres Gitter auf der Ostseite der Kirche, vor ihren Apsiden.
Die Akropolis der archaischen und klassischen Stadt befand sich auf dem Hügel von Ajios Sostis, wo vor dem Synoikismós das ursprüngliche Dorf Tegea und wahrscheinlich auch die mykenische Siedlung schon gelegen hatte. Hier befand sich der Tempel der Schutzgöttin der Stadt, der Athene Polias, und hier wurde auf der Nordostseite ein Demeter-Heiligtum gefunden mit mehreren großen Votivdepots, die im Laufe verschiedener Ausgrabungen seit 1862 über zweitausend Weihgaben aus Terrakotta ergaben, meist kleine Figuren der sitzenden Göttin und von Frauen, Tieren, Vögeln und Früchten. Der bedeutendste Fund waren Fragmente, die von lebensgroßen Tonfiguren herrühren. Der wichtigste Kultplatz scheint ein Erdspalt von zwei Meter Tiefe gewesen zu sein, der mit Votivfiguren aus vielen Jahrhunderten gefüllt war.
Auf einem anderen Hügel befand sich ein heiliger Herd, den die Arkader gemeinsam verehrten, und eine Reihe von Altären. Die Höhe war dem Zeus Klarios heilig und muß einer der beiden Hügel sein, die sich östlich von Ajios Sostis befinden, wahrscheinlich der nächstgelegene höhere.
Bis zur Gründung von Megalopolis 368 war Tegea die bedeutendste

Stadt Arkadiens. Dazu machten es seine fruchtbare Ebene und seine große Bevölkerung, aber ebenso auch seine besondere Lage am Schnittpunkt wichtiger Verkehrsverbindungen. Hier kreuzten sich die Straßen von Sparta nach Mantinea und weiter nach Sikyon und die Straße von Messenien und der Ebene von Megalopolis nach Argos. Es nahm eine verkehrstechnische Schlüsselstellung ein besonders für die Verbindung Sparta–Argos. Der Weg führte über das Partheniongebirge und die Städte Hysiä und Kenchreä an Kephalári vorbei. Pausanias berichtet, daß es zu seiner Zeit eine ausgezeichnete Fahrstraße war (VIII 54, 5).

Wegen seiner zentralen Lage kam Tegea automatisch auch eine besondere strategische Bedeutung zu. So diente es nicht nur im Korinthischen Krieg (395–386 v. Chr.) den Spartanern als Sammelplatz der Truppenaushebung und Ausgangsbasis für ihre Züge nach Norden, sondern es hatte diese Funktion auch noch im Mittelalter. An die Stelle des antiken Tegea war in byzantinischer Zeit die stark befestigte Stadt Niklí getreten, die auch während der Frankenherrschaft von besonderer Bedeutung blieb. Hier versammelte 1253 Wilhelm von Villehardouin das Heer seiner Lehnsträger, mit dem er gegen Euböa und den Herzog von Athen zog. Hier wurde anschließend der Sieg mit einem mehrtägigen Turnier gefeiert, auf dem Gottfried von Bruyère, der Herr von Karýtäna, im Büßergewand erschien, weil er durch Treubruch an seinem Lehnsherrn Lehen und Ehre verwirkt hatte. Und hier fand 1262 das berühmte Damenparlament statt, das über die Auslösung Wilhelms von Villehardouin aus seiner byzantinischen Gefangenschaft beriet.

1296 wurde Niklí von den Griechen zurückerobert – und anschließend aufgegeben. Man fand seine Lage zu unsicher, zu schwer zu verteidigen und verlegte die Stadt nach Muchli auf eine isolierte Höhe in der Nähe des Partheniónpasses. Damit fand Tegea sein geschichtliches Ende.

Und doch bleibt auch aus unseren Zeiten von ihm zu berichten. 1883 wurde in Athen eine Körperschaft gegründet, die sich *Tegeatischer Verein, Tegeatikòs Sýndesmos,* nannte und sich zur Aufgabe stellte, alle Athener zur Mitgliedschaft aufzurufen, die aus den Dörfern der Ebene von Tegea stammten. Die Aktivität der Gründer, die Rührigkeit der Mitglieder und bedeutende Geldspenden – in einem Fall in Höhe von 230 000 Dollar – vereinigten sich, dem Verein zu großem

Erfolg zu verhelfen. Seine erste bedeutende Unternehmung war, die verfallene Kirche von Paläá Episkopí wiederherzustellen, eine Fünf-Kuppel-Kirche aus dem 12. Jahrhundert. So wie wir sie heute sehen, ist sie in den Jahren 1884–1888 erneuert und auch mit einem neuen Freskenschmuck ausgestattet worden.
Teils durch Schenkung, teils durch Kauf gelang es dem Verein, das ganze Gelände um die Kirche zu erwerben und hier einen herrlichen Park anzulegen, der, den königlichen Park von Athen ausgenommen, in Griechenland vielleicht vergeblich seinesgleichen sucht. Er schließt ein einladendes Gartenrestaurant ein und eine der bedeutendsten und fortschrittlichsten Haushaltsschulen Griechenlands. An seinem Nordrand aber liegt, unter einem Schutzdach geborgen, der kostbare Mosaikfußboden einer frühchristlichen Kirche mit Darstellungen der Monate und der Jahreszeiten.
So sollte also der Besucher von Tegea nicht nur den Tempel der Athena Álea und das Museum, er sollte auch den nur zwei Kilometer entfernten Park von Paläá Episkopí besuchen, in dessen Bezirk sich auch die Reste des antiken Theaters befinden, der vor allem aber auch die Stätte war, wo sich das mittelalterliche Niklí befand, das in der Geschichte der Frankenzeit eine so bedeutsame Rolle spielte.

Orchomenós

Mit dem böotischen Orchomenós kann sich das arkadische an Ruhm nicht vergleichen. Hier hat nicht Schliemann ausgegraben, hier gibt es kein Schatzhaus des Minyas zu sehen und keine Kirche von Skripoû. Viele werden auf die Bergtour lieber verzichten, und man kann sie in der Tat nicht uneingeschränkt empfehlen, obwohl die Anstrengung keine Dreiviertelstunde dauert. Aber es gibt nicht eben viel zu sehen auf dem Berg, und die Aussicht ist auch nicht überwältigend. Trotzdem sollte, wer über Tripolis und Langádia nach Olympia fährt, wenigstens wissen, wo die drittgrößte Stadt Arkadiens einmal gelegen hat.
In der Ebene nördlich des Städtchens Levídi erhebt sich ein fast ganz

symmetrischer Kegel, der weiter dadurch unverwechselbar ist, daß sich auf seiner Spitze ein großer Turm befindet und er auf seiner Rechten von einem Ableger begleitet wird, in dem sich der Kegel in kleiner Form wiederholt.

In vorgeschichtlicher Zeit scheint der Berg von Orchomenós noch nicht besiedelt gewesen zu sein. Die ersten sicheren Spuren gehören der geometrischen Zeit an. Nach der arkadischen Sagenüberlieferung war Orchomenós aber in archaischer Zeit bereits eine bedeutende Stadt, einer der Vororte des Landes. Die Wahl des Berges war bestimmt durch die reichen Quellen, die bis heute an seinem Südfuß austreten, und durch seine beherrschende Lage über zwei Ebenen. Die kleinere im Süden gehörte ganz zu Orchomenós, die größere, etwa 10 m tiefer gelegene im Norden gehörte in ihrer Westhälfte der Nachbarstadt Kaphyai. Die beiden Ebenen waren durch die enge Schlucht (Charádra) miteinander verbunden, die sich am Ostfuß von Orchomenós entlangzieht und durch die in alter Zeit das Wasser mit solcher Macht aus der oberen in die untere Ebene strömte, daß es Mühlen trieb. Die untere Ebene ist abflußlos und steht auch heute noch im Frühjahr häufig unter Wasser, im Altertum um so mehr, als sie außer dem Zufluß aus der oberen Ebene noch mehrere eigene Quellen besaß. Entwässert wurde sie nur durch die Katavothre beim Dorf Plessa im Nordwesten. – Man schätzt den Anteil, den Orchomenós an den beiden Ebenen besaß (etwa 18 qkm), auf höchstens ein Zehntel seines Gesamtgebiets, das also vorwiegend gebirgig war. Bei Homer hat es denn auch das Epitheton *polýmelos,* das *herdenreiche,* weil nicht die Feldbestellung in der Ebene, sondern Ziegen und Schafe in den Bergen seinen Hauptreichtum ausmachten.

Seine Lage war nun auch dadurch von besonderer Bedeutung, daß durch die erwähnte Schlucht am Fuß des Stadtberges eine wichtige Verkehrsverbindung führte, nämlich die Straße, die Süd- und Mittelarkadien mit Nordarkadien und weiter mit Achaja und Korinth verband. Nördlich von Orchomenós teilte sich diese Straße. Die eine Abzweigung führte östlich am Olígyrtos vorbei über den Paß von Skotiní in die Ebene von Stýmphalos, wohin auch heute noch in scharfen Windungen die alpine Erdstraße über das Gebirge zieht. Die andere führte westlich vom Olígyrtos über den Paß von Gioza in die Ebene von Pheneós.

Mit Orchomenós waren drei Städte verbündet: Methydrion, Thisoa und Teuthis, das heutige Dimitsána. Sein Herrschaftsgebiet bildete also einen langen schmalen Streifen, der quer durch Arkadien bis ans Lousiostal reichte und im Ernstfall schwer zu verteidigen war.
Orchomenós gehörte dem Peloponnesischen Bund an und nahm als Bundesgenosse Spartas an der Abwehr des Xerxeszuges teil. 480 standen 1200 Orchomenier unter Leonidas bei den Thermopylen (Herodot 7, 202), 600 kämpften 479 bei Platää mit (Herodot 9, 28) und brachten der Stadt die Ehre ein, auf dem Siegesmal von Platää verzeichnet zu sein, der Schlangensäule von Delphi, die heute auf dem At-Meidan von Istanbul steht. Die Geehrten erscheinen dort unter der einheimischen Namensform *Erchoménioi.*
Die weitere Geschichte von Orchomenós ist durch seine bleibende Verbindung mit Sparta bestimmt. Es sind jedoch immer nur vereinzelte Nachrichten erhalten.
Daß die Spartaner im Peloponnesischen Krieg die Orchomenier als besonders verläßliche Bundesgenossen ansahen, geht aus der Tatsache hervor, daß sie es waren, denen sie die aus Arkadien gestellten Geiseln anvertrauten. Bei dem peloponnesischen Feldzug der Athener und ihrer Bundesgenossen im Sommer 418 mußte sich jedoch auch Orchomenós unterwerfen. Es wurde belagert und versuchte zunächst, Widerstand zu leisten. Seine damaligen Mauern waren aber zu schwach, um der Verteidigung Erfolg zu versprechen, und die Orchomenier mußten sich herbeilassen, dem antispartanischen Bündnis beizutreten, das aber wenige Wochen später, nach der verlorenen Schlacht von Mantinea, schon wieder zerbrach.
Im Korinthischen Krieg (395–386) war Orchomenós ein wichtiger Stützpunkt der Spartaner. Und nach der Niederlage von Leuktra 371 gehörte es zu den ganz wenigen Städten, die an ihrem Bündnis mit Sparta festhielten, zum Schaden der arkadischen Einheit; denn es widersetzte sich damit dem von Mantinea propagierten Gedanken eines Arkadischen Bundes. Eine Zeitlang gelang es ihm, mit Hilfe einer Söldnertruppe die Angriffe der Mantineer abzuweisen, als aber Epaminondas mit seinen Thebanern erschien, war es gezwungen, sich dem Arkadischen Bund anzuschließen, und mußte es erleben, daß seine drei verbündeten Städte ihm genommen und dem neugegründeten Megalopolis zugeschlagen wurden.
Zum Ausgleich für diesen Verlust vollzog Orchomenós in dem Jahr-

zehnt zwischen 360 und 350 den Synoikismós mit der benachbarten Stadt Euaimon, deren Einwohner als Bürger gleichen Rechts nach Orchomenós übersiedelten. Wahrscheinlich sind im Anschluß an diesen Synoikismós auch der Stadtmauerring und die Agorá entstanden, die heute neben dem Artemistempel und dem Theater die wichtigsten Überreste des antiken Orchomenós darstellen. Auch begann die Stadt in dieser Zeit zum erstenmal eigene Münzen zu prägen.
In den Wirren der Diadochenzeit wechselte Orchomenós mehrmals den Besitzer. Zweimal kam es zu schweren Pogromen, in denen jeweils die prominente Anhängerschaft einer Partei von ihren politischen Gegnern umgebracht wurde.
Die alte Verbundenheit mit Sparta kam noch einmal zum Ausdruck, als die Stadt sich König Kleomenes III. in seinem Krieg gegen Makedonien anschloß, bis es 223 durch Antígonos Doson eingenommen wurde und eine makedonische Besatzung erhielt. Ein Vierteljahrhundert lang blieb sie makedonisch, dann wurde sie 199 durch Philipp V. an den Achäischen Bund abgetreten. Ihre Bedeutung war damals wohl schon sehr gesunken, sie zählte eigentlich nur noch als Festung an einer wichtigen Durchgangsstraße des Peloponnes.
Zu Beginn der römischen Kaiserzeit sank sie vollends zur Bedeutungslosigkeit herab. Der Mauerring auf dem Berg wurde aufgegeben. Die Gemeinde fristete nur noch ein dörfliches Dasein am Südabhang des ehemaligen Stadtberges, das bis ins 14. Jahrhundert bezeugt ist. Irgendwie hat es sich sogar bis heute fortgeschleppt, aber der kleine Ort Kalpáki, der sich nun am Fuß des Südabhangs auf antikem Stadtgebiet ausbreitet und den die Felder der Ebene und die unverändert reich fließenden alten Quellen am Leben erhalten, ist einer der kläglichsten und dürftigsten, die es in Arkadien gibt.
Der Besuch von Orchomenós geht von Levídi aus, wo die Abzweigung unterhalb der Platía beschildert ist. Man fährt bis zum Anfang der Charádra, wo eine Brücke das Flußbett überquert und der Weg nach Kalpáki jenseits der Brücke in entgegengesetzter Richtung weiterführt, wie man gekommen ist. Er endet unter einer großen Baumgruppe, wo sich die antiken Quellen befinden und wo man im Schatten parkt. Der Weg auf den Berg beginnt vom letzten Haus des Dorfes. Er wird nachher ziemlich steil und ist in seinem Verlauf nicht immer deutlich, vor allem, weil man die Spitze des Berges nicht sieht.

Plan von Orchomenós

1 Stoa
2 Bouleuterion
3 Artemis-Tempel
4 Altar
5 Theater
6 Turm der Franken-zeit
7 Stadttor

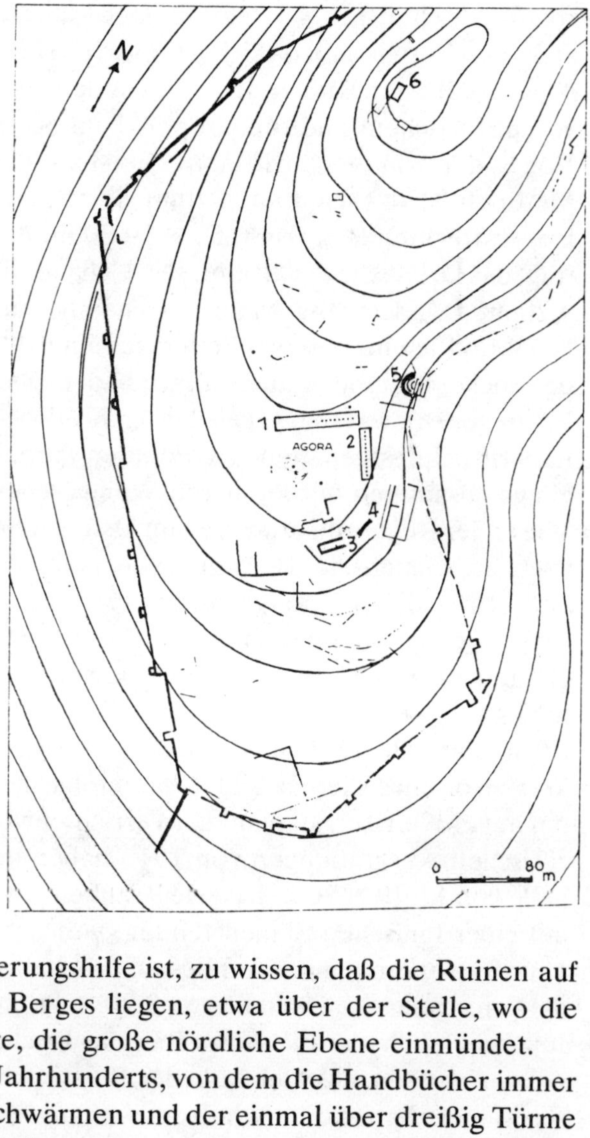

Eine wichtige Orientierungshilfe ist, zu wissen, daß die Ruinen auf der rechten Seite des Berges liegen, etwa über der Stelle, wo die Charádra in die untere, die große nördliche Ebene einmündet.

Der Mauerring des 4. Jahrhunderts, von dem die Handbücher immer noch als guterhalten schwärmen und der einmal über dreißig Türme besaß, ist heute jedenfalls auf seine untersten Lagen reduziert und streckenweise überhaupt verschwunden. Er hatte eine Gesamtlänge von 2300 m und schloß eine Fläche von 900 m Länge und 200–250 m Breite ein. Er besaß nur zwei Tore, eins im Westen, das auf den Sattel zwischen dem Stadtberg und dem benachbarten heutigen Prophítis Ilías hinausführte, ein zweites im Südosten in Richtung zur Charádra und den Quellen. Die Türme waren Rechtecktürme

von durchschnittlich 4 × 6,50 m. Der Mauerring zog sich im Süden tiefer den Berg hinab, da sich auf dieser Seite die Stadt ausbreitete.
Auch die übrigen Ruinen sind alles andere als spektakulär und mehr von historischem und topographischem als ästhetischem Interesse.
Von Süden kommend trifft man zuerst auf den Tempel der Artemis Mesopolitis, das Hauptheiligtum der Stadt, einen ungewöhnlich langgestreckten Bau von 6,50 × 19,80 m, das heißt, die Länge beträgt das Dreifache der Breite. Die Cella mißt 11,50 m, die Vorhalle 4,20 m. Der Eingang war wahrscheinlich mit vier Säulen an der Front und je einer an den Seiten geschmückt. Das Fundament und der Sockel bestanden aus Kalkstein, der Oberbau aus Ziegeln. Der Tempelbezirk war sozusagen das Archiv der Stadt. Hier wurden ihre inschriftlich festgehaltenen Urkunden aufbewahrt, von denen sich einige zusammen mit kleineren Weihgeschenken erhalten haben.
Wie es der Regel entsprach, lag im Osten vor dem Tempel der Altar, auch er wieder ein Bauwerk von ganz ungewöhnlicher Länge: 3,50 × 17,30 m, der aufgrund der verringerten Breite genauso lang wirkt wie der Tempel selbst. Auf den Orthostaten dieses Altars pflegten die Orchomenier ihre Freilassungen inschriftlich festzuhalten.
Etwas oberhalb des Tempels liegt die Agorá, die ein nach Süden und Westen offenes Viereck bildet, das infolge der Neigung des Geländes nur auf großen Terrassenmauern errichtet werden konnte. Die französischen Ausgrabungen von 1913 haben im Norden eine Säulenhalle von 11,40 × 70 m freigelegt, außen mit einer dorischen, innen mit einer ionischen Säulenstellung, von der heute kaum noch der Umriß zu erkennen ist. Am besten erhalten von allen Gebäuden ist die tiefer gelegene Osthalle von 8,20 × 41 m mit elf unkannelierten Innensäulen, in der die Ausgräber das Bouleuterion von Orchomenós vermuteten, das Gebäude der Ratsversammlungen. Die schweren Mauern haben dem Schub des Abhangs widerstanden und stehen noch bis über 2 m hoch an. Auch die Schwelle am Südende der Westmauer liegt noch wohlerhalten an ihrem Platz, mit den Zapflöchern für die beiden Türflügel und den Einlassungen für die Holzverkleidung der Türrahmen.
Vom Bouleuterion aus hat man einen schönen Blick auf die nördliche Ebene und die sie umschließenden Gebirge. Rechts zunächst der Trachý mit den Resten eines kleinen byzantinischen Kastells, das

dem östlichen Nachbardorf von Kalpáki den Namen *Paläópyrgos, Alter Turm,* gegeben hat. Hinter dem langgezogenen Bergsporn, der weiter nördlich von Trachý in die Ebene vorspringt, liegen Dorf und Kloster von Kandíla. Dann der hohe Riegel des Olígyrtos, auf dessen nördlicher Seite sich Ebene und See von Stýmphalos erstrecken, zu denen die Paßstraße von Skotiní in scharfen Windungen hinaufzieht. Und schließlich das Säïtasgebirge, hinter dem sich das Hochland von Pheneós verbirgt.

Nordöstlich von der Agorá stoßen wir auf das Theater, das in einer weiten Mulde unterhalb der Stadtmauer errichtet wurde und noch ziemlich gut erhalten ist. Eindrucksvoll die Treppe, die links von ihm hochführt. Der Abhang war jedoch so steil, daß die Orchestra gegen eine schwere Stützmauer künstlich aufgeschüttet werden mußte und das Bühnenhaus auf tiefreichenden Substruktionen errichtet war, die in den letzten Jahren von griechischen Archäologen freigelegt wurden.

In der Orchestra stehen noch zwei zerbrochene Ehrensessel und ein Rundaltar. An ihrem rechten Rand liegt eine kleine Zisterne. Die steinernen Sitzreihen sind nur zum Teil erhalten, am besten die Mitte der untersten, die nicht aus Sitzblöcken, sondern aus kompletten Steinbänken besteht, die ebenfalls als Ehrensitze dienten. Auf den Rücklehnen ist noch die große, weit auseinandergezogene Weihinschrift des 4. oder 3. Jahrhunderts zu lesen:

Epigeneos als Preisrichter dem Dionysos

Da das Theater etwas tiefer am Hang liegt, bietet es nur eine begrenzte Aussicht. Die weiteste und freieste genießt man natürlich vom mittelalterlichen Turm auf der Spitze des Berges, wo an der Nordseite auch die Stadtmauer noch besser erhalten ist. Und erst durch den Aufstieg zum Turm bekommt man eine genauere Vorstellung von der Ausdehnung des Stadtgebiets, da Tempel, Agorá und Theater ziemlich dicht beieinander liegen. Übrigens ist oberhalb zwischen Agorá und Theater noch ein vereinzeltes Stück der Stadtmauer des 5. Jahrhunderts erhalten.

Im Frühjahr ist der Berg von Orchomenós der einzige grüne unter lauter kahlen, und er muß unter seinen Kräutern besonders aromatische besitzen, denn sie ziehen ganze Scharen von Schmetterlingen an, wie sie in Rhodos oder Kreta zu den Naturwundern gerechnet und touristisch aufbereitet werden.

Die Straße durch die Charádra zum Paß von Skotiní, die in der Antike die Verbindung zwischen Zentral- und Nordarkadien (Stýmphalos) bildete, ist asphaltiert bis zum Ort Kandíla, einem zwischen Gebirge und Ebene an einem wüsten Geröllflußbett gelegenen Dorf. Kurz vorher liegt rechts in der Felswand das Kloster Kandíla, das im Griechischen Freiheitskrieg eine bedeutende Rolle spielte, jetzt aber aufgegeben und geschlossen ist.
Einen Ehrenplatz in der Geschichte des Freiheitskrieges nimmt auch Levídi ein. Der Aufstand begann für die Griechen wenig ermutigend. Mit ihren kriegsunerfahrenen Mannschaften verloren sie anfangs nicht nur alle Gefechte, sondern auch eine Reihe bedeutender Führer. Die Niederlage von Karýtäna haben wir auf S. 258ff. näher beschrieben. Am 14. April 1921 rückte von Tripolis her eine türkische Armee von geschätzten dreitausend Mann Reitern und Fußvolk gegen Levídi an, um das griechische Lager aufzuheben. Aber es gelang den Griechen, den Angriff abzuwehren und die Türken in die Flucht zu schlagen. Es war der erste Sieg, den sie im Freiheitskrieg errangen und der ihre tief gesunkene Zuversicht wieder aufrichtete.
In seinem kurzen Bericht über Orchomenós, das zu seiner Zeit bereits verlassen war,* teilt Pausanias unter anderem mit, daß sich in der Nähe der Stadt ein altes Xóanon, ein Holzbild der Artemis, befand. Es war in einer großen Zeder aufgestellt, und die Göttin hieß nach diesem Baum Artemis Kedreatis. Wenig mehr als 50 km Luftlinie von Orchomenós befindet sich östlich der Straße Ägion–Phteri–Kalávryta das Dorf Klapatsoúna. Hier haben drei zusammengewachsene Platanen einen so großen Hohlraum zwischen sich gebildet, daß eine ganze Kapelle darin Platz hat. Sie ist Maria geweiht, die hier, ganz entsprechend der Artemis Kedreatis von Orchomenós, Panajía Plataniótissa heißt, eine merkwürdige Tradierung eines antiken Kultbrauches. Und die Übereinstimmung geht noch weiter insofern, als in der Kapelle von Klapatsoúna, die übrigens ein viel besuchter Wallfahrtsort Achajas ist, keine Ikone als Abbild der Gottesmutter vorgewiesen wird, sondern ein gewachsenes Holzgebilde im Innern der Bäume, was also dem alten Holzbild der Artemis besonders nahekommt.

* *Die frühere Stadt Orchomenós lag auf dem obersten Gipfel eines Berges, es sind von der Agorá und den Mauern noch Trümmer erhalten,* beginnt der Bericht (VIII 13, 2).

Aséa

Auf der Fahrt von Tripolis nach Megalopolis passiert man unmittelbar vor dem Dorf Káto Aséa einen dicht an der Straße gelegenen steilen Felshügel, an dem wir nicht ahnungslos vorüberfahren wollen, um so weniger, als die in dieser Gegend liegenden Niederungen als das Quellgebiet des Alpheios gelten. Die Wasser verschwinden am Südwestrand der kleinen Ebene in einer Katavothre, unterqueren den Gebirgsstock des Tsemberoû und treten am Ostrand der Ebene von Megalopolis als echter Alpheios wieder aus.

Der Hügel von Aséa erhebt sich 54 m über seiner Ebene und bildet ein ziemlich gleichförmiges, nur leicht nach Westen ansteigendes Plateau von 240 m Länge und 120 m Breite. Seine Seiten sind ziemlich steil und an vielen Stellen unersteigbar. Am leichtesten zugänglich ist er in der Mitte der Westseite und im Nordosten, wo der Felsen eine natürliche Rampe bildet und sich in hellenistischer Zeit das Stadttor befand.

Aséa ist 1936–38 von schwedischen Archäologen untersucht worden, die jedoch in dieser kurzen Zeit mit ihrer kleinen Gruppe keine ausgedehnten Flächengrabungen vornehmen konnten, sondern sich auf einige bestimmte Punkte konzentrieren mußten (→ Plan).

Der Name wurde von den Alten entweder von einem mythischen Gründer Aseates abgeleitet, einem der fünfzig Söhne Lykaons, des arkadischen Urkönigs, oder vom Wort *ásis, Schlamm,* nach den versumpften Niederungen.

Aséa war schon in neolithischer Zeit besiedelt, aus der sich zahlreiche Scherben, aber keine Hausreste gefunden haben. Das Neolithikum ging in langsamer Entwicklung ohne Bruch in das Frühhelladikum über, das sich über die ganze Mitte und Nordhälfte des Hügels bezeugt fand durch Scherben und zahlreiche Hausfundamente. Es sind geradlinige und rechtwinklige Mauern von 0,55–0,70 m Stärke, gewöhnlich nur aus einer Lage, manchmal aber auch aus zweien bis dreien, die in Ton gebettet waren. Auf den Steinfundamenten erhoben sich Wände aus ungebrannten Ziegeln. Es wurde eine Menge Obsidian, weniger Flint gefunden. Die rein frühhelladische Schicht beträgt nur 0,20–0,40 m, dagegen die neolithisch untermischte 0,90 m, die die erwähnte lange Entwicklung anzeigt.

Die frühhelladische Siedlung scheint einer Brandkatastrophe zum Opfer gefallen zu sein; denn die Häuser der jüngsten Schicht waren alle durch Feuer zerstört. Über das ganze Plateau bildet eine deutliche Aschenschicht die Scheide zwischen Früh- und Mittelhelladisch. Über der Brandschicht erheben sich neue Häuser, in anderer Form und Orientierung. Ebenso trat ein genereller Wechsel der Keramik ein, mit den beiden charakteristischen Formen des Mittelhelladikums minyisch und mattbemalt, was alles die Ankunft einer neuen Bevölkerung anzeigt.
Während in der frühhelladischen Schicht nur von zwei Häusern der vollständige Grundriß erhalten war, sind es in der mittelhelladischen sieben. Davon ist eins apsidal, alle übrigen mit geraden Wänden und rechteckigen Räumen.
Die Steinfundamente bestehen gewöhnlich aus zwei Lagen und sind aus kleineren Steinen errichtet als im Frühhelladikum, die Mauern dünner: 0,45–0,60 m. Die Räume liegen hintereinander, zwei oder drei, in einem Fall sogar vier. Daß diese Häuser eine pfeilergestützte Vorhalle besaßen wie in Lerna, hat sich nicht nachweisen lassen. Zwei von ihnen hatten die ungewöhnliche Breite von 6 m, die sich nicht freitragend überdachen ließ, sondern Stützen erforderte, wie sich denn die Basen solcher Stützen auch gefunden haben.
Die Böden waren vielfach mit dünnen Schieferplatten von den benachbarten Hügeln bedeckt. In zwei Häusern fanden sich gebaute runde Herde von 1,15 und 1,30 m Durchmesser, der eine in einer Ecke, der andere in der Mitte des Raumes angelegt.
Die Aufnahme der Gräber erbrachte den üblichen Befund: keine neolithischen und frühhelladischen Bestattungen innerhalb der Siedlung. In sprechendem Gegensatz dazu fanden sich 29 mittelhelladische Gräber, die meisten einfache Erdbestattungen, einige vereinzelte Kisten- und Pithosgräber, alle aber Einzelbestattungen und alle ohne Beigaben. Im Unterschied zu anderen mittelhelladischen Siedlungen, wo gewöhnlich die Kindergräber weit überwiegen, zeigte sich in Aséa das umgekehrte Verhältnis: doppelt so viele Erwachsene wie Kinder. In acht Fällen konnte mit Sicherheit die makabre Sitte der Mittelhelladiker festgestellt werden, die Toten unter den Böden der Wohnräume zu bestatten. Es waren zu gleichen Teilen Kinder- und Erwachsenengräber, dicht an der Wand angelegt und in wechselnder Tiefe, manchmal direkt unter der Oberfläche.

In 19 von 20 Fällen, in denen noch die Stellung des Toten festgestellt werden konnte, ergab sich Hockerlage mit angezogenen Knien, davon in 12 Fällen den Kopf nach Westen gewandt, auf der rechten oder linken Seite liegend, je nachdem, ob der Kopf im Süden oder Norden lag. Eine allgemeine Sitte, die Toten nach Westen zu orientieren, wird dadurch aber nicht bezeugt. Von den Kleinfunden sind 15 würfelförmige und 10 kugelförmige Gewichtsteine hervorzuheben, die unsere Vorstellung vom mittelhelladischen Handel konkretisieren. Das Gewicht schwankt zwischen 163 und 429 g, mit gewissen Zentrierungen um 165, 220, 265 und 280 g, die aber ein System und eine rationale Skala nicht erkennen lassen.

Die mittelhelladische Siedlung von Aséa erlebte nicht mehr die Erfindung der Töpferscheibe. Alle ihre Gefäße sind ohne sie hergestellt. Noch vor dem Aufkommen der revolutionären Neuerung, das heißt noch vor dem Ende der mittelhelladischen Zeit, wurde der Hügel aufgegeben und blieb dann für eineinhalb Jahrtausende unbesiedelt. Es gibt ein mykenisches Aséa sowenig wie ein geometrisches, archaisches oder klassisches. Erst in hellenistischer Zeit wurde es neu besiedelt und mit einer doppelten Befestigung versehen. Zwar ist sie auf der Westseite fast ganz abgetragen, aber im Süden, Osten und Norden läßt sie sich überall noch in ein bis zwei Lagen verfolgen. Der Ring war mit vier Türmen befestigt und an den Ecken zu Bastionen ausgebaut.

Im Nordosten und Südwesten zweigten zwei Schenkelmauern ab, die untereinander durch eine weit nach Osten und Süden ausholende Außenmauer verbunden waren, die die Unterstadt einschlossen. Am besten erhalten ist die südwestliche Schenkelmauer, die mit sieben Lagen noch über 3 m hoch ansteht. Es ist eine dicht gefugte Schalenmauer aus dem örtlichen Kalkstein, 3,30 m breit, gefüllt mit Bruchsteinen und Erde und in unregelmäßig isodomer Bauweise errichtet. Die Schenkelmauern sind nicht in den Befestigungsring des Plateaus eingebunden, also nachträglich errichtet, doch kann wegen der übereinstimmenden Bauweise der Zeitabstand nicht groß gewesen sein. – Das antike Stadttor befand sich im Nordosten, wo ein 3,75 m breiter Weg auf einer natürlichen Rampe den Hügel hinaufführt, von dem die oberen Stufen noch erhalten sind.

Der heutige Zugang liegt genau gegenüber auf der Nordwestseite, wo ein regulärer Feldweg auf das Plateau führt.

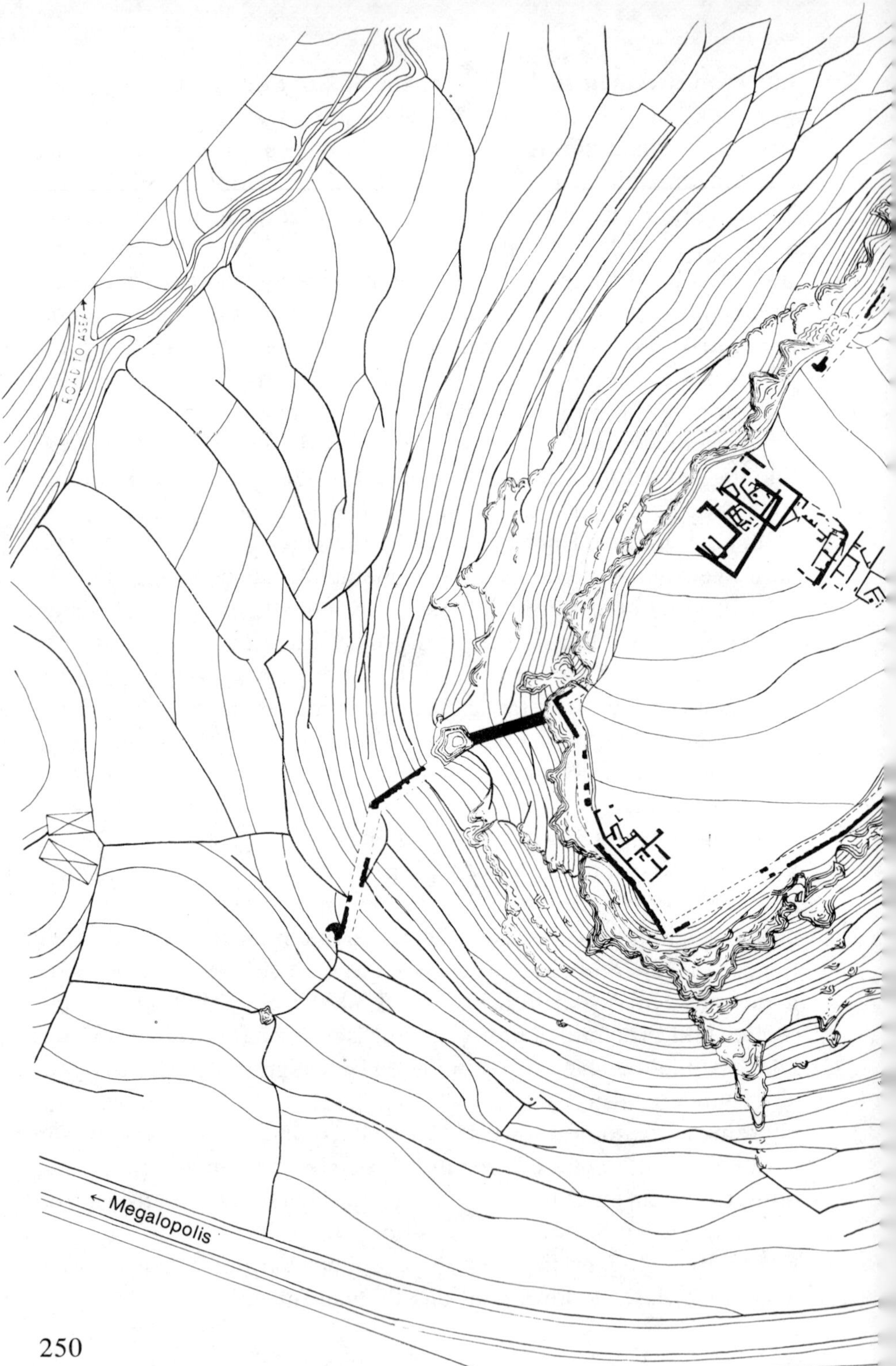
ROAD TO ASEA
← Megalopolis

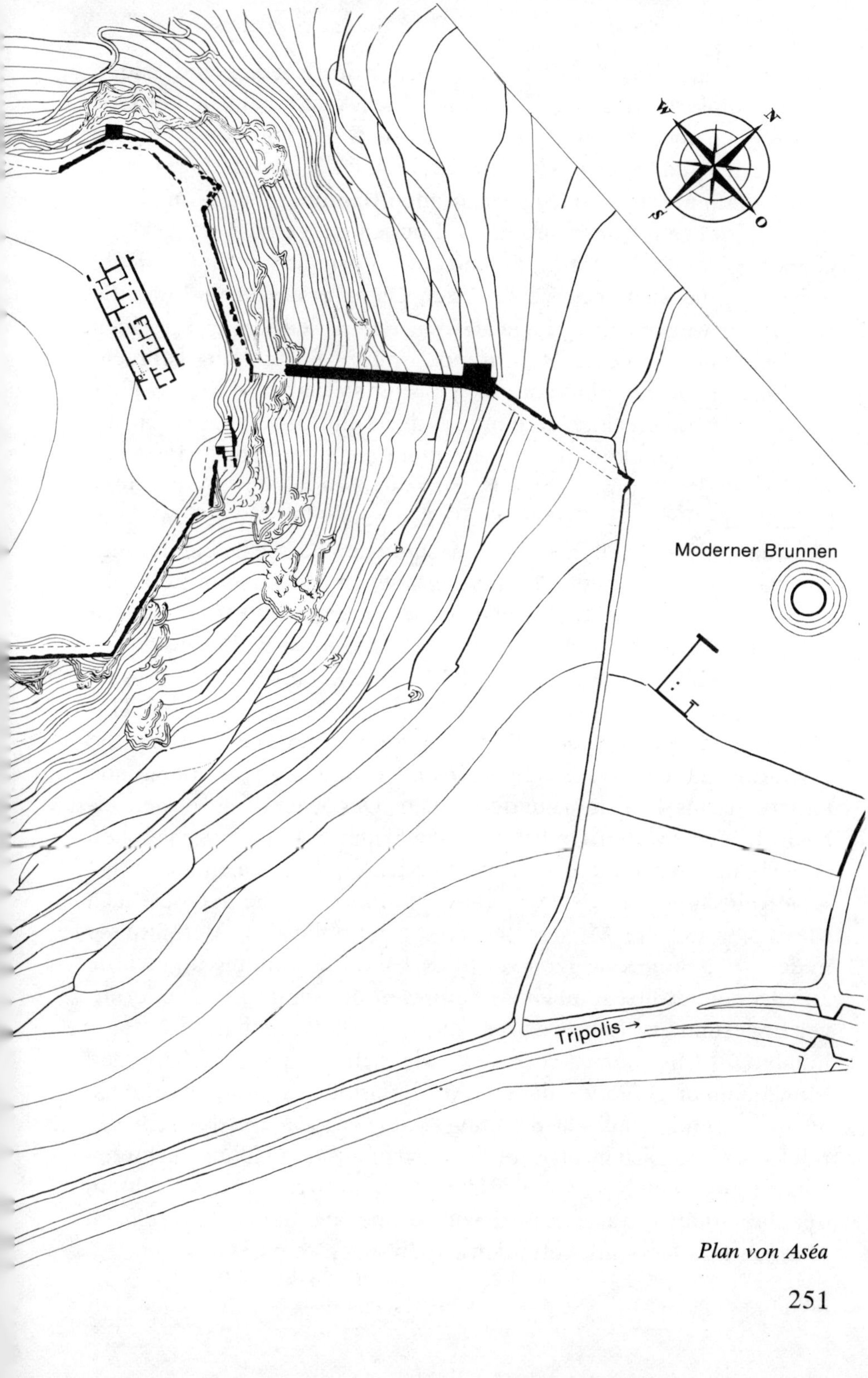

Plan von Aséa

Von der hellenistischen Siedlung wurden im Norden und Süden Wohnkomplexe freigelegt (→ Plan). Die Ausgrabungen konzentrierten sich aber vor allem auf die höchste Stelle im Südwesten, die den Norden und Osten um 6–7 m überragt, wo jetzt mitten zwischen den Grundmauern die nachgewachsenen Bäume stehen. Am Nordrand dieses Komplexes wurden die Fundamente eines rechteckigen Gebäudes von 12,70 × 19,80 m mit einer Vorhalle von 5,80 m Tiefe freigelegt, das sich von Westen nach Osten erstreckt und das die Ausgräber wegen seiner Lage, Größe und Orientierung für einen Tempel halten, ohne daß Kleinfunde weitere Bestätigung gebracht hätten. Die Originalpublikation schweigt sich aber völlig darüber aus, was das rechteckige Gebäude südlich und parallel zum »Tempel« gewesen sein könnte, wie vor allem auch der große Mauerhaken, der in den Tempel eingreift, ganz unerörtert bleibt. Also offenbar unklare Befunde. Östlich vom »Tempel«, ebenso wie innerhalb von ihm und zwischen ihm und dem südlichen Parallelgebäude zeigt der Plan die Fundamente der ausgegrabenen früh- und mittelhelladischen Häuser. Nur das kleine Gebäude ganz im Osten, dessen fragmentarischer Grundriß wie ein F aussieht, ist hellenistisch.
Die Ausgrabungen haben keinerlei Inschriften erbracht, und es ist überhaupt die Frage, wohin das ganze Material der Mauern und Gebäude abtransportiert worden ist, da keine moderne Siedlung die Nachfolge des hellenistischen Aséa angetreten hat. Die Münzfunde datieren es ins 4.–1. Jahrhundert v. Chr. Der Mauerring wurde vielleicht in der zweiten Hälfte des 3. Jahrhunderts vom Achäischen Bund in seinen Kämpfen mit Sparta errichtet, wo Aséa eine wichtige Kontrollfunktion an der Verbindungsstraße von der Argolis nach Messenien ausübte. Mit der Befriedung der politischen Verhältnisse in der römischen Kaiserzeit verlor es seine Bestimmung und wurde aufgegeben, wahrscheinlich deshalb, weil die sumpfigen Niederungen ungesund und fiebrig waren. Zur Zeit des Pausanias im 2. Jahrhundert n. Chr. war es verlassen, wie sich auch keine römischen Münzen mehr gefunden haben. Aus demselben Grunde wird einst auch die mittelhelladische Siedlung schon verlassen worden sein, deren Einwohner sich gesundere Wohnsitze auf den Höhen suchten.
Einen schwachen Nachklang erlebte Aséa in byzantinischer Zeit, in der das Stadttor ausgebessert wurde und aus der sich vereinzelt Münzen und Keramik gefunden haben, aber keine Häuser.

Die Frankenburg Karýtäna

Die Rolle des Zufalls in der Geschichte hat nur wenige Beispiele von gleicher Willkür wie die fränkische Eroberung des Peloponnes im Jahr 1205. Ein junger französischer Edelmann, Gottfried von Villehardouin, war nicht mit dem Gros des Kreuzfahrerheeres von Venedig aufgebrochen, sondern mit einer kleinen Gruppe von Frankreich aus direkt nach Syrien gesegelt. Dort erfuhr er von der erstaunlichen Tatsache, daß die Teilnehmer des Vierten Kreuzzugs nicht das Heilige Land angesteuert, sondern Byzanz erobert und dort das Lateinische Kaiserreich errichtet hatten. In dem Wunsch, in dem neuen Kreuzfahrerstaat ebenfalls sein Glück zu machen, beschloß er, alsbald nach Konstantinopel aufzubrechen, wo sein Onkel gleichen Namens zu den Führern des Kreuzritterheeres gehörte. Der Zufall fügte es, daß der Sturm sein Schiff statt an die Dardanellen weit nach Westen trug, und statt in Konstantinopel landete er auf der Insel Sapienza an der Südspitze Messeniens. Um die Rückreise anzutreten, begab er sich zu dem Hafen Modon (Methóni), und dort erhielten seine Pläne eine ganz neue Wendung.

Schon seit langem war die byzantinische Reichsverwaltung immer machtloser geworden gegenüber dem Einfluß und den Eigenmächtigkeiten der großen Magnaten, die über ungeheuren Grundbesitz verfügten und die Anweisungen der Staatsverwaltung ignorierten. Vollends aber strebten sie nach Unabhängigkeit, als das byzantinische Reich durch die Eroberung der Lateiner erloschen war. Einer dieser Magnaten, Johannes Kantakouzenós, dem zur Ausführung seiner Absichten nichts als eine tüchtige Kriegerschar fehlte, trat an den ihm ganz unbekannten Villehardouin mit dem Vorschlag heran, gemeinsam zum Erwerb einer eigenen Grundherrschaft aufzubrechen. Der junge Ritter nahm das Angebot an, vereinigte sein eigenes Gefolge mit dem des Griechen und annektierte in kurzer Zeit, im wesentlichen, wie es scheint, ohne Kampf, einen großen Teil des Küstenlandes von Messenien und Elis. Als aber ein Jahr darauf Johannes Kantakouzenós starb, war sein Sohn nicht bereit, seinerseits das Werk der Unterdrückung fortzusetzen. Er zog vielmehr griechische Hilfe herbei, um die Fremdlinge zu vertreiben. Villehardouin geriet mit seinen Leuten in eine gefährliche Situation. Da erfuhr er, daß das

Kreuzfahrerheer, das zur Eroberung Griechenlands aufgebrochen war, in der Argolis stehe, und in einem Gewaltritt von sechs Tagen durcheilte er das unbekannte Land und schlug sich glücklich nach Nauplia durch. Bonifazio von Montferrat, der Führer des Kreuzritterheeres, war ohne Zögern bereit, den beherzten jungen Ritter, Neffen des berühmten Marschalls, in seinen Dienst zu nehmen. Aber Villehardouin, der Gefahr glücklich entronnen, wollte nun sein Schicksal noch weiter erproben und gab seine Absicht kund, den Peloponnes zu erobern. Dazu bedurfte es zweierlei, einer ausreichenden Anzahl von Rittern und eines Lehnsherrn; denn er selbst stand noch zu niedrig in der feudalen Hierarchie, um einen solchen abzugeben. Da das Kreuzfahrerheer in der Argolis lagerte und sich ihm die drei Festungen Korinth, Nauplia und Argos, die Schlüssel zum Peloponnes, als uneinnehmbar erwiesen, so klang der Plan, die Halbinsel zu erobern, recht verwegen. Aber es fand sich am Ende doch ein Ritter, ein Landsmann Villehardouins aus Burgund, Wilhelm von Champlitte, Vicomte von Dijon, der bereit war, den Zug und die Lehnsherrschaft zu übernehmen. Bonifazio bewilligte einhundertzwanzig Ritter mit ihrem Gefolge, und so brach denn diese kleine Schar auf, die Insel des Pelops in Besitz zu nehmen, von deren Geschichte und Bedeutung, ja auch nur Bevölkerung und Größe sie kaum eine Ahnung hatte.

Außer den befestigten Küstenstädten gab es feste Orte im Innern des Landes nur wenige, die vorerst ausgespart werden mußten. Auch die Besetzung des offenen Landes wird nicht überall ohne Kampf abgegangen sein. Aber im ganzen vollzog sie sich außerordentlich schnell. Schon das erste Jahr brachte die Provinzen Achaja, Elis, Arkadien und Messenien in den Besitz der Franken. Nur ganz im Süden stellte sich bei Kalamáta dem Eroberungszug ein griechisches Aufgebot entgegen. Mit dessen Niederlage war das Schicksal der Halbinsel entschieden. Im November 1205 nahm Wilhelm von Champlitte den Titel »Fürst von Achaja« an, wie der Peloponnes nun offiziell hieß. Der griechische Widerstand war hinfort auf die Behauptung Lakoniens und einiger weniger fester Burgen und Städte eingeschränkt, deren Eroberung zum Teil erst nach Jahrzehnten gelang.

Die Herrschaft über das weite, vielfach unzugängliche Gebirgsland konnte nur gesichert werden durch eine große Anzahl von Zwingburgen, mit deren Errichtung man begann, sobald das eroberte Land

seinen Lehnsträgern zugeteilt war. Die ganze Halbinsel wurde in zwölf große Baronien eingeteilt, die jede eine verschieden große Anzahl von Ritterlehen umfaßten. Der Fürst behielt sich selbst die Landschaft Elis vor, in der Andravída zur Hauptstadt bestimmt wurde. Villehardouin erhielt für die Verdienste, die er um das ganze Unternehmen hatte, zwei große und reiche Baronien zu Lehen, Kalamáta und Arkadía (Kyparissía), die zu den fruchtbarsten Gebieten gehörten, die es gab. Er war nächst dem Fürsten der bedeutendste Feudalherr auf dem Peloponnes, und es fiel ihm, teils durch Fügung der Umstände, teils durch sein Ansehen und diplomatisches Geschick, schließlich auch der Fürstentitel selbst zu.
Wilhelm von Champlitte kehrte im Jahr 1209 nach Burgund zurück, um dort das väterliche Erbe anzutreten, und bestellte seinen Neffen Hugo zum Regenten über das Fürstentum. Aber nicht nur starb er selbst auf der Rückkehr durch Italien, ohne die Heimat je zu erreichen, es starb im selben Jahr 1209 auch der Regent. Die Barone übertrugen daraufhin die Verwaltung des Fürstentums Gottfried von Villehardouin, bis der legitime Nachfolger Champlittes eintreffen würde. Sei es nun, daß ein solcher Erbe sich nicht fand oder daß er zum Verzicht bewegt werden konnte, jedenfalls gelang es Villehardouin, sowohl die Anerkennung des lateinischen Kaisers von Byzanz als auch die der Signorie von Venedig zu erlangen, indem er dieser die beiden wichtigen Hafenfestungen Korone und Modon abtrat. Dafür baute er bei Andravída den Hafen Clarenza, so daß die Hauptstadt nun ihren eigenen Hafen besaß, die kürzeste und bald auch die wichtigste Verbindung des Fürstentums mit Europa.
Seit Anfang 1210 führte Gottfried von Villehardouin offiziell den Titel Fürst von Achaja. Das Fürstentum umfaßte die großen Landschaften des Peloponnes mit Ausnahme Lakoniens, der Häfen Korone und Modon, die den Venezianern, und der Festungen Korinth, Argos und Nauplia, die immer noch den Griechen gehörten. Nach harter Belagerung konnte er aber Akrokorinth 1210 durch Aushungerung bezwingen, und zwei Jahre später fielen auch Argos und Nauplia. Die Argolis war damit hinzugewonnen. Nur Lakonien und Monemvasia widerstanden auch weiterhin jedem Angriff.
Die Einteilung des Fürstentums in Baronien war schon unter Champlitte erfolgt. Messenien war in drei, Achaja und Arkadien waren in je vier Baronien eingeteilt. Im Süden Arkadiens lag die Baronie Ve-

ligostí bei Leontári, im Osten Niklí beim antiken Tegea. Als die beiden größten und wichtigsten Baronien aber galten Matagrífon oder Akova im oberen Ládontal mit vierundzwanzig und Karýtäna am oberen Alpheios mit zweiundzwanzig Ritterlehen. Sie hatten die Aufgabe, die Verbindung zwischen der Hauptstadt Andravída und dem Inneren Arkadiens zu sichern. Karýtäna lag an der Stelle, wo sich im Mittelalter die einzige Brücke über den Alpheios befand. Außerdem sollte die Burg aller Unruhe im Slawengau Skorta, dem antiken Gortys, die Aussicht nehmen.
Hugo von Bruyère, ein Ritter aus der Champagne, hatte die Baronie Karýtäna von Champlitte zum Lehen erhalten und sie seinem Sohn Gottfried vererbt, der einer der tapfersten und angesehensten Ritter des Fürstentums war und doch das Unglück hatte, sein Leben zu verwirken.
Die beiden ersten Villehardouin, Gottfried I. (1210–1226) und Gottfried II. (1226–1245), waren ebenso tatkräftige wie kluge und besonnene Fürsten, und besonders der letztere brachte in seiner langen, friedlichen Regierung den Peloponnes zu lange nicht gekanntem Wohlstand. Nur seinem Einsatz war es 1236 zu verdanken gewesen, wenn das Lateinische Kaiserreich in Byzanz den gemeinsamen Angriff des Bulgarenzaren Johann Asan II. und des Kaisers von Nikäa Johannes Vatatzes widerstanden und noch einmal eine Frist erhalten hatte. Und er konnte sich verpflichten, den Kaiser hinfort durch eine jährliche Subvention von 22000 Goldstücken zu unterstützen. Die Gesamteinnahme des Fürstentums unter ihm soll jährlich 100000 Goldstücke erreicht haben. Zum Dank für die Rettung Konstantinopels war ihm die Lehnshoheit über das Herzogtum Naxos und die Insel Euböa zuerkannt worden.
Auf Gottfried II. folgte dessen Bruder Wilhelm (1245–1278), auch er ein Mann von glänzenden Rittertugenden und von großer Tatkraft. Er begann seine Regierungszeit damit, daß er auch Lakonien unterwarf und damit die Eroberung des Peloponnes abschloß. Nach dreijähriger Belagerung gelang es ihm, endlich auch die große Festung Monemvasía, das Gibraltar Griechenlands, zu bezwingen. Durch die Errichtung der Burgen Maina und Mistra wurden die immer noch freien Stämme der griechischen Mainoten und der slawischen Milingen unterworfen. Mistra trat gleichzeitig an die Stelle des byzantinischen Lakedämon (Sparta), das ebenfalls erst nach jahre-

langer Belagerung hatte genommen werden können, und entwickelte sich bald zu einer bedeutenden Stadt. So hatte er zu Beginn Großes erreicht. Als er aber am Ende einer dreiunddreißigjährigen Regierungszeit starb, war das Gewonnene wieder verlorengegangen und der Höhepunkt der fränkischen Herrschaft bereits überschritten. Wilhelm besaß zwar die Tatkraft seines Vaters und seines Bruders, aber nicht auch deren Besonnenheit.

Nachdem sein Bruder die Lehnshoheit über Euböa erlangt hatte, richtete sich sein Ehrgeiz auf die Beherrschung ganz Griechenlands. Er beanspruchte die Lehnshoheit auch über das Herzogtum Athen mit dem Vorgeben, daß Bonifazio von Montferrat, der Führer des Kreuzritterheeres, sie seinerzeit Wilhelm von Champlitte verliehen habe, eine Behauptung, die sehr unwahrscheinlich, im übrigen auch ganz unerweislich war und die der Herzog von Athen keinen Anlaß hatte anzuerkennen. Darüber kam es zum Krieg und im Sommer 1258 zur Schlacht bei Karýdi in Böotien. An dieser Schlacht nahm auch Gottfried von Bruyère teil, der Herr von Karýtäna, aber nicht auf der Seite seines Lehnsherrn und Onkels Wilhelm von Villehardouin, sondern auf der Seite des Herzogs von Athen. Der Baron war in einen schweren persönlichen Konflikt geraten. Lehnstreue und Verwandtenliebe verpflichteten ihn, dem Fürsten von Achaja Gefolgschaft zu leisten, aber er war gleichzeitig Schwiegersohn des Herzogs von Athen, und seine Frau überredete ihn, die Partei ihres Vaters zu ergreifen. Die Schlacht ging verloren, und Gottfried, der das oberste Gesetz des Feudalrechts, die Lehnstreue, verletzt hatte, hatte damit Lehen, Ehre und Freiheit verwirkt. Die Barone Achajas verwandten sich für ihn, und der Fürst war großmütig genug, den sonst verdienten Mann nicht zu entehren. Aber er nahm seinem Lehen die Erblichkeit, seinem Nachfolger wurde es entzogen. Als Gottfried von Bruyère 1276 starb, wurde die Baronie Karýtäna geteilt: Villehardouin beließ sie nur zur Hälfte im Besitz von Gottfrieds Witwe Isabella de la Roche, der Schwester des Herzogs von Athen, die andere Hälfte zog er ein. Da Gottfried ohne Nachkommen gestorben war, blieb der Halbteil der Baronie im Besitz Isabellas, bis er nach ihrem Tod durch eine jener häufigen feudalen Nahheiraten an ihre Schwägerin Helena Angela überging, verwitwete Herzogin von Athen, die sich seitdem »Dame von Karýtäna« nannte. Anfang des 14. Jahrhunderts finden wir die Baronie Karýtäna im Besitz

Margaretes von Piemont, einer Enkelin Wilhelms von Villehardouin. So hatte die große Baronie, einst das Bollwerk gegen die Slawen von Skorta, ihr Heldenzeitalter längst überstanden und war zum friedlichen Ruhesitz verwitweter Damen geworden. Wir dürfen aber mit Sicherheit annehmen, daß die berühmte Burg zu jener Hälfte gehörte, die der Fürst von Achaja sich selbst vorbehielt. Indessen richtete sie auch so nichts Entscheidendes aus. 1320 gingen die vier arkadischen Baronien samt allen ihren stolzen Burgen an die Griechen verloren, Karýtäna durch die Bestechlichkeit seines Kastellans.
Über die byzantinische Gefangenschaft Gottfrieds von Bruyère ist auf Seite 295ff. berichtet. Eine andere Episode aus seinem Leben wollen hier hier noch anfügen. Als der letzte lateinische Kaiser Balduin II. am 25. Juli 1261 aus Byzanz vertrieben wurde, fristete er sein Exil teils mit dem Verkauf der Reliquienschätze, die er aus Konstantinopel entführt hatte, teils mit dem Verkauf der erloschenen Titel seines ehemaligen Kaiserreichs. So trat er die Lehnshoheit über das Fürstentum Achaja 1263 an Karl von Anjou ab, wodurch Wilhelm von Villehardouin und alle seine Ritter und Barone Lehnsleute dieses Fürsten wurden, dem sie Gefolgschaft zu leisten hatten. Und so kam es, daß an der Schlacht von Tagliacozzo 1268, in der Konradin seinen Untergang fand und Karl von Anjou den Hohenstaufen das Südreich endgültig entriß, auch Gottfried von Bruyère mit den Rittern der Baronie Karýtäna teilnahm.
An der alten Brücke bei Karýtäna (→ Abb.), die in den letzten Jahren wiederhergestellt worden ist, befindet sich eine Inschrift, die ihre Erneuerung auf das Jahr 1441 datiert. Das war bereits ganz am Ende der byzantinischen Zeit. Drei Feldzüge voll der fürchterlichsten Greuel führten die Türken gegen den Peloponnes, bis Mechmed der Eroberer ihn 1260 endgültig unterwarf. Aber die Leiden Karýtänas waren damit noch nicht beendet. Nur vier Jahre später, 1464, drang von Korone her der venezianische Feldherr Bartoldo Este bis Karýtäna vor, den die Republik von San Marco ausgesandt hatte, unter den Griechen des Peloponnes einen Aufstand gegen die Türken zu entfachen. Er konnte die Burg zwar erobern, konnte sie aber nicht halten, und die Rückeroberung durch die Türken war von den blutigsten Massakern begleitet.
Einen neuen Versuch, Karýtäna zu befreien, unternahmen die Griechen 1578 nach der Schlacht bei Lepanto. Aber auch diese Rückge-

winnung war nur von kurzer Dauer. Die Burg war dann anschließend der Sitz der türkischen Bezirksverwaltung.
Bei der Eroberung des Peloponnes durch die Venezianer (1685) leistete Karýtäna, das den Türken als Fluchtburg diente, erfolgreichen Widerstand. Erst 1687 konnten die Griechen es mit venezianischer Unterstützung einnehmen. Damals sollen an Besatzung und Flüchtlingen eintausenddreihundert Türken in Gefangenschaft geraten sein.
Unter der zweiten türkischen Herrschaft 1715–1821 entwickelte sich die Stadt Karýtäna am Fuß des Burgbergs zu einer wohlhabenden Handelsstadt, wo die nähere Umgebung ihre Versorgung mit Obst, Hülsenfrüchten, Wein und Seide fand. Aber gleich zu Beginn des Freiheitskriegs wurde sie beim Abzug der Türken weitgehend zerstört, eine Episode der neueren griechischen Geschichte, die zu trauriger Berühmtheit gelangt ist. Der am 25. März 1821 ausgerufene Aufstand traf die Türken überraschend und unvorbereitet. Als am 16. April Kalamáta fiel, wurde die Flucht allgemein. Türken und Albaner strömten in die befestigten Küstenstädte oder suchten sich nach Tripolis zu retten. Nach der Einnahme von Kalamáta hatte sich Kolokotronis mit dreihundert seiner Leute nach Karýtäna begeben, um die auf der Burg Befindlichen einzuschließen und ihren Ausbruch nach Tripolis zu verhindern. Das Unternehmen hatte zur Voraussetzung, daß die Burg auch damals, wie 1687, einer der wichtigsten türkischen Stützpunkte war mit einer großen Zahl von Flüchtlingen. Eine Truppe, die zum Entsatz der Eingeschlossenen herbeigeeilt war, wurde von Kolokotronis auseinandergesprengt und in den engen Tälern vernichtet. Die Nachricht von diesem Erfolg und die Aussicht auf die Einnahme der wichtigen, zudem auch Beute verheißenden Burg brachte Kolokotronis solchen Zuzug, daß sich schließlich Tausende von Leuten bei Karýtäna versammelt hatten. Die Berichte sprechen von sechstausend. Aber es waren Leute, von denen es nachher hieß, sie hatten kein Gewehr zu verlieren, weil sie keins besaßen. Leute, mit der primitivsten, ja harmlosesten Bewaffnung, die bei den meisten nur aus Dreschflegeln, Schleudern und Messern bestand. Die Fahnen waren aus den Schürzen der Frauen gemacht. Aber man war voller Siegeszuversicht, daß die Burg »morgen«, *ávrio,* fallen werde. Von der Menge der Feinde irritiert, hatten die Türken bei näherem Zusehen ihre Fassung bald wiedergewon-

nen. Es gelang ihnen, einige als Bauern verkleidete Boten nach Tripolis zu senden mit der Bitte um Entsatz. Als am 26. April das Entsatzheer von 2700 Mann disziplinierter und gut ausgerüsteter Albaner vor Karýtäna erschien, stob der griechische Aufmarsch auseinander. Zu irgendeiner Schlacht oder Aufstellung kam es gar nicht. Kolokotronis sah sich einer allgemeinen Desertion gegenüber. Ungehindert zogen Befreier und Befreite mit all ihrem beweglichen Gut nach Tripolis, nicht ohne vorher die Stadt Karýtäna anzuzünden, die zum großen Teil in Flammen aufging.
Voll Zorn und Verachtung über die Flucht seines Heeres wandte sich Kolokotronis nach Chrysovítsa, wo er mit anderen Anführern zusammentraf. Hier wurde der Beschluß verhandelt, nach Messenien auszuweichen. Kolokotronis allein war entschlossen zu bleiben. Trotz Flucht und Feigheit, inmitten von Disziplinlosigkeit und Desertion wie später noch oft, unbeirrt von den grausamsten Enttäuschungen blieb er bei dem einmal als richtig erkannten Ziel, der Belagerung von Tripolis. Und er setzte sie durch und behielt recht. Er war ein Mann, der nicht lesen und schreiben konnte, aber von einem fast divinatorischen Blick für die Absichten des Feindes und die Mittel, sie zu durchkreuzen, und von einer nicht zu entmutigenden Ausdauer und Siegeszuversicht. Ohne sein Genie wäre die griechische Sache in so vielen Fällen verloren gewesen.
Unter besseren Auspizien kehrte Kolokotronis fünf Jahre später noch einmal nach Karýtäna zurück. Nach dem Einfall Ibrahim Paschas in den Peloponnes ließ er die Burg 1826 neu befestigen und benutzte sie als Stützpunkt für seinen Partisanenkrieg gegen die Ägypter und zugleich als Auffanglager für die flüchtende Bevölkerung.

Außer dem Kastell von Chlemoutsi, das Gottfried II. in den Jahren 1220–1223 errichten ließ, haben die Franken kein weiteres gebaut, das so wie dieses auf Repräsentanz angelegt war. Die meisten ihrer Burgen wurden schnell und billig errichtet, zum Schutz ihrer Ritter und Herren, zur Verteidigung des Landes, zur Abwehr des Feindes. Mit den Kreuzritterburgen in Syrien sind sie nicht zu vergleichen. Ein großer Teil, besonders der unbedeutenderen, ist so vollständig untergegangen, daß sich heute nicht einmal ihre Stelle angeben läßt, und selbst von den großen und bedeutenden sind viele nur in dürfti-

gen Resten erhalten. Die Burg von Karýtäna ist gewiß nach Lage und Erhaltung eine der eindrucksvollsten, ein Machtzeichen, wie sich nur wenige finden, das Toledo Griechenlands hat man sie genannt. Sie liegt in 580 m Höhe auf einem langgestreckten steilen Felsen, der nur auf der einen Schmalseite durch einen Sattel mit seinem Zwillingsberg verbunden ist und seinerseits wieder auf einem großen Felsfundament ruht, das ebenfalls in senkrechten Wänden abfällt, auf drei Seiten von einer tiefen Klamm des Alpheios umzogen. Sie galt im Mittelalter als uneinnehmbar und bewachte den Eingang zur Ebene von Megalopolis und weiter den Weg zu den ostarkadischen Hochebenen und zu den Pässen nach Lakonien und Messenien sowohl für diejenigen, die aus dem Alpheiostal heraufkamen, wie auch für diejenigen, die aus den Bergen von Skorta herabstiegen.
Wer die Burg betritt, ist überrascht von ihrer Kleinheit und dem Kontrast zwischen großartigem Äußeren und kleinräumigem Inneren. Die ungünstige Schmalheit des Felsens ließ für Entfaltung keinen Raum. Hier konnten keine Turniere stattfinden, hier ist kaum Platz, auch nur Pferde zu halten. Der herrschaftliche Wohnbau hat eine Länge von nur vier Fenstern, mit denen er den Namen Palas kaum verdient. Wo wohnte das Gefolge, Knappen und Dienerschaft? Ist das die Burg, fragt man sich, die über zweiundzwanzig Ritterlehen gesetzt war und als eine der bedeutendsten des Fürstentums galt? Eng und bedrängt war das Leben auf dieser Burg, auch wenn man hinzunimmt, daß weiter unterhalb, innerhalb des zweiten Mauerrings, ein weiterer mehrstöckiger Wohnbau steht, der heute »Haus des Kolokotronis« heißt. Auch er kann das Rätsel nicht lösen. »Feudal« war das Leben in dieser Burg nicht. Wie aber nahm man in einem Kastell, von dem man nicht sieht, wie es Gäste beherbergen konnte, in Notzeiten Hunderte von Flüchtlingen auf? Als Fluchtburg war Karýtäna so ungünstig wie möglich, denn auch der zweite Mauerring umschließt ein keineswegs großes, vor allem aber ungünstig steiles Gebiet. Wenn wir uns also nicht an der Ästhetik der Burg genügen lassen wollen, an dem imposanten Anblick, den sie selbst, und an der großartigen Aussicht, die sie von ihrer Höhe bietet, wenn wir darüber hinaus nach ihrer Funktion fragen, so wird ein gut Teil rätselhaft.
Innerhalb des unteren Mauerrings, am »Haus des Kolokotronis« vorbei, ist noch eine bescheidene Kapelle erhalten, die im Innern einen

unvermuteten Kunstschatz birgt: Flechtkapitelle, wie man sie in Griechenland nirgends sonst findet, mit fünf Knäufen auf jeder Seite. Die Ausführung ist nicht besonders perfekt, aber von großer Phantasie und Schönheit. Man könnte an lombardischen Einfluß denken, wenn die Entstehung nicht erst nach der Frankenzeit liegt. Außerdem herrschten die Lombarden auf Euböa, in Arkadien aber die Burgunder. Burgundische Kapitelle sind es jedenfalls nicht. Vielleicht doch nur eine ausgefallene Sonderform von byzantinischen? Die Kapelle wird ins 13. Jahrhundert datiert »oder auch früher«.

Im Grundriß hat die Burg von Karýtäna die Form eines Pfeils oder einer Lanzenspitze. Sie ist 110 m lang und auch an ihren breitesten Stellen nicht breiter als 35 m. Das Gelände steigt nach Norden an, wo die Nordspitze auf dem höchsten Punkt liegt, wie ein Schiffsbug gestaltet ist und mit ihren – mehrmals erneuerten – Mauern eine Höhe von 12,50 m erreicht. Ihr entspricht im Süden eine nach Plan und Größe ganz ähnliche Bastion. Die Mauern haben eine Stärke von 1,20–1,50 m und bestehen aus Kalksteinen mittlerer Größe, unregelmäßig mit Ziegelbruchstücken gemischt. Die Mauerecken sind durch größere Blöcke verfestigt, die Gerüstlöcher nicht geschlossen.

Der Eingang liegt in der Mitte der Ostseite. Das Tor war von einem Hof umgeben und an seiner rechten Seite durch einen 2,35 m vorspringenden Turm gedeckt. Das Wappen, das einmal über dem Torbogen angebracht war, ist herausgebrochen, doch befinden sich über ihm in Höhe des Wehrgangs noch drei Kragsteine, die einmal Pechnasen trugen. Ein Fallgitter besaß das Tor von Karýtäna nicht. Der Einlaß besteht aus einem 7 m langen gewölbten Gang, links lag eine Zisterne, rechts das Wachlokal, darüber ein zweites Stockwerk.

Das Innere der Burg ist deutlich in zwei Teile geschieden. Im Süden liegen Burghof und Palas, im Norden, auf 2,50–3 m höherem Niveau, eine Reihe kleinerer Gebäude und Räume.

Der Hof ist im Osten begrenzt durch ein tiefer gelegenes langgestrecktes Gebäude, dessen Untergeschoß durch eine Zwischenwand geteilt war und wahrscheinlich als Magazin diente. Die Südseite des Hofes nimmt der Palas ein, der unter geschickter Raumausnutzung an die Burgmauer angelehnt ist, doch war es unvermeidlich, daß zwei

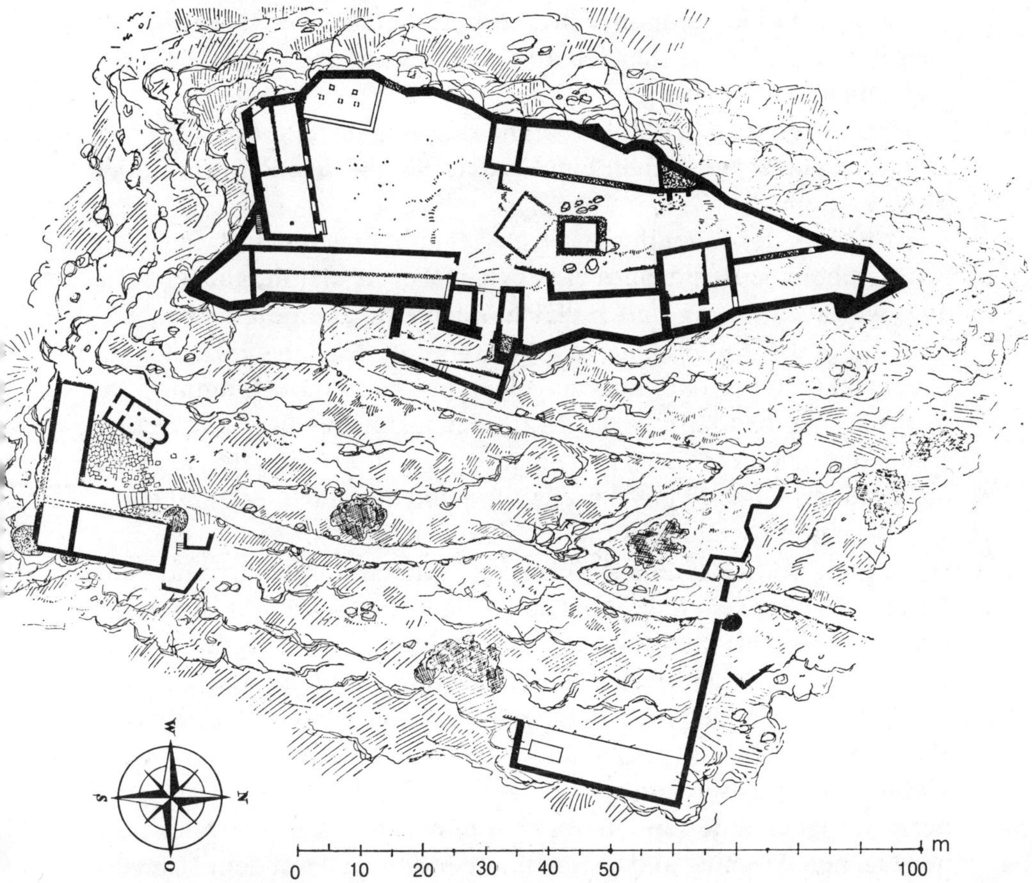

Plan von Karýtäna

der drei Räume trapezförmigen Zuschnitt bekamen, wobei der Hauptsaal doppelt so groß gewählt wurde wie die beiden anderen.* Die Hofseite des Palas mit ihren vier Rundbögen des Eingangs und der Fenster, die wahrscheinlich Zwillingsfenster umschlossen, bildet den architektonisch besterhaltenen Teil der Innenbauten und illustriert die bescheidene Eleganz, auf die die fränkischen Burgen sich beschränkten. Das Profil des Türrahmens zeigt bereits das Äußerste, was man sich leisten konnte. Das Gebäude war in seinem ganzen

* Der Südwestraum maß 3 × 10,70 (9,40) m und besaß zwei Fenster in der Burgmauer. Der Nordwestraum maß 3,70 × 10,70 m und besaß ein Fenster in der Burgmauer und eins zum Hof. Der Hauptsaal von 7,10 m Breite und 10,10 (8,80) m Länge hatte zum Hof zwei Fenster und eine Tür. An der Südwand ist noch eine Konsole des Kamins erhalten.

Umfang von einer großen Zisterne unterkellert, ein Obergeschoß aber besaß es nicht, da der erhaltene Giebel auf der Ostseite die ursprüngliche Höhe anzeigt.
In der Südwestecke des Hofes befand sich eine dritte große Zisterne, von zwei Tonnengewölben eingedeckt, die auf drei Pfeilern in der Mitte ruhten.
Der Nordteil der Innenburg ist sehr viel unübersichtlicher. In seiner Mitte stehen die Reste eines viereckigen Turms, der möglicherweise älter war als die Burg und vielleicht noch einmal eine Zisterne einschloß. An die Außenmauern im Osten und Westen sind teils Gebäudetrakte, teils Mauerzüge angelegt, über deren Bestimmung sich nichts ausmachen läßt. In der Mitte der Ostmauer liegt ein kleiner Raum mit dicken Mauern und einem winzigen Fenster, den man für das Gefängnis hält. Das ist bereits alles, und das macht es unmöglich, sich hier eine reguläre Hofhaltung vorzustellen. Über die Wasserversorgung von Karýtäna sind wir hinreichend aufgeklärt und vielleicht noch über sein Gefängnis, aber die Frage, wo Ritter, Knappen und Dienerschaft hausten, wo die Stallungen sich befanden, ja schließlich, wo die Herrschaften selbst wohnten, bleibt unbeantwortet. Denn es ist undenkbar, daß der einstöckige Palas mit seinen drei Räumen gleichzeitig als Männer- und Frauenhaus diente. Auch schon für eine dieser Funktionen ist er problematisch bis zum Grad der Unmöglichkeit, denn die beiden hinteren Räume besaßen keinen eigenen Ausgang und waren nur über den Saal mit dem Hof verbunden. Wie verlief das praktisch? Gab es hier nur Gemeinschaftsräume? Wo hatte die ganze Hierarchie der Herren und Damen ihr Privatlogis? Wo beherbergte man die zahlreichen Gäste? Karýtäna war, scheint es, für die Unterbringung seiner Herrschaften ebenso wenig geeignet wie für die Aufnahme großer Teile der Bevölkerung in Notzeiten. Wie hat man also seine Funktion zu verstehen? Antoine Bon, die größte Autorität auf dem Gebiet der Frankenburgen, ist diesen praktischen Fragen ganz ausgewichen. Aber sie sind nicht die unwichtigsten und stellen sich jedem, der die Burgen mit offenen Augen besucht.*

* Chlodwig Plehn in seinem blumigen Buch *Kreuzritterburgen auf dem Peloponnes,* München und Zürich o. J. (Schnell & Steiner 1977), der von Bons Standardwerk *La Morée franque,* Paris 1969, acht Jahre nach Erscheinen noch nichts erfahren hat, behauptet einfach in drei Zeilen, in Karýtäna habe es alles gegeben vom Fallgitter (!) bis zu identifizierbaren Wohnquartieren und Stallungen (a.a.O. S. 40).

Stemnítsa

Die Griechen haben in den sechziger Jahren lange und aufwendige Asphaltstraßen zu einzelnen Berghotels gebaut in der Meinung, eine abgelegene Gegend dadurch dem Tourismus zu erschließen und ihr ökonomisch aufzuhelfen, eine Absicht, die sich nicht realisiert hat; denn die betreffenden Hotels bilden nichts als touristische Enklaven, ohne daß die Ortschaften selbst weiteren Nutzen davon hätten.
Auch Stemnítsa besitzt seit 1954 ein solches Berghotel – das sehr empfehlenswerte »Trikolónion« –, aber es war offenbar weder so arm, daß man glaubte, es mit einer Asphaltstraße zugänglich machen zu müssen, noch so bedeutend, daß sich eine solche Straße von selbst verstand. Nicht einmal die immer wieder versprochene Asphaltierung der Verbindungsstraße zur 18 km entfernten Kreisstadt Dimitsána ist bisher erfolgt. So führt uns der Ausflug nach Stemnítsa in eine Gegend, wo es noch heute nur Erdstraßen gibt.
Stemnítsa ist eine der höchstgelegenen Bergstädte Griechenlands. Eine Zeitlang trug es offiziell den antiken Namen Ypsoûs, um den slawischen zu vermeiden. Heute heißt es wieder allgemein Stemnítsa. Es liegt in 1080 m Höhe auf der Südseite des Klinitsagebirges. Die tiefe Schlucht eines Wildbachs trennt die beiden Steilhänge, an denen es sich weit hinunterzieht. In der Mitte bildet der Berg einen Absatz und gewährt etwas freieren Raum. Hier liegen die Schule, das Hotel, die Platía, und die Hauptstraße durchquert den Ort ohne Gefälle auf ebener Strecke. Wer sich, wie es die Touristen gewöhnlich tun, nur auf ihr bewegt, bekommt keine Vorstellung, weder wie ausgedehnt noch wie steil und anstrengend die Stadt in ihren äußeren Wohnlagen ist. Auf der Talseite der Platía, am Friedhof vorbei, liegt ein über das Tal hinausragendes Felsplateau, Kastron genannt. Hier ist ein Denkmal errichtet und eine kleine Parkanlage. Niemand sollte Stemnítsa verlassen, ohne diese Stelle aufgesucht zu haben. Sie bietet eine großartige Aussicht: auf die Gebirge und auf die Täler, auf das Lousiostal im Osten und das Alpheiostal im Süden. Zugleich bietet sie aber auch eine vollständige Übersicht über die Stadt. Daß sie sich weit den Berg hinaufzieht, sieht man bei der Ankunft, aber nur vom Kastron aus ist zu erkennen, wie tief und steil sie in die Schlucht hinabsteigt und wie kostbar einmal in Stemnítsa die Grund-

stücke gewesen sein müssen; denn dort unten, in ungünstiger und unfreier Lage, drängen sich große, dreistöckige Herrschaftshäuser auf engem Raum dicht aneinander.
Stemnítsa ist einmal ein bedeutender Ort gewesen. Seine Hochblüte fiel in die venezianische Zeit (1686–1715), als es 3500 Einwohner zählte. Aber auch im vorigen Jahrhundert waren es immer noch 3000. In byzantinischer Zeit war Stemnítsa ein Zentrum der Glokkengießer, deren Erzeugnisse bis nach Konstantinopel wanderten. Nach der Befreiung Griechenlands war es das wichtigste Zentrum der Gold- und Silberschmiedekunst des Landes, da die übrigen noch türkisch waren. Aber das rauhe Klima und die große Abgelegenheit sicherten ihm keine glänzende Zukunft im neuen Jahrhundert. 1928 zählte es nur noch 1350 Einwohner. Wie in so vielen anderen griechischen Berg- und Inseldörfern wanderte die Jugend ab, in die Städte oder ins Ausland. 1951 war die Einwohnerzahl auf 800, 1961 auf 630 gesunken. 1971, bei der letzten Volkszählung, betrug sie 406. Heute zählt sie nur noch 370, wenn es so viele sind.
Der Fremde, der Stemnítsa besucht, hat nicht den Eindruck, in eine verlassene und verfallende Stadt zu kommen. Die großen zwei- und dreistöckigen Steinhäuser geraten nicht leicht in Verfall und verbergen ihre Verlassenheit hinter ihrer Festigkeit. Selbst die Geschäfte sehen aus, als ob sie erst gestern geschlossen hätten. Nur vom Kastron aus sieht man wirklichen Verfall, unten in der Schlucht. Da sind eine Reihe von Häusern eingestürzt, manche nur noch in ihren Fundamenten erhalten. Aber die Mittel- und Oberstadt hält sich erstaunlich. Gibt es Rettung für sie? Einige der alten Häuser sind an Tripolitaner und Athener verkauft worden, die sie sich als moderne Sommerhäuser herrichten. Die Sache könnte in Mode kommen, und so wäre wenigstens schon einmal dem baulichen Verfall Einhalt geboten. Aber für die Bevölkerung bedeutet solch ein kurzer Sommertourismus von nur wenigen Wochen keine wirkliche Hilfe. Es ist geplant, eine Metallwarenfabrik zu errichten, um die alte Tradition neu zu beleben. Die Idee ist einleuchtend, aber ihre Verwirklichung braucht vielleicht noch Jahre und käme vielleicht schon jetzt zu spät. Wichtig wäre, daß Stemnítsa endlich durch eine gute Straße mit Tripolis verbunden würde. Das könnte sehr zur Belebung auf vielen Gebieten beitragen. In der Kynouría hat man gesehen, welch ungeheure wirtschaftliche Bedeutung gute Straßenverbindungen haben.

Aber die Regierung Karamanlis scheint für die Region Arkadien kein Interesse aufzubringen. Es ist die größte und schwerste Prüfung in seiner Geschichte, nachdem Stemnítsa so viele andere glücklich überstand. 1779 wurde es von den Albanern überfallen, die die Türken zur Unterdrückung des russisch-griechischen Aufstands von 1770 ins Land gerufen hatten. Die Stadt wurde zum großen Teil zerstört. Die Stemnitsioten hatten sie ganz aufgegeben und sich in die Berge geflüchtet. 1783, schon vier Jahre später, wurde sie von einem schweren Erdbeben getroffen. Im Juni 1826 mußte sie die Besetzung durch Ibrahim Pascha über sich ergehen lassen, die ebenfalls schwere Zerstörungen mit sich brachte. Ibrahim nahm Rache an ihr, weil sie 1821, nach Ausbruch des griechischen Freiheitskampfes, eine Zeitlang Hauptstadt des Peloponnes und Sitz der Gerousie, des peloponnesischen Senats gewesen war, der hier am 29. Mai 1821 seine »Proklamation an das peloponnesische Volk« erlassen hatte.
Die Gerousie tagte im oberen Teil der Stadt, im Kloster der Panajía Zoodóchou Pijĩs, das selbst inzwischen vergangen, dessen Kirche aber als das eindrucksvollste Gotteshaus Stemnítsas bis heute erhalten ist. Es ist eine Kreuzkuppelkirche auf vier – stark konischen – Säulen über rechteckigem Grundriß von 6,70 × 8,80 m, mit drei Apsiden. Das Mauerwerk besteht aus unregelmäßigen Bruchsteinen, eingebettet zwischen dünne Ziegellagen. Ziegelschmuck fehlt bis auf eine Zahnleiste um die spitzbogigen Apsidenfenster. Die Kirche soll aus dem Jahr 1443, also aus dem letzten Jahrzehnt der Paläologenzeit stammen, aber sie bietet weder in den Proportionen noch in ihrem Mauerwerk – die Fresken sind zum großen Teil übermalt – so gar nichts von der Eleganz jener letzten Blüte der byzantinischen Kunst. Am imposantesten ist der Gesamteindruck, wenn man sie von weitem kompakt an ihrem Berghang liegen sieht und sich erinnert, daß dort 1821, in schwerer, entscheidungsvoller Zeit, der peloponnesische Senat getagt hat.
Von den vierzig Kirchen, die Stemnítsa einmal besessen haben soll – die Menge scheint eher dem Katalog heiliger Zahlen als der Wirklichkeit entnommen –, sind heute nur noch wenige erhalten.
Ganz in der Nähe des Hotels, rechts von der Schule in einer besonderen Einzäunung liegt die kleine Kirche der Drei Hierarchen, ein einfaches Tonnengewölbe mit Kuppel und Apsis. Das Rechteck 3,90 × 10,10 m ist außen dadurch verunklärt, daß in der Mitte der

Langseiten zwei verschieden große Stützmauern angesetzt sind, um den Schub der Kuppel aufzufangen. Mauerwerk aus Bruchsteinen. Als Ziegelschmuck eine einzige grobe Zahnleiste an der Apsis. Die Fresken aus dem Jahr 1715. Sie sind noch zum größten Teil erhalten: In der Apsis das Madonnenbild der Platytéra (→ Seite 398) mit den beiden anbetenden Erzengeln Michael und Gabriel. Darunter die Apostelkommunion. Über der Apsis die *Philoxenía toû Abraám,* die Bewirtung der drei Engel durch Abraham, in der die Kirche die alttestamentliche Präfiguration der Heiligen Dreieinigkeit sieht. An der Decke des Chorraums die Darstellung von Himmelfahrt und Pfingsten.

An den Wänden des Hauptraums sind die Fresken in drei Friesen angeordnet: unten ganzfigurige Heilige, oben Brustbilder von Heiligen, dazwischen läuft ein Fries mit den 24 Lobpreisungen Mariä aus dem Akáthistos Hymnos (→ Seite 183f.) und einer Reihe von Märtyrerszenen. Am Gewölbe in großer Zahl Wunder Christi, Szenen aus seinem und dem Marienleben und die Geschichte Josephs, des Sohnes Jakobs, aus dem Alten Testament.

An der Eingangswand ist die Passion Christi dargestellt: der Helkómenos Christós, das heißt die Kreuztragung (→ Seite 398), mit der wichtigen Abweichung, daß Christus hier nicht durch die Juden, sondern durch die Römer zur Richtstätte geführt wird. Es folgen die Kreuzigung, die Kreuzabnahme, die Beweinung Christi und die Wache am Grabe.

Petros Pediótis, der die Kirche ausgemalt hat, war kein überragender Hagiograph, aber sein Zyklus bleibt durch die Vollständigkeit der Erhaltung ein kostbarer Besitz.

Die drei nächsten Kirchen liegen alle am Friedhof, auf dem Weg zum Kastron. Die erste fällt durch ihr helles Mauerwerk und eine Arkadenhalle auf der Nordseite auf. Der Anbau ist ein Zusatz des Jahres 1910 und wird demselben Architekten verdankt, der die Kirche des heiligen Athanasios beim Prodromoskloster verbrochen hat. Die ursprüngliche Kirche war nichts als ein einfaches Rechteck von 3,30 × 8,70 m mit einem Tonnengewölbe von 4,10 m Höhe und einer Apsis. Das Gewölbe wird von zwei ungleichen Bögen gestützt, die dem Innenraum eine Art Dreiteilung verleihen.

Die Kirche trägt den offiziellen Namen *tis Panajías tis Protoplástou, der Ersterbauten Gottesmutter,* weil die Stemnitsioten sie für das älteste aller Gebäude ihrer Stadt hielten. Im Volksmund heißt sie *Panajía i Baphéro,* ein Name, dessen Herkunft und Bedeutung ungeklärt ist.

Über die Datierung der Kirche gehen die Ansichten weit auseinander, um nicht weniger als ein halbes Jahrtausend. Die einen halten sie für ein Bauwerk mittelbyzantinischer Zeit, des 12. Jahrhunderts, die anderen schreiben sie erst der nachbyzantinischen Zeit zu. Neuerdings ist eine vertragene Inschrift entdeckt worden, die, wenn sie wirklich zur Baphéro gehört, sie ins Jahr 1149 datieren würde.

Was uns jedoch stärker an der Kirche interessiert als ihre mehr oder weniger alten Mauern, das ist ihr vollständig erhaltener Freskenschmuck: in der Apsis das Madonnenbild der Platytéra, von den Erzengeln Michael und Gabriel flankiert. Über der Apsis die Philoxenie Abrahams. Rechts und links von der Apsis die Verkündigung Mariä. Weiter rechts die Geburt Christi und links die Anbetung der Hirten. Am Gewölbe des Chors Himmelfahrt und Pfingsten. Darunter rechts Christi Geburt und Darstellung im Tempel.

Im Hauptraum sind über den Heiligengestalten die 24 Lobpreisungen Mariä aus dem Akáthistos Hymnos dargestellt, je neun auf den Langseiten, sechs auf der Eingangsseite. Über den Lobpreisungen auf der rechten Seite Szenen aus dem Leben Christi: Taufe, Verklärung, Auferweckung des Lazarus, Einzug in Jerusalem, Abendmahl, Gefangenennahme, Verhör vor Pilatus, Kreuztragung (Helkómenos). Auf der linken Seite (von rechts nach links) die Heilung des Blinden, Christus und die Samariterin, Mesopentekosté*, die Heilung des Lahmen, die drei Frauen am Grabe, der ungläubige Thomas, Christi Abstieg ins Totenreich, die Wache am Grabe.

Auf der Eingangsseite unten eine große Darstellung der Déesis, der Anbetung Christi durch Maria und Johannes den Täufer. Über den erwähnten sechs Lobpreisungen Mariä im Tympanon eine große Darstellung der Kreuzigung mit westlichen Stileinflüssen und rechts daneben die Grablegung.

* Das Fest *Mesopentekosté,* das heißt *Pfingstmitte,* wird am 25. Tag nach Ostern, also in der Mitte zwischen Ostern und Pfingsten, gefeiert zur Erinnerung an die Verkündigung Jesu am Laubhüttenfest im Tempel, wie sie das Johannes-Evangelium 7,14 ff. berichtet. Die Terminierung des Festes beruht auf einem exegetischen Mißverständnis. Johannes 7,14 heißt es: *Als aber die Mitte des Festes gekommen war, ging Jesus in den Tempel hinauf und lehrte.* Gemeint ist die Mitte des jüdischen Laubhüttenfestes, die Ostkirche aber bezog es auf die Mitte zwischen Ostern und Pfingsten.

Am Gewölbe sind Propheten aufgereiht. Ein großes Medaillon in der Mitte umschließt die Figur des Pantokrators, umgeben von Personifikationen der himmlischen Mächte und Gewalten. In den Zwikkeln die vier Evangelisten.
Der Freskenschmuck ist, wie man leicht sieht, nicht einheitlich, sondern gehört verschiedenen Händen und Zeiten an. Die Heiligengestalten der linken Seite und der Pantokrator mit den Propheten der Decke scheinen dem 15. Jahrhundert anzugehören, das übrige erst dem 16. Jahrhundert. Davon wieder sondern sich die 24 Lobpreisungen Mariä durch provinzielle Darstellung und die Kreuzigung und Grablegung an der Eingangswand durch westliche Einflüsse.
Nur wenige Meter von der Panajía Baphéro entfernt liegt die kleine Kirche des heiligen Nikólaos, einschiffig (2,85 × 8,05 m), mit Tonnengewälbe (3,85 m) und Apsis. Sie diente bis zum Sommer 1958 als Gebeinhaus und war entsprechend vernachlässigt. Ihre Fresken werden dem 14. Jahrhundert zugeschrieben, aber es sind nur ganz verblaßte Fragmente übrig, die sich kaum jemals wiederherstellen lassen.
Nur wenig nördlich von Ajios Nikólaos an einer Gassenecke liegt eine dritte kleine einschiffige Kirche mit Tonnengewölbe und Apsis, 3,10 × 8,30 m und 3,75 m hoch. Auch ihr Freskenschmuck ist wieder ziemlich gut erhalten. Er folgt im allgemeinen dem Programm der Baphéro, mit dem Hauptunterschied, daß hier anstelle der 24 Lobpreisungen Mariä Märtyrerdarstellungen getreten sind. Der Pantokrator wird in die Mitte des 15. Jahrhunderts, die übrigen Fresken werden in die Mitte des 16. Jahrhunderts datiert.
Alle Kirchen von Stemnítsa sind verschlossen und nur in Begleitung des Priesters zu besichtigen. Die heutige Hauptkirche des Orts, die St.-Georgs-Kirche an der Platía, stammt aus dem Jahr 1810.

Es gibt zwei Möglichkeiten nach Stemnítsa zu kommen: von Megalopolis aus über Karýtäna und Ellinikó (31 km) oder von Tripolis aus über Daviá und Chrysovítsa (69 km). Bei der ersten hat man 11 km schlechte Straße, bei der zweiten 60. Aber die Strecke von Tripolis aus ist landschaftlich unvergleichlich viel schöner. Das Mänalongebirge, die Ebene von Daviá mit den Bergdörfern Piána und Rhoïnón im Norden, nachher die großen Wälder um Chrysovítsa, wie man sie in Griechenland nicht leicht ein zweites Mal findet, machen eine außerordentlich schöne und abwechslungsreiche Fahrt. Chrysovítsi selbst freilich bietet einen recht bedrückenden Anblick und macht an seinem Teil so recht die ganze Not Arkadiens offenbar. Es ist der einzige Ort inmitten eines ungeheuren Waldgebiets, es besitzt auch ein bedeutendes Sägewerk, so daß man meint, die Einwohner müßten gut von der Holzwirtschaft leben können. Aber die Entvölkerung ist ebenso stark wie in Stemnítsa. In achtzig Häusern wohnen nur noch dreißig Menschen. An Arbeit kann es nicht fehlen. Es fehlt vielleicht einfach nur an einiger Modernisierung. Vor allem aber fehlt es an einer guten Straße. Fragt man die Leute, warum sie nicht endlich gebaut wird, so heißt die stereotype Antwort: Die Abgeordneten Arkadiens schlafen.

Das Kloster Prodrómou im Lousiostal

Der Hauptfluß der Landschaft Gortynía, der bei Dimitsána entspringende Lousios, galt den Alten als der kälteste Fluß Griechenlands und war weiter durch den Mythos berühmt, daß Zeus nach der Geburt in seinen Quellen zuerst gebadet worden sei, wovon er auch den Namen erhielt, Lousios potamós, Badefluß. Über diese alten Legenden hinaus bleibt ihm aber bis heute der Ruhm, ein Gebirgstal geschaffen zu haben, mit dessen Wildheit und Romantik sich nur wenige in Griechenland vergleichen können. Es ist eine tief eingeschnittene Schlucht, unzugänglich, mit steil abstürzenden Wänden. An ihrem Ausgang sich verengend, wird sie von zwei wirklich senkrecht niedergehenden Felsklötzen wie von zwei Torpfeilern eingerahmt. – Der Lousios ist kein Winterfluß, sondern führt Wasser das ganze Jahr hindurch. Seine Fülle hat in dem Tal eine reiche Vegetation hervorgerufen. Sie erinnert an die des Athos, der an Mannigfaltigkeit keine andere in Griechenland gleichkommt. Die Reminiszenz ist nicht zufällig, denn auch das Lousiostal ist Mönchsland. In seinen unzugänglichen Winkeln und Höhlen ließen sich schon in früher Zeit Einsiedler nieder. Viele hatten hier Raum, ohne sich gegenseitig zu stören. Im 10. Jahrhundert entstand auf seinem rechten Ufer das be-

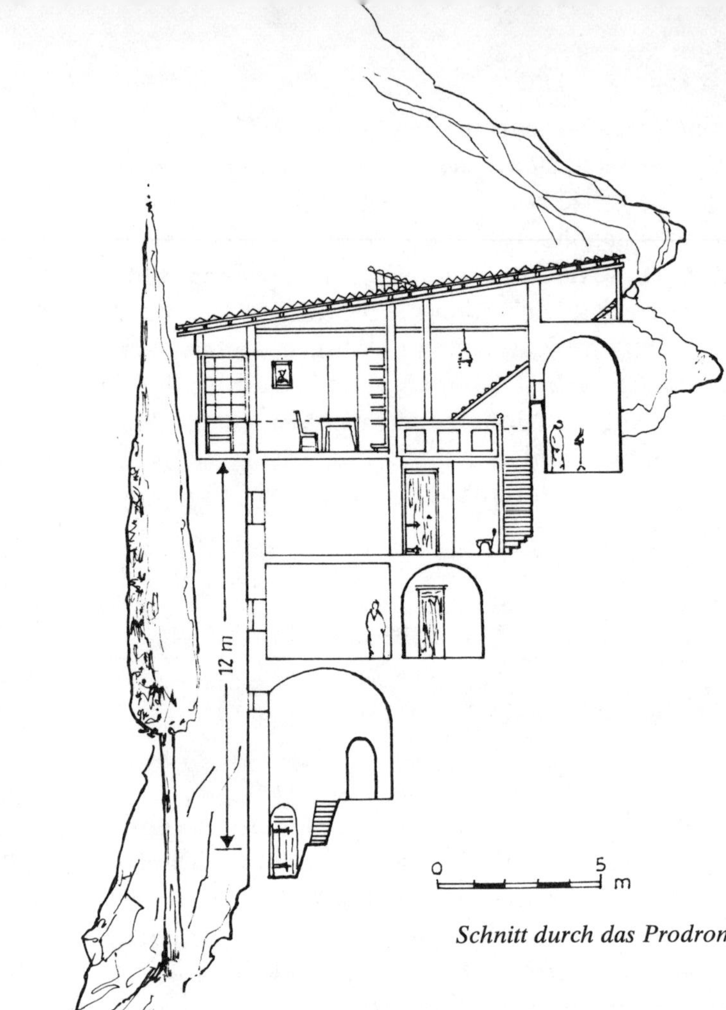

Schnitt durch das Prodromoskloster von Stemnítsa

rühmte Kloster *tou Philosóphou, des Philosophen,* eines der bedeutendsten Zentren byzantinischer Tradition in Griechenland. Nach der Überlieferung soll es im Jahr 963 vom Kanzler des Kaisers Nikephóros Phokãs (963–969), Johannes Lombardópoulos mit dem Beinamen »der Philosoph«, gegründet worden sein als das älteste Kloster auf dem Peloponnes, gleichzeitig mit der Megíste Lávra, dem ältesten auf dem Athos. 1691 wurde es erneuert und bald durch seine Theologenschule bedeutsam, aus der eine Reihe großer Geistlicher und mehrere Patriarchen hervorgegangen sind. Heute liegen beide Klöster verfallen. Sie sind überaus schwer zugänglich, und die Unwegsamkeit mag viel zu ihrer Aufgabe beigetragen haben. Auch die Einsiedeleien sind längst verlassen. Es gibt keine Asketen mehr in unserer Zeit.

Aber *ein* Kloster ist es doch, das die jahrhundertealte Mönchstradition des Tales fortsetzt, das Kloster Johannes des Täufers, nur wenig unterhalb der Philosophen-Klöster, ihnen gegenüber auf der linken Seite des Flusses. Das Kloster ist unter einen großen Felsüberhang an den Berg gebaut – wie ein Schwalben- oder Adlernest wäre kein wirklich zutreffender Vergleich; denn das Kloster bildet keinen Bau, der mit eigenem Raum hervorträte. Es ist unter den Felsüberhang gebaut, füllt dort den Hohlraum und bildet mit dem Felsabsturz über und unter sich eine einzige senkrechte Wand. Beim ersten Anblick erschrickt man über dem kühnen Gottvertrauen der Mönche, das heißt ihrem Vertrauen in die Beständigkeit der Natur. Wie, wenn der Berg in Bewegung käme, der Überhang sich löste? Er würde das Kloster einfach erdrücken. Und in Arkadien sind Erdbeben keine Seltenheit. Aber das Kloster steht nun unversehrt seit mehreren Jahrhunderten, und das Abenteuerliche seiner Anlage, das immer gegenwärtig bleibt, tritt hinter der Großartigkeit des Tales und der Natur zurück.

Das Kloster umfaßt eine Reihe Trakte von ganz verschiedenem Zuschnitt und Aufbau. Die Stockwerke liegen nicht parallel, sondern auf unterschiedlicher Höhe. Aber gerade das Ungeplante, Unregelmäßige macht den äußeren Reiz des Klosters aus, den Eindruck des Gewachsenen, Organischen und der völligen Angemessenheit an die Landschaft. Es gibt nur ein Kloster auf dem ganzen Peloponnes, das sich mit dem Täuferkloster von Stemnítsa vergleichen ließe, das ist das berühmte Kloster Megaspíläon in Achaja. Es hat eine ganz ähnliche Lage unter einem großen Felsüberhang, der hier nur noch viel gewaltiger und Anlaß zu einem so viel größeren Kloster geworden ist. Aber Megaspíläon (= die große Höhle) ist mehrmals abgebrannt und zuletzt 1954 erneuert worden, mit einem abscheulichen Betonbau, der wie ein billiges Berghotel aussieht. Es ist einfach unbegreiflich, wie die griechische Kirche ihre großartigsten Klöster durch unkontrollierte und völlig ausdruckslose Modernismen entstellt hat, selbst auf dem Athos. Wir sagten es schon beim Besuch des Klosters Malevi̇̃s, es ist eine starke Unempfindlichkeit gegenüber Schönheit und Tradition. Die alten Griechen müssen Augenmenschen ersten Grades gewesen sein, die neuen, zumindest ihre Klostergeistlichen, sind es nicht.

Auch das Täuferkloster ist modernisiert worden. Es besitzt eine eigene Stromanlage, und das Gästehaus ist in neuzeitlicher Bauweise erweitert worden. Aber das ist so geschickt und dezent geschehen, daß es keinen Bruch bildet und den Gesamteindruck nicht stört. Immer noch sind es die abenteuerlichen luftigen Balkons auf ihren dünnen Holzstützen, die den Anblick des Ganzen bestimmen.

Auch das Täuferkloster war bis vor zwanzig Jahren außerordentlich schwer zugänglich: acht Kilometer steiniger Fußpfad von Stemnítsa. Es ist nun durch eine Fahrstraße mit der Stadt verbunden. Aber diese Straße hat weder seine Einsamkeit noch seine Unberührtheit aufgehoben, wie es beim Kloster Megaspíläon oder ganz verheerend beim Kloster Loukoûs geschehen ist. Die Fahrstraße führt nur bis zur Metamórphosis-Kirche auf einem Felsvorsprung. Von dort ist den Besuchern wenigstens ein kleiner Pilgerweg von zwanzig Minuten durch die großartige Natur des Lousiostals obligatorisch geblieben. Kein Motorenlärm dringt in die Stille des Klosters, nur wie eh und je das Rauschen des Flusses. Selbst vor dem Wanderer hält es sich lange verborgen und wird erst sichtbar, wenn man schon fast angekommen ist. So ist das Täuferkloster keine Station für Autotouristen geworden, sondern mit nur wenigen von vielen ein echtes Kloster geblieben, unverfälscht in einer grandiosen, einsamen Landschaft.

Der Zeitpunkt der Gründung ist umstritten und durch Urkunden nicht aufzuhellen. Über das 16. Jahrhundert wird er aber kaum hinaufgehen. Es scheint, daß sich damals mehrere Einsiedler des Tals zu gemeinsamem mönchischem Leben (Koinóbion/Kinóvion) zusammengeschlossen haben.

Das Kloster empfängt seine Besucher mit einem schmalen Hof, in dem ein Brunnen fließt und der von einer großen Platane beschattet wird. Von hier hat man den ersten freien Ausblick in das wilde, dicht bewachsene Tal, der sich dann von Stockwerk zu Stockwerk immer mehr weitet. Man betritt den Komplex durch eine schwere eisenbeschlagene Tür, durchlöchert von mehreren Einschüssen aus dem Jahr 1779, als die Albaner versuchten, das Kloster zu stürmen. Damals hatte sich ein Teil der Bergbewohner in ihm verschanzt. Nach zwei Tagen ging ihnen das Pulver aus, und die Albaner forderten sie zur Übergabe auf. Da gelang es einem Scharfschützen, angeblich mit einem Metallknopf, weil es schon keine Patronen mehr gab, den Anführer der Feinde tödlich zu treffen. Nun glaubten sie, in einen Hinterhalt geraten zu sein, und zogen sich schleunigst zurück.

Die ersten Schritte im Innern sind merkwürdig und von einer eigenartigen Stimmung. Man dringt zwar in ein Gebäude vor, aber durch einen gewölbten Felsengang, eine Art Tunnel, auf unregelmäßigen, aus dem Berg gehauenen Stufen. Es wirkt geheimnisvoll, wie die Natur diesen Bau durchdringt, und die Schleifen und Abzweigungen des Weges geben seinem Inneren etwas Labyrinthisches.
Zu der Weitläufigkeit des Klosters steht seine winzige Kirche im 2. Stock in überraschendem Gegensatz. Man setzt unwillkürlich voraus, ein so großer und bedeutender Konvent müsse auch eine ansehnliche Kirche besitzen. Wir finden aber einen Kultraum, den man kaum auch nur als Kapelle bezeichnen kann. Das Allerheiligste (Hierón) ist nichts weiter als eine Felshöhlung von 2,25 × 4,90 m und stellt vermutlich die Urzelle des Klosters dar, die Nische, in der ursprünglich ein Einsiedler für sich ganz allein den Gottesdienst verrichtete. Zur Aufnahme für eine Schar Mönche hat man dann einen »Kirchenraum« von 2,50 × 4,60 m vorgelegt. Im Hierón finden sich Fresken der thronenden Madonna (Platytéra) und der Verkündigung, im Kirchenraum eine Anzahl von mehr oder weniger erfreulichen Heiligengestalten. Am besten zu betrachten sind die Fresken auf der Außenwand der Kapelle, zu beiden Seiten des Eingangs, wo die Gestalt des heiligen Sisóis besonders eindrucksvoll ist; er beklagt am Grab Alexanders des Großen, der mit seinem schmalen, überaus kläglichen Skelett gegen die breite, gewichtige Figur des Heiligen scharf kontrastiert, die Vergänglichkeit aller irdischen Größe. Wer beherzt ist oder gar das Makabre liebt, kann über der Kirche in einer zweiten Felsenkammer das Gebeinhaus besichtigen, wo die Schädel der verstorbenen Mönche aufgereiht und zur Unterscheidung und Identifizierung mit einer Zahl auf der Stirn versehen sind.
Die Datierung der Fresken schwankt zwischen dem 14. und 16. Jahrhundert. Einige wollen sie der kretischen Schule zuschreiben.
Das ist alles, was das Kloster an Historischem und Kunstgeschichtlichem bietet. Ich besuchte es zum erstenmal Ostern 1962. Da das Kloster Philosóphou eine berühmte Bibliothek besaß, die später, nach seiner Auflösung, in den Besitz der Stadt Dimitsána überging, wo sie allerdings im griechischen Freiheitskrieg aus Mangel an Papier zum Teil zu Pulvertüten verarbeitet wurde, nahm ich damals an, auch das Täuferkloster müsse eine bedeutende Bibliothek besitzen. Als der Mönch, der uns führte, uns nur eine Reihe von Druckschrif-

ten zeigte, fragte ich ihn, wo sich denn die Handschriften des Klosters befänden. Darauf erfolgte die Antwort: *Xérete, kýrie, to 1834 ótan perásan apo'dó o Othon kä i várvari, mas ta pírane. – Wissen Sie, Herr, als 1834 (König) Otto und die Barbaren hier durchkamen, haben sie sie uns weggenommen.* Er wollte sagen *Otto und die Vavarí, Otto und die Bayern,* aber er sagte *Otto und die várvari, Otto und die Barbaren,* und das war ein Versprecher, den er nicht zurücknahm.
Das Täuferkloster von Stemnítsa gehörte zu denen, die 1834 durch die Klosterreform aufgehoben wurden, und zwar aus einem sehr unrühmlichen Grunde, es hatte falsche Zahlen angegeben. Natürlich ist in der Zeit seiner Schließung von seinen liturgischen Geräten und sonstigen Schätzen manches verlorengegangen, darunter vielleicht auch Handschriften, worüber wir Genaueres wüßten, wenn griechische Klosterbibliotheken so etwas wie einen Katalog besäßen, was sie gewöhnlich nicht tun, wenn er ihnen nicht von Ausländern angefertigt wird. Aber es war natürlich eine ganz unhistorische Vorstellung des Mönchs, König Otto sei 1834 mit bayrisch/barbarischem Gefolge persönlich erschienen, um das Kloster zu schließen.
Schon 1838 wurde es wiedereröffnet.
Nach 1945 sind, wie wir sahen, viele griechische Klöster in Nonnenklöster umgewandelt oder als solche neu begründet worden. Das Täuferkloster ist immer ein Mönchskloster gewesen, und das mag zur Erhaltung seiner traditionellen Erscheinung beigetragen haben.
Etwas oberhalb des Klosters liegt eine kleine Kirche, deren Untergeschoß jetzt als Atelier dient. Einer der Mönche hat autodidaktisch die Kunst der Hagiographie, der Ikonenmalerei, erlernt und inzwischen sich und dem Kloster einen solchen Ruf erworben, daß Bestellungen weit aus der Umgegend eingehen. – Noch etwas weiter steht auf einem kleinen Felsplateau die große Kirche des heiligen Athanasios aus tristem grauem Haustein mit großen Zementfugen. Es ist ein Bauwerk aus dem Jahr 1910, das einem berühmten Architekten »verdankt« wird und trotz seines Natursteins so gar nicht in die Landschaft und zu dem Kloster paßt. »Architekten sind gefährliche Menschen«, schreibt Brecht einmal in seinem Tagebuch.
Es gibt zwei Möglichkeiten, das Täuferkloster zu erreichen, je nachdem, ob man die Straße, die an ihm vorbeiführt, von Stemnítsa oder von Ellinikó (Karýtäna) kommt. Von Stemnítsa sind es 9, von Ellinikó 10 km (von Karýtäna 18 km).

Doppelte Festung und doppeltes Heiligtum: Gortys

Die Stelle, wo die Fahrstraße von Stemnítsa zum Kloster Johannes des Täufers endet und der Fußweg beginnt, ist überaus glücklich gewählt und stellt ihrerseits bereits ein lohnendes Ausflugsziel dar. Hier befindet sich eine nie versiegende Quelle, und der Abhang endet in einem das Tal überragenden Felsplateau, das eine weite Aussicht gewährt. Auf dieser Spitze ist jetzt die Metamórphosis-Kirche erbaut, deren windgeschützte Vorhalle geradezu eine Aussichtsterrasse darstellt. Der Felsen liegt wesentlich höher als das Prodrómou-Kloster und fast schon über dem Ausgang der Lousiosschlucht, so daß sich eine fast panoramische Aussicht bietet.

Links ragt über einem langgezogenen Bergsattel gerade noch der steile Felsen mit der Burg von Karýtäna hervor. Den Hintergrund nach dieser Seite bildet das mächtige Lykaiongebirge. Auf dem Berg direkt gegenüber liegt das Dorf Atsícholos. Links unterhalb, am Rand des Berges unmittelbar über der Lousiosschlucht, erstreckt sich eine kleine Hochebene, die in dem dunklen Buschwerk des Berges hellgrün ausgespart und mit kleinen und größeren Bäumen besetzt ist. Unmittelbar oberhalb dieser Hochebene und parallel zu ihr, an dem dunkel bewachsenen Berghang, liegt, mit dem bloßen Auge nur schwer erkennbar, der Mauerring von Gortys. Da er nur sehr umständlich und zeitraubend zu besichtigen ist, wird er nur von wenigen aufgesucht. Um so wichtiger ist es, sich von hier aus seine Lage klarzumachen. Die erwähnte Hochebene stellt im gortynischen Bergland eine außerordentlich wertvolle landwirtschaftliche Nutzfläche dar. Es war selbstverständlich, daß die Festung außerhalb ihrer errichtet wurde, die große im Norden, später die kleine im Nordosten. Doch befand sich am Ostrand der Ebene das Asklepios-Heiligtum: ein Tempel, in dem die Kultbilder des Asklepios und der Hygieia von der Hand des Skopas stammten, eine kleine Badeanlage und eine Säulenhalle, die vielleicht als Inkubationshalle diente. Wie Gortys zwei Festungen besaß, so hatte es auch zwei Asklepios-Heiligtümer. Das zweite lag wesentlich tiefer, auf einer Terrasse über dem Fluß.

Wenn wir von unserem Aussichtspunkt einmal direkt ins Tal hinun-

tersehen, so führt dort eine Brücke über den Lousios. Auf dem jenseitigen Ufer steht eine kleine byzantinische Kirche und weiter rechts am Hang ein Bauernhaus. Zwischen Kirche und Haus kann man gut die ausgegrabenen Bezirke des unteren Asklepios-Heiligtums erkennen, die Fundamente des Tempels und die Badeanlage. Links davon liegt ein schmaler Bergsporn, der von zwei Wildbächen eingeschlossen wird. Auf diesem Rücken wurden die Reste einer Säulenhalle freigelegt, die wahrscheinlich die zum unteren Heiligtum gehörende Inkubationshalle darstellte, in der die Heilungsuchenden im Traum die göttliche Anweisung für die vorzunehmende Behandlung erhielten.
So haben wir von unserem Aussichtspunkt aus eine ideale Orientierung über die Lage der Festungen und des oberen und unteren Heiligtums. Bevor wir ihn verlassen, wollen wir uns aber auch das Panorama auf der rechten Seite klarmachen. Dort sehen wir unten in die bizarre Schlucht des Lousios hinein und in ihren eindrucksvollen Ausgang, wo sie zwischen zwei senkrechten Felsklötzen wie in einem Tor endet. Weiter flußauf auf einem steilen Felsen der linken Seite der Schlucht ragen Gebäude und Kirche des neuen Philosophen-Klosters hervor. Das alte liegt tiefer, hinter einem Felsvorsprung verborgen, wie auch das Täuferkloster hinter einer Felswand versteckt liegt. Nur seine neue Kirche und die Kapelle mit dem Maleratelier sehen gerade noch hinter ihr hervor, so daß wenigstens seine Stelle angezeigt ist. Weit am Horizont aber liegt die Kreisstadt Dimitsána, unverkennbar mit ihrem Wahrzeichen, dem hochragenden Uhr- und Glockenturm.
Von Metamórphosis sind es vier ziemlich steile Kilometer bis zur Brücke, vor der man parkt. Die mittelalterliche Brücke ist zum Teil aus antiken Steinen erbaut.
Es wäre übertrieben, wollte man unsere Kenntnis der Geschichte von Gortys als dürftig bezeichnen, wir besitzen eigentlich überhaupt keine. Die Stadt ist im 5. Jahrhundert in Delphi bezeugt, das ist alles. Und an dieser Lage haben auch die Ausgrabungen nur wenig geändert. Inschriften im oberen Heiligtum bezeugen die Identität des Asklepios-Tempels, die nicht zweifelhaft war. Aber im Stadtgebiet, oder genauer, in den beiden Festungsgürteln, ist keine einzige Inschrift gefunden worden, nur eine Reihe von Münzen, so daß alle Erkenntnis nur auf indirekten Schlüssen beruht.

Der große Festungsring, der ein langgestrecktes Rechteck, aber mit sehr unregelmäßigem Seitenverlauf bildet, maß 425 m in der Länge und in der Breite 100 m an der schmalsten und 160 m an den drei breitesten Stellen. Er umfaßte drei Tore und fünf Rundtürme, die alle auf der Westseite liegen, wo die Mauer eine starke Bastion bildete und am besten erhalten ist. Die Mauerführung ist sehr ungleich. Die Verbindung zwischen den beiden Südtürmen besteht aus sechs etwa gleich langen geradlinigen Zügen, die durch Vorsprünge gegeneinander versetzt eine Art Zickzack bilden. Innerhalb des Festungsrings sind nur die Fundamente einzelner Häuser, nicht aber die einer Stadt gefunden worden. Vor allem fehlen alle Spuren eines Stadtzentrums, einer Agorá und eines Tempelbezirks. Auch gleicht der Festungsring weder einer befestigten Akropolis noch einer Stadtmauer. Er scheint vielmehr dazu bestimmt gewesen zu sein, ein Lager aufzunehmen. Dazu stimmt, daß die gefundenen Münzen nicht solche der Stadt Gortys, sondern entweder Prägungen des Arkadischen Bundes oder fremder Städte sind. Mit Grund kann man daher annehmen, daß die Festung eine Gründung des Arkadischen Bundes war, wahrscheinlich von Epaminondas angeregt wie Megalopolis oder Messene, nicht mit dem Zweck, die Stadt Gortys zu schützen, sondern den Zugang von der Küste durch das Alpheiostal zur Ebene von Megalopolis zu sperren (etwa 370–65 v. Chr.). Schon in der 2. Hälfte des 4. Jahrhunderts scheint eine schwere Zerstörung (durch die Thebaner?) die Oberburg teilweise vernichtet zu haben, die erst in makedonischer Zeit wiederaufgebaut wurde. Jedenfalls weist die Nordmauer ein ganz auffälliges Sägezahnschema auf, das man für makedonisch hält. Die große Festung wurde aufgegeben und im 3./2. Jahrhundert v. Chr. durch eine sehr viel kleinere im Osten ersetzt, die nur 65 × 100 m umfaßte und sich mit der Ostseite an den Steilhang lehnte. Sie war mit sechs Vierecktürmen versehen und wahrscheinlich aus den Steinen der nahe gelegenen Ostmauer des alten Kastells erbaut, die vollständig verschwunden ist. Die kleine Festung soll zum Schutz gegen herumziehende Räuberbanden der Ätoler gedient haben. Es kann als sicher gelten, daß die beiden Festungen nicht gleichzeitig bestanden, sondern einander abgelöst haben.

Gleichzeitig mit der großen Festung wurde südlich von ihr auf dem Hochplateau das klassische Asklepios-Heiligtum errichtet mit Tem-

Plan der Ausgrabungen von Gortys

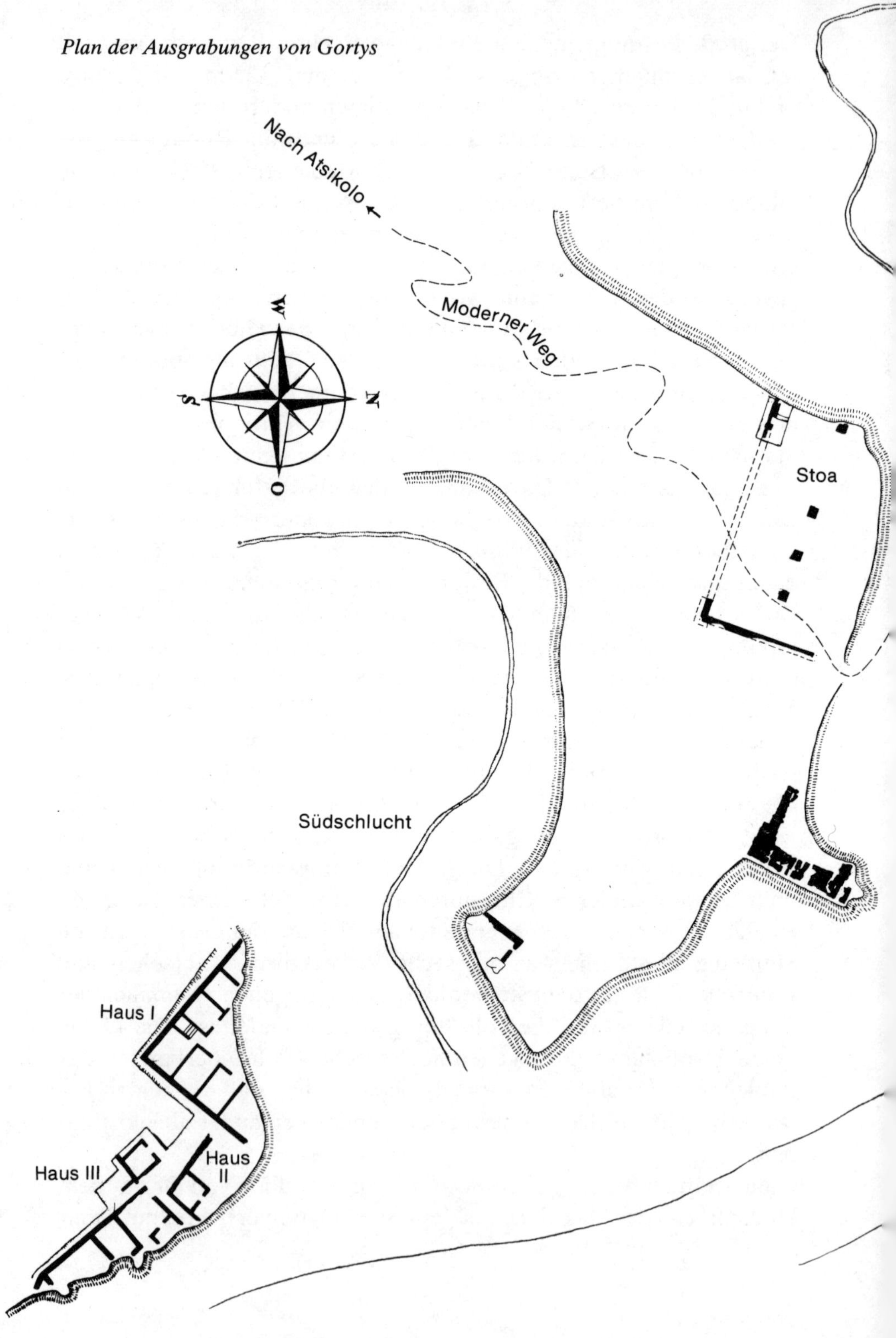

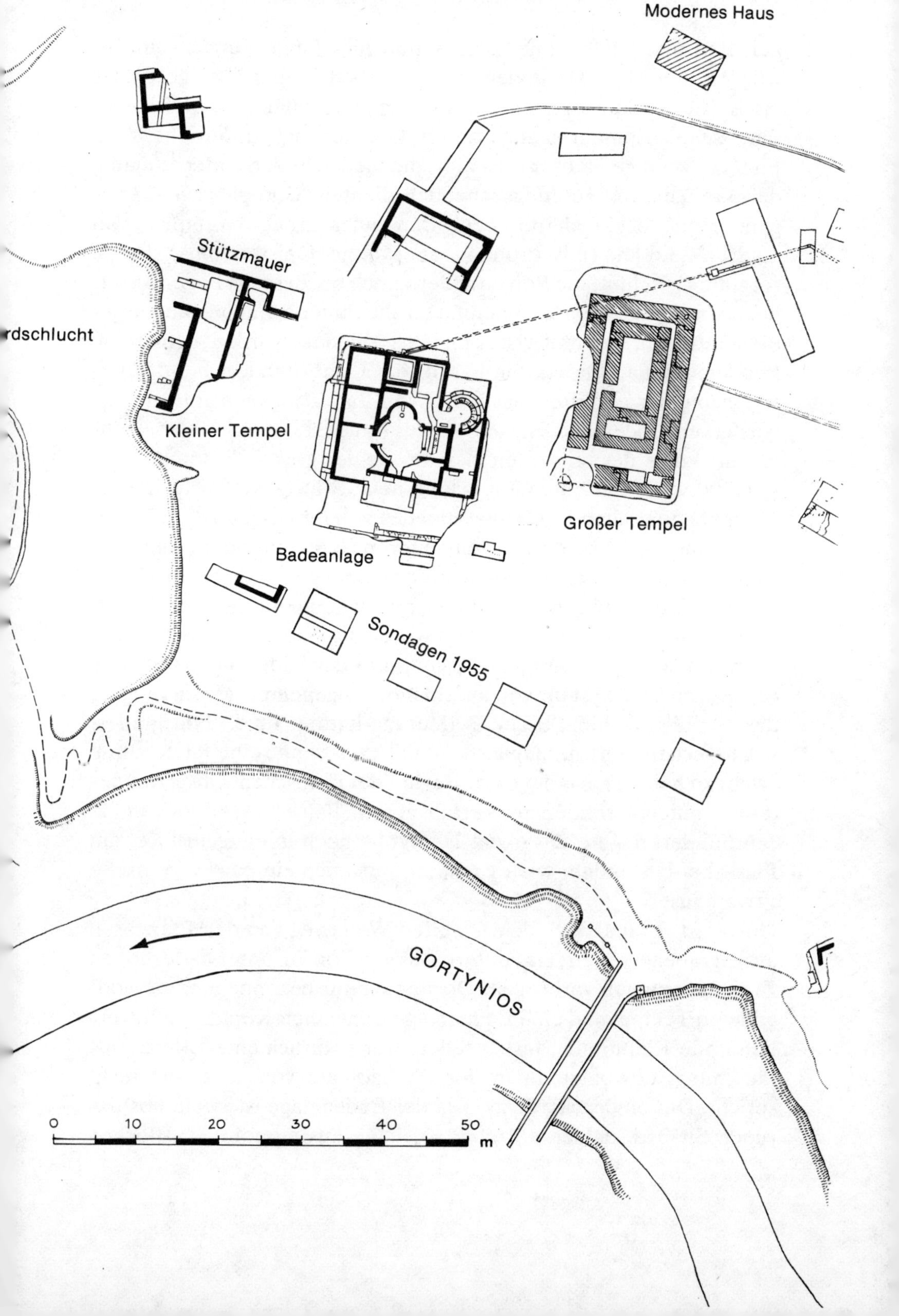
Modernes Haus
Stützmauer
rdschlucht
Kleiner Tempel
Badeanlage
Großer Tempel
Sondagen 1955
GORTYNIOS
0
10
20
30
40
50
m

pel, Bad und Säulenhalle. Leider sind hier keine Funde gemacht worden, die über Methoden, Besonderheiten und Erfolge dieser Heilstätte Auskunft gäben. Man ist rein auf Analogien und Rückschlüsse aus Epidaurus angewiesen. Gleichzeitig wurden unten am Fluß aufwendige Häuser errichtet, die vielleicht der Unterbringung der Kranken und Heilungsuchenden dienten. Und gleichzeitig begann man dort auch mit dem Bau eines großen Tempels von 13,20 × 23,60 m (mit Pronaos, aber ohne Opisthodom), dessen sorgfältig geschnittene Porosquadern noch bis zu sechs Lagen anstehen. Aber dieser Tempel scheint über die Fundamente nie hinausgediehen zu sein. Jedenfalls ist er niemals vollendet worden; denn seine Fundamentquadern wurden bereits im 3. Jahrhundert bei der Erweiterung der unmittelbar südlich von ihm gelegenen Badeanlage wiederverwendet. Die Einstellung des Baus erklärt sich wahrscheinlich als Folge der teilweisen Zerstörung der großen Festung.

Um 300 v. Chr. erlebte Gortys eine neue Blüte – vielleicht infolge der makedonischen Besatzung und des von ihr eingesetzten Tyrannenregimes –, die besonders dem unteren Heiligtum zugute kam. Als Ersatz für den großen Tempel wurde weiter südlich direkt am Flußufer ein kleiner errichtet, von dem Erosion heute nur noch die Nordseite übriggelassen hat. Vor allem wurde die Badeanlage ausgebaut. Sie war ursprünglich nur eine Piscina für Ganzbäder, dann entstand ein regelrechtes System von aufeinanderfolgenden Badevorgängen, die zum Teil wohl kultische Bedeutung hatten. Im 1. Jahrhundert v. Chr. scheint das Asklepieion von Gortys dann seine letzte Blüte erlebt zu haben, nach der es zu Beginn der römischen Kaiserzeit aus unbekannten Gründen in Verfall geriet. Pausanias erlebte im 2. Jahrhundert n. Chr. das obere Heiligtum noch in einigem Flor, am Fluß aber bestanden, wie es scheint, nur noch ein paar vereinzelte Privathäuser.

Gortys ist vor und nach dem Zweiten Weltkrieg von den Franzosen ausgegraben worden. Das untere Asklepieion lag unter meterhohen Erdablagerungen verborgen. Dort einen nur begonnenen, nie vollendeten Tempel und eine Badeanlage ohne allen Kontext, ohne erläuternde Kleinfunde, festzustellen, war natürlich eine bittere Enttäuschung, obwohl man in der Archäologie von so etwas nicht spricht. Der eindrucksvollste Teil der Badeanlage ist zweifellos das runde Sitzbad, dessen einzelne »Zellen« aus monolithen Blöcken bestehen. Man sollte aber nicht unterlassen, auch wenigstens den Hügel zu besteigen, der südlich des Bades jenseits des Wildbachs liegt und auf dem sich noch die Reste einer Stoa, vermutlich der Inkubationshalle des unteren Heiligtums, und Reste einer Befestigung (?) befinden. Auffällig bleibt jedenfalls, wie die Inkubationshalle hier isoliert und über das Heiligtum erhoben lag.

Wir wollen auch zwei Sätze an die kleine Kirche bei der Brücke wenden, die dem heiligen Andreas, dem Schutzpatron der orthodoxen Kirche, geweiht ist. Der Tourist, wenn er darauf aufmerksam wird, fragt sich vielleicht nach dem Grund, warum es in Griechenland relativ viele Kirchen und Kapellen des heiligen Andreas gibt, bei uns aber überhaupt nicht. Nach dem Johannes-Evangelium war nicht Petrus, sondern sein Bruder Andreas der erstberufene unter den Aposteln (1, 40). Wie sich die römisch-katholische Kirche auf Petrus gründet, so die griechisch-orthodoxe auf Andreas, und darum ist auch die Andreas-Kirche von Patras, in der das Haupt des Apostels aufbewahrt wird, die größte in ganz Griechenland. Der Apostel soll im Jahre 68 in Patras das Martyrium erlitten haben.
Unsere kleine Kapelle ist ein merkwürdiger Bau mit ihrer übermächtigen Kuppel, ihrem konfusen Mauerwerk und ihren diversen, nicht miteinander harmonierenden Öffnungen. Die Datierung schwankt um vierhundert Jahre, vom 10. bis zum 14. Jahrhundert. Die byzantinologische Bauforschung scheint noch in den Anfängen zu stecken. Aber Atypisches und Provinzielles bleibt natürlich immer schwer einzuordnen. Um die Kapelle liegen eine Reihe von Spolien verstreut. Die Franzosen haben westlich von ihr Mauerzüge aufgedeckt, die möglicherweise zu einer sehr viel größeren Vorgängerkirche gehören.

Die größte Sehenswürdigkeit von Gortys ist eigentlich der Fluß, der nach dem Austritt aus der Schlucht auch Gortýnios heißt. Ein wasserreicher Fluß ist in Griechenland etwas so Seltenes, daß er schon deshalb immer bestaunenswert bleibt, nun gar in dieser idyllischen, irenischen Uferlandschaft, wo die Arkader einmal ein eigenes Asklepieion besaßen. Hinter der Andreas-Kapelle liegt ein Wirtschaftsgebäude, in dem Käse gemacht wird (wurde?). Links führt ein Pfad an ihm vorbei zum Fluß hinunter. Da strömt nun das kristallklare Wasser wirbelnd über die Felsblöcke, die es in Jahrtausenden rund geschliffen hat. Platanen beschatten beide Ufer. Hier glaubt man nicht mehr, in Griechenland zu sein, auch nicht in der Heimat natürlich, irgendwo anders, irgendwie zeitlos. Ein lang vergessener Vers klingt plötzlich auf:

...vom Wasser haben wir's gelernt, vom Wasser.

Eine Lehre, die in Griechenland doch so selten ist. Taucht man aber die Hand ein, so versteht man Pausanias nicht recht, der überliefert, dies sei der kälteste Fluß von allen. Er kühlt wunderbar, aber eisig ist er nicht.

Von Gortys sind es 4 km bis Metamórphosis, der Abzweigung zum Kloster Prodrómou, und weitere 9 km bis Stemnítsa oder 6 km bis Ellinikó und weitere 8 km bis Karýtäna.

Alíphira

Die folgenden drei Kapitel sind an die Besucher des Apollon-Tempels von Bassä gerichtet mit dem Vorschlag, einen Tag länger in Andrítsäna zu bleiben, um von dort aus einige Ausflüge zu machen, die abwechslungsreiche Ziele bieten und sich doch leicht miteinander verbinden lassen.

Auf der Fahrt von Andrítsäna nach Pyrgos erreicht man nach 8 km die Talsohle von Phanári. Aber schon lange vorher ist voraus ein Berg zu sehen, dessen Kuppel zuerst zwei-, dann dreigeteilt erscheint, der behäbiger als die anderen hingelagert, vor allem aber daran kenntlich ist, daß seine Hänge nicht wie die der anderen mit Buschwerk, sondern mit Getreidefeldern bedeckt sind. Der Berg von Alíphira ist der einzige in der Gegend, dessen Boden Gras annimmt und Getreide wachsen läßt, und sicher war dies einer der Gründe, der die Alten zur Wahl dieses Ortes bestimmt hat. Es kann regnen, so wüst es will, der Berg von Alíphira hält alles fest, es kommt nichts von ihm herunter.

Unmittelbar nach Erreichen der Talsohle und nach Passieren einer

technischen Station weist rechts ein Schild mit der genauen Angabe von 4,5 km nach ALÍPHEIRA, wohin wir einbiegen. Der Weg ist eben und gut befahrbar, nur durch eine Reihe von lästigen Wasserrinnen unterbrochen. Die ganze Gegend ist sehr wasserreich und besaß bis zur Einführung der elektrischen Mühlen nach dem Zweiten Weltkrieg zahlreiche Wassermühlen, von denen man hier und da noch einen Aquädukt in den Feldern aufragen sieht. Die Fahrt verläuft in ständiger Steigung, und schon nach 2 km kündigt sich die Nähe der antiken Stadt an. Unmittelbar links an der Straße liegt ein hellenistisches Familiengrab in Form einer kleinen Tempelfassade: auf fünf Pfeilern ruht ein flacher dreieckiger Giebel, zwischen den Pfeilern die Öffnungen zu den vier schmalen und niedrigen Grabkammern. Sie wurden mehrfach belegt, wie die mindestens zehn Namen von Bestatteten auf dem Gebälk über den Kammern verraten, von denen aber die Mehrzahl ganz verwaschen und nur noch das KALLIERA CHAIRE – *Kalliera, lebe wohl!* über der dritten Kammer von links noch deutlich zu lesen ist. Auf dem mittleren Pfeiler steht oben ein sechszeiliges Grabepigramm. Wahrscheinlich wurde die Fassade nach jeder neuen Bestattung wieder mit Erde zugeschüttet. Die Anlage ist eine bescheidene Nachahmung makedonischer Grabbauten und stammt aus dem 3. Jahrhundert v. Chr., der Zeit makedonischen Einflusses auf dem Peloponnes.
Die Straße biegt um einen Felsvorsprung, hinter dem ein weiteres Grabmonument liegt. Es folgt links ein Wasserreservoir und bald darauf rechts ein Schild ANCIENT ALÍPHEIRA, das auf den Berg hinaufweist. 200 m weiter ist ein zweites, größeres Wasserreservoir mit einem geräumigen Vorplatz, wo man parken kann.
Um die antike Stadt auf dem Gipfel von Alíphira auf dem kürzesten und sichersten Weg zu erreichen, darf man nicht den Pfad einschlagen, der von dem Schild seinen Ausgang nimmt. Er führt zwar in angenehmer Steigung bergan, aber viel zu weit nach rechts und auch viel zu hoch hinauf, weit vom Ziel ab. Man muß vielmehr bis zu dem ersten Wasserreservoir zurückgehen. Dort erblickt man in geringer Höhe eine Kirchenruine, als Bergkamm aber zeigt sich eine Einsenkung zwischen zwei Gipfeln. Die Kirche und dieser Sattel sind die beiden Markierungspunkte unseres Aufstiegs, der höchstens eine Stunde dauert. Rechts hinter der Kirche beginnt ein gut ausgetretener Pfad, dem leicht zu folgen ist und der auch hin und wieder an

einem Baum vorbeiführt, in dessen Schatten man ausruhen und ein wenig die Gegend betrachten kann. Der Pfad führt auch schon bald zu den ersten Überresten des unteren Stadtmauerrings. Und halbrechts im Gelände liegt ein von Mauertrümmern übersäter Feldhügel, zu dem man vielleicht einen Abstecher macht. Von ihm aus erblickt man am Fuß der beiden Berggipfel die Reste je eines gewaltigen Wehrturms und begreift, daß der Felsen, auf dem wir stehen, als vorgeschobene Bastion diente, von der aus Verbindungsmauern zu den beiden Türmen gingen, so daß die Senke, die wir anstreben und durch die der Berg am leichtesten zu ersteigen ist, wirksam geschützt war. Die Menge der Angreifer wurde durch die vorgeschobene Bastion in zwei Gruppen gespalten.
Sollten wir beim Weiteranstieg den Pfad verlieren, so ist das Unglück nicht groß; denn man hat kein Gebüsch, sondern nur Getreidefelder zu durchqueren, auf denen man ungehindert vorwärts kommt. Es kommt nur darauf an, die Richtung auf den Sattel nicht zu verlieren. Von dort aus erreicht man mühelos den linken, den Hauptgipfel. Auf ihm führt der Pfad am südlichen, unserer Ankunft gegenüberliegenden Rand des Gipfelplateaus entlang.
Von dem hohen Rücken des Berges aus genießt man eine weite Aussicht. Im Nordosten, auf der Seite, von der wir aufgestiegen sind, zieht sich ein nicht sehr hoher, aber steiler Riegel am Fuß von Alíphira hin. Eine tiefe Klamm hat der Phanaritikós, der Fluß von Phanári, dort eingeschnitten, auf deren Grund der Fluß verschwindet, nur sein Rauschen dringt stellenweise zu uns herauf. Hinter dem Riegel, von ihm verdeckt, liegt das Alpheiostal, von dem wir aber ahnen, daß es hier noch schmal und eng ist. Im Mittelgrund ragt vereinzelt ein auffälliger, klotziger Berg mit scharf gekanteten Seiten auf, die Achlíchova. Darüber erheben sich in steilen Wänden Rhoudiá und Klínitsa, die Gebirge um Dimitsána und Stemnítsa. Und irgendwo, in schon unsichtbarer Ferne, ist da auch die Schlucht des Lousios mit dem Täuferkloster zwischen ihnen eingeschnitten, um im Alpheiostal zu enden.
Auf der anderen Seite des Gipfels, nach Westen und Südwesten, sind die Berge näher gerückt und weniger schroff. Ihr Halbkreis eröffnet dem Blick nur die nähere Nachbarschaft. Allein der gleichmäßig runde Buckel des Minthegebirges ragt aus größerer Ferne herüber. Im Mittelpunkt breitet sich ein grünes, fruchtbares Tal aus, ganz mit

Kulturen und Pflanzungen bedeckt, ein sogenannter Kampos. Und in der Mitte des Tales ist ein Gebilde installiert, das den Betrachter ratlos macht, ein großes Geviert von Serienhäusern, in gleichförmiger Bauweise und gleichförmigem Abstand hingestellt wie eine herzlose Arbeitersiedlung einer aus dem Boden gestampften Industrie, ein Schrecken für das Auge, eine Verschandelung der ganzen Gegend.
Mit anderen Gebieten Griechenlands wurden 1965 auch Teile von Arkadien und Elis von einem schweren Erdbeben mit ausgebreiteten Zerstörungen getroffen. Um den Obdachlosen eine neue Bleibe zu schaffen, finanzierte die damalige Regierung diese Siedlung. Sie war aber nicht als vorübergehendes Provisorium gedacht, sondern die Behörden verfolgten mit ihr den Plan eines Synoikismós, einer Zusammenlegung mehrerer Dörfer, vermutlich in der Annahme, die bestehenden Schul-, Verkehrs- und Versorgungsprobleme dadurch zu mildern, überhaupt durch eine größere Anzahl von Menschen auch eine größere wirtschaftliche Bewegung in Gang zu setzen. Aber eine solche schematische Ansammlung von Serienhäusern war natürlich als Bauernsiedlung ganz ungeeignet, was allein schon die Frage der Viehhaltung angeht. Auch die Einwohner des Dorfes Rongozió, das jetzt Alíphira heißt, sollten nach Lefki umsiedeln. Sie konnten sich allein schon aus dem Grunde nicht dazu entschließen, weil sie dann kilometerweit von ihren Feldern getrennt gewesen wären. Eine solch einschneidende Erschwerung der Feldbestellung für ganz zweifelhafte Vorteile des neuen Wohnsitzes wollten sie nicht auf sich nehmen. Der Effekt war, daß die Regierung ihnen jeden Kredit für den Wiederaufbau ihres zerstörten Dorfes versagte, sie mußten ihre Häuser aus eigenen Kräften und Mitteln wiederherstellen. Heute ist das alles überstanden. Nur das Dorf Lefki ist als weithin sichtbares Gebilde bürokratischer Fehlplanung stehen geblieben, ein Monstrum unter arkadischem Himmel.
Der erste Eindruck, wenn man, von Andrítsäna herunterkommend, Alíphira zum erstenmal erblickt, ist der eines breitgelagerten, mehrgipfligen Berges. Aber es ist nur die Perspektive, die ihn so erscheinen läßt. In Wirklichkeit ist seine Formation die eines langgestreckten Höhenzuges mit relativ schmalem Plateau auf dem Grat. Er war aber dadurch für eine Wohnstadt günstig, daß er sich in ebenen Flächen ausbreitete, oder doch dadurch, daß man ihn, die Festungs-

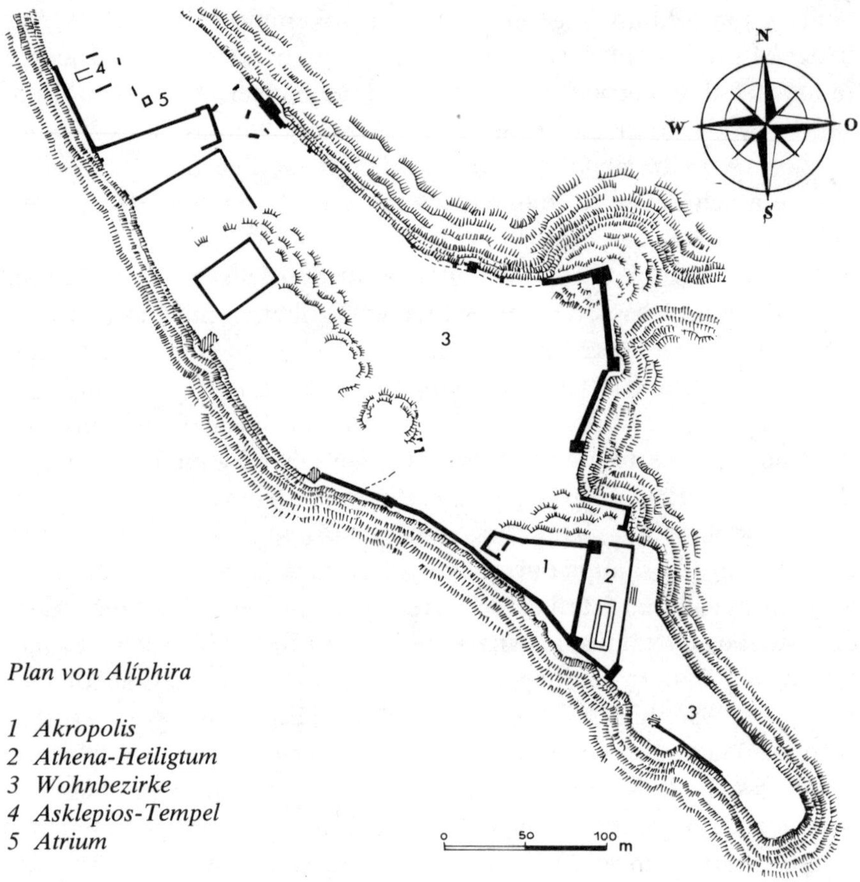

Plan von Alíphira

1 Akropolis
2 Athena-Heiligtum
3 Wohnbezirke
4 Asklepios-Tempel
5 Atrium

mauer gleichzeitig als Stützmauer benutzend, leicht planieren konnte. Der Plateaustreifen von Alíphira ist in einzelnen Terrassen von nur wenigen Metern Niveaudifferenz abgestuft, die zum Teil mit Stützmauern gegeneinander gesichert sind, so daß die Heiligtümer, die Akropolis und die Wohnbezirke einerseits zwar in schon von Natur unterschiedene Bereiche getrennt waren, andererseits aber, durch die geringe Höhendifferenz, in müheloser Verbindung miteinander standen. Die oberste Terrasse, die der Akropolis, befindet sich auf einer Höhe von 683 m.

Trotz seines vorgriechischen Namens haben sich vorgeschichtliche Siedlungsspuren in Alíphira bisher nicht feststellen lassen, und da auch geometrische Funde fehlen, so scheint die Stadt erst in archaischer Zeit gegründet worden zu sein. Auch dafür ist die Bezeugung freilich spärlich genug. Die Cella des Athena-Tempels (→ Plan: 2) ist von außerordentlicher Schmalheit (5,20 × 23,10 m). Sie war außerdem nicht unterteilt, besaß in der Rückwand keine Tür und war der Säulenringhalle genau symmetrisch eingefügt. Das alles sind Merkmale eines archaischen Bauwerks, und so wird denn der erste Athena-Tempel um 550 v. Chr. angesetzt. Seine Mauern waren über dem Steinsockel aus Ziegeln errichtet, er besaß ein tönernes Dach und eine Ringhalle aus Holzsäulen. Erhalten sind von dem ganzen Bauwerk nur die unterste Lage (Euthynterie) und das Fundament der Cella bis zu einer Höhe von 0,35 m. Der Wächter sagt, daß in seiner Jugend, vor vierzig Jahren, die Cella noch sehr viel höher gewesen sei; denn sie hätten als Kinder um ihre Mauern Kriegen gespielt.

Zwei Generationen später, in der Zeit zwischen 500 und 490, wurde der Tempel großzügig erneuert. Er erhielt nun eine Ringhalle aus Steinsäulen und ein steinernes Dach. Während die Säulen und Kapitelle aus Muschelkalk bestanden, waren die Dachziegel aus Marmor.

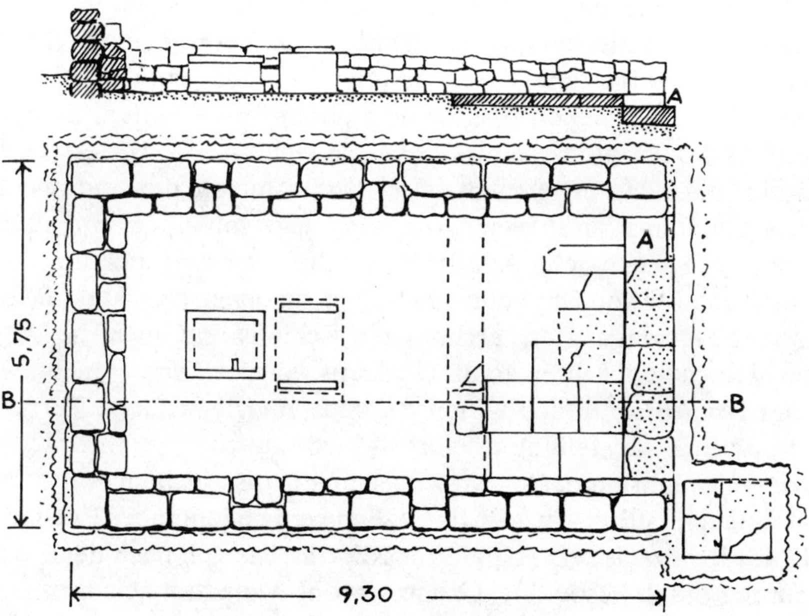

Schnitt und Grundriß des Asklepios-Tempels von Alíphira

Marmorne Dachziegel waren eine Erfindung der Naxier, die sie zuerst auf Delos angewandt hatten. Marmorne Dächer scheinen dann ein besonderer Tempelschmuck gewesen zu sein, der uns nicht nur durch seinen Aufwand, sondern auch technisch, durch sein großes Gewicht von vielen Tonnen beeindruckt. Das Marmordach des Athena-Tempels von Alíphira bestand aus 960 Platten von 6 cm Stärke, 60 cm Breite und 69 cm Länge und 987 dachförmigen Deckziegeln zum Abdecken der Spalten zwischen den Platten mit den Abmessungen 3,5 × 22 × 69 cm. Wir würden eher erwarten, man hätte die Säulen – sechs an den Schmal-, fünfzehn an den Längsseiten – aus Marmor errichtet, aber sie waren nur mit einem weißen Stucküberzug versehen. Im übrigen ist anzunehmen, daß der Aufwand an Rohmaterial für das kleinteilige Marmordach doch geringer war, als er für die achtunddreißig Marmorsäulen und -kapitelle gewesen wäre. Kostenfragen erscheinen in der Archäologie vielleicht prosaisch. Aber zum konkreten Verständnis eines Bauwerks und der getroffenen Entscheidungen bei seinem Entwurf sind sie eben doch sehr wichtig.
Die unzerbrochenen Marmorziegel hat man ins Museum geschafft, von den zertrümmerten findet sich ein ganzer Berg an der Rückseite des Tempels aufgestapelt. Von den Säulen waren bei den Ausgrabungen 1932/35 sieben noch zum größten Teil erhalten. Sie sind während des Zweiten Weltkriegs verschwunden. Die Hirten haben sich ein Gaudi daraus gemacht, die Säulentrommeln den Südwestabhangs hinunterrollen zu lassen, wo man einige von ihnen am Fuß des Berges noch liegen sieht. Auf der Tempelterrasse sind jetzt nur noch drei Fragmente von Kapitellen zu finden, an denen man aber die organische Schwingung des archaischen Echinus und auch die Putzschicht noch beobachten kann. Übrigens war der Tempel nicht, wie es der Brauch eigentlich verlangte, geostet. Die schmale Terrasse ließ nur eine Aufstellung in Nordsüdrichtung zu.
Ende des 5. Jahrhunderts – wir wissen nicht, aus welchem Anlaß und von welchem Stifter – wurde der Athene ein bedeutendes Erzstandbild des Bronzegießers Hypatodor geweiht, das sich nach der Überlieferung durch besondere Größe sowohl wie Schönheit auszeichnete und so hoch war, daß es in der Cella des Tempels nicht Platz fand, sondern im Freien aufgestellt werden mußte. Die Reste seiner Basis sind in der Nordostecke der Tempelterrasse noch erhalten. Ihr

gegenüber liegen die Fundamente des 1,80 × 4,90 m großen Altars. Darüber hinaus sind nur noch eine Reihe von Statuenbasen auf der Tempelterrasse erhalten.
Daß aber die Aliphereer vor allen anderen Göttern die Athene verehrten, rührte aus ihrem Glauben her, daß die Göttin bei ihnen geboren sei. Athene trug den Beinamen *Tritogéneia,* die *Tritongeborene.* Und wie es im Altertum eine ganze Reihe von Städten gab, die sich um die Ehre stritten, die Heimatstadt Homers zu sein, so gab es auch mehrere Orte, die sich als die Geburtsstätte Athenes ansahen, diejenigen nämlich, wo es einen Fluß Triton oder einen See Tritonis in der Nähe gab. Alíphira besaß eine Tritonisquelle – es ist die jetzt leider in Beton gefaßte Quelle, an der wir unseren Wagen geparkt haben –, und so feierte es alljährlich mit einer großen Panegyris das Geburtsfest der Athene. Um aber diese Geburtstagsfeier ungetrübt zu verbringen, wurde sie mit einem merkwürdigen Voropfer eingeleitet. Man opferte am Vortag dem Heros *Myíagros,* dem *Fliegenabwehrer,* und konnte dann sicher sein, den Festtag unbelästigt zu verbringen. Auf welche Weise Myíagros in der Lage war, den Fliegen klarzumachen, daß sie ganz Arkadien zur freien Verfügung hätten und sich nicht ausgerechnet auf den Köpfen und Speisen der Alipehreer niederzulassen brauchten, wäre auch heute noch wichtig zu wissen. Es muß schon schlimm gewesen sein mit den Fliegen damals; denn Myíagros war keineswegs die einzige Abwehrhilfe. Im nahen Olympia wurde selbst Zeus als Fliegenabwehrer, *Apómyios,* angerufen. Der bedrängte Herakles, dem Kraft und Mut gegen die schlimmsten Ungeheuer, nicht aber gegen die vertrackten Fliegen halfen, hatte dem Zeus Apómyios in Olympia geopfert; daraufhin hatten sich die Fliegen über den Alpheios zurückgezogen. Nach dem Vorbild des Herakles hätten dann die Eleer, um Olympia von Fliegen freizuhalten, den Brauch eingeführt, dem Zeus Apómyios zu opfern (Pausanias V 14, 2). Und Plinius wußte gar zu berichten (Nat. hist. XXI 106f.), nach einem Stieropfer hätten sich die Fliegen in einer Wolke überhaupt außer Landes verfügt. Auf der Südspitze von Leukás wurde auch Apollon als Fliegenabwehrer angerufen. Merkwürdige Beschäftigungen trauten die Griechen selbst den größten ihrer Götter zu. Es wirkt fast wie ein trivialer Nachklang der homerischen Götterburleske.
Die Terrasse des Athene-Tempels ist gegen das unter ihr liegende

schmale zungenförmige Plateau, das sicher einen Wohnbezirk trug, nicht durch eine einfache Stützmauer vor Auflösung gesichert, sondern durch eine Böschung in Form einer Stufenmauer, die besonders schub- und druckfest war. Sie ist auf eine Länge von 9 m freigelegt. Aber was nun wie eine Treppe aussieht, ist in Wirklichkeit ein Teil der Stützmauer der Tempelterrasse. Zur Not mochte sie wohl auch als Treppe dienen können, aber eine Stufenhöhe von 27 cm war auf jeden Fall recht unbequem.

Außer dem Athene-Heiligtum des 6. und 5. Jahrhunderts im Südosten, besaß Alíphira noch ein Heiligtum des Asklepios im Nordwesten. Daß es dem Asklepios geweiht war, geht wie beim Athene-Tempel nicht aus den Ausgrabungen, sondern allein aus der literarischen Überlieferung bei Polybios und Pausanias hervor. Die Funde haben lediglich ergeben, daß es wahrscheinlich in der zweiten Hälfte des 4. Jahrhunderts v. Chr. erbaut wurde. Es ist ein kleiner geosteter Tempel von 5,80 × 9,30 m. Auf seiner Schwelle standen vermutlich einmal zwei dorische Säulen, die aber ganz verschwunden sind. Erhalten ist noch die Basis des Kultbildes aus bläulichem Kalkstein, davor zwei senkrechte Marmorplatten mit jetzt abgebrochenen Löwenfüßen, die einmal einen Opfertisch trugen. Von der Kultstatue haben sich vereinzelte Elfenbeinreste gefunden. Sie gaben die unbedeckten Körperteile wieder und waren auf einem Holzkern angebracht.

9 m östlich vom Eingang des Asklepios-Tempels lag der Altar, der fast so breit war wie der Tempel selbst: 2,20 × 5,35 m. Tempel und Altar waren von einer trapezförmigen Temenosmauer eingeschlossen, die nur noch teilweise erhalten ist.

Etwa 30 m südöstlich vom Altar und auf 3 m höherem Niveau ist ein quadratisches Fundament aus rötlichem Kalkstein von 4 × 4 m zutage gekommen, mit einer Reihe unkannelierter Säulenstümpfe. Es gibt wenig Zweifel, daß es sich um ein Atrium handelt, um den ungedeckten Innenhof eines Wohngebäudes, den man sich von etwa 2,50 m breiten Säulenhallen umgeben vorzustellen hat, auf die die Türen der Innenräume des Gebäudes hinausgingen. Die Ausgrabungen haben nicht ergeben, ob es sich um Priesterwohnungen handelte oder vielleicht um das Gästehaus und die Inkubationshalle für die Heilungsuchenden. Überhaupt erfahren wir weder literarisch noch aus Funden Näheres über den Asklepios-Kult von Alíphira,

was natürlich besonders interessant wäre. Auch die Ausgrabungen in Gortys haben mit ganz negativem Ergebnis für die Frage des arkadischen Asklepios-Kultes und seiner Heilpraxis geschlossen.
Bei weitem die eindrucksvollsten Ruinen der Stadt sind ihre Wehrmauern und -türme. Alíphira besaß ursprünglich vielleicht einen dreifachen Mauerring: einen untersten am Fuß des Berges, der heute gänzlich verschwunden ist; einen zweiten auf mittlerer Höhe, von dem wir beim Aufstieg einige Reste gefunden haben; und schließlich den obersten um den Rand des Gipfelplateaus, der noch in bedeutenden Teilen und stellenweise bis zu 5 m Höhe erhalten ist. Die Bauweise ist teils polygonal, teils geschichtet polygonal, teils gemischt polygonal-isodom. Aber eine chronologische Fixierung der einzelnen Bauabschnitte ist nicht möglich. Die ältesten Teile werden vielleicht schon der Mitte des 5. Jahrhunderts angehören und auch die jüngsten auf jeden Fall vor 370 v. Chr. errichtet sein. Denn als Epaminondas 371 in der Schlacht bei Leuktra die Spartaner vernichtend geschlagen und die Vorherrschaft Thebens über Griechenland aufgerichtet hatte, da veranlaßte er die Arkader, sich gegen Sparta zu einem Bund zusammenzuschließen und als Bollwerk durch Synoikismós eine große Stadt, Megalopolis, anzulegen (368 v. Chr.). Auch Alíphira mußte sich an dem Synoikismós beteiligen und einen großen Teil seiner Bevölkerung an die neue Hauptstadt abgeben. Es hörte nicht auf zu existieren, aber es hatte seinen Höhepunkt überschritten und war von da an vielleicht nur noch eine von Megalopolis abhängige Kleinstadt. So jedenfalls bezeichnet sie Pausanias nach seinem Besuch im 2. Jahrhundert n. Chr., während sie selbst natürlich nicht aufhörte, sich Stadt zu nennen.
Als einziges Ereignis aus dem 3. Jahrhundert wird seine Eroberung durch Philipp V. von Makedonien überliefert. 244 v. Chr. hatte der Tyrann von Megalopolis Lydiadas gegen persönlichen Gewinn Alíphira, das bis dahin zum Achäischen Bund gehört hatte, an die Eleer abgetreten, die mit den Ätolern im Bündnis standen. Die Achäer waren auf die Dauer nicht gewillt, diese und andere Schmälerungen ihres Herrschaftsbereichs hinzunehmen. 220–217 v. Chr. kam es zwischen dem Ätolischen und dem Achäischen Bund und ihren Verbündeten zum sogenannten Bundesgenossenkrieg. Die Achäer hatten Philipp V. von Makedonien (221–179) als Verbündeten gewonnen und ihn in Korinth mit dem Oberkommando betraut, den letzten

großen Vertreter des Antigonidengeschlechts, einen Mann von außerordentlicher kriegerischer Tüchtigkeit und Energie, der sogar die Auseinandersetzung mit den Römern aufnahm, indem er sich nach der Schlacht von Cannae mit Hannibal verbündete, um ihr Vordringen nach Osten aufzuhalten, und der doch glücklos blieb in dem vergeblichen Versuch, den Gang der Geschichte aufzuhalten, und der in ihre Annalen schließlich nur eingegangen ist als einer der brutalsten Zerstörer griechischer Städte.

Das Kriegsziel der Achäer war, die ihnen entrissenen Städte zurückzugewinnen und die Ätoler und Eleer wieder auf ihre ursprünglichen Stammesgebiete einzuschränken. Nachdem Philipp V. 219 Elis und Olympia besetzt hatte, rückte er gegen das vierzig Stadien, etwa 7,5 km, von Alíphira entfernte Heräa am Alpheios vor, ließ die dortige Brücke erneuern – die einzige antike Alpheios-Brücke, von der wir wissen – und zog gegen Alíphira. Während seine Truppen zum Sturm gegen die Nordostseite der Stadt vorrückten, so daß sich deren ganze Verteidigung dort konzentrierte, soll der König selbst sie mit einer Schar auserlesener Männer umgangen und an einer unbewachten Stelle von der anderen Seite her erstiegen haben. Er ließ Feuer in die Wohnstadt werfen, und die überraschten Verteidiger, die sich durch den Brand über die geringe Zahl der Gegner in ihrem Rücken täuschen ließen, zogen sich erschrocken auf die Akropolis zurück. So konnten die makedonischen Sturmtruppen die übrigen Mauern mit ihren Leitern ungehindert ersteigen. Die in der Akropolis Eingeschlossenen mußten bald die Nutzlosigkeit ihres Widerstandes einsehen. Die Stadt ergab sich und entging dadurch der Zerstörung. Wie es scheint, blieb sie vorläufig im Besitz Philipps V., denn erst 207 gab er sie an Megalopolis zurück.

Vom Besuch des Pausanias im 2. Jahrhundert n. Chr. berichteten wir schon. Irgendwann in der spätrömischen Kaiserzeit ist die Stadt dann erloschen und scheint auch in byzantinischer und türkischer Zeit nicht wieder besiedelt worden zu sein; denn die beiden späten Kirchen, die auf ihrem Gebiet entstanden, waren Kapellen und keine Stadtkirchen. Über die Art und Weise, wie die Ruinen Alíphiras zum Teil erst in unserer Zeit zerstört wurden, haben wir oben ein Beispiel genannt. Der ganze Berg wurde Ackerbaugebiet. Die alten Mauern wurden zum großen Teil zerschlagen, um daraus Steine für die Terrassierung und Abgrenzung der Kornfelder zu gewinnen.

Die Klosterruine Isova

Zahlreich waren die gotischen Kirchen und Klöster, mit denen die Franken den lateinischen Klerus ausstatteten, um das eigene Bekenntnis über das orthodoxe zu erhöhen. Sie sind so vollständig untergegangen wie die Moscheen der Türken. Hier und da finden sich in einem Kastell noch die Reste einer Kapelle. Sonst sind nur der gotische Chor der Sophienkirche von Andravída und die Ruinen des Klosters Isova erhalten, Stätten, um der Flüchtigkeit der Frankenherrschaft nachzusinnen. Wir setzen hier die Geschichte Wilhelms von Villehardouin fort, die wir auf Seite 256ff. begonnen haben. Wir sagten, daß er zwar die Tatkraft seines Vaters und Bruders besaß, nicht aber auch deren Besonnenheit.

Der gewalttätige Fürst führte nicht nur Krieg gegen das Herzogtum Athen und die Barone von Euböa, sondern auch gegen die Republik Venedig, und ließ sich schließlich in einen Feldzug gegen den Kaiser von Nikäa ein, der ihm zum Verhängnis werden sollte.

Um 1260 gab es zwei Prätendenten für den Kaiserthron von Byzanz. Der eine war Michael II. Angelos, Despot von Arta, Beherrscher des Epirus, der andere Michael VIII. Paläologos, Kaiser von Nikäa. Sie waren nicht imstande, ihre Kräfte zu vereinigen, um das Lateinische Kaiserreich gemeinsam zu stürzen. Jeder wollte es für sich erobern.

Michael II. von Arta hatte durch eine ehrgeizige Heiratspolitik weitreichende dynastische Verbindungen angeknüpft. Im Juni 1259 hatte er seine Tochter Helena mit dem deutschen König Manfred vermählt, und durch ihre Mitgift gelangten die Hohenstaufen bis 1266, bis zum Untergang Manfreds in der Schlacht von Benevent, vorübergehend auch in den Besitz der Insel Korfu und der Städte Durazzo und Valona in Albanien. Seine Tochter Anna hatte er um die gleiche Zeit mit Wilhelm von Villehardouin vermählt, der verwitwet war, und auf diese Weise in Süditalien und Griechenland mächtige Herrscher zu Verbündeten gewonnen, die ihrerseits von der Absicht bestimmt waren, in den zu erwartenden byzantischen Auseinandersetzungen Erwerbungen für sich selbst zu machen.

1246 hatte Johannes Vatatzes, einer der Vorgänger Michaels VIII., Thessaloniki zurückerobert. 1259 entsandte dieser seinerseits unter seinem Bruder Johannes ein starkes Heer nach Westmakedonien, um den Ansprüchen Michaels II. ein für allemal entgegenzutreten. Auch Michael II. leitete den Feldzug nicht selbst, sondern unterstellte die Truppen seinen beiden Söhnen Nikephoros und Johannes. Das epirotische Heer wurde verstärkt durch ein glänzendes Aufgebot europäischer Ritterschaft. König Manfred hatte seinem Schwiegervater vierhundert deutsche Ritter zur Verstärkung gesandt, der andere Schwiegersohn aber nahm persönlich teil mit den Großen seines Fürstentums und anderen Vasallen im Gefolge. In der Ebene von Pelagonía, beim heutigen Monastír in Jugoslawien, kam es im Oktober 1259 zur Schlacht. Fränkische Ritter waren so unklug gewesen, Johannes, den Sohn Michaels II., wegen seiner illegitimen Geburt zu verhöhnen. Er verließ in der entscheidenden Stunde die Reihen der Verbündeten, und die europäischen Ritter sahen sich plötzlich einer großen Übermacht gegenüber, der sie nicht gewachsen waren. Die deutschen Ritter fanden in erbittertem Kampf fast alle den Tod, von den Franken versuchten viele, sich durch die Flucht zu retten, auch der Fürst selbst. Aber er wurde verfolgt, aus seinem Versteck hervorgezogen und in sicheren Verwahr genommen. Ein vorstehender Zahn, heißt es, machte ihn kenntlich. Von der Höhe der Macht war Wilhelm von Villehardouin von einem Tag zum andern ins Elend der Gefangenschaft gestürzt. Er wurde nach Lampsakos in Kleinasien geschafft. Für seine Freilassung forderte Michael VIII. nicht weniger als die Räumung des ganzen Peloponnes, der Rechtens dem byzantinischen Kaiser gehöre. Einen solch ungeheuren Preis war Wilhelm nicht bereit für seine Freiheit zu zahlen, er war dazu auch nicht imstande. Er mußte vielmehr darauf verweisen, daß er keine absolute Verfügungsgewalt besitze, sondern die Abtretung vom Beschluß der Barone abhängig sei.

Als Regent für den gefangenen Fürsten war von diesen Guido II., Herzog von Athen, berufen worden. Er machte den Versuch, Wilhelm durch große Goldsummen auszulösen, ein Angebot, an dem der Paläologe nicht interessiert war. So blieb der hohe Gefangene weiter in Gewahrsam.

Inzwischen schloß Michael VIII. im März 1261 einen Vertrag mit der Republik Genua zu dem Zweck, mit ihrer Hilfe die Venezianer samt den Franken aus Byzanz zu vertreiben. Noch ehe jedoch die genuesische Hilfsflotte eintraf, war die Stadt gegen alle Erwartung bereits gefallen. Ein General des Kaisers, Aléxios Melissenós, der mit dem Auftrag nach Thrakien vorrückte, die Epiroten zu bekriegen, fand sie schlecht bewacht. In der Nacht zum 25. Juli 1261 drang er mit nur achthundert bithynischen Reitern und einigem Fußvolk in sie ein, ließ Feuer in die Häuser werfen, und der Schrecken der Überraschten war vollkommen. Kaiser Balduin II. verzichtete darauf, eine Verteidigung auch nur zu versuchen. Er flüchtete sich mit seinem Gefolge auf ein venezianisches Schiff und suchte das Weite. Die Eroberung von Byzanz, die 1204 erst nach langer Belagerung durch ein ganzes Kreuzfahrerheer gelungen war, war nun das Werk weniger Stunden. Durch Eilboten wurde die ungeheure Nachricht ins Lager des Kaisers gebracht, wo sie zunächst keinen Glauben fand.

Am 25. August 1261 zog Michael VIII. zu Fuß, ohne Prunk, hinter der Ikone der Panhagía Hodigétria, der schutzgeleitenden Gottesmutter, durch die Porta Aurea in Konstantinopel ein. Er fand die Stadt völlig verwahrlost, verarmt und entstellt.

Die Eroberung von Byzanz hatte die Hoffnungen Villehardouins auf eine Änderung der Verhältnisse oder ein Nachgeben des Paläologen zunichte gemacht. Doch hatte Michael VIII. in der Erkenntnis, daß die Auslieferung ganz Achajas illusorisch sei, seine Forderung dahin gemäßigt, daß er nur noch die Räumung Lakoniens mit den Festungen Monemvasía, Maina, Geráki und Mistra verlangte. Die Forderung nach Auslieferung auch der Festungen Argos und Nauplia konnte Villehardouin mit dem Hinweis ablehnen, daß diese Städte nicht ihm, sondern dem Herzog von Athen unterständen.

Der Preis war immer noch hoch und gefährlich. Waren die Byzantiner erst einmal auf den Peloponnes zurückgekehrt und im Besitz so starker Festungen, so würde nie aussetzende Kriegsgefahr für das Fürstentum Achaja die Folge sein. Aber vor die Wahl gestellt, einen Teil seines Territoriums zu opfern oder ohne Hoffnung einer trostlosen Gefangenschaft entgegenzusehen, entschied er sich für die Freiheit und glaubte, die Abtretung dadurch rechtfertigen zu können, daß sie ein Gebiet betraf, das erst durch ihn selbst erobert worden war. Gottfried von Bruyère, der Herr von Karýtäna, der mit dem Fürsten zusammen in Gefangenschaft geraten war, wurde abgeordnet, um der Versammlung der fränkischen Barone die Entscheidung ihres Lehnsherrn vorzutragen und die Formalitäten ihrer Ausführung einzuleiten. Der Bote richtete seine Mission dem Regenten aus,

und Guido von Athen berief nach Niklí bei Tegea die Barone Achajas ein, um in dieser schwierigen Frage Beschluß zu fassen. Die Chronik bemerkt, daß es vor allem eine Versammlung hoher Damen war, in Ermangelung so vieler Ehegatten, die bei Pelagonía entweder gefallen oder in Gefangenschaft geraten waren. Der Regent selbst vertrat, wie es in gewisser Weise natürlich war, den Standpunkt der Staatsraison. Er wies darauf hin, wie unabsehbar gefährlich es sei, die Einheit des Fürstentums aufzulösen und die Feinde mitten ins Land zu lassen. Es war klar, daß er die Ansicht vertrat, der Fürst müsse sein persönliches Wohl der Sicherheit des Staates aufopfern. Er war jedoch bereit, selbst dieses Opfer zu bringen und anstelle des Fürsten seine eigene Person zum Pfand zu geben. Indessen fand seine Ansicht nicht die Mehrheit. Die Damen mochten fürchten, daß bei einer Ablehnung der griechischen Forderung nicht nur der Fürst, sondern auch ihre Ehegemahle für alle Zeit der Gefangenschaft verfielen. So wurde durch das Parlament von Niklí der Austausch beschlossen, dem zuletzt auch der Regent zustimmte. Für die Garantie der Ausführung waren Geiseln zu stellen, die den Fürsten ablösten. Da Barone genügend hohen Ranges nicht vorhanden waren, war Gottfried von Bruyère gezwungen, zwei der Damen als Sicherheitspfand dem griechischen Kaiser zu überliefern. Villehardouin schloß mit Michael VIII. Frieden und nahm die gestellten Bedingungen an: Lakonien auszuliefern und den Paläologen auch für das Fürstentum Achaja als rechtmäßigen Oberherrn anzuerkennen. Nach Ankunft der Geiseln beschwor der Fürst den Vertrag und huldigte dem Kaiser. Als Lehnsträger des byzantinischen Reiches erhielt er den Titel eines Großmarschalls von Romania und wurde Pate bei der Taufe eines kaiserlichen Sohnes. Nach dreijähriger Gefangenschaft kehrte Villehardouin im Frühjahr 1262 nach Andravída zurück, in stark veränderte Verhältnisse. Die Herrschaft und das Ansehen, die er einst besessen, existierten nicht mehr. Schon nach zwei Generationen seines Bestehens hatte das Fürstentum Achaja den Höhepunkt seiner Macht überschritten. Griechische Besatzungen zogen in die geräumten Festungen ein, und das von Villehardouin selbst gegründete Mistra wurde der Mittelpunkt des von den Byzantinern zurückgewonnenen Teiles des Peloponnes.
Scham und Zorn über das Mißgeschick, das ihn getroffen, verleiteten den Fürsten schon bald nach seiner Rückkehr, den mit dem Kaiser

geschlossenen Frieden zu brechen. Papst Urban IV., der ein Landsmann von ihm war, erklärte seinen in Byzanz geleisteten Eid für erzwungen. Ein verheerender Krieg auf dem Peloponnes war die Folge (1263). Griechen und Slawen erhoben sich gegen die verhaßten Franken. Ein byzantinisches Heer, das von Lakonien aus einrückte, eroberte große Teile von Arkadien und Elis. Eine Abteilung, die auf dem rechten Ufer des Alpheios stand, überschritt den Fluß, um die große Abtei Notre Dame von Isova zu besetzen. Der Haß gegen alles Fränkische und Lateinische verführte sie, das Kloster anzuzünden und zu zerstören. Bald darauf erlitten die Griechen drei Wegstunden unterhalb des Klosters beim Dorf Prinítsa in der Nähe von Krestena eine schwere Niederlage. Sie wurden zum Rückzug gezwungen und mußten die gemachten Eroberungen zum größten Teil wieder aufgeben. Nur die Baronie Kalávryta ganz im Norden der Halbinsel blieb in ihrem Besitz. Fromme Griechen schrieben diese Niederlage dem Zorn der Gottesmutter über die Zerstörung ihres Klosters von Isova zu. Seine Ruine dauert bis heute als Monument jener haßerfüllten Zeiten fort und als Zeuge für den beginnenden Verfall der fränkischen Herrschaft auf dem Peloponnes, den ein unbesonnener Fürst vorzeitig verschuldete.

24 km unterhalb von Andrítsäna an der Straße nach Pyrgos liegt rechts die Abzweigung zum Dorf Trypití. Das Schild gibt eine Entfernung von 5 km an, in Wirklichkeit sind es nur 4 km. Die Erdstraße führt zwischen Bäumen hindurch, fast immer im Schatten, eine erholsame Fahrt. Vom Dorf zum Kloster hinab ist es nur eine Viertelstunde, aber dieser Fußmarsch ist weniger erfreulich. Esel, Mulis und Traktoren haben den Lößboden zu einem Mehlstaub zermahlen, der bei jedem Schritt in Wolken aufquillt. Die Hose wird gelb bis zu den Knien, so vorsichtig man es auch anstellt. Aber dafür entschädigt uns der Weg mit einer Aussicht ohnegleichen. Wir befinden uns auf halber Höhe eines Abhangs. Es sind nicht hohe, ferne Gebirge, die unseren Blick gefangennehmen, es ist ein ganz und gar idyllischer Anblick, der sich hier auftut. Vor uns liegt das weite, friedliche Tal des Alpheios, der inzwischen die Enge der Bergschluchten hinter sich gelassen hat und nun ruhig dahinfließt. Hügel und Hänge sind mit Kornfeldern bedeckt, aber der Boden des Tals mit seinen Pflanzungen, Büschen und großen Baumgruppen erglänzt auch im Hochsom-

Rekonstruktion der Klosterkirche von Isova

mer in tiefem, leuchtendem Grün. Nur kurz erhebt sich der Blick zu den fernen Gebirgen von Chelmós und Erýmanthos, um sogleich wieder zu dem idyllischen Fluß und seinen Ufern zurückzukehren, denen ein herber Akzent nicht fehlt. Wir stehen genau der Stelle gegenüber, wo der Erýmanthos in den Alpheios mündet. Es ist nur wenig Wasser, das er von seinem Ursprungsgebirge herunterführt, so daß er das breite Geröllbett nicht füllen kann. Bescheiden schlängelt er sich zwischen seinen Ufern dahin. Das Geröllbett aber zieht wie ein breites hellgraues Band aus den Bergen hervortretend bis an den Alpheios herab, ein Fremdling in den grünen Auen.

Links vom Erýmanthos erheben sich steil zu ihm abfallend die Hochflächen des Pholóëgebirges. Hier war es, wo 396 der römische Feldherr Stilicho Alarich mit seinen Goten einschloß, denen es dann doch gelang, nach Norden auszubrechen. Jahrhunderte später, wahrscheinlich seit dem 17. Jahrhundert, siedelte sich auf diesen Höhen ein berühmter Stamm der Albaner an. Sie gründeten hier das Dorf Lala, das dreitausend Einwohner und Hunderte von Kriegern zählte. Die weit auseinanderliegenden turmartigen Herrenhäuser erinnerten an die kriegerischen Dörfer der Mani. Der Stamm hatte den islamischen Glauben angenommen und war wegen seiner Tapferkeit und Kampfbereitschaft eine der wirksamsten Stützen der türkischen Herrschaft auf dem Peloponnes. Als der griechische Aufstand ausbrach, ließen die Lalioten sich zunächst nicht weiter beeindrucken, sondern setzten ihre Raubzüge in gewohnter Weise fort. Auch als sie angegriffen und belagert wurden, hielten sie das zunächst für episodisch, bis am Ende auch sie erkennen mußten, daß es Ernst war. Sie waren schließlich von einer solchen Übermacht eingeschlossen, daß sie sich aus eigenen Kräften nicht mehr befreien konnten. Sie mußten Jussuf, den Pascha von Patras, um Hilfe angehen, sie zu entsetzen. Der Pascha ließ es sich nicht nehmen, den berühmten Kriegerstamm persönlich aus der Umzingelung herauszuführen. Am 26. Juni 1821 zündeten die Lalioten alle ihre Häuser an und verließen unter dem sicheren Geleit Jussufs ihre Wahlheimat, die keiner von ihnen jemals wiedersehen sollte.

Dem Erýmanthos gegenüber, unmittelbar am Fuß unseres Berghangs, mündet ein weiterer Fluß in den Alpheios, der Diágon, wie ihn die Gymnasiasten mit seinem antiken Namen jetzt wieder nennen, die Bauern nennen ihn Tseberoûla. Und etwas weiter nach rechts, nach Osten zu, dem Erýmanthos parallel, wissen wir, obwohl Hügel ihn verdecken, daß dort der Ladon seinen verschlungenen Weg vom Gebirge herunter beschließt und ebenfalls in den Alpheios mündet.

Im Anblick dieses großartigen Tales, in dem auf kurzer Strecke so viele Flüsse sich vereinigen, haben in einer Senke des Berghangs die fränkischen Eroberer des Peloponnes im 13. Jahrhundert das Kloster Isova errichtet, das noch in seinen Ruinen von seiner ehemaligen Größe zeugt.

Da das Kloster 1263 zerstört wurde – es sollen türkische Hilfstruppen der Byzantiner gewesen sein, die es anzündeten, wenn diese Version nicht apologetisch ist –, so steht damit fest, daß es in der ersten Hälfte des 13. Jahrhunderts erbaut wurde. Erhalten ist nur die Ruine der Kirche, das heißt fast zu voller Höhe deren West- und Nordwand. Die Südwand steht nur noch zur Hälfte, und der Chor, der schönste und wichtigste Bauteil, ist fast ganz zerstört.

Die Kirche war geostet, doch hatte die Westseite mit dem Giebel keinen Eingang, sondern nur drei Fenster, zwei unten, ein größeres darüber. Die Fenster sind in sorgfältig gehauenen Steinsetzungen gefaßt, und man kann an dieser Westwand gut verfolgen, wie es beim Steinraub zugeht. Bei den leicht erreichbaren unteren Fenstern hat man die sauber geglätteten Steine zum größten Teil herausgebro-

chen und die Rahmen dadurch arg verstümmelt. Dagegen ist das obere Fenster noch unversehrt erhalten.
Am südlichen Giebelansatz der Westwand ist die einzige figürliche Skulptur zu sehen, die vom plastischen Schmuck der Kirche übriggeblieben ist.
Die eindrucksvolle Nordwand ist fast auf ihrer ganzen Länge noch in der ursprünglichen Höhe von 7,50 m erhalten. Auch ihre sechs Spitzbogenfenster sind unversehrt, da sie erst in 4 m Höhe beginnen, weil außen der Kreuzgang vorlag.
Die Kirche stellte einen gewaltigen Saal mit den Innenmaßen 12,60 × 38,50 m dar, an den sich im Osten ein 8 m breiter und 8,50 m tiefer Chor anschloß. Der Eingang lag auf der Südseite nah am Chor.
Basen von Säulen oder Pfeilern haben sich nicht gefunden, so daß man annimmt, daß das Kirchenschiff freitragend überspannt war und ein Satteldach mit einem offenen Dachstuhl hatte. Auf jeder Langseite befanden sich acht Kragsteine, auf denen die Querbalken aufruhten. 12,60 m sind natürlich eine gewaltige Länge, aber es gibt hin und wieder Zypressen, die so lange Stämme liefern. Nur am östlichen Kragstein ist noch ein Rest von Skulptur zu sehen, die anderen sind im Feuer zersprungen. Der Brand hat auch sonst seine Spuren hinterlassen. Ganze Partien der nördlichen Mauer sind rötlich gefärbt.
Welchem Orden die Kirche angehört hat, das zu bestimmen, haben sich keine eindeutigen Anzeichen finden lassen.
Nur wenige Schritte südlich befindet sich die Ruine einer zweiten Kirche, deren unmittelbare Nähe zum Kloster zunächst überraschend ist. Während dessen Kirche ein rein abendländischer Bau war, vermutlich sogar von französischen Baumeistern errichtet, stellt die kleine Kirche des heiligen Nikólaos ein Stilgemisch dar, von griechischen Baumeistern unter Verwendung einiger westlicher Motive für den katholischen Ritus erbaut. Unmittelbar ins Auge fällt auch der Unterschied in der Qualität der Ausführung. Die Nikólaos-Kirche sucht eine Art Cloisonné zu bieten, bringt aber nur eine sehr bescheidene Form zustande. Da in ihr einige Spolien aus der Klosterkirche verbaut sind, so ist sie nach 1263 errichtet, sehr wahrscheinlich aber noch in fränkischer Zeit, das heißt vor 1320; denn das Fehlen des Narthex und der Ikonenwand machen es wahrscheinlich, daß sie dem lateinischen Ritus diente.

Rekonstruktion der Nikólaos-Kirche von Isova

Die Kirche, die die Besonderheit hat, mehr breit als lang zu sein (9,30 × 8,10 m), war eine dreischiffige Basilika. Die Schiffe waren durch Doppelarkaden voneinander getrennt, die an Ost- und Westwand auf Pilastern, in der Mitte auf je einer Säule ruhten. Nur das Mittelschiff besaß eine echte Apsis, die beiden Seitenschiffe nur flache Nischen, die in die 0,90 m starke Mauer eingelassen waren, ohne nach außen in Erscheinung zu treten. Das Mittelschiff mit Satteldach war über die Seitenschiffe mit Pultdächern erhöht (→ Rekonstruktion). Die Kirche besaß nicht weniger als vier Türen, drei im Westen für die drei Schiffe und eine Seitentür im Norden.
Das Kloster Isova ist nie wieder aufgebaut, auch nie für eine andere Verwendung in Anspruch genommen worden. Nach seiner Zerstörung sollte aber offenbar die religiöse Bestimmung des Orts nicht preisgegeben werden. Nur befremdet natürlich, daß er aus der Weihe Marias in die des heiligen Nikólaos überging. Da aber auch er bei Lateinern und Griechen gleich stark verehrt war, so war der Fortsetzung seines Kults nach dem Abzug der Franken kein Hindernis bereitet.
Die Klosterkirche von Isova ist der besterhaltene französische Sakralbau auf dem Peloponnes. Merkwürdig ist, daß auch die Landschaft, in der er errichtet wurde, von den westeuropäischen Besuchern fast immer als heimatlich empfunden wird.

Die Bergfestung Typanéä

Wenn man von Trypití zur Hauptstraße zurückkehrt und die Fahrt nach Krestena und Pyrgos fortsetzt, erscheint nach wenigen Kilometern links am Hang des Lapithosgebirges das Dorf Platiána. Sowohl ober- wie unterhalb des Dorfes zweigt von der Hauptstraße ein Fahrweg zu ihm ab, ein Schild aber war im September 1978 an keiner Stelle vorhanden. Sie waren bei Straßenarbeiten in den Graben geraten und (noch) nicht wiederaufgestellt.

Platiána ist unterhalb einer steilen Felswand gelegen, auf deren Kamm sich die Ruinen der antiken Stadt Typanéä befinden. Der Aufstieg beginnt hinter der alten Kirche. Der Weg ist steil, aber schattig und führt etwas anstrengend, aber schnell bergan. Er erreicht seine Paßhöhe auf einer kleinen Hochebene, an deren linkem Rand ein Gehöft liegt. Wir haben uns hier nach rechts zu wenden und noch ein ganzes Stück zu steigen, und zwar ohne rechten Weg. Mit etwas Ausdauer wird man aber bald zu den Ruinen hinauffinden.

Typanéä ist durch seine ungewöhnlich langgestreckte Lage merkwürdig, bedingt durch die Wahl eines ungünstig schmalen Bergkamms. Es scheint die schmalste Festung ganz Griechenlands zu sein, etwa unserem Burghausen an der Salzach vergleichbar. Einer Länge von 680 m steht eine Breite von nur 80 m gegenüber. Im Norden wird die Stadt durch den Steilhang begrenzt, an dessen Fuß Platiána liegt, im Süden durch die Stadtmauer (→ Plan). Das Stadtgebiet zerfällt in zwei parallele Zonen, die sich in genau ost-westlicher Richtung erstrecken. Die ganze Südzone diente als Wohnstadt und bildete auf bereits ziemlich steil abfallendem Gelände die Unterstadt. Ebene Flächen gab es nur in der Oberstadt, in dem schmalen Nordrand, der aus einer Folge von sieben Terrassen besteht, die zum Teil künstlich planiert und durch Stützmauern gegeneinander abgegrenzt sind. Die Staffelung der Terrassen überwindet einen Höhenunterschied von 40 m, beginnend mit 565 m im Osten (Terrasse I), um mit Terrasse VII im Westen eine Höhe von 606 m zu erreichen. Die ersten vier Terrassen scheinen Wohnviertel beherbergt zu haben, die drei westlichen die offiziellen Stadtanlagen: V die Agorá, VI das Theater, VII die Akropolis.

Kopf des Anytos aus Lykósoura

Der Diolkós bei Korinth

Goldschale
aus Kammergrab 10 von Dendrá

Äthiopenkopf aus Loukoûs

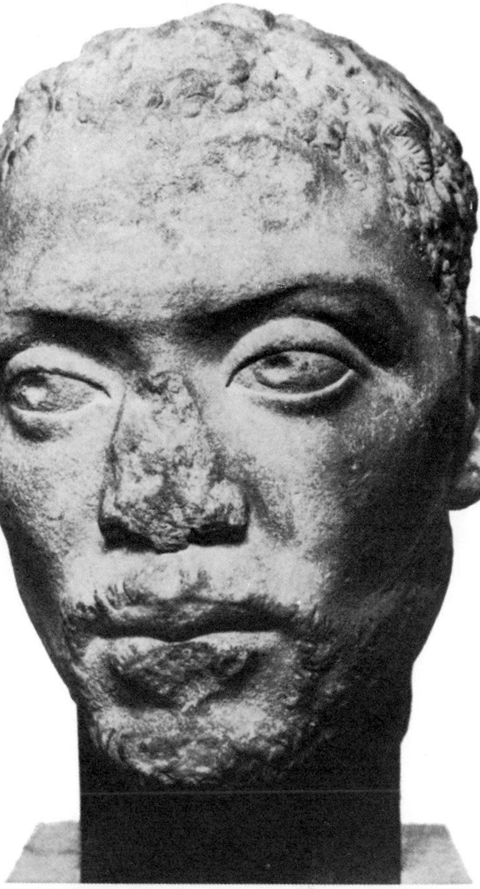

Folgende Doppelseite:
Unter den Gipfeln des Mänalon (Arkadien)

Detail der Goldschale aus dem Kuppelgrab von Dendrá, des schönsten aller mykenischen Goldgefäße mit Polypen (Oktopoden), Delphinen und Nautili als Schmuck und dem Griff in Form von Papyrusdolden

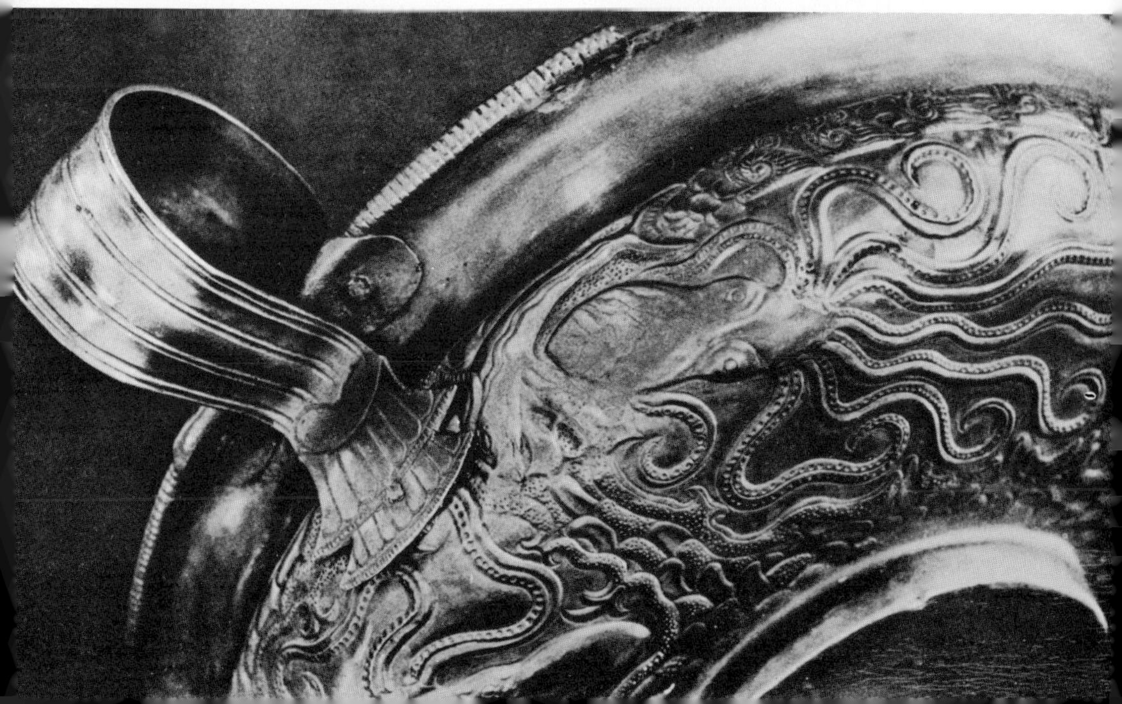

Mantel der Kultstatue der Déspoina von Lykósoura

Rüstung von Dendrá (Rückseite)

Frühhelladische Schnabeltasse aus Tiryns

Oben die Ruine der Klosterkirche von Isova
Unten Luftaufnahme des Kuppelgrabs von Peristeriá
Folgende Seite: Die Stadt Langádia in Arkadien

Ausgrabungen haben in Typanéä bisher nicht stattgefunden, nur eine Planaufnahme durch Prof. Ernst Meyer/Zürich in den Jahren 1954/55. Die Gebäudereste sind zum Teil so gering, daß der Grundriß nicht erfaßbar und eine Identifizierung unmöglich war. Es konnte zum Beispiel nirgends mit Sicherheit ein Tempel nachgewiesen werden, den es doch auf jeden Fall gegeben haben muß. Ein Heiligtum hat sich am ehesten auf Terrasse IV befunden, die im Osten und Süden noch von einer besonders gut erhaltenen Mauer eingefaßt ist. Bauglieder eines Tempels haben sich aber nicht gefunden, und auch die dort befindliche Kapelle kann nicht als Nachfolgerin eines antiken Heiligtums gelten. Sie stammt vielmehr trotz ihres ruinösen Zustands erst aus allerjüngster Zeit und ist einem merkwürdigen Religionskrieg zum Opfer gefallen. Sie wurde 1950 von den Einwohnern von Platiána begonnen, aber noch vor ihrer Vollendung von den Einwohnern von Trypes, zu deren Gemarkung die antike Stadt gehört, wieder zerstört, die nicht zulassen wollten, daß die Nachbarn auf ihrem Gebiet eine Kirche errichteten.

Auch die Bestimmung von Terrasse V als Agorá ist nur hypothetisch, aber doch sehr wahrscheinlich, vor allem wegen ihrer gleichmäßigen Planierung und der fehlenden Bebauung. Erkennbar ist als einzige Anlage eine große Zisterne von 6,50 × 11,50 m, die, jetzt zum Teil mit Schutt gefüllt, immer noch 3 m tief ist, ursprünglich also noch um einiges tiefer war. Unmittelbar südlich von ihr liegen die Trümmer eines Gebäudes, das unbestimmbar ist. Die Agorá ist im Süden von einer besonders starken (2,70 m) und besonders sorgfältig gebauten Mauer abgeschlossen. Ihr war in der Mitte ein Gebäude von etwa 4,50 × 8 m vorgelegt, dessen Funktion ebenfalls unbestimmt ist.

An die Agorá schließt auf Terrasse VI das Theater an, in einem Zustand allerdings, wie sich nicht leicht ein zweites in Griechenland finden wird. Es ist mutwillig zerstört, vollkommen zertrümmert und aufgelöst, die Sitzreihen sind kurz und klein geschlagen, eine einzige Steinwüste. Allein ein Ehrensitz ist der allgemeinen Zerstörung entgangen. Sein monolither Block steht nun quer und verloren zwischen den Trümmern, die furchtbare Verwüstung vollends beschwörend. Betroffen fragt man sich, wer sich die unbegreifliche Mühe dieser barbarischen Zerstörung auferlegt hat, die sich nicht gegen einen feindlichen Festungsbau, sondern gegen ein harmloses Theater richtete. Sind es die Westgoten Alarichs gewesen? Wie es scheint, ist die

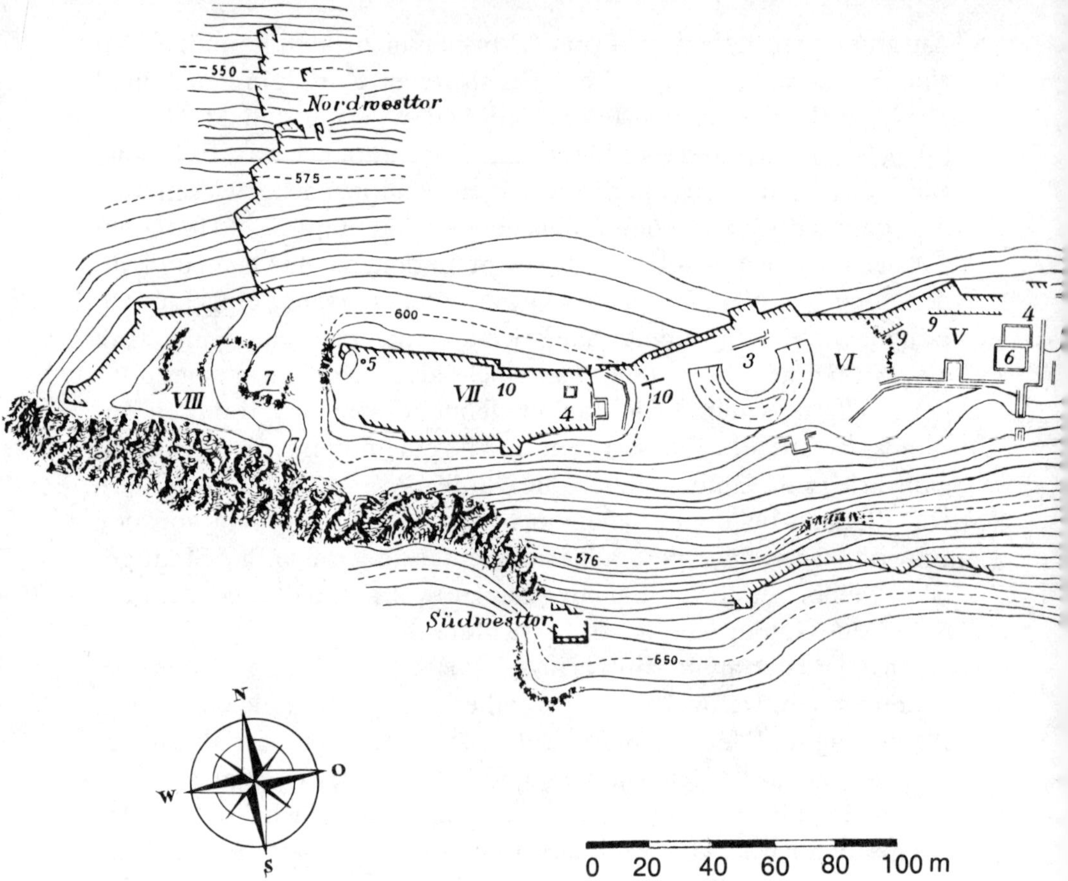

totale Zerstörung zum Teil jedoch erst in neuester Zeit erfolgt. Der englische Oberst W. M. Leake, der Begründer der wissenschaftlichen Topographie Griechenlands, der als erster europäischer Reisender die Burg im Mai 1805 besuchte, schreibt in seinem Bericht: »Ich fand die Stelle und einige der Sitze eines kleinen Theaters.« Spätere Reisende des 19. Jahrhunderts sprechen von neun Sitzreihen. Danach müßte die endgültige Verwüstung erst in den letzten hundert Jahren erfolgt sein. – Es war nur ein kleines, flach ansteigendes Theater, aber einzigartig durch seine Lage auf hohem Bergesrücken und einzigartig durch seine völlige Zerstörung.
Die Terrasse VII, die die höchste Erhebung des Berges einnimmt (606 m), muß die Akropolis getragen haben. Erhalten sind aber nur

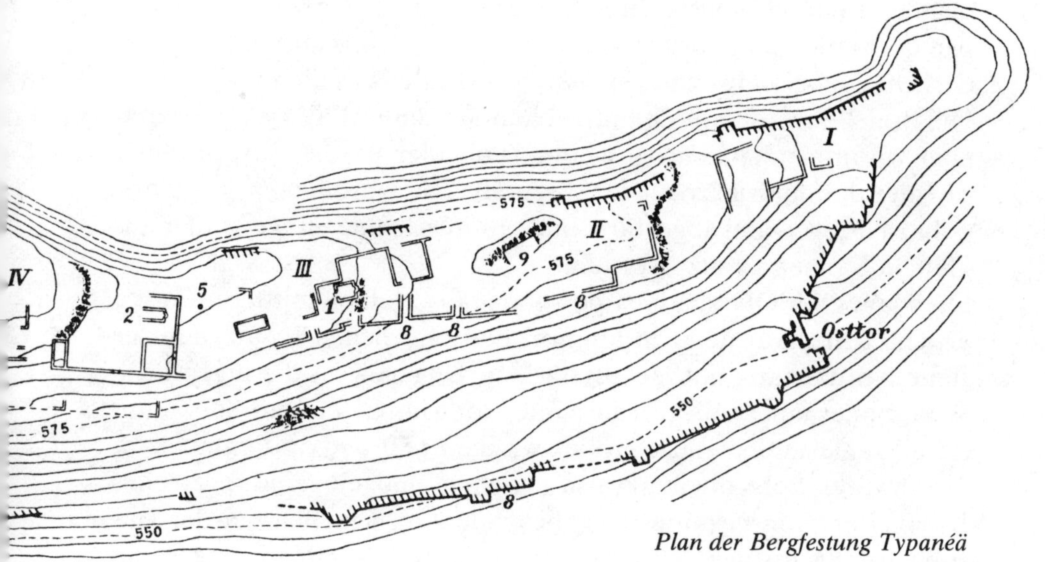

Plan der Bergfestung Typanéä

1 Kapelle Prophitis Ilías
2 Kapelle Ajios Ilías
3 Theater
4 Zisternen
5 Brunnen
6 Gebäuderuine
7 überhängender Fels
8 Durchgänge
9 Felsabarbeitung
10 ältere Mauer

eine Zisterne von 3,85 × 4 m in der Nordwestecke, durch Schuttfüllung nur noch 2 m tief, und in der Ostmauer die eindrucksvollen Fundamente eines vorgelagerten Turms von 5,35 × 7 m mit 1,20 m starken Außenmauern.

Als einzige Terrasse war die Akropolis rings von einer Befestigungsmauer eingeschlossen, aber wodurch sie sonst noch ausgezeichnet war, ist nicht mehr erkennbar. Westlich von ihr befand sich die stark zerklüftete Terrasse VIII, die wohl nur aus strategischen Gründen in die Stadtbefestigung einbezogen war. Nördlich davon lag ein eigener Stadtteil mit dem Nordwesttor, doch sind hier genauere Feststellungen teils durch starke Bewaldung, teils durch einen Bergsturz unmöglich gemacht.

Wie bei vielen anderen antiken Stadtruinen, so sind auch bei Typanéä das eindrucksvollste seine Mauern. Auf der Nordseite war wegen des steilen Abhangs eine geschlossene Wehrmauer nicht erforderlich. Hier sind bis zur Terrasse V nur offene Stellen abgeriegelt. Die drei Terrassen mit den offiziellen Stadtanlagen (V–VII) waren aber zusammenhängend geschützt, und hier ist die Bastion beim Theater der eindrucksvollste Abschnitt. Die Nordmauer der Akropolis ist irgendwann abgestürzt und nur durch eine billige Mauer aus kleinen Steinen ersetzt worden.

Die Mauer der Oberstadt ist polygonal aus Steinen mittlerer Größe errichtet. Sie hatte nur die Funktion, den natürlichen Schutz, den der steile Nordabhang bot, zu verstärken. Dagegen ist die eigentliche Wehrmauer der Stadt, die die Unterstadt im Osten und Süden auf ziemlich gleichbleibender Höhe zwischen 550 und 560 m umzieht, in schwerer Polygonalbauweise errichtet und ein eindrucksvolles Beispiel antiken Festungsbaus, besonders anschaulich bei der Bastion in der Mitte der Ostmauer. Die Südmauer war durch eine Reihe von Türmen und trapezförmigen Bastionen verstärkt. An ihrem Ost- und Westende lagen die beiden wichtigsten Stadttore, die aber weitgehend zerstört sind.

Es ist klar, daß diese aufwendige Befestigung einer kleinen Bergstadt nicht um dieser selbst willen und nicht aus den Mitteln ihrer Bewohner erfolgte. Sie kann nur größeren strategischen Zwecken ihr Dasein verdanken.

Typanéä liegt am östlichen Ende des Lapithosgebirges, an seinem westlichen aber liegt die Festung Samikón, nördlich von Kajápha, die in ganz ähnlicher Bauweise errichtet ist. Samikón ist sehr umständlich zu ersteigen, man kann sich aber seine Lage auf der Küstenfahrt auch von der Autostraße aus klarmachen. Es besteht wenig Zweifel, daß beide Festungen demselben strategischen Zweck dienten, und der war, Triphylien zu schützen. Triphylien, das ist die Landschaft zwischen den Flüssen Alpheios im Norden, Neda im Süden und Diágon im Osten, an der Grenze zwischen Elis und Arkadien, die sich immer wieder seinen Besitz streitig machten. 245 v. Chr. konnten die Eleer mit Hilfe des Ätolischen Bundes den Arkadern Triphylien entreißen, und die wahrscheinlichste Erklärung für die kostspielige Befestigung Typanéäs ist die, daß die Eleer mit dieser Festung an der Grenze Arkadiens ihren neu gewonnenen Besitz gegen Rückeroberung sichern wollten. Die Stadtmauer stammt damit aller Wahrscheinlichkeit nach aus der zweiten Hälfte des 3. Jahrhunderts v. Chr., auch ist anzunehmen, daß der Unterschied zwischen der leichteren Befestigung der Oberstadt und dem schweren Mauerring der Unterstadt nicht auf eine Errichtung zu verschiedener Zeit zurückgeht, sondern nur eine Folge der Erfordernisse des Geländes war und einem einheitlichen Plan entstammt.

Besiedelt war Typanéä schon im 5. Jahrhundert, wie Scherbenfunde beweisen. Was wir sonst über seine Geschichte wissen, muß ebenfalls indirekt erschlossen werden, aus den Schicksalen der Landschaft. Wir wissen nicht einmal, welche Rolle es im sogenannten Bundesgenossenkrieg spielte und ob es wie Alíphira im Winter 219/18 v. Chr. von den Truppen Philipps V. von Makedonien besetzt wurde.

Die Aussicht, die man von dem langgestreckten Grat der Oberstadt genießt, hat nicht die Weite, die man erwarten würde. Im Norden wird der Blick in das Alpheiostal durch den Fünfhügelzug (Pentálophos) verwehrt, an dessen Nordostflanke Trypití und das Kloster Isova liegen. Interessant aber ist es, auf dieser Kette die Stelle einer zweiten antiken Stadt auszumachen. Auf dem linken, dem westlichsten der fünf Hügel muß die antike Stadt Stylangion gelegen haben, von der freilich nur sehr geringe Reste erhalten sind.

Auch nach Süden geht die Aussicht von Typanéä aus nicht weit, doch ist es hier die ganze Breite des Minthegebirges, die den Horizont angibt, und im Westen geht der Blick bis aufs Meer.

Macht man da nun die Rechnung auf: ein ziemlich mühevoller Anstieg, um keine hinreißende Aussicht, sondern vor allem zerstörte Mauern zu finden – lohnt sich das? wird man fragen. Es lohnt sich nicht für den, der ungern auf Berge steigt, aber für Bergsteiger lohnt es sich sehr. Gegen das offene, freundliche Alíphira hat Typanéä geradezu etwas Heroisches an sich in seiner gegen die Natur erzwungenen Lage auf schmalem Bergesrand. Wo findet sich in Griechenland ein zweites Theater in solcher Gipfellage? Mit seiner totalen Zerstörung aber hat es geradezu etwas erschreckend Rätselhaftes. Und dann wieder wirkt die Kleinräumigkeit und Abgeschlossenheit der einzelnen Terrassen kleinstädtisch-idyllisch wie kaum eine andere griechische Festung. Man sollte die Gegend nicht verlassen, ohne die Stadt gesehen zu haben, deren Besuch noch ein wenig von einem Abenteuer an sich hat.

Das Heiligtum der Déspoina von Lykósoura

Die Einwohner von Lykósoura hielten ihre Stadt für die älteste der Welt, nicht der griechischen, sondern der ganzen überhaupt, für die älteste, die die Sonne bescheint. Die Kunst des Städtebaus sollten alle anderen Menschen erst von ihnen erlernt haben (Pausanias VIII 38,1). Was sie zu dieser außerordentlichen Selbstschätzung autorisierte, ist schwer zu sagen. Man denkt zuerst an etwas ganz Geheimnisvolles und Bedeutsames, das mit den Mysterien zusammenhängt. Dann kommt der Verdacht auf, daß es in Wirklichkeit nichts weiter war als Lokalpatriotismus und mangelnde Weltkenntnis. 1970 gab ein einheimischer Journalist einen kleinen touristischen Führer über Megalopolis heraus, der mit dem rührenden Satz beginnt: »Arkadien ist die schönste und berühmteste Gegend der Welt. Und das Gebiet von Megalopolis wiederum ist der beste Teil Arkadiens.« Jedenfalls kann zur Erklärung nicht angeführt werden, daß Lykósoura die Nachfolge einer vorgeschichtlichen Siedlung angetreten hätte. Die Funde der Stadt wie des Heiligtums reichen nicht einmal bis in die archaische Zeit zurück. Ein paar ganz vereinzelte Stücke des 5. Jahrhunderts sind die ältesten Zeugen. Und doch ist die hohe Selbstschätzung nicht ganz grundlos. In den abgelegenen Gebirgen Arkadiens hatten sich religiöse Überlieferungen und Gebräuche erhalten, die noch der griechischen Vorzeit angehörten und in den anderen Landschaften längst abgelegt waren. Dazu gehörten beispielsweise die Menschenopfer auf dem Lykaiongebirge, die nicht nur bis in geschichtliche, sondern, wie es scheint, selbst bis in römische Zeit fortgesetzt wurden. Mit diesen Traditionen standen die Arkader bei den anderen Griechen im Ruf altertümlicher Wildheit und Fremdheit und machten selbst davon vor allem das eine geltend, das hohe Alter. Aber mit einer besonders frühen Stadtkultur hat das alles nichts zu tun. Im Gegenteil, es waren ausgesprochene Residuen einer abgelegenen Hirten- und Bauernwelt.

Lykósoura liegt 7 km westlich von Megalopolis am Südufer des Plataniston, des Platanenflusses, auf einem Berg, der auch auf den dritten und vierten Blick nicht zu erkennen gibt, warum ausgerechnet hier die älteste Stadt der Welt ihren Sitz erhielt, und selbst wiederholte Besuche machen nicht klar, wieso dies ein bevorzugter Ort we-

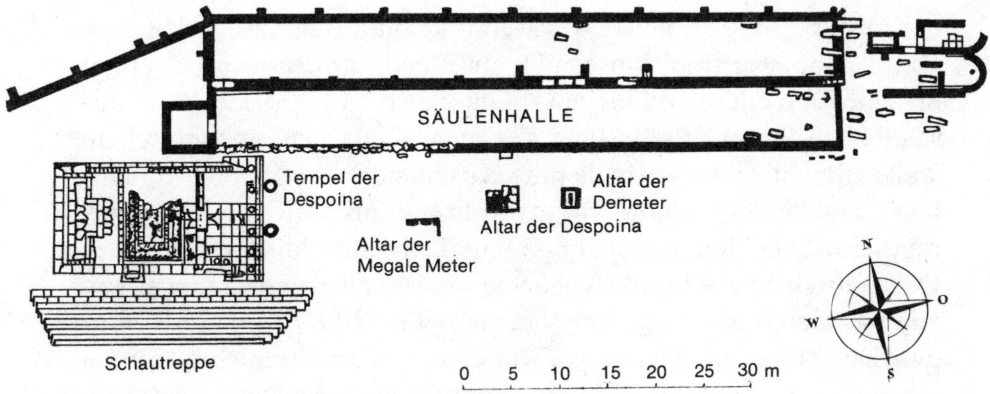

Plan der Tempelterrasse von Lykósoura

nigstens für das Heiligtum war. Weder die Formation des Geländes noch eine Quelle oder Höhle machen die Stätte zu einem heiligen Ort, und eine vorgeschichtliche Überlieferung war es, wie wir sahen, auch nicht.

Stadt und Kultplätze erheben sich auf vier übereinandergelagerten, aber gegeneinander verschobenen Terrassen von bescheidenen Ausmaßen, auf den beiden unteren die Tempel und heiligen Bezirke, auf den beiden oberen Wohnstadt und Akropolis.

Unsere einzigen antiken Quellen über Lykósoura sind der Bericht des Pausanias und einige Inschriften. Ende der achtziger Jahre des vorigen Jahrhunderts wurden Ausgrabungen von griechischer Seite durchgeführt, die die Angaben des Pausanias im wesentlichen bestätigten und konkretisierten.

Das Hauptheiligtum von Lykósoura befand sich auf der untersten Terrasse, die gegen den steilen Abfall zum Platanistontal durch eine große Stützmauer abgesichert war. Parallel zu ihr im Abstand von 6,05 m war eine große dorische Säulenhalle von 64 m Länge und 5,80 m Tiefe mit unkannelierten Säulen errichtet, von der sich die Fundamente und eine Reihe Bauglieder wiedergefunden haben. Die Rückseite war ähnlich wie die Temenosmauer durch Stützpfeiler verstärkt. Später wurden die Schmalseiten durch Schenkelmauern mit der Temenosmauer verbunden. Im Westen schloß sich an die Halle ein quadratischer Raum von 4 m Seitenlänge an, dessen Bestimmung unbekannt ist. Im Süden vor der Vorderseite der Säulenhalle lagen drei Altäre, die der Demeter, Artemis und Megále Méter, der Großen Mutter, geweiht waren und zum Tempel überleiteten. Der Tempel war traditionsgemäß auf einem dreistufigen Unterbau errichtet und ein relativ kleines Gebäude von 12,30 × 21,40 m einschließlich Stufen. Er bestand aus einer Cella aus einheimischem Kalkstein und einer Vorhalle mit sechs Säulen aus Marmor von Doliana. Die Säulenvorhalle war etwas breiter als die Cella und überragte sie auf beiden Seiten um 0,60 m. Der ganze hintere Raum der Cella, durch eine Schranke gegen den vorderen abgetrennt, war von einer großen Basis eingenommen, auf der sich die Kultbilder befanden. Der Mittelteil dieser Basis war erweitert und sprang um 1,20 m ins Innere der Cella vor. Wie die Stempel der Dachziegel ausweisen, war der Tempel der Déspoina, der Herrin, geweiht, aber seine Cella beherbergte außer ihrem Kultbild noch drei weitere. Auf der großen Basis waren im ganzen vier Statuen errichtet: in der Mitte, auf dem erweiterten Teil, befanden sich auf einem gemeinsamen Thron zwei Sitzstatuen, rechts Déspoina, die als Herrin des Mysterienheiligtums in der Linken das Szepter und mit der Rechten die sogenannte *cista mystica* auf den Knien hielt. Links von ihr saß Demeter, mit einer Fackel in der Rechten, die Linke auf die Schulter der Déspoina gelegt. Die Sitzgruppe war von zwei Standfiguren flankiert, links von Artemis, rechts von dem Heros Anytos. Artemis, der ein Jagdhund zu Füßen lag, war in ein Hirschfell gekleidet, mit einem Köcher auf der Schulter, wodurch sie ausreichend als Jägerin gekennzeichnet war und des Bogens nicht mehr bedurfte. Als Attribute waren ihr vielmehr eine Fackel und zwei Schlangen in die Hände gegeben, die sie mit der Göttin Hekate gleichsetzten. Der Heros Anytos ist sonst unbekannt und hatte nur in Lykósoura einen Kult. Er wurde zu den Titanen gerechnet und soll Déspoina beschützt und aufgezogen haben. So tritt er als männlicher Repräsentant in mehr zufälliger und ganz untergeordneter Position den drei weiblichen Gottheiten zur Seite.

Die von Pausanias beschriebenen Kultbilder sind bei den Ausgrabungen in bedeutenden Resten wiedergefunden worden. Von dreien von ihnen haben sich sogar die Köpfe erhalten (→ Abb.), die sich heute im Nationalmuseum in Athen befinden. Nur ausgerechnet der Kopf Déspoinas, der Hauptgottheit, fehlt. Es waren Kolossalfiguren von weit über Lebensgröße. Die Sitzgruppe erreichte eine Höhe von 2,40 m. Diese gewaltigen Kultbilder waren natürlich für den vor-

Rekonstruktion der Kultbildgruppe von Lykósoura

handenen Raum viel zu groß und müssen in der engen Cella recht eingezwängt gewirkt haben. Diese Wirkung war aber vermutlich beabsichtigt und erinnert an die Proportionen der berühmten Sitzfigur des Zeus in Olympia, die Phidias aus Gold und Elfenbein für den dortigen Haupttempel geschaffen hatte, von der man sagen konnte, wenn sie aufstünde, würde sie mit ihren Schultern das Dach von den Mauern des Tempels heben.

Der Schöpfer der Kultbilder von Lykósoura war Damophon von Messene, ein Künstler der ersten Hälfte des 2. Jahrhunderts v. Chr. Er war der letzte namhafte Bildhauer des griechischen Festlandes und der besondere Ruhm des messenischen Stammes, der nach jahrhundertelanger Knechtung durch die Spartaner sozusagen in letzter Stunde noch einen bedeutenden Beitrag zur griechischen Kunst leistete. Damophon hatte auch für Messene, Megalopolis und Ägion eine Reihe von Kultstatuen geschaffen, die von Lykósoura sind die einzigen erhaltenen. Sein Ruhm unter den Zeitgenossen muß groß gewesen sein, denn er wurde berufen, das schadhaft gewordene Goldelfenbeinbild des Zeus von Olympia wiederherzustellen. Vielleicht hat er von dort die Anregung übernommen, die Cella von Lykósoura mit den raumsprengenden Figuren zu füllen. Damophon war von der pergamenischen Bildhauerschule stark beeinflußt, hat aber auch verschiedene Traditionen festländischer Strömungen aufgenommen, so daß sein Stil eklektizistisch ist, ohne deshalb formal und kraftlos zu wirken. Staunenswert ist sein Geschick, sowohl großformatige Charakterköpfe zu schaffen, wie gleichzeitig in einer Art Miniaturkunst figürlich bestickte Gewänder in Marmor nachzuahmen. Das übrige scheint er seinen Gehilfen überlassen zu haben; denn die Leiber und Glieder der Kultbilder von Lykósoura sind auffällig grob gearbeitet. Aber der Mantel, den er für die Figur der Déspoina schuf, ist ein Meisterwerk der hellenistischen Bildhauerkunst. In feinstem Flachrelief ist hier offenbar ein wirkliches Gewand mit seinen reichen Stickereien nachgeahmt. Der Schmuck ist in parallelen Friesen angelegt. Ranken und geometrische Bänder wechseln mit figürlichen, die durch alternierende Breite eine kunstvolle harmonische Komposition ergeben. Auf ein schmales oberstes Band mit Blitzbündeln und Adlern folgt ein doppelt so breites mit Nereiden auf Seeungeheuern. Das wieder verdoppelte dritte Band trägt Darstellungen der geflügelten Siegesgöttin. Dem Nereidenfries oben entspricht unten ein Band mit merkwürdigen Tierdarstellungen. Man hat diskutiert, ob es sich um Mischwesen oder um mit Tiermasken verkleidete Menschen handelt, die dort tanzen und musizieren. In Wirklichkeit sind es in Menschenkleidern steckende Tiere: Pferd, Esel, Hase, Schaf und Schwein. Einige spielen Flöte oder Kithara, alle springen und tanzen. Es handelt sich also nicht um Verehrer der Göttin, die sich mit Tiermasken verkleidet und zu einem Maskentanz zusammengefunden haben, sondern um Tiermusikanten und Tiertänzer, die in wallenden Gewändern einen Reigen (Komos) aufführen. Die Erklärung: mit Tiermasken verkleidete Menschen als Gefolgschaft der Göttin, wäre in gewisser Weise einfacher und einleuchtender als dieser Reigen verkleideter Haustiere, aber so viel ist auch diesem Motiv sicher zu entnehmen, daß Déspoina eine Naturgöttin, vielleicht eine lokale Form der »Herrin der Tiere« gewesen sein muß (→ Abb.).

Als 368 v. Chr. durch Synoikismós von vierzig Dörfern Megalopolis

als künftige Hauptstadt der Arkader gegründet wurde, sollten ursprünglich auch die Einwohner von Lykósoura eingemeindet werden. Sie widersetzten sich jedoch der Zwangsumsiedlung mit dem Hinweis auf das Alter ihres Heiligtums und hatten damit Erfolg. Für die Stadt Megalopolis war es durchaus von Interesse, das nur vierzig Stadien entfernte Heiligtum nicht aufzuheben, sondern es vielmehr unter seinen besonderen Schutz zu nehmen und als Mysterienstätte fortzuführen. Es hat aber die Vermutung viel Ansprechendes für sich, daß wenigstens eine teilweise Überführung stattfand. Für eine neugegründete Stadt wie Megalopolis war es keine besondere Schwierigkeit, eindrucksvolle Tempel zu erbauen, eine sehr viel größere bestand darin, für diese Tempel ehrwürdige Kultbilder herbeizuschaffen. So stifteten zum Beispiel die Phigaleer die Bronzestatue ihres berühmten Apollontempels (von Bassä) nach Megalopolis, und es erscheint durchaus denkbar, daß man zwar den Kult in Lykósoura fortführte, das Kultbild aber nach Megalopolis überführte und durch ein neues ersetzte. Später, in der ersten Hälfte des 2. Jahrhunderts, suchten die Megalopoliten das Heiligtum von Lykósoura besonders zu ehren, indem sie ihm die aufwendigen Kultbilder des Damophon stifteten; denn aus eigenen Mitteln waren wohl weder Stadt noch Heiligtum in der Lage, einen solchen Aufwand zu finanzieren.
Möglicherweise war das alte Kultbild der Déspoina ein von einem Schleier umhülltes hölzernes Xóanon und die großartige Gewanddarstellung des Damophon im Grunde eine Wiedergabe des alten Schleiers in eleganter zeitgenössischer Form. Die eigentlich einschneidende Modernisierung aber bestand darin, daß das ursprünglich einzige Kultbild der Déspoina nun durch ein Gruppenbild abgelöst wurde. Die Erweiterung ist ein eindeutiges Anliegen synkretistischer Spätzeit, durch die Lykósoura sozusagen zu einem Superheiligtum ausgestaltet werden sollte. Der alten Naturgöttin Déspoina werden nun auch die Erd- oder Kornmutter Demeter und die Jagdgöttin Artemis, und diese zugleich als Vertreterin der Wege- und Nachtgöttin Hekate, beigestellt. Ja selbst die Hauptgestalt frühen Naturkults, die Große Göttermutter Phrygiens, fehlt nicht, wenn sie auch, um den Rang der Déspoina nicht zu verdunkeln, nicht gleichberechtigt in die Kultgemeinschaft der Göttinnen aufgenommen wurde. Zwar war ihr vor dem Tempel wie Déspoina und Demeter ein eigener Altar geweiht, aber im Tempel nur ein Mosaik. Der

Boden der Säulenvorhalle war mit Kalksteinplatten ausgelegt, der in der Cella vor den Schranken aber mit einem eindrucksvollen Mosaik in Gelb und Rosa. Das von Ranken und Wellenmustern reich gerahmte Mittelfeld zeigte zwei gegenständige Löwen, die unerläßlichen Begleiter der Göttermutter.

Da der Kult von Lykósoura ein Mysterienkult war, glaubte man in hellenistischer Zeit, unter der überwältigenden Autorität der Mysterien von Eleusis, ohne Demeter nicht auskommen zu können und Déspoina zu ihrer Tochter erklären zu müssen. Doch blieb ihre Eigenständigkeit groß genug, um nicht auch mit Persephone gleichgesetzt zu werden. Die Vermutung, daß Anytos in Lykósoura die Stelle Plutos vertritt, so daß hier die eleusinische Götterdreiheit wiederkehrte, ist unerweislich. Persephone war die Tochter des Zeus, Déspoina aber galt als Tochter des Poseidon. Sie blieb also von Kore unverwechselbar geschieden. *Kore, Tochter,* war nur ein Titel, der Eigenname war Persephone. Ebenso hatte *Déspoina,* die *Herrin,* einen Eigennamen, den Pausanias ausdrücklich verschweigt, um ihn nicht vor Uneingeweihten zu profanieren. Vielleicht würden wir mehr verstehen, wenn wir den Eigennamen der Déspoina wüßten, aber wir wissen ihn nicht und müssen uns an das Gegebene halten, das uns nur sehr indirekten Aufschluß gibt.

Der Tempel von Lykósoura hat die Eigenart, die sich nur bei ganz wenigen griechischen Tempeln wiederfindet (→ Athena-Tempel von Tegea), außer dem Haupteingang im Osten noch eine Nebentür im Süden zu besitzen. Unmittelbar neben der Schranke vor den Kultbildern hat die Cella einen Seitenausgang. Er führt auf den Abhang des Berges hinaus, und hier erhebt sich eine große zehnstufige Treppe. Die oberste Stufe ist genauso lang wie der Tempel, die unteren werden absteigend immer größer. Die Positivisten sehen in dieser Treppe nichts weiter als eine befestigte Böschung, um den Tempel vor abrutschenden Erdmassen des Abhangs zu schützen. Die angebliche Böschung ist jedoch so niedrig und ihre Stufen sind so flach, daß sie für den vorgegebenen Zweck ganz ungeeignet wäre. Es ist kein Zweifel, daß es sich in Wirklichkeit um eine Schautreppe handelt (auf der die Mysten nicht saßen, sondern standen, wie in Phaistos oder Knossos). Und die Seitentür der Cella ist eine sogenannte Erscheinungstür, in der den Mysten die heiligen Gegenstände, Symbole oder Lichter gezeigt wurden. Die praktische Benutzung der Anlage war freilich dadurch ungeschickt beeinträchtigt, daß die Stufen mit nur zwei Meter Entfernung viel zu nah am Tempel beginnen. Zeigte man die mystischen Gegenstände in der Tiefe der Tür, so waren sie den an den Enden Stehenden nicht sichtbar. Zeigte man sie aber vor der Tür, so hatten die Vordersten sie gleich vor der Nase. Man wird nach Möglichkeit nur die oberen Stufen besetzt haben. Vielleicht auch wurde den Teilnehmern von der Tür aus gar nichts gezeigt, sondern nur etwas erklärt oder verkündet.

Östlich von der Treppe und etwas höher den Berg hinauf befand sich das von Pausanias angegebene Mégaron. Die Stelle ist jetzt nur noch durch einige zusammenhanglos verstreute Steine unter einer riesigen Eiche bezeichnet. Die Ausgrabungen konnten aber nachweisen, daß es sich um eine monumentale zweistöckige Altaranlage handelte. Die Bezeichnung *Mégaron* läßt eher an ein *großes Wohngebäude* denken, erinnert aber in gewisser Weise an den Namen *Anáktoron, Herrenhaus,* für den innersten Teil des Telesterions von Eleusis, der nach oben hin offen war, den nur der Hierophant betreten durfte und von dem aus den Mysten die große Lichterscheinung vorgeführt wurde. So scheint auch das Mégaron von Lykósoura mehr als nur ein großer Altar, nämlich eine Mysterienstätte gewesen zu sein, vielleicht bezeichnete es sogar den ursprünglichen heiligen Ort, von dem das Déspoina-Heiligtum einmal seinen Anfang genommen hatte.

In der Asche wurden außer Tierknochen nur vereinzelte Scherben gefunden. Auffallend ist das fast gänzliche Fehlen von kleinen Bronzeplastiken, wie sie in anderen Heiligtümern besonders aus archaischer Zeit erhalten sind. Das Heiligtum von Lykósoura scheint sich erst in klassischer und nachklassischer Zeit entwickelt zu haben. Den Hauptfund im Altarbereich bildeten 140 Tonidole von gewöhnlich 17 cm Größe, deren Motiv an die beschriebenen Tiergestalten auf dem Mantel der Déspoinastatue erinnern. In diesem Fall sind es aber nicht verkleidete Tiere, sondern in lange Gewänder gehüllte Menschengestalten mit Tierköpfen, die meisten mit Widder-, einige mit Kuhköpfen. Die schwer zu entscheidende Frage ist, ob es sich um kleine tierköpfige Götterbilder handelt, die hier von den Opfernden dargebracht wurden, wie sie für Arkadien nicht ungewöhnlich wären. In einer Höhle bei Phigalia wurde eine Demeterstatue mit einem Pferdekopf verehrt, Demeter Hippía, und zwar als Mutter der Déspoina. Nach der Kultlegende hatte sie sich, um den Nachstellungen

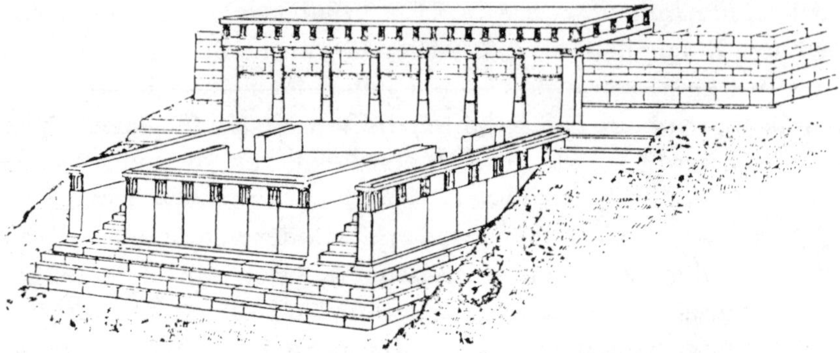

Rekonstruktion des Mégarons von Lykósoura

Poseidons zu entgehen, in eine Stute verwandelt, ungeschickterweise; denn nun nahte ihr der Gott als Poseidon Híppios in Gestalt eines Hengstes und zeugte mit ihr die – menschengestaltige Déspoina.

Hätten sich in der Asche des Mégaron pferdeköpfige Idole gefunden, so wären sie kultisch einzuordnen, von einer widder- oder kuhköpfigen Déspoina, Demeter oder Artemis wissen wir aber nichts. Entweder also hat sich in diesen Idolen eine alte theriomorphe Form der Déspoina erhalten, oder aber die Opfernden weihten der alten Naturgöttin und Herrin der Tiere sich selbst in verwandelter Gestalt.

Von der Art, in Lykósoura zu opfern, berichtet Pausanias eine bezeichnende Einzelheit. Die Opfertiere wurden dort nicht geschlachtet, sondern jeder hieb – offenbar von dem lebenden Tier – ein Glied ab, wie er es gerade traf (VIII 37,8). Mit diesem barbarischen Brauch hat man den Namen der Göttin Artemis in Zusammenhang gebracht, den man vom Verb *artameĩn, zerschneiden, zerstückeln, zerlegen,* herleitet. Allerdings gilt die Göttin in vielen ihrer Mythen als Wächterin über das *kunstgemäße* Erlegen und Zerlegen von Opfer- und Jagdtieren. War also der barbarische Opferbrauch, den Pausanias von Lykósoura berichtet, ein altes Ritual der Déspoina, das sich selbst gegen die später vollzogene Kultgemeinschaft mit Artemis behauptete?

Einer der wichtigsten und aufschlußreichsten Funde von Lykósoura ist die Inschrift mit dem Kultgesetz, dem *Hieròs nómos*. Paradoxerweise war es keine Entdeckung der Archäologen, sondern der Zufallsfund eines Bauern. Bis auf die Opferbestimmungen am Schluß ist der Text zusammenhängend erhalten, mit für den modernen Leser zum Teil überraschenden Bestimmungen:

Es ist nicht erlaubt,
das Heiligtum der Déspoina mit Goldschmuck zu betreten,
soweit er nicht als Weihgeschenk vorgesehen ist,
oder purpurne, geblümte oder schwarze Gewänder zu tragen,
oder Sandalen oder Ringe.
Wenn aber einer mit etwas eintritt, was die(se) Stele verbietet,
soll er es im Heiligtum zum Weihgeschenk darbringen.
(Es ist nicht erlaubt), daß (Frauen) mit geflochtenem und (Männer)
mit unbedecktem Haar eintreten und daß jemand Blumen mitbringt.
(Es ist nicht erlaubt), schwangere oder stillende Frauen einzuweihen.
Die Opfernden sollen als Opfer Oliven darbringen,
Myrten, Wachs, ausgelesene Gerste, Idole, weißen Mohnsamen,
Lampen, Räucherwerk, Myrrhenharz, Gewürze.
Die aber der Déspoina Tieropfer bringen, sollen weibliche
weiße Tiere opfern…

Die Bestimmungen gegen Aufwand und Luxus sind für uns nicht geradezu befremdlich, wohl aber das Verbot der Blumen. Andere liegen im Bereich des Aberglaubens, wie das Verbot von Ringen, von denen man eine magische Fesselung befürchtete, oder die Bestimmungen über die Haartracht. Wieder andere haben die kultische Reinheit zum Gegenstand wie der Ausschluß schwangerer und stillender Frauen. Dazu gehört auch das Verbot, Schuhe oder Sandalen zu tragen. Die geforderte Barfüßigkeit war kein Ersatz für rituelle Nacktheit, die es in griechischen Kulten nicht gab, sondern hatte wahrscheinlich einen ganz anderen Hintergrund. Tiere, die nicht geschlachtet wurden, sondern von selbst verendet waren, galten als unrein, und natürlich auch ihr Fell und Leder. Im profanen Alltag gab es keinen Grund, das teure Material wegzuwerfen und ungenutzt zu lassen. Da auf diese Weise niemand wissen konnte, ob er nicht unreines Schuhwerk trug, erließ man vorbeugend die Bestimmung, das Heiligtum nur barfuß zu betreten.

Unter den als Weihgeschenken empfohlenen Idolen *(agálmata)* sind offenbar diejenigen zu verstehen, die im Mégaron in so großer Zahl gefunden wurden. Über den eigentlichen Zweck und Inhalt der Einweihung würde uns die Inschrift natürlich auch dann nichts verraten, wenn sie vollständig erhalten wäre.

Die Chronologie des Tempels ist nicht zweifelsfrei zu klären. Die Cella aus einheimischem Kalkstein, die ursprünglich nur das Kultbild der Déspoina beherbergte, und die Schautreppe sind wahrscheinlich Anlagen des 4. Jahrhunderts. In der ersten Hälfte des 2. Jahrhunderts v. Chr. wurde der Tempel durch eine Stiftung von Megalopolis erweitert und ausgeschmückt. Er erhielt die marmorne Vorhalle mit sechs Säulen und die kostbare Kultbildkomposition des Damophon. Daß es sich um eine Stiftung der Megalopoliten handelt, ergibt sich nicht nur aus allgemeinen Erwägungen über die beschränkten Finanzen des kleinen Lykósoura, sondern eindeutig aus der Tatsache, daß Megalopolis die Kultbildgruppe von Lykósoura auf seine Münzen setzte. Im übrigen waren beide Städte eng verbunden. Lykósoura ließ seine Urkunden im Grammatophylákion, im Archiv, von Megalopolis aufbewahren, und Megalopolis errichtete Weihgeschenke und Ehreninschriften in Lykósoura genauso selbstverständlich wie in der Stadt selbst.

Zu Beginn der römischen Kaiserzeit unter Tiberius wurde der Tempel durch Xenárchos Onasikráteos restauriert. Die Dank- und Ehreninschrift darüber befindet sich auf der Stirnseite der linken Ante. Die Vorhalle des Tempels hatte sich im Lauf der Zeit mit zahlreichen Ehrenstatuen gefüllt. Wir erwähnen hier nur die zweiteilige Basis links von der Cellatür, die einmal ein Standbild des Kaisers Hadrian trug, das ihm wahrscheinlich aus Anlaß seiner Peloponnesreise im Jahr 115 errichtet wurde und mit dem die Stadt Megalopolis ihn als ihren »Gründer« *(ktístes)* feierte.

Es ist noch dem Mißverständnis vorzubeugen, als sei der Tempel der Déspoina ganz aus Stein errichtet gewesen. In Wirklichkeit war der Kalksteinsockel nicht höher, als ihn die jetzige Erhaltung zeigt. Auf den Decksteinen, die die Orthostaten abdecken, erhob sich ein Aufbau aus großen, nur leicht gebrannten Ziegeln. Weder seiner Größe noch der Bauart nach stand also der Tempel im rechten Verhältnis zu den großen, aufwendigen Kultbildern, die im 2. Jahrhundert in seiner Cella installiert wurden.

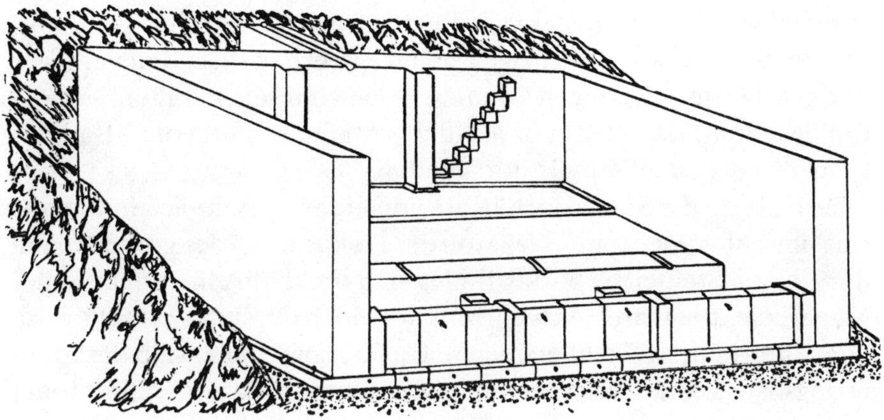

Rekonstruktion des Brunnenhauses von Lykósoura

Auch war nicht einmal die unterste Terrasse ausschließlich der Déspoina und ihrer Kultgemeinschaft vorbehalten. Zwar befand sich jenseits des Mégarons noch einmal ein heiliger Hain der Déspoina, von einer Steineinfriedung eingeschlossen. Dann aber folgte ein Altar ihres Vaters, des Poseidon Híppios, und mehrerer anderer Götter, der letzte schließlich war diplomatischerweise allen Göttern gemeinsam geweiht.

Zahlreiche Altäre und Heiligtümer befanden sich aber vor allem auf der zweiten Terrasse, an deren Rand heute das kleine lokale Museum aus dem Jahr 1906 steht. Als erstes nennt Pausanias ein Heiligtum des Pan, des arkadischen Hirtengottes. Hier stand auch eine Stoa, deren Fundamente die Ausgräber glauben wiedergefunden zu haben, und ein Kultbild des Bocksgottes, wohl in freier Natur unter freiem Himmel zu denken. Bei diesem Kultbild brannte noch zu Pausanias' Zeiten ein nie verlöschendes Feuer, ein heidnischer Vorläufer unseres ewigen Lichts.

In älterer Zeit hatte der Pan von Lykósoura sogar Orakel gegeben, von denen man Pausanias noch eine Sammlung vorweisen konnte. Weiter gab es auf der zweiten Terrasse einen Altar des Ares und einen Tempel der Aphrodite, in dem sich ein jüngeres Kultbild aus Marmor und ein altes aus Holz befand. Alte Xóana aus Holz hatten sich bis in Pausanias' Zeit ebenso von Apollon und Athene erhalten.

Ansehnlich können sie kaum mehr gewesen sein, da sie unter freiem Himmel standen. Nichts erwähnt Pausanias von dem Brunnenhaus, das die Ausgräber als einziges halbwegs erhaltenes Bauwerk der zweiten Terrasse freilegen konnten, noch vom sogenannten »Mégaron des Doktors« oder vom »Bad der Männer« und vom »Bad der Frauen«, die sie ebenfalls dort fanden.
Oberhalb lag die Stadt, noch heute von einem ansehnlichen Mauerring umschlossen. Vom »Mégaron des Doktors« an der großen, dann der kleinen Steineiche vorbei findet man oberhalb eine Lücke in der Mauer, die sonst ihrer Abwehrfunktion noch durchaus gerecht wird. Hier kann man sie leicht ersteigen. Das Gelände innerhalb des Mauerrings ist steil und unregelmäßig. Die Wohnstadt zog sich weit auf dem Berg herum, aber nur auf der Ostseite gab es, hoch über dem Platanistontal, eine langgestreckte schmale Fläche, die eben war.
Auf dem vierten und höchsten Niveau schließlich erreicht man die Akropolis. Sie fällt nach Westen und Süden steil, zum Teil senkrecht ab, so daß es einer Mauer kaum bedurfte. Hier ist die einzige Stelle, wo es einem gelingt, sich für die sonst stark zerfließende Landschaft von Lykósoura wirklich zu begeistern.
Schon zur Zeit des Pausanias war das Stadtgebiet nur noch dünn besiedelt. Aber die Akropolis wurde im Mittelalter neu befestigt. Die Franken errichteten hier das Kastell Stala*, von dem die mittelalterlichen Mauerzüge über den antiken und mehrere Wehrtürme auf der West- und Nordseite noch heute zeugen. Aus seiner Geschichte wissen wir nur, daß es sich im Jahr 1377 noch in fränkischem Besitz befand. 1320 war es den Griechen gelungen, die beiden berühmten Baronien Karýtäna und Akova zu erobern und damit den größten Teil des Zentralpeloponnes wieder in ihren Besitz zu bringen. Seit dieser Zeit gehörte die Burg von Stala zu den exponiertesten Vorposten, die die Franken in Arkadien noch besaßen.
Was bedeutet eigentlich der Name Lykósoura?** Man hat zwei Ableitungen versucht, vom griechischen *lýkos, Wolf,* und vom lateinischen *lux, Licht.* Nach der ersten wäre *Lykòs ourá, Wolfsschwanz,* eine falsche Analogiebildung zu *Kynòs ourá, Hundeschwanz,* der

* auch Astala. So hieß bis vor wenigen Jahren das jetzt in Lykósoura umbenannte Dorf eine kurze Strecke oberhalb des Heiligtums.

** Die antike Betonung war Lykósoura. Heute betonen die Einheimischen Lykossoúra.

sich als Name von Landzungen mehrfach findet, beispielsweise auf Salamis und bei Marathon. Auch ein Stadtteil von Sparta hieß so. Das war aber einigen Philologen des vorigen Jahrhunderts für den berühmten Mysterienort zu profan. Sie griffen daher zu einer Ableitung vom lateinischen *lux* und erklärten Lykósoura als »Lichtwarte«. Seitdem die Ausgrabungen aber den Tierfries auf dem Mantel der Déspoina und die tierköpfigen Idole des großen Altars »ans Licht« gebracht haben, ist die Lichterklärung verdunkelt und diejenige mit Wolf wieder zu Ehren gekommen, und damit bleibt dann auch das nördlich von Lykósoura gelegene Lykaiongebirge das Wolfsgebirge und der dort verehrte Zeus Lykaîos ein Wolfsgott.
Das Lykaiongebirge genoß im Altertum die höchste Berühmtheit. Es galt nicht nur als die Geburtsstätte des Pan und einer seiner Lieblingsaufenthalte, sondern hier sollte auch Zeus geboren und von Rhea aufgezogen worden sein. Entsprechend besaßen beide Götter dort berühmte Heiligtümer. Die höchste Erhebung des Lykaion bildet ein Doppelgipfel. Im Norden liegt die Spitze des Stepháni mit 1420 m Höhe. Als der Hauptgipfel aber galt die etwas niedrigere Kuppe im Süden (heute Prophítis Ilías), die dem Zeus heilig war und eine der großartigsten Fernsichten auf dem Peloponnes überhaupt bietet. Zwischen diesen beiden Gipfeln erstreckte sich von Norden nach Süden in 1200 m Höhe eine kleine Hochebene von etwa 350 m Länge und 120 m Breite mit dem heiligen Hain des Pan und einem Hippodrom und Stadion. Hier fanden die dem Zeus heiligen Lykaien statt, Kampfspiele mit Wettlauf, Ring- und Faustkampf und Pankration ganz wie in Olympia, nur daß auch hier die Arkader wieder ihre Prätention auf hohes Alter geltend machten und behaupteten, die Lykaien seien älter als die Spiele von Olympia und stünden nur den Eleusinischen Mysterien zeitlich nach. Die Kämpfe wurden doppelt ausgetragen, getrennt für Männer und für Jungen, und fanden im Frühjahr statt, vermutlich nicht jährlich, sondern nur alle vier Jahre wie in Olympia. Als Siegespreis gab es nicht wie bei den anderen panhellenischen Spielen nur einen Blattkranz, sondern etwa Bronzegeräte wie Dreifüße und ähnliches. Bezeichnend ist, daß in den Siegerlisten des 4. Jahrhunderts die einheimischen Sieger nur als »Arkader« ohne Angabe ihres Heimatortes verzeichnet werden, was beweist, daß die Arkader sich damals ihrer politischen Zusammengehörigkeit bewußt geworden waren.

Da im Hippodrom auch Wagenrennen stattfanden, so muß es im Altertum eine fahrbare Straße auf das Gebirge gegeben haben. Die Tatsache, daß die dem Zeus heiligen Lykaien im Heiligtum des Pan stattfanden, scheint zu beweisen, daß dessen Kult auf dem Gebirge älter war als der des Zeus.
Das Heiligtum des Zeus Lykaïos lag in einer Senke unmittelbar unter dem südlichen Gipfel. Es besaß keinen Tempel, sondern war nur ein von einer niedrigen Mauer eingefaßter offener Bezirk, jedoch ein *ábaton, unbetretbar.* Wer dennoch, gewollt oder ungewollt, in ihn hineingeriet, verfiel dem Schicksal, innerhalb eines Jahres zu sterben. Auch sonst wurden von diesem Heiligtum merkwürdige Dinge erzählt. So sollten Menschen und Tiere in ihm ihren Schatten verlieren. Geriet einem Jäger bei der Verfolgung das Wild in den heiligen Bezirk, so erblickte er es dort angeblich ohne Schatten. Die Ausgrabungen haben nicht mehr als einige Bronzen und etwas Schmuck aus dem 5. Jahrhundert erbracht.
Der Gipfel selbst war gleichförmig flach und rund wie eine Tenne, und zwar dadurch, daß sich im Laufe der Jahrhunderte ein riesiger Aschenaltar von 30 m Durchmesser und 1,50 m Höhe auf ihm angesammelt hatte, übersät mit Gefäßscherben und durchsetzt mit halbverbrannten, teilweise versteinerten Knochen und mit großen Steinen, mit denen man die Asche beschwerte, damit sie vom Bergwind nicht so leicht fortgetragen wurde. An archäologischen Funden sind außer zahlreichen schwarz gefirnißten Scherben des 5. und 4. Jahrhunderts nur ein paar Tonlampenfragmente, ein Eisenmesser, zwei kleine bronzene Dreifüße und als Wertvollstes eine äginetische Münze aus der Zeit um 500 ans Licht gekommen.
Dieser Altar des Zeus Lykaïos hat den traurigen Ruhm, daß auf ihm bis in geschichtliche, vielleicht sogar bis in römische Zeit Menschenopfer dargebracht wurden. An der Tatsache ist nicht zu zweifeln, sie wird von Platon und Theophrast unzweideutig überliefert. Pausanias macht nur eine diskrete, aber ebenfalls unmißverständliche Andeutung:

Auf dem Altar opfern sie dem Zeus Lykaïos im geheimen (en aporhéto). Es sagte mir nicht zu, mich eingehender nach den Opfern zu erkundigen, mag es damit stehen, wie es steht und immer schon gestanden hat. (VIII 38,7)

Es scheint, daß gewöhnlich ein Junge oder junger Mann geopfert wurde. Daß es nur aus besonderem Anlaß geschah, ist wahrscheinlich nicht mehr als eine menschenfreundliche Vermutung. Der Angabe des Pausanias, daß das Menschenopfer im geheimen geschah, so daß die Menge nichts Genaues wußte und um so mehr Anlaß hatte zu fabeln, steht die andere gegenüber, daß es öffentlich vor allen geschah. Und es wird noch die Einzelheit hinzugefügt, daß der Priester die gräßliche Pflicht hatte, von den Eingeweiden des Opfers zu kosten, wie es auch aus anderen Kulturkreisen überliefert wird. Mögen das Übertreibungen sein, so blieb auch ohne dies das Priesteramt des Zeus Lykaïos für seine Inhaber eine furchtbare Last.

Der Wolf ist das Symbol des verbannten Flüchtlings. Der berühmteste Flüchtling auf dem Lykaion war König Pleistoanax von Sparta. Nach der Niederlage von Koronea 446, die sie zwang, Böotien zu räumen, sahen die Athener sich einer Koalition zwischen Euböa, Megara und Sparta gegenüber, die sich in der Absicht gebildet hatte, die Machtstellung Athens vollends zu beseitigen. Das Aufgebot der Spartaner unter dem jungen kriegsunerfahrenen König Pleistoanax, dem als Berater Kleandridas zur Seite gegeben war, drang bis Eleusis vor, wo ihm Perikles mit dem attischen Bürgerheer entgegentrat. Durch geschickte Unterhandlungen wußte er die beiden spartanischen Feldherren davon zu überzeugen, daß ein Angriff auf Athen vergeblich sein würde, und zum Rückzug zu bewegen. Die Spartaner waren über die Erfolglosigkeit dieses Feldzugs so erbittert, daß sie die beiden Feldherren des Landesverrats anklagten. Pleistoanax flüchtete sich in die Wohnung des Zeuspriesters auf dem Lykaion, die zur Hälfte innerhalb, zur Hälfte außerhalb des heiligen Bezirks gelegen war und seinem Asylrecht unterstand, das ihn vor den Nachstellungen der Ephoren schützte. Neunzehn Jahre der Verbannung, neunzehn harte Winter verbrachte er in der Bergeinsamkeit, bis ihm im Jahr 427 das Orakel von Delphi zur Rückkehr verhalf. Es hatte den Spartanern angedroht, sie würden demnächst mit silbernen Pflugscharen pflügen müssen, das heißt große Not und Teuerung leiden, wenn sie ihren rechtmäßigen König nicht endlich zurückberiefen. Pleistoanax war dann einer der entschiedensten Vertreter der spartanischen Friedenspartei und schloß 421 mit Athen den sogenannten Nikias-Frieden ab, der den Peloponnesischen Krieg für sechs Jahre unterbrach.

Wie kommt man nach Lykósoura? 4 km hinter Megalopolis, nach

Verlassen des Dorfes Spathí, findet sich rechts die Abzweigung nach Lykósoura. Man hat dann noch 4 km Asphalt- und 5 km Erdstraße. Rechts in den Feldern liegt eine Kirche und geradeaus auf einem Kamm steht ein ockerfarbenes Haus mit drei Fenstern, es ist das Museum von Lykósoura. Man fährt auf einen kleinen Unterstand, eine Art Schilderhaus aus grauem Schwemmstein, zu, der in Wirklichkeit ein Proskynetári ist. Dort ist der Parkplatz.
Das Eingangstor zum Tempelbezirk der Déspoina liegt auf der Höhe in der Nähe des Museums und ist tagsüber geöffnet. Es ist mit einer Kette umwickelt, die es wie verschlossen erscheinen läßt. Man braucht aber die Kette nur auseinanderzuwickeln und erspart sich dadurch große Umwege.

Messenien

Messenien, die südwestliche Landschaft des Peloponnes, wird durch den Fluß Neda gegen Elis, durch die Gebirge Tetrasion und Taygetos gegen Arkadien und Lakonien abgegrenzt. Wie in Sparta das Eurotastal so bildet hier die große Ebene des Pamisós das Zentrum des Landes. Die Gebirgszüge, die sie im Osten und Westen einschließen, treten bei Skala so dicht aneinander, daß der Fluß hier eine Enge durchfließt und die Ebene in die kleine obere (Stenýklaros) und die große untere (Makaría) geteilt wird. Da der Pamisós erst hier größere Zuflüsse erhält, so pflegten die Alten ihn erst von der unteren Ebene ab zu rechnen und die mächtigen Quellen von Ajios Phloros als seinen Ursprung anzusehen. Mehrere Zuflüsse machen ihn zum wasserreichsten Fluß der Halbinsel und sein Tal zu einer der gesegnetsten Landschaften Griechenlands. Wasserreichtum, Fruchtbarkeit des Bodens und Milde des Klimas haben ihm den Namen »Garten des Peloponnes« eingetragen. Es wachsen nicht nur Öl, Wein, Obst und Zitrusfrüchte in reicher Fülle, sondern selbst die Dattelpalme gedeiht hier. Und es ist nicht nur die Ebene von solcher Üppigkeit, auch das Bergland ist zum großen Teil fruchtbar. Nur die schroffen Gebirge im Norden und Osten bleiben davon ausgeschlossen. Ihnen antwortet auf der Westseite des Landes der lange fruchtbare Küstenstreifen am Ionischen Meer.

Schon früh haben die Menschen die Gunst dieser Landschaft erkannt und aufgesucht. Zahlreich sind die Siedlungsspuren aus dem späten Neolithikum und der frühen Bronzezeit. Eine außerordentliche und in seiner ganzen Geschichte nie wieder erreichte Blüte erlebte Messenien in mykenischer Zeit (etwa 1600–1100 v. Chr.), als es neben der Argolis das dichtestbesiedelte Gebiet Griechenlands war. Im ganzen sind zur Zeit über sechshundert mykenische Siedlungsplätze bekannt. Davon entfallen ein Viertel allein auf Messenien, und dieses Viertel bedeutet die Hälfte aller Fundplätze auf dem Peloponnes, das heißt, Messenien weist so viele mykenische Siedlungsplätze auf wie alle anderen Landschaften des Peloponnes zusammen. Die Zahl der Kuppelgräber ist wesentlich größer als in der Argolis, und der Palast von Pylos ist denen von Tiryns und Mykene mindestens ebenbürtig.

Die Einwanderung der Dorer machte dieser Blüte ein gewaltsames Ende und führte für das Messenien der historischen Zeit Verhältnisse von solcher Trostlosigkeit herauf, wie sie kein anderer griechischer Stamm auch nur entfernt zu bestehen hatte. Den Messeniern widerfuhr das unendliche Unglück, die Spartaner zu Nachbarn zu haben, die ihnen, obwohl sie ihre Stammverwandten waren, jahrhundertelang das Schicksal von Hörigen und Flüchtlingen bereiteten. Die hohe Grenzscheide des Taygetos schützte sie nicht, seine Unwirtlichkeit und Unwegsamkeit bildeten für die Spartaner kein Hindernis. Schon im 8. Jahrhundert griffen sie auf die messenische Seite über und besetzten die Dentheliatis, das Quellgebiet und obere Tal des Nedon. Ende des Jahrhunderts, im Ersten Messenischen Krieg (etwa 735–715), drangen sie in das messenische Fruchtland ein und brachten nach neunzehnjährigem Kampf die obere Ebene in ihren Besitz, die der messenische Adel vom Ithome aus vergeblich zu verteidigen suchte. Ein Teil von ihm scheint sich damals chalkidischen Auswanderern angeschlossen und in Unteritalien die Stadt Rhegion gegründet zu haben. Der Hauptteil der Bevölkerung aber mußte sich den Siegern unterwerfen und hinfort die Hälfte aller Erträge an Sparta abliefern.

Hundert Jahre später suchten die Messenier sich in einem großen Aufstand zu befreien, der von den Arkadern unterstützt wurde. Das erbitterte Ringen hat zwei, vielleicht drei Jahrzehnte gedauert. In dieser Bedrohung entwickelten die Spartaner die Hoplitentaktik und ihre berühmte Kampfdisziplin, mit der sie schließlich Sieger blieben. Nun wurde auch die große Pamisós-Ebene besetzt, das Fruchtland unter die Spartiaten aufgeteilt und die messenische Bevölkerung in den Stand von Hörigen hinabgedrückt. Ein Teil der Messenier floh damals nach Arkadien, ein anderer zu den Stammesangehörigen in Rhegion.

Anfang des 5. Jahrhunderts unternahmen sie einen neuen Versuch, sich zu befreien, der ebenfalls fehlschlug und nur eine weitere Auswanderungswelle zur Folge hatte. Die Messenier nahmen in großen Scharen an der Neubesiedlung der sizilischen Stadt Zankle teil, die daraufhin den Namen Messene (Messina) annahm.

464 traf ein schweres Erdbeben das Eurotastal, das die fünf spartanischen Dörfer völlig zerstörte und einen großen Teil der Jungmannschaft unter den Trümmern des Gymnasiums begrub. Die Katastrophe hatte unmittelbar einen allgemeinen Helotenaufstand zur Folge, dem sich die Messenier anschlossen. Nur mit äußerstem Einsatz gelang es den Spartanern, der Erhebung Herr zu werden. Die Messenier wurden schließlich auf dem Ithome, dem heiligen Berg ihres Landes, eingeschlossen und belagert. Aber selbst mit Unterstützung ihrer peloponnesischen Bundesgenossen gelang es den Spartanern erst nach vier Jahren, sie zu bezwingen. Auf Geheiß des Delphischen Orakels mußten sie ihnen jedoch freien Abzug gewähren. Die Athener gaben ihnen Zuflucht und nahmen sie in ihrem Flottenstützpunkt Naupaktos am Korinthischen Golf auf (460). Zum erstenmal seit eineinhalb Jahrhunderten bildeten die Messenier wieder ein eigenes freies Staatswesen. Aber nur für zwei Generationen. 401, nach dem Ende des Peloponnesischen Krieges und der Niederlage Athens, wurden sie von den Spartanern wieder vertrieben.

Fremder Hilfe verdankten sie es, wenn es ihnen gegen Ende der klassischen Zeit doch noch gelang, ihre Freiheit zu erringen. Nach der vernichtenden Niederlage der Spartaner bei Leuktra 371 sandte der Sieger, Epaminondas von Theben, Emissäre in die ganze Griechenwelt und ließ die Messener zur Rückkehr in die befreite Heimat aufrufen. Und wie er den Arkadern zum erstenmal eine gemeinsame Hauptstadt mit Megalopolis schuf, so den Messeniern mit Messene. Und er baute sie als mächtiges, viel bewundertes Bollwerk gegen Sparta aus. Ihr gewaltiger, fast 9 km langer Mauerring auf der Westseite des Ithome mit seinen zahlreichen Toren und Türmen ist die größte und besterhaltene antike Stadtbefestigung Griechenlands. Zum Unglück für seine großen Pläne fiel Epaminondas schon 462 in der Schlacht von Mantinea. Ein Vierteljahrhundert später fanden die Messenier in Philipp II. von Makedonien einen zweiten mächtigen Gönner. Aber für die nachfolgenden Wirren der Diadochenzeit und des Ätolischen und Achäischen Bundes war ihnen die Geschichte ihrer jahrhundertelangen Knechtschaft keine Lehrmeisterin zur Einheit und Einmütigkeit. Sie trieben eine wechselnde, manchmal geradezu verräterische Politik, die einzelnen Städte paktierten eigenmächtig, und das Staatsgebiet der Messenier umfaßte zu Zeiten nicht mehr als das ihrer Hauptstadt. Selbst die Gunst des Augustus hatten sie sich durch Parteinahme für Antonius verscherzt und konnten ihr Recht gegen die Spartaner erst unter Tiberius finden.

Nach der römischen Kaiserzeit erneuerte sich die Blüte Messeniens unter den Franken. Gottfried von Villehardouin erhielt für seine Verdienste um die Eroberung des Peloponnes seine fruchtbarste Landschaft, Messenien, zu Lehen. Wilhelm II. war in Kalamáta geboren und hatte hier seinen Lieblingssitz. Die Kämpfe zwischen Franken, Griechen und Türken verheerten Messenien weniger stark als die anderen Provinzen des Peloponnes. Aber von einem schweren Unglück wurde es getroffen in dem Aufstand 1770/74. Diese unselige Erhebung, zu der die Griechen sich durch die Admirale Katharinas II. von Rußland verleiten ließen, nahm ihren Ausgang in Kalamáta und erlitt eine ihrer schlimmsten Tragödien in Pylos, wo die Bevölkerung von der russischen Flotte preisgegeben und von den Türken erbarmungslos abgeschlachtet wurde. Mit zwei weiteren spektakulären Kriegsereignissen ist Pylos in die alte und neuere Geschichte Griechenlands eingegangen. 426 im Peloponnesischen

Krieg gelang es den Athenern, bei Pylos ein spartanisches Heer zu überrumpeln und 420 Spartiaten auf der Insel Sphaktéria einzuschließen und gefangenzunehmen. Und im Oktober 1827 wurde auf persönliche Initiative des englischen Admirals Codrington von der vereinigten englischen, französischen und russischen Flotte die Flotte Ibrahim Paschas in der Bucht von Navarin zum Kampf gestellt und vernichtet. Nach sieben Jahren grausamen, überaus opfervollen Kampfes war damit dem griechischen Freiheitskrieg endgültig der Sieg gesichert. Doch wurde Messenien zuvor von Ibrahim Pascha noch auf das schlimmste verheert, seine Bevölkerung zu Tausenden nach Ägypten deportiert.
Heute ist Messenien neben der Argolis die blühendste und reichste Provinz des Peloponnes, obwohl auch sie einen außerordentlich starken Rückgang der Bevölkerung zu verzeichnen hat:

1940	1951	1961	1971
240 355	227 871	211 970	173 077

Der mykenische Palast von Ano Englianós, das Museum von Chora, Bucht und Hafen von Pylos, die Festungen Modon und Korone und schließlich der Ithome mit den Festungs- und Stadtanlagen des klassischen Messene ziehen einen bescheidenen Tourismus herbei. Kalamáta entwickelt sich nach Patras und Tripolis zu der drittgrößten Regionalstadt des Peloponnes. Schön ist sie nicht. Aber ihr Versuch, modern zu werden, ist auch nicht rein provinziell. Die neue Schnellstraße Kalamáta–Sparta über den Taygetos, eine der eindrucksvollsten Leistungen modernen griechischen Straßenbaus, hat die alten Gegensätze endgültig überwunden. Sie führt das Nedontal hinauf, mitten durch das Gebiet der antiken Dentheliatis, von dem der unselige Kampf zwischen Messenien und Sparta seinen Ausgang genommen und wo sich ursprünglich einmal das ihnen gemeinsame Heiligtum der Artemis Limnatis befunden hatte.

Die Frankenburg von Mila

Unsere ersten drei Ziele in Messenien liegen alle auf der gleichen Linie, an der wichtigen Straße, die im Altertum und Mittelalter so gut wie heute die obere Pamisós-Ebene mit der Küstenregion von Kyparissía verband.
Nachdem das Wahrzeichen Messeniens und sein heiliger Berg, das mächtige Massiv des Ithome mit seinem Doppelgipfel, links zurückgeblieben ist, bietet sich, wie wir uns dem Ort Vassilikó nähern, ein anderer Anblick, der die Aufmerksamkeit gefangennimmt, eine Bergkuppe mit einer hochragenden, malerischen Burg. Es ist eine der besterhaltenen Frankenburgen auf dem Peloponnes, aber eine der vielen, die man nicht sicher identifizieren kann und daher nach dem nächstgelegenen Ort benennt, in unserem Fall dem Dorf Mila. Durch die hochragenden Türme ist die Silhouette höchst eindrucksvoll, die Burg selbst aber ist keineswegs groß, sondern bildet nur ein unregelmäßiges Viereck von nicht mehr als 25 × 43 m. Ursprünglich allerdings mag sie einmal sehr viel größer gewesen sein. Im Südwesten, etwas mehr als 50 m von der Burg entfernt und ungefähr in Flucht ihrer Südwestmauer befindet sich das Gewölbe eines großen Tores von 2,75 m Breite und 3,25 m Tiefe. Es ist denkbar, daß hier einmal der Eingang zu einem großen, die Burg umgebenden Mauerring lag, der der umwohnenden Bevölkerung als Fluchtburg diente. Er ist bis auf das Tor fast ganz verschwunden und wurde offenbar später durch eine neue, viel kleinere und schwächere Ummauerung ersetzt, deren Reste auf der Nordostseite der Burg verfolgbar sind. Auf dieser Seite befand sich auch das Burgtor, das aber ganz verschwunden ist. Jede der drei anderen Seiten besitzt in ihrer Mitte einen zweistöckigen Turm. Der im Südwesten ist nur vorgesetzt, der auf der Südostseite auf ausladendem, geböschtem Unterbau errichtet. Der wichtigste war der im Nordwesten. Er barg eine Zisterne in seinem Unterbau und war nach allen Seiten mit Schießscharten versehen.
Einige Besonderheiten scheinen das Kastell ins letzte Drittel des 13. Jahrhunderts zu datieren, und dann wäre es möglich, daß es sich bei ihm um das Châteauneuf handelt, das Isabella von Villehardouin, die Tochter und Alleinerbin Wilhelms II., in jenen Jahren errichten ließ,

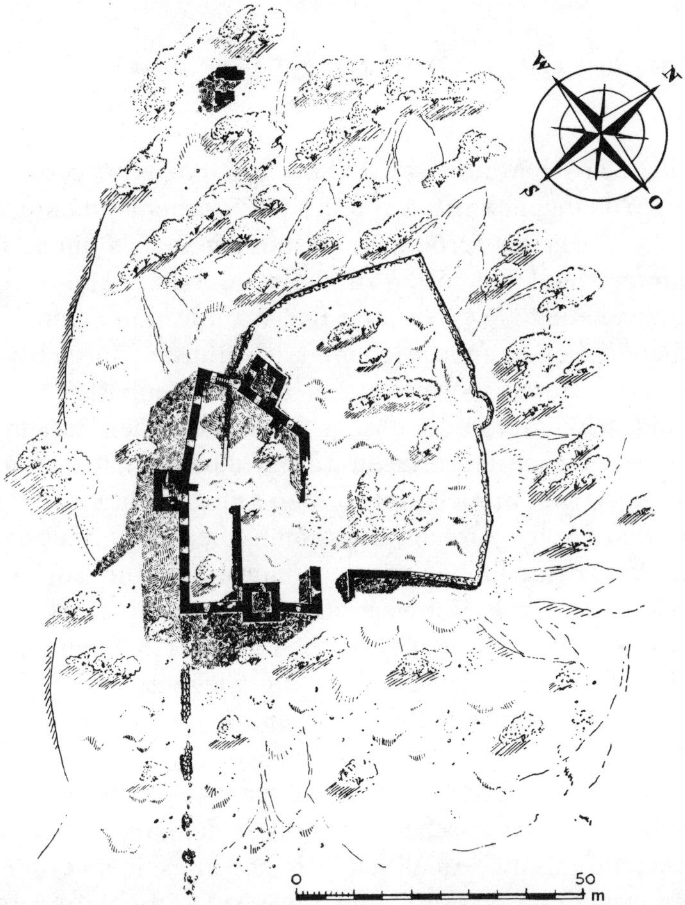

Plan der Frankenburg von Milu

um die Dörfer Nordmesseniens gegen mögliche Angriffe der Griechen zu schützen. So würde sich auch die relative Kleinheit der Hauptburg erklären. Vielleicht verdankt sie ihre gute Erhaltung dem Umstand, daß sie von den Türken weiterbenutzt wurde, für die sie durch ihre Lage an der wichtigen Verkehrsstraße ebenfalls von besonderem Interesse war. Nur lag es ganz außerhalb ihrer Absicht, das Kastell auch als Fluchtburg zu verwenden, so daß sie den äußeren Festungsring abtragen oder verfallen ließen.
Einzelheiten wissen wir gar keine aus seiner Geschichte, und doch dauert es als ein beredtes Zeugnis jener merkwürdigen Epoche fort, da der Peloponnes *ein gleichsam neues Frankreich – quasi nova Francia* war.

Die mittelhelladische Stadt Malthi

Der Aufstieg nach Malthi ist kein Sonntagsspaziergang, sondern gehört zu den unangenehmsten, die sich in Griechenland unternehmen lassen, obwohl die Entfernung kurz ist und man nicht mehr als einen Höhenunterschied von 150 m zu überwinden hat. Aber es gibt keinen durchgehenden Weg auf den Berg, sondern nur immer wieder abbrechende Ziegenpfade. Man muß sich mühsam durch Buschwerk und Dickicht, durch Dornsträucher und massenhaftes Spinnengewebe hindurchkämpfen. Steil ist es auch. Wenn der Berg im Altertum so dicht bewachsen gewesen wäre wie heute, hätte man ihn gar nicht zu befestigen brauchen. Hat man sich glücklich durchgeschlagen und den Gipfel erreicht, so ist man überrascht, daß das ganze kaum mehr als eine halbe Stunde gedauert hat. Die Tortur kommt einem viel länger vor. Wie vertrackt der Berg ist, merkt man erst beim Abstieg, wo man es gewöhnlich leichter hat, einen Pfad zu verfolgen. Auch dann lassen einen die Ziegenspuren immer wieder im Stich, unversehens steht man immer wieder aufs neue ohne Weg da.

So werden sich die meisten den schwierigen Aufstieg lieber ersparen, aber auch für sie wäre es schade, achtlos an dem unscheinbaren Berg vorüberzufahren, ohne zu ahnen, was sich auf seinem Gipfel befindet. Denn weder durch Form noch Lage ist Malthi besonders ausgezeichnet. Unmittelbar hinter dem Dorf Vassilikón, auf der Strecke Megalopolis–Meligala–Kyparissía, liegt ein Berg von fast völlig gleichmäßiger Rundung an der Straße, der durch kein äußeres Merkmal seine Besonderheit zu erkennen gibt. Und doch trägt er eine einzigartige Stätte der griechischen Vorgeschichte, nämlich die einzige mittelhelladische Stadt, die ganz erhalten geblieben und vollständig ausgegraben worden ist.

Die Wahl des Berges, den später weder Franken noch Türken attraktiv genug fanden, eine Burg darauf zu errichten, der dann die vorgeschichtlichen Mauern zum Opfer gefallen wären, erklärt sich aus seiner beherrschenden Kontrollfunktion über die wichtige Verbindungsstraße von Nordmessenien und Südarkadien zum Ionischen Meer, aus seiner günstigen Lage am Rande einer größeren nutzbaren Ebene, nicht zuletzt aber durch seine gesicherte Wasserversorgung.

Plan von Malthi, Mittelhelladisch

Nicht nur floß am Ostfuß des Berges ein Bach vorbei und entsprang dort zusätzlich eine Quelle, sondern eine zweite befand sich direkt auf dem Berggipfel selbst, ein überaus kostbarer und seltener Besitz, wie er von keiner anderen vorgeschichtlichen Siedlung Griechenlands bekannt ist. Heute ist sie versiegt. Aber die großen Eichenwälder, die einst die umliegenden Berge bedeckten, sollen erst im vorigen Jahrhundert verschwunden sein, ganz, wie wir es von Arkadien gehört haben.

Die Quelle von Malthi hat schon in neolithischer Zeit Siedler auf den Berg gezogen. In frühhelladischer Zeit bildete sich eine wachsende Ansammlung von einzelnen Häusern. In der mittelhelladischen (etwa 2000–1600) finden wir bereits eine richtige Siedlung aus Apsidenhäusern. Und dann wurde, in einer zweiten Phase, Malthi offenbar durch den Willen eines Herrschers nach einheitlichem Plan erneuert und als Festung angelegt.

Der Wall folgt dem Rand des Gipfelplateaus und umschließt ein unregelmäßiges Oval von 139 m Länge und 82 m Breite, so daß die Aufgabe der schwedischen Ausgräber von vornherein auf diese relativ kleine Fläche beschränkt war, deren Freilegung in zwei Sommern vollendet wurde (1933/34).

Das Plateau ist nicht eben, sondern die Mauer hat einen Höhenunterschied von 6,50 m zu überwinden. Sie stellt eine Schalenmauer von stark wechselnder Breite dar: 1,60–3,50 m. Die innere Schale, die gleichzeitig die Rückwand der gegen sie gebauten Häuser bildete, ist sehr viel besser erhalten als die äußere und konnte auf ihrer ganzen Länge sicher verfolgt werden. Die Ringmauer steht jedoch nirgendwo höher als einen Meter an und ist oft nur noch in ihrer untersten Lage erhalten. Sie ist in ihrem ganzen Verlauf von 420 m überall geschwungen und bildet nirgendwo scharfe Winkel. Die gefährdetsten Seiten lagen im Süden und Osten. Die lange Ostseite ist zusätzlich durch zwei vorspringende Türme gesichert. Die Südmauer deckt den flachen Sattel, der Malthi mit seinem Nachbarberg verbindet. Auf dieser Seite (→ Plan: bei C 1) muß das Haupttor gelegen haben; denn hier trafen sich die Wege, die von Osten und Westen aus der Ebene heraufführten und noch an ihren Wagenspuren kenntlich sind. Im ganzen besaß die Ringmauer fünf oder sechs Eingänge, von denen aber zwei oder drei nicht mehr als Durchlässe von 0,80 m Breite waren.

In der Altis von Olympia

Vorige Seite:
Treppenstraße in Nauplion

Mistra

Folgende Doppelseite:
Ajios Jannis sta Lefkákia

Rechte Seite:
Oben die Burg von Patras, in der Mitte der Turm von Phychtia
Unten das Löwengrab von Mykene

Das Kloster von Pepelenítsa

Nea Kypárissos (Mani)

Brücke von Methoni

Gut erkennbar ist der Eingang im Nordwesten (bei D 76). Die Mauer ruht hier auf einem vorspringenden Felsen, in den der Eingang von 1,75 m Breite eingeschnitten ist, so daß der Mauerring an dieser Stelle von einer Treppe durchbrochen wird. Sieben Stufen von ihr sind noch erhalten.
Das Haupttor im Norden (bei D 53) ist weit besser erhalten als das im Süden und bildete einen Durchlaß von 1,55 m Breite und 4,50 m Tiefe. Außen wurde durch eine schmale Umfassung eine Art Vorhof gebildet. Im Osten war die Mauer auf eine Länge von drei Metern um einen Meter zurückgenommen, im Westen sprang sie um einen Meter vor. Im Inneren führte das Tor auf einen trapezförmigen, 5 × 12 m großen Innenhof. Von diesem Hof aus gelangte man im Westen und Osten zu den beiden großen Distrikten, die im Nordteil der Stadt unbebaut geblieben waren.
Das ganze Stadtgebiet ist deutlich in drei verschiedene Bezirke unterteilt. In der Mitte befindet sich eine zentrale Terrasse von der Form eines unregelmäßigen Hufeisens. Auf ihr erhob sich, durch einen eigenen Mauerring eingeschlossen, der auf der Westseite am deutlichsten ausgebildet ist, ein eigener Stadtteil, der seinerseits wieder in zwei verschiedene Bezirke zerfällt. Im Süden befindet sich eine Reihe auffallend großer und besonders sorgfältig gebauter Räume, im Norden eine Ansammlung kleinerer, unregelmäßiger. Die in diesen letzteren gemachten Funde ergaben, daß sich zumindest in einem Teil von ihnen Werkstätten befanden, darunter auch eine Schmiede. In den großen Räumen des südlichen Teils aber vermutet man natürlich den Wohnsitz des Herrschers und glaubte sogar, seine Audienzhalle feststellen zu können. Raum A 1, der sich nicht nur in der Mitte des Zentralplateaus, sondern fast genau auch in der Mitte des ganzen Festungsrings und außerdem an seiner höchsten Stelle befindet, bildet einen großen Saal von 6 × 8 m. In der Mitte war noch die Steinbasis der Stütze erhalten, die die Decke trug, und an der Westmauer ein großer Herd. Es ist wenig Zweifel, daß es sich um eine offizielle Halle des lokalen Herrschers handelt.
Um das Zentralplateau sind drei große unbebaute Flächen gelagert, die ausgedehnteste im Süden, zwei kleinere im Nordwesten und Nordosten. Zum Teil sind sie durch Unebenheiten des Geländes und herausragende Felsen verursacht. Andererseits konnten sie in Notzeiten als Zuflucht der Landbevölkerung und sonst als Sammelplätze

der Herden dienen. Den dritten Teil schließlich bildet der Kranz der Häuser, die sich an die Ringmauer anlehnen und sich nur im Osten und Westen zu größeren Komplexen erweitern, die bis zum Zentralplateau hinüberreichen.
Die eindrucksvollste Anlage nach dem Palast sind die zwölf Magazinräume auf der Westseite, die ohne Zweifel auf einen einheitlichen Entwurf zurückgehen und gleichzeitig mit der Ringmauer errichtet wurden, in die sie eingebunden sind. Es sind Räume von nahezu quadratischem Grundriß und ungefähr gleicher Größe, zum Stadtinnern hin von einer durchgehenden einheitlichen Mauer begrenzt. In mehreren von ihnen wurden große Vorratsgefäße gefunden, die mit runden Steinplatten verschlossen waren. Die Anlage läßt keinen Zweifel, daß es sich hier nicht um private, sondern um zentralisierte Vorräte handelte, um Magazine der Palastverwaltung. Trotz seiner frühen Stufe vertritt Malthi offenbar ein weit fortgeschrittenes Stadium zentralisierter Wirtschaft.
Interessant in diesem Zusammenhang waren die Funde zahlreicher Gewichtssteine, in denen der Ausgräber ein System mit einer Grundeinheit von 8 g zu erkennen glaubt.
Auch die Räume des übrigen Häuserrings sind nur zum Teil bewohnt gewesen, meist waren es Wirtschafts- und Vorratsräume.
Die Einwohnerschaft von Malthi ist also relativ klein gewesen, und es wird klar, daß der Mauerring nicht eine wirkliche Stadt einschloß, sondern nur die Akropolis, in der die Eroberer sich selbst und ihren wertvollsten Besitz sicherten; denn die Festung trägt alle Merkmale eines Herrschaftszentrums von Eroberern. Auch den Befestigungsring des neolithischen Dimini bei Volos hat man immer für eine befestigte Siedlung gehalten, bis sich in den letzten Jahren zeigte, daß es sich nur um die Akropolis handelt, die am Fuß des Hügels von einer weitläufigen Unterstadt umgeben war. So wird auch in Malthi der Hauptteil der Bevölkerung außerhalb der Ringmauer gewohnt haben, zum Teil vielleicht in ihrer Nähe an den Hängen des Berges, wo wegen des kompakten Dickichts ohne Ausgrabungen keine Mauern festzustellen sind. Zum Teil aber auch am Fuß des Berges in der Ebene, wo die schwedischen Ausgräber in der Tat in den Äkkern noch Siedlungsspuren gefunden haben. Die »Stadt« Malthi war also sehr viel größer, als der ausgegrabene Festungsring erkennen läßt, der nur die Akropolis einschloß.

Plan von Malthi, mykenisch

Die mittelhelladische Siedlung geht ohne Bruch und Zerstörung in die mykenische über. Ihre Aussichten wären, würde man meinen, bei so reichen Voraussetzungen glänzend gewesen. Sie hat aber nur eine bescheidene Fortsetzung gefunden und ihre mittelhelladische Blüte nicht mehr übertroffen.
In der Hauptsache wurden die alten Häuser weiterbenutzt, es kamen in mykenischer Zeit nur wenige neue hinzu. Sie konzentrierten sich im Südwestteil der Stadt. Zu ihnen gehört auch das besterhaltene Gebäude von Malthi, B 85, ein typisch mykenisches Mégaron mit vier Säulen und einem großen Herd. Es befindet sich auf der gleichen Linie mit der mittelhelladischen Empfangshalle, nur weiter westlich, unmittelbar an die westliche Ringmauer des Zentralplateaus angelehnt. Es wird der Sitz des mykenischen Statthalters gewesen sein. Ein selbständiges Fürstentum scheint Malthi nicht gebildet zu haben.
Andererseits sind wir vielleicht in Gefahr, seine Bedeutung in mykenischer Zeit zu unterschätzen. Die Befestigung spielte auf jeden Fall

nicht mehr die Rolle wie zur Zeit der Eroberung, und es ist sehr gut möglich, daß sich das Zentrum der Stadt an einen bequemeren Ort verlagert hatte. Daß Malthi jedenfalls seinen Reichtum und Status nicht ganz verloren hatte, beweisen die mykenischen Kuppelgräber, die sich am Fuß seines Westabhangs befinden. Es sind nicht weniger als drei. Das eine liegt ziemlich dicht am Fluß und ist erst um 1930 vom Eigentümer des Grundstücks, der das Feld bereinigen wollte, zerstört worden. Die beiden anderen liegen näher zum Berg, nur 80 m voneinander entfernt, und wurden von den Schweden 1926 freigelegt.

Da das eine eingestürzt ist, es in Maßen und Bauart aber mit dem erhaltenen weitgehend übereinstimmt, geben wir hier nur seine Besonderheiten an. Seine Oberschwelle bestand aus einem einzigen großen Kalksteinblock von 2,90 m Tiefe, 2,50 m Breite und 0,30 m Höhe. Der Eingang war durch eine massive, 1,50 m starke Mauer verschlossen, die noch bis zu 1,75 m anstand. 20 cm unter dem Boden des Dromos wurde ein Entwässerungskanal von 18 cm Breite und 30 cm Tiefe gefunden, der unmittelbar am Eingang begann. Eine solche Anlage zum Schutz des Grabesinneren vor Überschwemmung ist sehr selten. Sie findet sich noch beim sogenannten Grab der Klytämestra in Mykene und beim Kuppelgrab 2 von Peristeriá. Der Boden des Grabrunds bestand aus drei Lagen festgestampfter Erde mit jeweils einer dünnen Aschenlage obenauf, die auf eine mindestens dreimalige Verwendung des Grabes deuten, obwohl sich nur eine einzige Ausschachtung darin fand (1,65 × 0,90 × 0,80 m). Das Grab war gründlich geplündert und ergab außer einigen Gefäßscherben nur noch winzige Reste von Blattgold und Glaspaste.

Auch das andere Grab war geplündert, aber es ist vollständig erhalten. Es ist aus ziemlich sorgfältig behauenen Kalksteinplatten erbaut. Die des Dromos sind 20 cm stark und zwischen 0,70 und 1,45 m lang. Die längsten bilden das Mauerstück vor dem Eingang. Der Dromos ist 13,50 m lang und 2,35 m breit. Er führt von Westen auf das Tor zu und senkt sich um 0,25 m. Die Wände des Eingangs sind an den Ecken aus besonders großen und regelmäßigen Platten erbaut, um den Druck der Kuppel auszuhalten. Höhe und Tiefe betragen übereinstimmend 3 m, doch hat der Eingang dieses Grabes die Besonderheit, sich nach innen zu verengen. Er mißt außen

1,60 m, innen aber nur 1 m. Eine Verengung findet sich zwar auch sonst, aber nirgendwo so stark. Sie hatte vielleicht keinen anderen Zweck, als die Statik des Eingangs zu erhöhen. Auch von unten nach oben verengt sich die Breite des Eingangs um 25 cm. Er weist keine Steinschwelle auf, und nirgends zeigten sich Spuren für einen Verschluß durch eine Tür.

Die Oberschwelle besteht auch hier aus einem einzigen großen Kalksteinblock von 3 m Tiefe, 2,50 m Breite und 0,40 cm Stärke, der wie durch ein Wunder die große Belastung ohne Riß überstanden hat, die freilich durch das sogenannte Entlastungsdreieck auf die Seitenwände abgeleitet wurde. Seine Öffnung war vermutlich durch einfache Steinplatten verdeckt.

Die Kuppel ist ebenfalls aus Kalksteinplatten errichtet und mißt 6,85 m im Durchmesser und 5,80 m in der Höhe. Aus ihrer Spitze sind einige Steine herausgenommen. Durch diese Öffnung drangen in byzantinischer Zeit Grabräuber ein. Sie haben das Grab so gründlich geplündert, daß auch nicht der kleinste Schnitzel Blattgold übriggeblieben ist. Nur ein paar mykenische Gefäßscherben haben sie zurückgelassen. Die Kuppel ist oben durch eine große Steinplatte von 2,40 × 1,80 × 0,30 m flach gedeckt und bis auf die erwähnte Öffnung vollständig erhalten. Das Kuppelgrab von Malthi ist keine der großen, auch keine der aufwendigen mykenischen Grabanlagen, aber sie ist eine der besterhaltenen, und so wird es vielleicht auch von denen aufgesucht, die sich die Besteigung des Berges selbst ersparen. Man schlägt dazu die Straße zum heutigen Dorf Malthi ein, die an der Westseite des Berges entlangführt, als Erdstraße beginnt und dann plötzlich asphaltiert ist. Etwa 800 m nach der Abzweigung von der Hauptstraße liegen rechts in den Feldern die beiden Gräber.

Die Kuppelgräber sind Fürstengräber. Die Schweden haben die ganze nähere und weitere Umgebung von Malthi abgesucht, um die zur Stadt gehörende Nekropole mit den mykenischen Kammergräbern zu finden, aber ohne Erfolg.

Die übrigen Gräber in Malthi zeigen den üblichen Befund. Innerhalb des Siedlungsgebietes wurden nur drei frühhelladische Gräber gefunden, zwei davon Ossuarien, aber 32 mittelhelladische zwischen und unter den Häusern. Die Bauweise der Gräber, die Lage und Zahl der Toten variierte so stark, daß sich von einer einheitlichen Bestattungssitte nicht sprechen läßt, bis auf die, den Toten keine

Beigaben mitzugeben. Die meisten Gräber waren Einzel-, einige waren Doppelbestattungen. Neun von ihnen enthielten Erwachsene, die übrigen Kinder, und zwar vorwiegend Kleinkinder. In einigen Fällen handelte es sich offenbar um Neugeborene.

Die Kuppelgräber von Peristeriá

Die Absicht des griechischen Antikendienstes, die homerische Topographie zu klären und zur Identifizierung der neun Städte im Reiche Nestors beizutragen, führte im Sommer 1960 zur Entdekkung eines großen mykenischen Kuppelgrabes. Seine Lage war ungewöhnlich. Während sich die mykenischen Kuppelgräber sonst gewöhnlich am Fuß oder Abhang eines Berges befinden, lag das neue Grab auf einer Bergkuppe. Die Höhe heißt *Peristeriă, Taubenhügel,* und ist wie das Menelaion von Sparta über einem Flußtal gelegen. Es ist das Tal des Arkadikós, des antiken Kyparisséeis, der aus der obermessenischen Ebene kommend 7 km nördlich von Kyparissía ins Ionische Meer mündet. Etwa 4 km vor seiner Mündung liegt Peristeriá auf seinem südlichen Ufer, doch so, daß es dem Fluß abgewandt ist und sich ganz nach Süden öffnet, wo sich die Höhen und Täler eines friedlichen Hügel- und Berglandes erstrecken. Vom Fluß bemerkt man nur etwas, wenn man direkt an den Nordrand des Plateaus tritt, um dann festzustellen, daß es fast senkrecht gegen den Fluß abfällt und auch auf den Flanken durch steile Abhänge geschützt ist. So ist es denn auch nach diesen drei Seiten unbefestigt geblieben.

Das Kuppelgrab von Peristeriá ist mit über 12 m Durchmesser das viertgrößte, das bis heute gefunden wurde. Zu ihm führt ein Gang (Dromos) von 28 m Länge und 3,30 m Breite. Allerdings ist er unverkleidet in den anstehenden Felsen geschnitten. Erst einen Meter vor dem Eingang (Stomion) findet sich eine Steinfütterung. Das Eingangstor ist mit zwei Faszien verziert und aus Porosblöcken errichtet, die aus der weiteren Umgebung herbeigeschafft wurden. Das Stomion mißt 5,10 m in der Höhe, 2,40 m in der Breite und 6,20 m in der Tiefe. Es war mit drei großen Oberschwellen gedeckt, denen aber ein schweres Mißgeschick widerfahren ist. Die Bauern hatten den vordersten Stein ins Auge gefaßt, um ihn in der Nähe für den Bau einer Brücke zu verwenden. Da er aber viel zu schwer war, sprengten sie ihn mit Dynamit auseinander. Dabei zerbrach auch der zweite Deckstein und stürzte herab. Nur der dritte blieb an seinem Platz, aber auch er nicht unversehrt. Er erhielt einen schweren Riß wie auch die linke Stützmauer unter ihm, und die Ausgrabungen konnten nicht fortgesetzt werden, bis der Eingang, der zusammenzubrechen drohte, abgesichert war, wog der dritte Deckstein doch nicht weniger als 22 Tonnen. Inzwischen ist das Grab, dessen Kuppel schon in hellenistischer Zeit eingestürzt war, ganz wiederhergestellt, aber das Gerüst, das den Eingang abstützt, beeinträchtigt den Gesamteindruck doch sehr.

Das Grab scheint schon in mykenischer Zeit geplündert worden zu sein. Es enthielt aber noch einige Scherben des frühen und reifen Palaststils, so daß es mit Sicherheit in die Mitte des 15. Jahrhunderts datiert werden kann. Einige wenige versprengte Reste geben uns noch eine Ahnung von seinem ehemaligen Reichtum: Späne und Schnitzel von Goldblech, zwei goldene Efeublätter, Goldblech von einem Gerät oder Kasten. Auf zwei zusammenhängenden Stücken ist noch die Darstellung eines Zuges von sieben jungen Männern zu erkennen, die an die berühmte Schnittervase von Ajía Triáda auf Kreta erinnert. Schließlich ein einzelnes Glied einer kostbaren Kette, eine kirschgroße Goldperle, ganz mit Granulat bedeckt, und zwar so, daß die Goldkörnchen nach außen zu immer feiner werden.

Das Grab enthielt keine Gruben. Die Toten waren also zu ebener Erde bestattet. Es war noch zu erkennen, daß der Boden mit einem Kieselbelag bedeckt war, der sich außerdem noch 12 m weit in den Gang hinein fortsetzte.

Eine auffällige Besonderheit des großen Kuppelgrabes von Peristeriá ist, daß sein linker Türpfosten mit zwei kretischen Steinmetzzeichen versehen ist, einem Zweig und einer Doppelaxt.

Achtzig Meter weiter südlich wurde ein zweites Kuppelgrab entdeckt von etwas kleineren Ausmaßen. In den Ausgrabungsberichten werden drei verschiedene Durchmesser angegeben: 12,10 m, zirka 11 m und 10,60 m. So wird man gelegentlich selbst nachmessen

müssen. Es war sehr viel schlechter, nur noch bis zu 3 m Höhe und ohne Oberschwelle, erhalten und natürlich ebenfalls geplündert. Es fanden sich aber auch hier noch einige Scherben, die das Grab als älter ausweisen: etwa 1500–1450. Der Schutt enthielt noch einige Tonidole von Menschen und Tieren, darunter eine Frauenstatuette kretischer Art. Vor allem aber fand sich im Gang und massiert vor dem Eingang eine große Menge Blattgold. Das meiste war undekoriert, anderes zu Scheiben und Platten verarbeitet und mit eingestanzten Rosetten, Blättern und anderem Dekor geschmückt. Weiter gab es zehn in Gold nachgeahmte Bienen von natürlicher Größe und eine Reihe von Troddeln aus Goldfolie, die vermutlich an Gürteln oder Gewändern befestigt waren, wie man auch von den Goldrosetten und -blättern annimmt, daß sie auf Gewänder aufgenäht waren, vielleicht nur bei Totengewändern.
Schließlich fand sich eine Reihe von Perlen aus Bernstein und Amethyst. Zwei dieser Kettenglieder aus Bernstein sorgten für eine kleine Sensation. Die Analyse ergab, daß sie aus Wessex in England stammen, wie man Bernstein dieser Herkunft auch schon im Gräberrund B von Mykene gefunden hatte. Sie liefern also den Beweis für weitreichende Handelsverbindungen. Man nimmt an, daß die Liparischen Inseln bei Sizilien den Umschlagplatz für diesen Fernhandel darstellten.
Bei der Freilegung des Dromos zeigte sich, daß in seiner Mitte ein plattengedeckter Abzugskanal angelegt war, um das Innere des Grabes von eingedrungenem Wasser zu befreien. In etwa 11 m Entfernung vom Eingang war der Dromos von einer 1,40 m breiten Mauer geschnitten, die an dieser Stelle noch 1,80 m hoch anstand. Sie gehört zu einer Anlage, deren Form und Zweck bis jetzt nicht geklärt werden konnte. Sie ist in bester Bauart errichtet, aber sie scheint nicht mehr als ein offenes Oval zu bilden, ein Oval, das westlich noch ein weiteres Kuppelgrab einschließt. Es ist das kleinste und schlechtesterhaltene der drei von Peristeriá. Nur der unterste Steinring ist ganz vorhanden, mit einem Durchmesser von 6,80 m. Sonst steht die Kuppel nur noch an einzelnen Stellen 2 m hoch an. Den Boden bildet der gewachsene Felsen. Außer einigen mittelhelladischen Scherben in der Erdfüllung und im Bereich des Ovals fand sich sonst nichts.
Das rätselhafte Oval legte die Vermutung nahe, daß es sich vielleicht

um eine ähnliche Einschließung wie beim Gräberrund 1 und 2 von Mykene handelte, so daß Schachtgräber in seinem Ring vorhanden sein müßten. Der Boden des Kuppelgrabes 3 ruhte im Osten auf dem gewachsenen Felsen, im Westen auf einer Erdfüllung. In ihr grub man weiter und entdeckte wirklich ein Schachtgrab, das den Plünderern des Kuppelgrabes zumindest teilweise entgangen war. In diesen Schachtgrab wurden Goldfunde gemacht, die in kleinem Maßstab noch einmal die Zeiten Schliemanns wieder heraufführten. Es wurden nicht weniger als drei komplette Goldgefäße gefunden, eine flache Schale und zwei hohe Becher von 12 und 20 cm Durchmesser, alle drei mit Spiralmustern geschmückt. Dazu ein sogenanntes Diadem von 45 cm Länge, das in Wirklichkeit eher einen Gürtelbeschlag darstellt. Weiter eine Reihe von Goldzierden: Rosetten, Margariten, Tritonenmuscheln, mehrere Vögel, darunter, was selbst Schliemann nicht gefunden hatte, eine Eule. Schließlich als weitere Sonderkreation fünf Goldanhänger in Form gegenständiger Schmetterlinge. Eine Unmenge Goldblätter. Und damit nicht zu übersehen war, daß wir es mit den kriegerischen Mykenern zu tun hätten, fehlte nicht ein Satz von dreißig steinernen Pfeilspitzen.
Das war der große Schatzfund von Peristeriá. Das Schachtgrab und die drei Kuppelgräber, darunter eines der größten überhaupt, veranlaßte Marinatos zu dem Anspruch, Peristeriá für das bedeutendste Zentrum der mykenischen Kultur im Westpeloponnes zu erklären, vergleichbar mit Mykene selbst, dem Zentrum im Osten. Aber mit dieser Proklamation, einem unfreundlichen und unberechtigten Affront gegen Professor Blegens Ausgrabungen in Pylos, nahm Marinatos von seiner großen Entdeckung Abschied. 1963 war der Hügel von Peristeriá enteignet worden, um systematische Ausgrabungen im großen Stil durchzuführen, 1964 wurde vom Staat das Geld für den Bau einer Asphaltstraße bewilligt, die heute nur noch ein paar vereinzelten Touristen zugute kommt. 1965 gelang der große Goldfund. 1966 ging Marinatos zu Gastvorlesungen nach Australien, und danach kehrte er nicht wieder nach Peristeriá zurück, obwohl er sich am Rand des Ausgrabungsgeländes sogar ein kleines Sommerhaus hatte errichten lassen. Am 22. April 1967 übernahm das Militärregime die Macht in Griechenland und übertrug schon bald Marinatos die Generaldirektion der griechischen Antikenverwaltung. Dadurch bekam er die Mittel für seine aufwendigen Ausgrabungen in Santo-

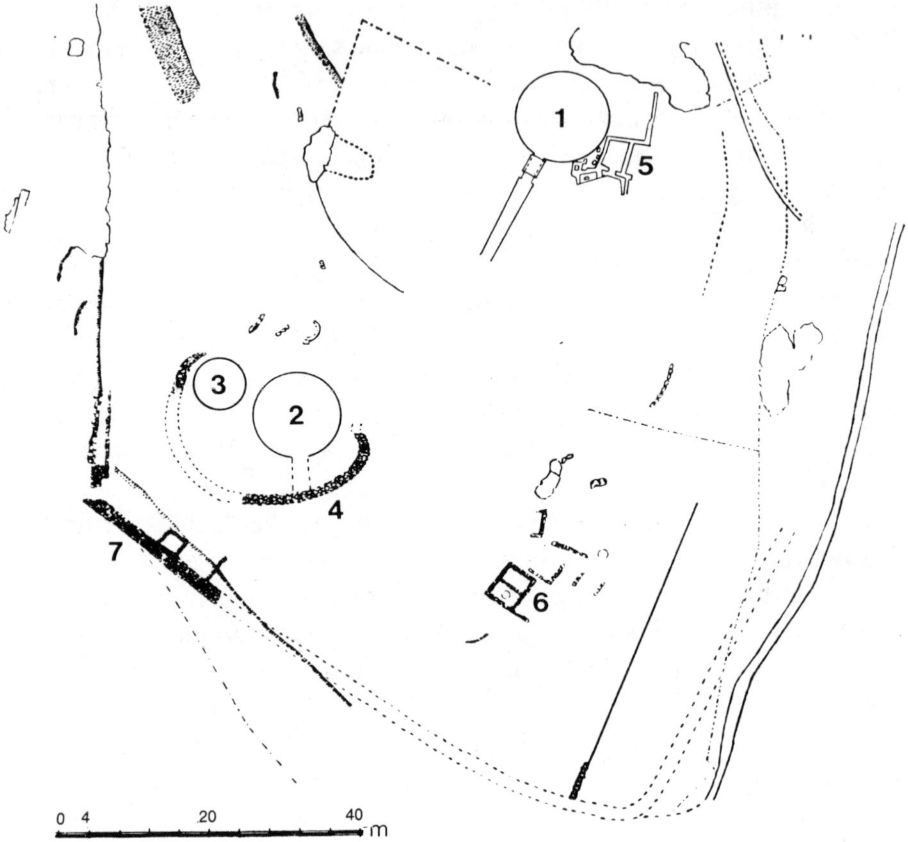

Plan von Peristeriá

rin in die Hand. Peristeriá trat damit für ihn ganz in den Hintergrund.

Sondierungen des Jahres 1962, um das Ausmaß der erforderlichen Enteignungen festzustellen, hatten ergeben, daß der ganze Hügel mit Wohnbauten bedeckt ist. Ebenso steht fest, daß Peristeriá schon in mittelhelladischer Zeit besiedelt war. Östlich von Kuppelgrab 1 (→ Plan: Nr. 5) hat Marinatos ein großes Gebäude freigelegt, das, in mittelhelladischer Zeit errichtet, bis in die mykenische fortdauerte und offenbar durch die Anlage des großen Kuppelgrabes unbrauchbar wurde. Vier Räume waren noch feststellbar. Unter ihren Böden befanden sich eine Reihe der für das Mittelhelladikum charakteristischen Steinkistengräber, in denen jeweils zwei und mehr Kleinkin-

der bestattet waren. So ist Peristeriá deswegen von besonderem Interesse, weil sich hier der kontinuierliche Übergang von Mittelhelladisch zu Mykenisch verfolgen läßt.
Südöstlich von Kuppelgrab 2 hat Marinatos die Reste eines großen mykenischen Gebäudes freigelegt (→ Plan: Nr. 6). Es war überlagert von einem Bau aus römischer Zeit, der durch den Fund einer Münze Neros datiert wird. Südwestlich von Grab 2 wurde ein 35 m langes Stück der 2,80 m starken Festungsmauer freigelegt, die den Hügel von Peristeriá auf der gefährdeten Südseite schützte (→ Plan: Nr. 7). An der Westecke dieser Mauer war auch das Tor feststellbar, das einmal über eine plattenbelegte Straße in die Stadt führte. Aber was Marinatos eigentlich suchte, war natürlich der Palast. Bei den gründlichen Sondierungen des Jahres 1962 konnten jedoch keinerlei Spuren entdeckt werden. So ist man überzeugt, daß es einen Palast auf Peristeriá nicht gegeben hat. Und es wäre auch in der Tat merkwürdig, wenn die drei Kuppelgräber in unmittelbarer Nähe des Herrschersitzes angelegt worden wären. Es ist schon auffällig und befremdlich genug, daß sie mitten in der Wohnsiedlung und gegen sonstigen Brauch auf der Kuppe eines Berges angelegt wurden.
Nach zehnjähriger Unterbrechung wurden die Ausgrabungen im Juli 1976 wieder aufgenommen. Das erste Ziel war, die früheren Freilegungen endgültig abzuschließen. Dabei ergab sich, daß Kuppelgrab 3 das älteste ist und der Übergangszeit von Mittelhelladisch zu Frühmykenisch angehört (etwa 1580–1550), das heißt, daß es gleichzeitig ist mit den Schachtgräbern von Mykene. Und es stellte sich heraus, daß die Grube mit den reichen Goldfunden kein Schachtgrab war, wie Marinatos gemeint hatte, sondern die Bestattungsgrube des Kuppelgrabes selbst.
Das Rätsel des Ovals klärte sich enttäuschend einfach. Es scheint kein Kultbau gewesen zu sein, sondern nichts weiter als die Abgrenzung der Kuppelgräber 2 und 3 gegen die Wohnhäuser, von denen ein neues unmittelbar westlich des Ovals ausgegraben wurde.
95 m südlich von ihm wurde ein neues Kuppelgrab entdeckt. Es war nicht in den Hügel eingelassen, sondern oberirdisch errichtet, und nicht mit einem Erdhügel bedeckt, sondern nur mit einer Schicht Ton. Die Fundamente der Kuppel bestanden aus runden Flußsteinen, die Kuppel selbst aus flachen Sandsteinen. Der innere Durchmesser beträgt 5,10 m, die Länge des Eingangs 2,40 m, seine Breite

außen 1,22 m, innen 1,34 m. In der Mitte des Bodens lagen vier Skelette nebeneinander ausgestreckt, die offenbar die letzte Belegung des Grabes darstellen. Die Gebeine einer Reihe früherer Bestattungen waren nach der üblichen Sitte der Mykener aufgesammelt und am Rand des Grabes niedergelegt, davon drei in unverschlossenen Pithoi. Als Beigaben fanden sich eine Vielfalt von mykenischen Gefäßen. Die Kleinheit des Grabes und seine billige Bauweise, aber besonders auch die Bestattung so vieler Gebeine auf so engem Raum, schließen ein Fürstengrab ziemlich sicher aus und lassen eher an eine Grablege der Bevölkerung denken.
Um Kuppelgrab 1 wurde ein breiter flacher Steinkreis aus unregelmäßigen kleinen Steinen entdeckt, der wahrscheinlich die Einfassung und Stützmauer des Grabhügels, der Erdaufschüttung über der Kuppel, darstellt. In geringer Entfernung weiter westlich fand sich ein ganz ähnlicher zweiter Steinkreis, der, soviel man bis jetzt sieht, eine Reihe rechteckiger Räume von 0,60 m Mauerstärke mit Gebrauchskeramik aus Mykenisch II (15. Jahrhundert) einschließt. Von den betreffenden Räumen sind, wie allgemein in Peristeriá, keine aufgehenden Mauern, sondern nur die Fundamente erhalten.
Dann ist vor allem ein neugefundenes Grab zu nennen, das auf der Westseite unter dem Steinkreis von Kuppelgrab 1 ans Licht kam, ein Grab wiederum aus der Übergangszeit von Mittelhelladisch zu Frühmykenisch, von quadratischer Form (zirka 2 × 2 m) mit abgerundeten Ecken. Auch dieses Grab enthielt wie das gleichzeitige Kuppelgrab 3 zahlreiche Goldfunde: einen spiralverzierten Goldbecher, ein zylindrisches Kettenglied aus massivem Gold, 20 lilienförmige Kettenglieder, 33 Anhänger mit Goldrosetten, zehn spindelartige Goldbänder, dazu eine Reihe Bronzewerkzeuge und -gefäße, und auch hier die kriegerische Beigabe von 15 Pfeilspitzen aus Feuerstein und eines Bronzeschwertes von 0,85 m Länge. Dieser zweite Goldfund macht überzeugend deutlich, daß die erste Hälfte des 16. Jahrhunderts sowohl in Mykene (Schachtgräberzeit) wie auch in Peristeriá durch besonderen Goldreichtum ausgezeichnet war.
So bietet Peristeriá sowohl Anlagen wie auch Besonderheiten genug, die es nicht nur für den Archäologen, sondern auch für den Touristen anziehend machen und ihn zu diesem kleinen Abstecher von der Strecke Pyrgos–Pylos einladen. Die voll asphaltierte Straße nach Peristeriá führt über das Dorf Raches. Die Abzweigung liegt etwa

5 km nördlich von Kyparissía. Beim letzten Besuch im Sommer 1978 war sie nur für diejenigen beschildert, die von Süden kamen. Wenn sich inzwischen nichts geändert hat, müssen also diejenigen, die von Norden kommen, etwas aufpassen, um sie nicht zu verfehlen.

Die Frankenburg Androûsa

Nach dem Besuch des antiken Messene bei Mavromáti werden die meisten die Weiterfahrt nach Kalamáta durch die Ebene nehmen. Wählt man die Straße durch das Gebirge, so kommt man über Androûsa, wo es eine bedeutende Frankenburg zu besichtigen gibt. Die Stadt liegt in den Ausläufern des Ithomegebirges, die hier mit scharfem Rand zur messenischen Ebene abfallen. 120 m ist Androûsa über sie erhoben, die sie beherrschend überblickt. Auf einem ebenen Sporn der Bergterrasse ist die Burg errichtet, der das fruchtbare Unterland unmittelbar zu Füßen liegt.

So beherrschend auch die Lage ist, strategisch bleibt sie überraschend. Weder die Formation des Hügels selbst, die keine wirkliche Bergfestung ermöglicht, noch seine Lage mitten im messenischen Land scheinen ihn für eine Frankenfestung einleuchtend vorherzubestimmen. Wir wissen über die Zeit der Gründung nichts Näheres, aber es läßt sich mit großer Sicherheit vermuten, daß Androûsa erst erbaut wurde, als 1262 die großen Festungen Lakoniens an die Griechen abgetreten werden mußten, wodurch Messenien in eine ganz neue strategische Lage geriet. Auf diese Zeit weisen auch die Arkaden des Burghofes, auf denen der Wehrgang verläuft, die erst nach 1260 aufkamen.

Zu unerwarteter Bedeutung gelangte Androûsa im Jahr 1292, als zwei Slawenhäuptlinge des Dorfes Jánnitsa in den Westausläufern des Taygetos durch einen Überraschungsangriff Kalamáta besetzten. Zwar mußten sie später ihre Eroberung wieder ausliefern, aber die Tatsache, daß die älteste und wichtigste Festung des Landes einem Überfall so weniger Angreifer erliegen konnte, bedeutete eine schwere Verunsicherung. Der Hauptmann der Kastellanie Kalamáta, der einer der beiden Richter war, die über das Fürstentum Achaja eingesetzt waren, residierte von nun an in Androûsa. 1308 wurde es Bischofssitz und wuchs dann weiter an Bedeutung und Bevölkerung, bis es schließlich die Größe von Kalamáta und Clarenza erreichte, mit denen zusammen es 1391 unter den Städten aufgeführt wird, die dreihundert Feuerstellen umfaßten. Sonst wissen wir aus seiner Geschichte nicht eben viel. 1382 schlossen hier die Navarresische Soldbande und die Republik Venedig einen Freundschaftsvertrag. 1387 und 1391 versammelten sich die Barone des Fürstentums in seinen Mauern. Im Mai 1417 wurde es vom Despoten Theodor II. von Mistra eingeschlossen und zur Übergabe gezwungen. 1460 fiel es an die Türken. Seine Entwicklung scheint dadurch nicht gebrochen worden zu sein; denn zur Zeit der Venezianerherrschaft (1686–1715) war es eine blühende Handelsstadt und hatte auch als Provinzhauptstadt Kalamáta inzwischen weit überflügelt, das nur 24 Dörfer zählte, Androûsa aber 66. Doch war seine Binnenfestung für die Seemacht Venedig ohne Interesse und wurde vernachlässigt. Eine militärische Rolle scheint sie in der Folgezeit nie mehr gespielt zu haben. Heute ist Androûsa eine freundliche kleine Landstadt von 1080 Einwohnern, die nicht so recht weiß, was sie mit dem großen Kastron in ihrer Mitte anfangen soll; denn anders als die meisten Frankenburgen liegt das Festungsplateau auf gleicher Höhe wie der Ort selbst. Ein Kinderspielplatz nimmt nur eine bescheidene Fläche ein. Das meiste liegt brach.

Die Mauern von Androûsa schließen ein Terrain ein, dessen Form so ausgefallen und unregelmäßig ist, daß sie sich mit keinem Vergleich aus Geometrie oder Biologie zutreffend anschaulich machen läßt. Annähernd birnenförmig wäre vielleicht das Nahekommendste. Seine Länge beträgt etwa 200 m, seine größte Breite 160 m. Der Mauerring ist zum großen Teil aufgelöst. Auf der Ostseite besteht noch eine längere zusammenhängende Kurtine. Erstklassig erhalten ist aber vor allem die Nordecke mit immer noch vier Türmen. Es sind die beiden Fronten, die das Kastell der Ebene zukehrte. Die Nordost- und Nordwestmauer sind noch auf 44 und 48 m Länge vorhanden, die miteinander einen zusammenhängenden Winkel bilden, bis auf die Zinnen in voller Höhe erhalten sind und einen authentischen Eindruck vom ursprünglichen Zustand und Anblick der Burg bieten.

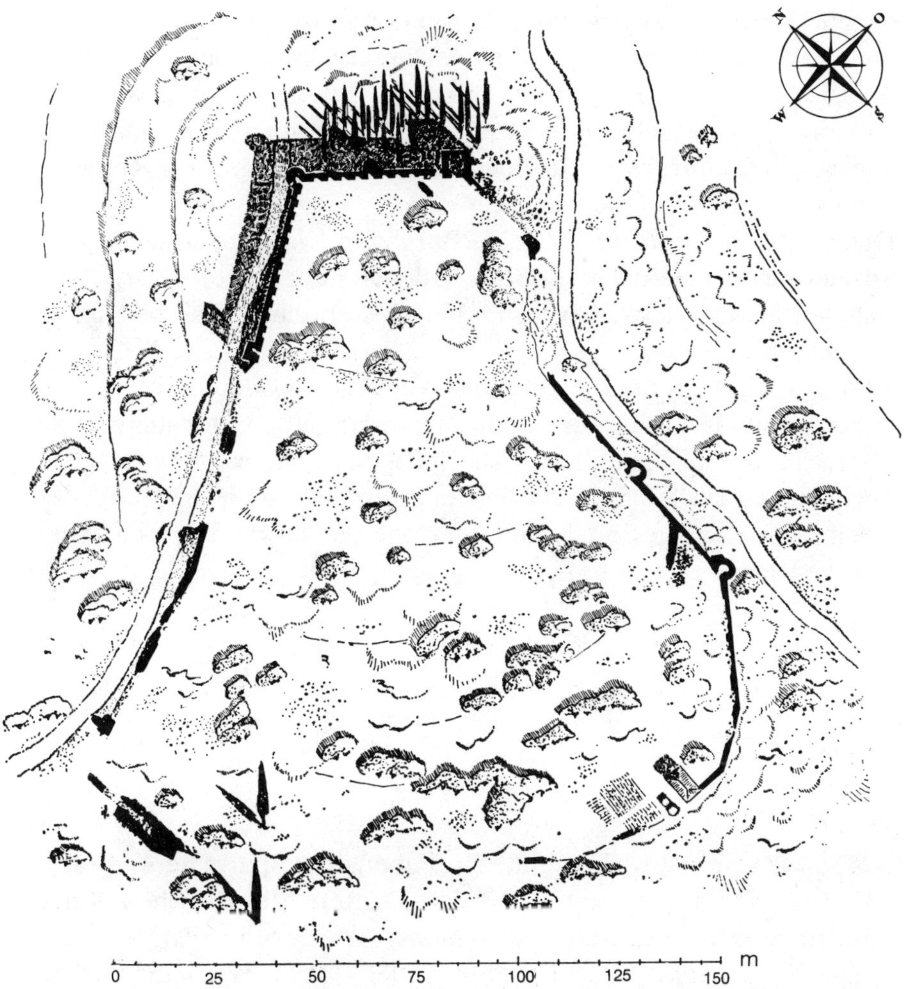

Plan von Androûsa

Die Mauerstärke beträgt 1,70–1,80 m. In sie sind 0,80–0,90 m tiefe Spitzbogenarkaden eingelassen, auf denen der Wehrgang umlief. Auch eine Treppe auf den Wehrgang ist noch erhalten. Die Spitzbögen der Arkaden sind teils ohne, teils mit besonderer Steinsetzung gefaßt, auf unterschiedliche Weise. Am auffälligsten aber ist die Mannigfaltigkeit, die Androûsa an Türmen bietet. Unter den vier Türmen, die den Nordwinkel sichern, ist ein Rund- und ein Polygonalturm, und die beiden Vierecktürme wiederum sind von ganz verschiedener Größe. Der im Westen hat 4,80 m Frontbreite, der im

Osten 7,05 m. Er ist der größte Turm der ganzen Festung, hat aber nur eine Mauerstärke von 0,85 m. An der erwähnten langen Ostkurtine sind noch zwei Rundtürme erhalten. Ihnen gegenüber auf dem äußersten Westabschnitt der Ringmauer steht noch ein vereinzelter Viereckturm aufrecht, mit einem ungewöhnlich großen Rundbogenfenster auf der Innenseite.

Die Burg von Androûsa ist keine Burg zum Klettern, sondern zum Spazierengehen, und das kann sie vielleicht neben ihrer weiten Aussicht auf die Pamisós-Ebene und den Messenischen Golf besonders empfehlen.

Von den Kirchen, die die Bischofsstadt Androûsa einmal besessen haben muß, ist nur ein ganz bescheidenes Gotteshaus von 4,90 × 8,80 m übriggeblieben, die jetzige Friedhofskirche auf dem nördlichen Parallelhügel zur Festung, auf der anderen Seite der Straße. Die niedrige Spitzbogentür erinnert an ihren Ursprung in der Frankenzeit.

Thouria

Als 364 v. Chr. das verheerende Erdbeben über Sparta hereinbrach, das einen Helotenaufstand und den Dritten Messenischen Krieg auslöste, war die erste Stadt Messeniens, die sich den Aufständischen anschloß, die Stadt Thouria (Thukydides I 101). Wir haben schon berichtet, wie es den Spartanern in schweren Kämpfen schließlich gelang, der lebensgefährlichen Bedrohung Herr zu werden und die Aufständischen auf dem Ithome einzuschließen, wo sie sich nach mehrjähriger Belagerung 460 ergeben mußten. Eine Anweisung des Orakels von Delphi verschaffte ihnen jedoch freien Abzug, und die Athener nahmen sie in Naupaktos auf.

Unter den Eingeschlossenen und Exilierten wird auch ein großer Teil der Thourianer gewesen sein. Ein anderer Teil blieb aber offenbar in der Heimat zurück, so daß die Stadt fortbestand. Jedenfalls gab es sie noch, als Messenien 371 durch die Schlacht von Leuktra befreit wurde, und ansehnliche Reste von ihr sind erhalten.

Die Ruinen befinden sich 12 km nördlich von Kalamáta, 3 km nördlich des heutigen Dorfes Thouria, nur einen Kilometer von der Hauptstraße Kalamáta–Megalopolis entfernt. Östlich des Dorfes Antheia, das auf den Terrassen der ersten Vorberge des Taygetos liegt, hat der Fluß von Polianá durch eine tiefe Schlucht einen langgezogenen Bergrücken aus Konglomerat und Mergel vom Gebirge abgetrennt. Die Riefe ist etwa eineinhalb Kilometer lang und hundert Meter breit und durch drei flache Senken in vier Plateaus gegliedert. Das nördlichste, wie so oft Paläókastron genannt, trug die antike Stadt. Die Ringmauer, die nicht nur die Kuppe, sondern auch die ersten Terrassen nach der Ebene zu einschloß, ist noch in ihrem ganzen Verlauf zu verfolgen. Selbst auf der Nordseite, wo das Plateau durch einen Abhang und den gegenüberliegenden Berg geschützt war, setzt sich die Mauer fort und ist dort mit fünf Lagen besonders gut erhalten (→ Plan: E), dazu die Fundamente von zwei Türmen. Die Höhe der isodomen Lagen beträgt etwas über 0,60 m und die Länge der Blöcke zwischen 1,20–1,35 m. Auf zwei lange Steine folgt gewöhnlich ein kurzer von nur 0,50 m Abmessung (Binder). Die Mauer ist aus sorgfältig behauenen, manchmal aber etwas unregelmäßigen Kalksteinquadern errichtet und gehört wahrscheinlich der Zeit um 320–270 v. Chr. an.

Im Innern sind noch die Fundamente zahlreicher Gebäude erkennbar, mehrfach mit ihren Ecken, die einen klaren Anhalt für ihren Grundriß geben. Ausgrabungen würden vielleicht Tempel und Säulenhallen feststellen. Der Boden scheint voller Kellerräume zu stekken. In der Nähe der Südmauer befindet sich eine große zweifach unterteilte Zisterne, auf drei Seiten in den Felsen gehauen, auf der vierten aufgemauert. In der Kirche des ehemaligen Dorfes Paläókastron sind mehrere Inschriften verbaut. Die Reisenden des vorigen Jahrhunderts glaubten noch, das Theater von Thouria feststellen zu können. Auf der Nordwestseite sind Wagenspuren erhalten, die in die Ebene führen, wo die antike Straße im allgemeinen vermutlich wie die heutige verlief.

Die Stadt hatte eine bevorzugte Lage. Nach Osten blickte sie auf die Terrassen der Vorberge, die zum Taygetos aufsteigen. Nach der anderen Seite lag im Norden der Ithome, im Westen das Bergland von Androûsa. Davor die große messenische Ebene, unmittelbar im Vordergrund aber der Flußlauf des Aris, der bei den Quellen von Pi-

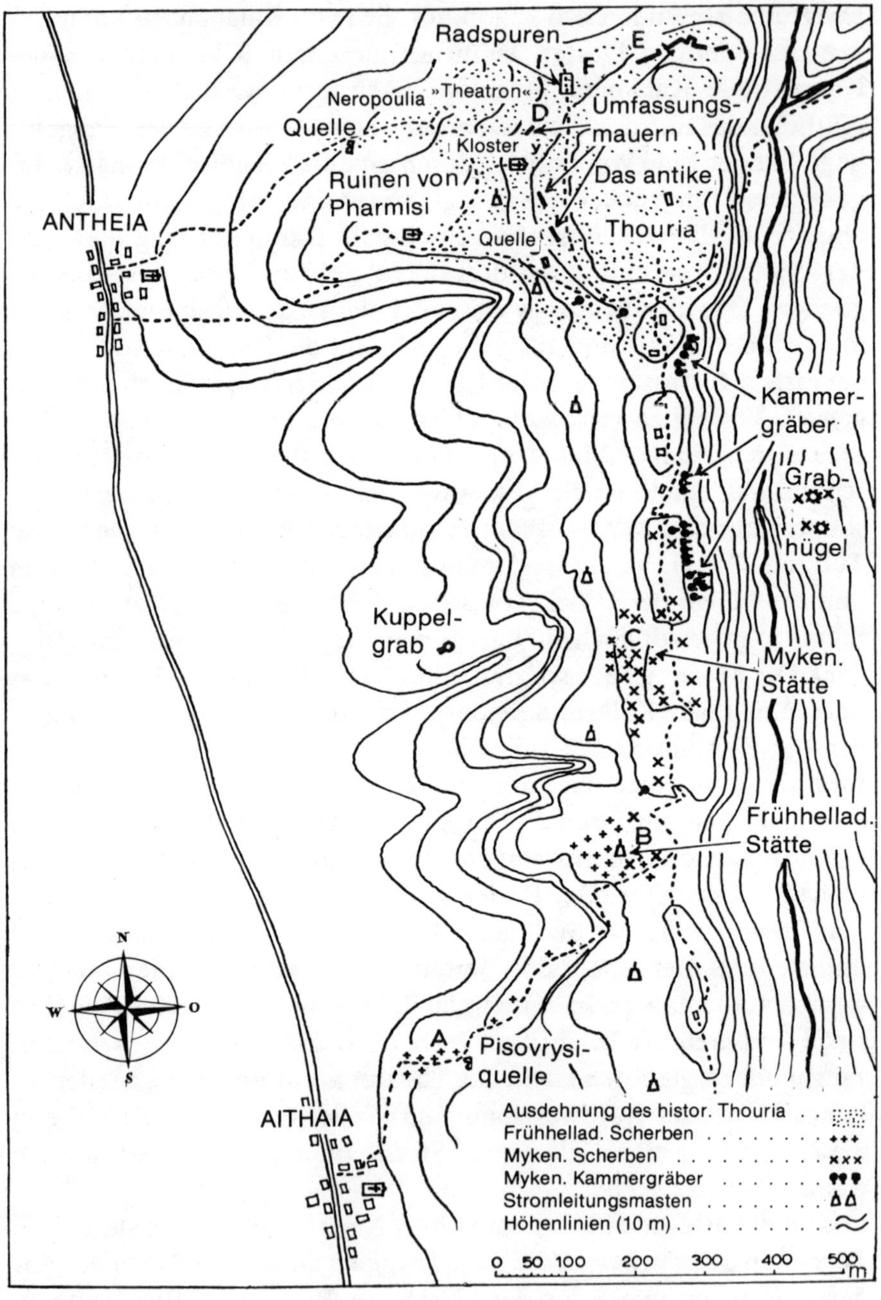

Plan von Thouria

dima entspringt und erst weit im Süden in den Pamisós mündet, der dort den Namen *Dipótamos, Doppelfluß,* annimmt.
Es ist nicht weiter verwunderlich, daß die Menschen schon in früher Zeit die Vorzüge dieses Berges erkannten. In einem Grab waren sechs protogeometrische Vasen als Beigaben deponiert, die dem 9. Jahrhundert angehören. Aber die Anfänge sind sehr viel älter. Antheia gehört zu den sieben Städten, die Agamemnon als Versöhnungsgeschenk anbot, um den grollenden Achill zur Rückkehr in den Kampf zu bewegen. Die Stadt war in historischer Zeit verschollen und ihre Lage unbekannt. Von den antiken Geographen wurde sie mit Thouria identifiziert, nicht zu Unrecht, wie sich gezeigt hat. Am Westhang liegt ein mykenisches Kuppelgrab. 500 m südlich der klassischen Stadt sind auf der Ostseite nicht weniger als achtzehn mykenische Kammergräber in den oberen Rand des Kammes eingeschnitten, der aus weichem Tuffstein besteht. Weitere liegen nördlich und südlich (→ Plan).
Auf der anderen Seite der Schlucht, die im Osten der Hügelkette entlangzieht, der Südhöhe gegenüber, liegen zwei künstlich aufgeschüttete konische Hügel, der nördliche von zirka 10 m Durchmesser und 5 m Höhe, 40 m weiter südwestlich ein etwas kleinerer. Sie bedecken wahrscheinlich zwei Kuppelgräber. Der Fluß von Polianá, der die Schlucht in die Berge geschnitten hat, heißt gewöhnlich Xeríllos oder Xeropótamos, weil er große Teile des Jahres trocken liegt. Die Leute nennen ihn aber auch *Chrysorrhoé, Goldfluß,* offenbar, weil er öfter mykenische Goldfunde zutage gefördert hat.
Die vielen Gräber weisen auf eine bedeutende mykenische Siedlung. Sie hat wahrscheinlich nicht auf der nördlichen Akropolis gelegen, wie man zuerst annahm, wo sich später das klassische Thouria erhob, sondern auf der ebenfalls leicht zu verteidigenden, etwa 100 × 300 m großen Hochfläche im Süden. Aber Ausgrabungen haben bis jetzt auf keiner der beiden Höhen stattgefunden.
Nach der Befreiung Messeniens war Thouria zunächst von Messene abhängig. 182 v. Chr. wurde es als selbständiges Mitglied in den Achäischen Bund aufgenommen. Nach der Auflösung des Bundes durch die Römer bildete es wieder eine Gefolgsstadt Messenes, bis es 21 v. Chr. durch Augustus den Spartanern zugesprochen wurde zur Vergeltung dafür, daß die Messenier auf der Seite des Antonius gestanden hatten. Es scheint, daß auch Tiberius, der zum Beispiel die

Dentheliatis an die Messenier zurückgab, Thouria den Spartanern beließ.
Unter dem Schutz der Pax Romana begannen die Bewohner, in die bequemere Tallage hinabzuziehen, ohne jedoch die Höhensiedlung ganz aufzugeben. Pausanias fand im 2. Jahrhundert n. Chr. zwei Thouriai vor, die Oberstadt mit einem Heiligtum der syrischen Göttin und die sehr viel größere Unterstadt, die sich bis an den Lauf des Aris hinabzog. Auch von ihr hat sich noch eine vereinzelte Ruine erhalten, eine große römische Villa mit Gewölben und Badeanlagen, die daher von den Einheimischen *to loutró, das Bad,* genannt wird.
Eine interessante, aber vorläufig nicht beantwortbare Frage ist, wieviel Land Pamisós und Aris seit vorgeschichtlicher Zeit angeschwemmt haben und wieviel näher das mykenische Thouria (Antheia) dem Meer lag. Bei Homer heißt es *bathýleimos,* das *mit tiefen, üppigen Wiesen,* und dies Epitheton stimmt jedenfalls noch heute.

Drei-Burgen-Fahrt: Zarnáta, Kardamýle, Leuktron

Auf der Halbinsel Mani beanspruchten die alten Messenier als ihr Gebiet die Westseite des Taygetos bis einschließlich der Ebene von Kinstérna (Selinítsa), wo der Fluß von Miléa die Grenze bildete, den sie Pamisós nannten, wie den Hauptfluß ihres Landes. Heute reicht die Provinz (Nomós) Messenien noch eine ganze Strecke weiter südlich bis Ajios Nikon, auf der gleichen Höhe wie Kap Akrítas, so daß also das heutige Messenien den Messenischen Golf auch wirklich selbst einschließt. So bleiben wir also mit unserer Drei-Burgen-Fahrt auf messenischem Boden, wenn gerade auch dieses Gebiet viele Jahrhunderte lang zu Sparta gehört hat.
Bei den Verhandlungen mit dem venezianischen Feldherrn Morosini 1685 beanspruchten die Mainoten als ihr Gebiet die Halbinsel bis hinauf nach Zarnáta. Es stellte die Nordgrenze dar der sogenannten Äußeren Mani, die man gelegentlich auch die europäische nennt. Sie reicht im Süden bis zur Bucht von Liméni unterhalb Itylos. Dort be-

ginnt die eigentliche, die Innere Mani. Ihre Darstellung würde den uns zur Verfügung stehenden Raum überschreiten. Es gibt andere Führer, denen der Tourist sich für sie anvertrauen kann. Doch unternehmen wir wenigstens diese Fahrt in die Äußere Mani. Bis Selinítsa ist die Küste von großer landschaftlicher Mannigfaltigkeit und Schönheit. Es gibt auf der Strecke noch mehrere kleinere Befestigungen auf Höhen und Vorgebirgen. Wir beschränken uns hier auf die drei großen.

Zarnáta

Südlich von Almyrós, das bis ins vorige Jahrhundert der Hafen von Kalamáta war, verläßt die Straße die Küstenlinie und durchquert die Halbinsel Kephāli auf dem kürzesten Weg. In ihrer Mitte liegt der Ort Kámpos* und ganz in seiner Nähe, so daß die Straße geradezu eine Schleife um ihn machen muß, ein hoher konischer Berg, der mit seinem wohlerhaltenen Kastell und hohen Turm schon lange sichtbar war und von dem man nicht erst zu erklären braucht, wie wichtig einmal seine Lage war.
Die Befestigung besteht aus zwei Mauerringen, einem unteren auf mittlerer Höhe und einem oberen um den Gipfel. Über ihre Datierung gehen die Ansichten der Historiker weit auseinander. Die Burg bildet eines der schönsten Beispiele dafür, wie schwierig es ist, eine Festung allein aufgrund ihres Mauerwerks und ihrer Anlage auch nur in ein bestimmtes Jahrhundert einzuweisen. Die Quellen des 17. und 18. Jahrhunderts stimmen fast alle darin überein, daß Zarnáta von den Türken erbaut wurde, und zwar kurz vor der venezianischen Eroberung 1685. Möglicherweise sind sie aber voneinander abhängig und in ihrer Übereinstimmung nicht beweiskräftig. Denn nicht nur wird Zarnáta schon vom byzantinischen Geschichtsschreiber Phrantzes im 15. Jahrhundert erwähnt, sondern es macht überhaupt eher den Eindruck einer fränkischen oder byzantinischen Befestigung des 13. oder 14. Jahrhunderts als des 17. Jahrhunderts, wo es dem Artilleriebeschuß überhaupt nicht gewachsen gewesen wäre. Man hat dagegen vorgebracht, Zarnáta sei von den Türken gar nicht

* *Kámpos* ist in Wirklichkeit kein Name, sondern ein Appellativ und bedeutet *Ebene, flaches Land.* Der Name war ursprünglich *Kámpos Avías, Fruchtland von Avia,* einem Ort an der Küste, der zu denen gehört, die ein kleines Kastell besitzen. Es scheint byzantinisch zu sein.

als zeitgemäßes Kastell auf der Höhe des damaligen Festungsbaus, sondern nur als Zwingburg gegen eine schlecht bewaffnete einheimische Bevölkerung errichtet worden. Wir können die Frage nicht entscheiden, sondern müssen uns darauf beschränken, die Ereignisse zu berichten.

Nach dem Verlust Kretas an die Türken machte die Republik Venedig 1685 den Versuch, zum Ersatz den Peloponnes zu erobern, ein Unternehmen, daß dank türkischer Schwäche und Unentschlossenheit und dank der überragenden Energie und Befähigung des eigenen Feldherrn, Francesco Morosini, zu schnellem Erfolg führte. Nach der Eroberung Korones, mit dem eine entscheidende Position gewonnen war, richteten sich die venezianischen Operationen zunächst gegen die Mani, weil sie hier am ehesten einer tatkräftigen griechischen Unterstützung sicher sein konnten. Die Mainoten erhoben sich auch alsbald und schlossen die türkischen Festungen ein. Dreitausend von ihnen lagerten, heißt es, vor Zarnáta. Im August kommandierte Morosini sechs Galeeren in den Hafen von Almyrós ab, um die Ausdauer der Griechen zu stärken und den türkischen Nachschub zu unterbinden. Inzwischen brachte der Kapudan Pascha in Kalamáta eine aus dem ganzen Peloponnes zusammengezogene Armee unter seine Fahnen. Da die Belagerung keine Fortschritte machte, traf Morosini am 6. September vor Zarnáta ein, um die Operationen selbst zu leiten. Er ließ Verhandlungen mit den Belagerten aufnehmen, erhielt aber zur Antwort, über eine Kapitulation zu verhandeln, seien sie nicht befugt, das sei nur der Kapudan Pascha selbst. Morosini forderte sie auf, Instruktionen einzuholen. Er ließ die Anfrage passieren, fing aber die Antwort ab. Der Befehl des Kapudan Pascha lautete, noch kurze Zeit auszuhalten, bis er mit der Armee zum Entsatz heranziehen werde. Morosini ließ ihn durch die Mitteilung ersetzen, solange die venezianische Flotte Almyrós besetzt halte, sei keine Hilfe möglich. Daraufhin entschloß sich der Festungskommandant zur Kapitulation. Da er die Rache und Übergriffe der Griechen fürchtete, stellte er die Bedingung, sich Morosini allein zu ergeben, was ihm zugestanden wurde. Am 11. September wurde die ganze Besatzung von sechshundert Mann auf venezianische Schiffe geladen und sicher nach Kalamáta gebracht, als eine glänzende Demonstration venezianischer Verläßlichkeit und Milde und zur unendlichen Verblüffung des Kapudan Pascha. Morosini

aber stand bei allen Peloponnesiern im höchstem Ruhm, weil es ihm gelungen war, eine türkische Festung zu erobern trotz unmittelbarer Nähe eines türkischen Heeres von zehntausend Mann.
Das ist so eine venezianische Heldengeschichte, bei der wir uns vielleicht daran erinnern sollten, daß Herodot solchen Erzählungen gelegentlich den Nachsatz anfügt, »was ich selbst zwar nicht glaube, aber vielleicht mancher andere«.
1685 lernten die Venezianer Zarnáta in erfolgreicher Abwehr kennen, 1701 rechneten sie es zu den acht wichtigsten Festungen des Peloponnes, 1715, bei der türkischen Rückeroberung der Halbinsel, gaben sie es kampflos auf. Seither scheint die Burg keine Rolle in der Geschichte mehr gespielt zu haben. In den Berichten vom Griechischen Freiheitskrieg kommt sie nirgends vor. Nur im griechischen Bürgerkrieg 1943–1949 wird sie noch einmal genannt, als die Bewohner der nahe gelegenen Dörfer Malta und Varoúsia hier eine Zuflucht hatten, wo sie sich verschanzen konnten. Damals nahmen die Mauern von Zarnáta einigen Schaden, sein hochragendes Wahrzeichen aber nicht. Es ist der weithin sichtbare dreistöckige Turm, der, vielfach beschädigt und im Inneren geplündert, immer noch in voller Höhe auf dem Gipfel steht. Er ist ein Bauwerk des 18. Jahrhunderts, das sich damals der reiche Mainote Koumountourákis errichten ließ. Keiner der üblichen Wohn- und Wehrtürme der Mani, für die sie bekannt ist, sondern ein wirklicher Herrensitz, wehrhaft durch Zinnen und vorkragende Runderker auf allen vier Seiten, aber elegant durch sorfältiges Mauerwerk, durch Rundbogenfenster und umlaufende Gesimse. Damals gelangte Zarnáta zu größerer lokaler Bedeutung, als es Metropolis und eine der vier Kapitänschaften der Mani war.
Bedeutender ist aber die Tatsache, daß es auf antiken Fundamenten errichtet ist. Der Befestigungsring des Gipfels ruht streckenweise auf alten Mauerzügen, eindrucksvollen, schweren, bis zu 4 m Höhe erhaltenen Mauern, teils geschichtet polygonal, teils in Quaderwerk errichtet. Die »türkische« Befestigung folgt im ganzen der antiken und hat nur zwei Rundtürme im Norden und Osten hinzugefügt, von denen einer eine Zisterne umschließt. Es war das antike Gerenia, dessen Reste sich hier erhalten haben, eine Periökenstadt der Spartaner, später Bundesmitglied der Eleutherolakonen.
Aber auch hier reicht die Besiedlung weit über die klassische Zeit

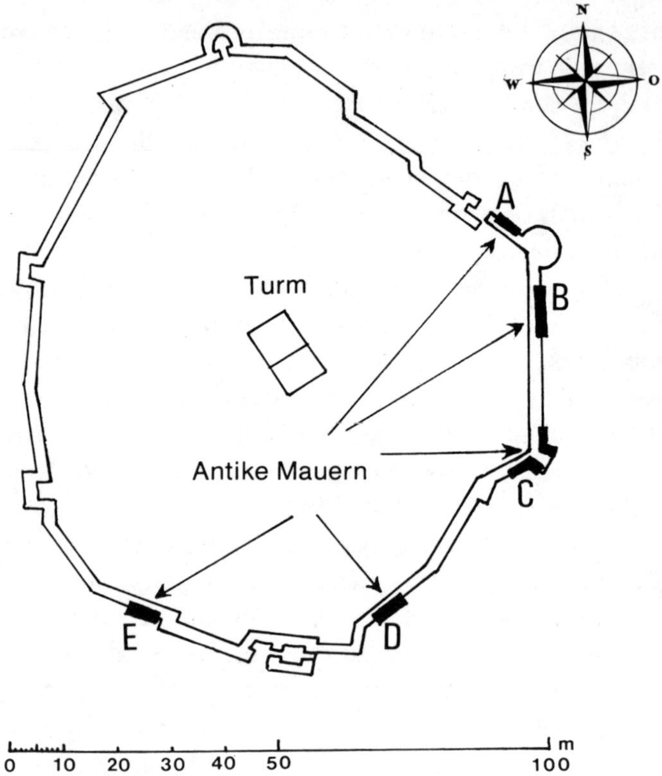

Plan von Zarnáta

hinaus. Auf der Nordseite, 250 m unterhalb des Berges, etwa 100 m rechts von der Straße nach Kardamýle, liegt Garbeliá, ein niedriger Hügel mit einem kleinen mittelalterlichen Turm. In die Ostseite dieses Hügels ist ein mykenisches Kuppelgrab hineingebaut, das an die Bauweise der Gräber der Argolis, besonders des Panajía-Grabes von Mykene anschließt und eine der qualitätvollsten Grabbauten ist, die außerhalb der Argolis gefunden wurden.* Der Eingang war mit drei großen Oberschwellen gedeckt. Der Durchmesser beträgt 8,50 m, doch ist das Innere jetzt weitgehend mit Erde und Steinen angefüllt. Die ursprüngliche Höhe muß einmal mehr als 9 m betragen haben. Das Grab wurde 1891 von Tsountas freigelegt. Von den einstigen Beigaben waren nur noch vereinzelte Reste vorhanden: zwei kretische Bleistatuetten, eine männliche von 12 cm, eine weib-

* Dromos 2,20 × 12,85 m. Stomion 2,65 m hoch, 3,60 m tief. Eingang trapezförmig: unten 1,65 m, oben 1,50 m breit.

liche von 8,5 cm Größe, ein Achatsiegel, 7 Goldperlen, 20 Ornamente aus blauer Glaspaste, 40 Knöpfe aus blauem Steatit, Fragmente von Elfenbein, von Golddraht und Blattgold.
Im Januar 1938 wurde von Bauern der Umgegend, beim Reinigen der Felder von Steinen nach der einen Version, beim Bau eines Kalkofens nach der anderen, ein großer Goldfund gemacht, den sie zu einem lokalen Goldschmied brachten. Bis die Ephorie davon erfuhr und eingreifen konnte, hatte er einen Teil des Fundes bereits eingeschmolzen. Immerhin konnten unter anderem noch drei Goldgefäße sichergestellt werden, ein größeres, ziemlich gut erhaltenes von 338 g, die beiden kleineren von 66 und 56 g ganz zusammengepreßt. Wegen ihrer Formen, die an mittelhelladische erinnern, werden sie der frühmykenischen Epoche zugeschrieben (um 1550). Die Fundstelle konnte später in der Nähe des 11. Kilometersteins der Straße Kalamáta–Kámpos identifiziert werden. Überraschenderweise stammten die Goldgefäße nicht aus einem Grab. Auch ergaben sich keine weiteren mykenischen Funde in dieser Gegend. Es bleibt daher rätselhaft, wie die Goldbeigaben an diese Stelle gelangten. Sowohl sie wie aber eindeutig das Kuppelgrab bezeugen, daß sich ein mykenischer Fürstensitz in der Umgegend befunden hat. Als Ort kommt eigentlich nur die Höhe von Zarnáta in Frage, obwohl sich auf ihr zwar reichlich klassische und hellenistische Scherben finden, mykenische aber nicht. Doch ist ein solcher negativer Befund zwar befremdend und enttäuschend, aber keineswegs einmalig. Wir begegneten ihm bereits bei Kazárma.

Kardamýle

Kardamýle bedeutet soviel wie *Senfmühle. Kárdamon* (Nasturtium) ist eine Kresse mit bitterem Kraut, deren Samen zu Senf verarbeitet wurde. Es hat im Altertum mehrere »Senfmühlen« gegeben. Eine wird von Thukydides auf Chios erwähnt. Die konkrete Bedeutung hindert den Namen nicht, uralt zu sein. Er kommt schon in der Ilias vor. Kardamýle war eine der sieben Städte Messeniens, die Agamemnon Achill anbot, um seinen Groll zu besänftigen und ihn zur Rückkehr in den Kampf zu bewegen (IX 150. 292). Es ist die einzige dieser Städte, die ohne weiteres identifiziert werden kann.
Das heutige Kardamýle, ein kleiner Ort mit einer großen Kirche, in

der zur Not alle 310 Einwohner Platz haben, liegt am Meer, unmittelbar südlich des Geröllbettes, das der Fluß aus den Schluchten des Taygetos hervorgespült hat. Der idyllische Hafen mit den Fischerbooten, von einer kleinen, venezianisch befestigten Insel geschützt, läßt heute nicht mehr erkennen, wie wichtig er einmal war, nämlich als Hafen Spartas. Durch die Eleutherolakonen waren die Spartaner seit dem 2. Jahrhundert v. Chr. von ihrem eigenen Meer abgeschnitten. Augustus wies ihnen Kardamýle als Hafen zu, das auch später in ihrem Besitz verblieb, eine Enklave im messenischen Gebiet. Über Kardamýle hielt Sparta Verbindung mit Rom. Es fällt heute schwer, sich vorzustellen, wie der Verkehr über das unwegsame Hochgebirge praktisch vor sich ging. Aber auch schon in der Vorzeit wird Kardamýle als Hafen Spartas erwähnt. Neoptolemos, der Sohn des Achill, dem für die Eroberung Trojas die Hand Hermiónes, der Tochter des Menelaos, versprochen worden war, trat von hier aus seine Brautfahrt nach Sparta an. Der Mythos erzählt, daß selbst die Nymphen neugierig hervorkamen, um sich diesen umständlichen Zug anzusehen. Noch heute kann, wer will, von Kardamýle aus den höchsten Gipfel des Taygetos besteigen.
Immer noch liegt mancherlei Römisches in der Ebene und am Rand des Flußlaufs verstreut. Auf seinem Nordufer hat man eine Thermalanlage mit einer sorgfältig gebauten Wasserleitung aus mit Metallklammern verbundenen Kalksteinplatten entdeckt. Hier scheint also ein römisches Bad verborgen zu liegen. Nördlich davon wurde eine größere Ansammlung von Vorratsgefäßen (Pithoi) gefunden, wo also einmal Magazine, vielleicht sogar Markthallen gelegen haben. Auch römische Münzen und Lampen kommen auf den Feldern immer einmal wieder zum Vorschein.
Weiter oberhalb, an den Hängen, dem Gebirge zu, liegt das obere Kardamýle, geräumige zweistöckige Häuser inmitten von Feigen- und Olivengärten, die älteren noch wehrhaft, ohne jede Fensteröffnung im Untergeschoß, manche auch schon turmartig, eine Ankündigung der Inneren Mani. Eine andere Idylle als die am Meer. Das Gutsherrenleben des 18. Jahrhunderts wird hier lebendig. – Hoch über dem Flußbett am Rande der Schlucht liegen die Reste einer venezianischen Festung, und in ihren Mauern, aus dem gelben Naturstein der Gegend und einer Reihe antiker Quadern erbaut, die Kirche des heiligen Spiridon aus dem 18. Jahrhundert, mit hohem

spitztürmigem Campanile. Beim ersten Anblick glaubt man sich nach Norditalien versetzt.
Dahinter aber ragt als unvergleichliche Kulisse der Felsklotz des antiken Kardamýle auf, auf zwei Seiten von Flüssen, rings von steilen Abstürzen umschlossen, vielleicht, daß ihn ein Erdbeben so aus dem Umland herausgelöst hat.
In einer offenen, fruchtbaren und stark bevölkerten Landschaft wäre es ein vorbestimmter Herrschaftssitz von großer Machtfülle gewesen. An der einsamen Küste kontrollierte er nur die Straße und den Übergang über den Taygetos. In ganz früher Zeit aber kam er einfach dem Sicherheitsbedürfnis der Menschen entgegen. Er war schon in mykenischer Zeit besiedelt. Scherbenfunde haben die Überlieferung Homers bestätigt. Mit einer Fläche von etwa 200 × 300 m bot das Plateau Raum genug, um in historischer Zeit eine spartanische Periökenstadt zu tragen. Später gehörte sie zu den Eleutherolakonen, bis sie, wie wir schon erwähnten, von Augustus den Spartanern zurückgegeben wurde.
Auf der Akropolis sieht man noch zahlreiche Felsabarbeitungen und Bebauungsspuren, die aber keinen Zusammenhang mehr ergeben. Bei der Kirche der Ajía Sophía liegt ein großes Wasserbecken von 2,50 × 5 m mit seiner Zuleitung und mehreren kleineren Becken darum verteilt. Im Osten und Norden griff die Besiedlung über das Plateau hinaus; denn hier sind mehrere Hausfundamente aus dem Felsen geschnitten, eines sogar mit seiner Tür. Griechische und römische Scherben bedecken das Gelände unterhalb.
Der Felsen hat keine zusammenhängende Umfassungsmauer besessen, da er an vielen Stellen unersteigbar war. Es sind einige Züge isodomer Mauern aus Poros und Kalkstein erhalten, deren Zeit aber schwer zu bestimmen ist. Ebensowenig konnte bis jetzt sicher festgestellt werden, ob das erhaltene Stück einer Polygonalmauer vorgeschichtlich ist oder nicht.
In der römischen Zeit wurde der schwer zugängliche Felsen aufgegeben, die Stadt ans Meer verlegt und mit ihrem Hafen vereinigt, wo, wie wir sehen, Ausgrabungen manches erbringen würden.
Man ersteigt den Burgfelsen von Kardamýle etwas mühsam durch einen Einschnitt in der Nordwestwand, aber von dort oben genießt man eine einzigartige Aussicht. Nach Osten sieht man tief in den Taygetos hinein, der hier eine Reihe spitzer, alpiner Gipfel bildet.

Man hat das obere und untere Kardamýle und den Hafen mit der kleinen Insel zu seinen Füßen liegen, und übersieht die ganze Küste von Kap Kephâli im Norden bis Kap Trachēla im Süden. Und weiter dehnt sich das breite Massiv und die lange Küste der Inneren Mani, eine Aussicht großer Mannigfaltigkeit und scharfer Gegensätze.

Leuktron

Mit Leuktron* erreichen wir unser letztes Ziel in Messenien und das südlichste in diesem Buch überhaupt. Bei Leuktron macht Messenien seinem Titel des Gartens des Peloponnes noch einmal Ehre. Es ist die fruchtbare Ebene der Kinstérna, die sich hier zwischen Gebirgs- und Meeresrand ausbreitet. Dann beginnen die kahlen Berge der Mani.

In der Ebene bildet der Felsen von Leuktron eine isolierte, beherrschende Höhe, die sich über das ringsum flache Land etwa 30 m hoch erhebt. Von Norden erscheint er wie ein völlig gleichförmiger Tafelberg, mit ebenem Plateau und symmetrisch scharfen Hängen. Von Westen verliert er viel von seiner Symmetrie. Hier steigt das Gelände in gleichmäßiger Linie bis zur Höhe des Plateaus an, um erst an seinem Westrand senkrecht abzubrechen.

Die beherrschende Lage über einer fruchtbaren Ebene und zugleich in der Nähe des Meeres und eines günstigen Ankerplatzes mußten den Felsen schon in vorgeschichtlicher Zeit bedeutend machen. Ob schon neolithische und frühhelladische Menschen hier siedelten, ist bis jetzt nicht ausgemacht. Aus mykenischer Zeit findet sich am Nordfuß ein Kammergrab. In historischer Zeit war Leuktron eine spartanische Periökenstadt und gehörte später zum Bund der Eleutherolakonen. Von der antiken Stadt ist jedoch gar nichts erhalten. Die Mauern, die man jetzt sieht, sind alle mittelalterlich.

Nach dreijähriger Belagerung war Monemvasia 1248 gefallen. Erst damit war die Eroberung des Peloponnes abgeschlossen. Nun mußten sich auch die griechischen und slawischen Stämme, die bis dahin ihre Freiheit bewahrt hatten, unterwerfen: die Tsakonen auf dem Parnon, die Milingen und Ezeriten auf dem Taygetos, die Mainoten in der Mani.

Im Winter 1248/49 weilte Wilhelm von Villehardouin in Lakedä-

* Neugriechisch Léftron gesprochen, unter Fortlassung des lästigen k.

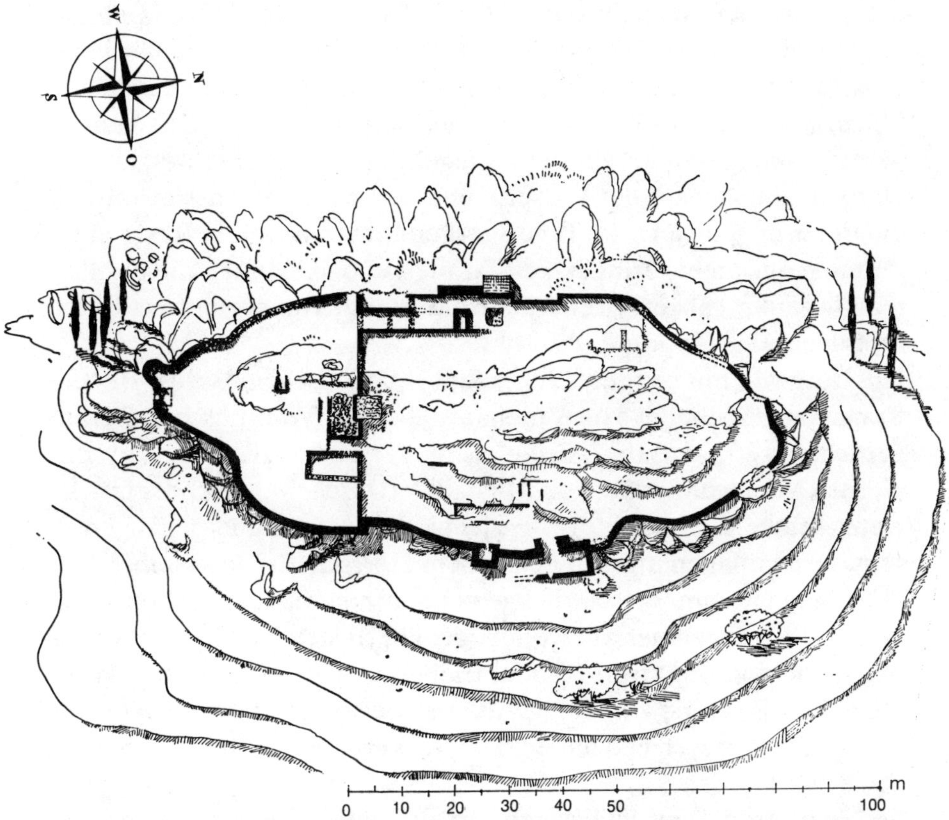

Plan von Leuktron

mon, dem mittelalterlichen Sparta, um die neu unterworfenen Gebiete zu inspizieren und ihre Sicherung durch Festungsbauten persönlich zu veranlassen. Von allen Gründungen dieses Jahres war Mistra die wichtigste und folgenreichste. Damals soll er gegen die Tsakonen auf dem Parnon auch die Festung La Estella, *Astros = to Kastron tis Oräās,* angelegt haben. Die Mani aber sollte gleich durch drei Festungen gesichert werden. Passavá im Osten hat damals wahrscheinlich schon bestanden. Jetzt wurde im Süden Groß-Maina und im Norden Beaufort angelegt. Diese *schöne Festung* ist unser Leuktron. Wie schön sie einmal war, ist heute nur noch zu erraten, denn auch Leuktron gehört zu den Burgen, deren Plan auf dem Pa-

pier imposanter aussieht als in Wirklichkeit. Es schließt ein längliches Oval von etwa 120 m Länge und 50 m Breite ein und scheint scharfe Winkel geradezu bewußt zu vermeiden; denn es schlängelt sich in gewundener Linie am Rand des Plateaus entlang. Das Mauerwerk ist unregelmäßig und mit Ziegelfragmenten durchsetzt.
Der Eingang lag auf der Ostseite und war durch einen Vorhof und einen Turm gesichert. Im Innern erkennt man noch die Reste einer Zisterne und eines rechteckigen Turmes, und die Mauer, die das Plateau in seiner ganzen Breite überquerte und von seinem Hauptteil im Süden eine Redoute abtrennte.
Die Burg war nur ein gutes Jahrzehnt in fränkischem Besitz. Bei der Freilassung Wilhelms von Villehardouin aus byzantinischer Gefangenschaft 1262 und der Auslieferung der Festungen Monemvasía, Geráki, Maina und Mistra an Michael VIII. scheint gleichzeitig oder wenig später auch Beaufort in griechischen Besitz übergegangen zu sein. Die Milingen müssen bei diesem Herrschaftswechsel ihre Unabhängigkeit zum Teil zurückgewonnen haben, denn schon 1278 hatten die Venezianer, die vom gegenüberliegenden Korone aus an der Küste von Leuktron Handel trieben, Anlaß, sich bei den Griechen über Piraterie zu beklagen. Aber sie scheinen auch später die Burg niemals besetzt zu haben. Der Ankerplatz war für ihre Schiffe zu seicht.
So bleibt an diesem idyllischen Ort das antike Leuktron ganz verklungen und der fremde Name Beaufort nur eine kurze Erinnerung aus der Frankenzeit.

LAKONIEN

Die Fahrt hinab ins Tal des Eurotas führt in eine griechische Landschaft, deren Besonderheit gegenüber allen anderen auch moderne Touristen immer noch unmittelbar spüren. Sind es vage Erinnerungen an die Eigenart der Spartaner, die den Eindruck bestimmen? Oder ist es der elegische Gedanke, daß hier ein großes, geschichtsbewegendes Zentrum menschlicher Macht von der Natur wieder ganz in ihren Kreislauf zurückgenommen ist? Zum Teil gewiß auch. Aber zuallererst ist es doch die Landschaft selbst, die zu uns spricht: eine wasserreiche, fruchtbare Ebene mit der reichsten Vegetation, wo der Oleander zur Stärke von Bäumen und die Platane zu ganzen Wäldern gedeiht, wo die üppigen Pflanzungen von Feigen und Oliven, Orangen, Zitronen und Maulbeeren Häuser und Äcker unter ihrem Grün begraben, eine Ebene, eingeschlossen von mächtigen

Gebirgen auf beiden Seiten, keines majestätischer in ganz Griechenland als der Taygetos, der sich nicht zu einem einzigen hohen Gipfel erhebt, sondern eine gewaltige Kette und unvergleichliche Kulisse bildet, die Hochgrate bis in den Juni mit Schnee bedeckt. Nirgends als hier ist der Gegensatz näher und stärker zwischen der fruchtbaren, wohnlichen Ebene und dem einsamen, heroischen Hochgebirge.

Das Eurotastal bildet den schmalen Kern des spartanischen Landes, das sogenannte Innere Lakonien. Das Äußere sind die weitläufigen Gebirge, die es einschließen und sich in lang ausgezogenen Halbinseln weit nach Süden fortsetzen, wo sie den Lakonischen Golf bilden. Sie bestimmen auch das Klima des Tales, das seiner Schönheit und Fruchtbarkeit nicht ganz entspricht. Der Sommer ist schwül und drückend, weil der erfrischende Seewind fehlt. Zwar sind durch die frühen Schatten des Taygetos die Nächte kühl, aber dafür auch die Winter kälter und länger als anderswo.

Und doch verschaffen die Gebirge dem Tal auch wieder den größten Vorteil. In keiner anderen griechischen Landschaft verbindet sich Schönheit der Lage und Üppigkeit der Natur mit so großer Sicherheit. Im Westen und Osten wird es durch Taygetos und Parnon gegen jede Invasion geschützt. In den Bergen des Nordens bestehen nur wenige, leicht zu schließende Übergänge. Trotz aller Kriege, die Sparta immerzu führte, wurde sein Gebiet sechshundert Jahre lang niemals von fremden Truppen betreten. Die Stadt war überhaupt unbefestigt. Erst im 2. Jahrhundert v. Chr. erhielt sie einen Mauerring. Es versteht sich von selbst, daß diese Abgeschlossenheit viel zur Formung der Spartaner und ihrer Eigenart beigetragen hat.

Man hat vorgebracht, daß die Athener nur deswegen so rühmlich in der antiken Geschichte dastünden, weil die wichtigsten Geschichtsschreiber der Griechen Athener waren. Auf dies Bonmot ist zu antworten, erstens, daß es nicht stimmt und, zweitens, auf die Spartaner angewandt bedeuten würde, daß sie dann in der griechischen Geschichte überhaupt nicht figurieren dürften. Denn sie haben in der Tat auch nicht den unbedeutendsten Historiker hervorgebracht, ja überhaupt keinen Literaten, keinen Epiker und keinen Lyriker außer dem einzigen Tyrtaios, einen Philosophen oder Mediziner sowenig wie auch nur den geringsten Redner. Das einzige literarische Denkmal, das Sparta zur europäischen Literatur beigesteuert hat, sind die Sammlungen lakonischer Sprüche, die der Belesenheit und dem antiquarischen Interesse Plutarchs verdankt werden, hundert Jahre n. Chr. Was fängt man also mit diesen Spartanern an, den Erfindern der Blutsuppe, des Eisengeldes und der Fremdenpogrome und eines in der griechischen Geschichte beispiellosen Unterdrükkungssystems, das einen ganzen Stamm für immer an der geistigen und politischen Entfaltung hinderte? Keinen Bildhauer nennt Sparta sein eigen, keinen Architekten, keinen Maler. Wenn man mit einer ebenso einfachen wie zutreffenden Charakterisierung die Griechen als das begabteste Volk Europas bezeichnet hat, so taucht allen Ernstes die Frage auf, ob die Spartaner überhaupt gleichberechtigt zu den Griechen zu zählen sind. Was haben sie eigentlich zur griechischen Kultur und europäischen Tradition beigetragen? Mit der spartanischen Agogé, der reinen Kriegsertüchtigung, können wir heute nicht mehr viel anfangen, und die Griechen, nach ihrer Kritik zu urteilen, haben es offenbar schon im Altertum nicht gekonnt. Worauf, fragt man sich heute, gründet eigentlich der Ruhm Spartas, bei seinen Landsleuten, bei den Römern, bei uns? Geradezu irritierend aber wird die Frage, wenn sich zeigt, daß nicht einmal seine eigenste Domäne, die Kriegstüchtigkeit, der Nachprüfung standhält. Die Spartaner haben von Anfang an und immerzu weit mehr Schlachten verloren, als mit ihrem Kriegsruhm überhaupt vereinbar ist. Bis zur Schlacht von Oinóë um 460 v. Chr. galten sie als unbesiegbar. Als sie in dieser Schlacht von den vereinigten Athenern und Argivern geschlagen wurden, ließen die Argiver die Statuen der Sieben gegen Theben als Weihgeschenk in Delphi aufstellen, die Athener aber stifteten in die sogenannte Bunte Halle ein großes Gemälde, in dem sie den Sieg von Oinóë mit dem von Marathon verglichen, der auf einer anderen Wand abgebildet war. Wieso eigentlich galten die Spartaner bis dahin für unbesiegbar?

Zweimal zwanzig Jahre hatte dieser Kriegerstaat gebraucht, bis es ihm endlich gelang, seine Nachbarn, die angeblich verweichlichten Messenier, niederzuringen. Schon das war eigentlich nicht geradezu ein Heldenstück, obwohl der ganze Ruhm des archaischen Sparta auf nichts anderem beruhen kann als auf der endlichen Eroberung Messeniens. Als sie dann in der ersten Hälfte des 6. Jahrhunderts darangehen wollten, sich auch Arkadien anzueignen, auch die Ebene von Tegea »aufzumessen«, wurden sie von den Tegeaten zweimal schwer geschlagen. Die Spartaner hatten schon die Fesseln mitgebracht, mit denen sie die Tegeaten gefangenführen wollten und die dann die Tegeaten ihnen selbst anlegten, um sie ihre Äcker bestellen zu lassen. Noch zur Zeit des Pausanias waren sie im Tempel der Athena Álea als Weihgeschenke aufgehängt. Erst beim dritten Vorstoß blieben die Spartaner Sieger. Aber da waren sie von den Tegeaten bereits so weit sistiert, daß sie auf die Eroberung Arkadiens verzichten mußten und statt Eroberung eine politische Lösung suchten. Der Peloponnesische Bund, den sie damals gründeten und der später entscheidend zur Abwehr der Perser beitrug, war eine Folge des Widerstandes der Tegeaten, der also Geschichte gemacht hat.

Bei ihrem ersten Angriff auf Argos 609 wurden sie bei Hysiä zurückgeschlagen. Der Versuch, die von Polykrates vertriebenen Samier zurückzuführen, scheiterte. 506 hatte König Kleomenes die Akropolis besetzt und wurde von den Anhängern des Kleisthenes schmählich vertrieben. Beim Ionischen Aufstand 499 weigerten sie sich, Unterstützung zu leisten. Zur Schlacht von Marathon 490 kamen sie zu spät. Zum Auszug nach Platää konnten sie sich lange nicht entschließen. Wir wollen ihnen ihren Ruhm nicht ungerecht verkürzen, aber wie die Schlacht eigentlich gewonnen wurde, ist unbekannt, darüber gab es mehrere Versionen. Pausanias, der Sieger von Platää, stand nachher in einem Ruhm, der fast selbst den des Achill übertraf, aber es ist kein Zweifel, daß ohne den heroischen Einsatz der Athener, Tegeaten und Platäer die Schlacht nicht gewonnen worden wäre. Die Thespier konnten nur noch mit Leichtbewaffneten an ihr teilnehmen, weil ihre ganze Hoplitenmannschaft im Jahr vorher bei den Thermopylen gefallen war. Wieso, nach alledem, galten die Spartaner bis zur Schlacht von Oinóë als unbesiegbar? Mit beispiellosem Geschick hatten sie es verstanden, den Ausgang der Schlacht von Thermopylä zu stilisieren. Nicht ungeschickt hat man sie die glorreichste Niederlage der Weltgeschichte genannt. Daß dort König Leonidas mit dreihundert Spartiaten fiel, weiß noch heute jeder Gymnasiast in Europa. Aber daß zusammen mit den dreihundert Spartiaten auch siebenhundert Thespier freiwillig in den Tod gingen, ist so gut wie unbekannt. Sie stellten, wie wir gerade erwähnten, die vollständige Hoplitenmannschaft der Stadt dar. Warum wird nur vom Heldentod der Spartiaten gesprochen? War der der Thespier unrühmlich? Aber wenigstens erfahren wir doch überhaupt von ihm.

Dagegen schweigt jede Überlieferung zu der Frage, ob die tausend spartanischen Periöken, die mit Leonidas an die Thermopylen zogen, mit ihm in der Schlacht fielen oder, wie die anderen griechischen Kontingente, die Stellung am Morgen vor ihr verließen. Die spartanische Überlieferung hat es für überflüssig gehalten, an das Schicksal dieser Tausend auch nur einen Satz zu verschwenden.
Was also bleibt vom Ruhm der Spartaner, wenn es nicht einmal ihr Kriegsruhm ist? 371 wurden sie von Epaminondas allein dadurch vernichtend geschlagen, daß er eine neue Truppenaufstellung gegen sie anwandte. Damit begann der endgültige Niedergang, bis hin zur Schlacht von Sellasia 222, wo König Kleomenes III. das Schlachtfeld verließ und gleich bis nach Ägypten floh.

Thukydides hat die vielzitierte Bemerkung gemacht: wenn Sparta einmal veröden sollte und von seinen Tempeln und Bauten nur noch die Grundmauern übrigblieben, so würden wohl die Späteren seine Macht im Verhältnis zu seinem Ruhm bezweifeln (I 10,2). Nun ist es verödet und bietet überaus wenig selbst an Grundmauern, um derentwillen gewiß kein Tourist die weite Reise unternimmt, zumindest nicht, ohne arg enttäuscht zu werden. Warum also fährt man nach Sparta? Um das berühmte Tal zu sehen, die Ebene und die Gebirge, in denen dieses merkwürdige, unheimliche Staatswesen seine Stätte hatte. Und vor allem Mistra und Monemvasía. Neuerdings ist die Mani sehr in Mode gekommen. Aber sonst bietet Lakonien in der Tat nicht viel. Amyklä und Gythion sind schon sehr bescheidene Ziele. Und erst das Kuppelgrab von Vaphió. Auch das Meneláïon, das wir behandeln, ist nicht gerade eine Attraktion. Aber aus Mangel an Besserem und weil es eine schöne Lage und neue Ausgrabungen aufzuweisen hat und direkt am Wege liegt, mag es gerechtfertigt sein. Ursprünglich war die Absicht, auch das Kloster der Vierzig Märtyrer (tõn Ajíon Saránta) und die Kirchen von Chrýsapha aufzunehmen. Aber die Straße dorthin ist so verheerend schlecht und die erhaltenen Fresken sind so bescheiden, daß wir es nicht verantworten wollten, den Touristen, dessen Zeit begrenzt ist, zu dieser nur Spezialinteressen befriedigenden Fahrt anzuregen. Dagegen lohnt es sich in mehr als einer Hinsicht, Geráki zu besuchen. Seinetwegen haben wir Lakonien in unserem Buch nicht übergehen wollen.

Das Meneláïon

Zu den großen Enttäuschungen, die Lakonien den Archäologen bereitet, gehört vor allem, daß sich der Palast des Menelaos nicht auffinden läßt. Zwar bleibt der des Odysseus auf Ithaka – oder Leukás – ebenso unauffindbar, aber das macht die Sache in Sparta nicht besser. Schon Schliemann hatte geglaubt, daß vielleicht das sogenannte Meneláïon auf den homerischen Herrscher zurückgehe, konnte aber nichts Mykenisches finden und nahm von der Idee Abschied.

Das Meneláïon liegt etwa 3 km südöstlich von Sparta, auf dem linken Ufer des Eurotas, auf einer steilen Höhe dicht über dem Fluß. Obwohl es heute ein ziemlich formloses Bauwerk ist, macht es doch immer noch starken Eindruck durch seine Größe. Es war ein Heroon der Helena und des Menelaos, die hier begraben sein sollten. Die spartanischen Frauen pilgerten, scheint es, zu ihm, um von Helena Schönheit für sich und ihre Kinder zu erflehen, die Männer, daß Menelaos ihnen Tapferkeit und Kriegsglück verlieh. Das Bauwerk, das durch Verwitterung nur noch *den Anblick eines spitzigen, mit Gestrüpp überwachsenen Erd- und Steinhaufens* darbot, wurde von Ludwig Ross wiederentdeckt, der im Winter 1833/34 die Nordseite freilegen ließ. *Eine umfassendere Ausgrabung erlaubten die Geldmittel nicht.* Es war, nach einer erfolglosen Sondierung bei Tegea, die erste archäologische Ausgrabung auf dem Peloponnes überhaupt. Später wurde sie in Gegenwart des griechischen Königspaares noch einmal wiederaufgenommen, aber für *nur einige Stunden.* Längeres Warten brauchte man dem Herrscherpaar nicht zuzumuten, um ihm Funde vorweisen zu können. Ross war seiner Regie sicher; denn am Fuß des Meneláïons hatten sich Tausende von Votivgaben erhalten. Es waren kleine Bleifiguren von 2,5–5 cm Größe: *teils Männer, behelmt, mit mächtigen Helmbüschen und mit einem großen runden Schild, der den Leib vom Hals bis an die Knie bedeckt und über dessen Rand oben und unten die Enden der Lanze hervorragen; teils, in noch größerer Zahl, Weiber mit ganz moderner, scharf angezogener Taille, die Kleider auf verschiedene Weise gestreift, kariert oder mit erhöhten Tüpfeln (Muschen) geziert; teils endlich, aber in kleinerer Anzahl, Pferde mit oder ohne Reiter. Außer diesen Figuren fanden sich auch kleine ringsum mit Strahlen geschmückte Ringe aus Blei, in unsägli-*

cher Menge, und endlich noch, aber in geringerer Zahl, ähnliche Figuren aus Ton, größtenteils von sehr roher Arbeit (L. Ross, *Arch. Aufsätze,* II, S. 343). Es waren offenbar die Votivgaben, mit denen die Spartaner ihren Bitten Erhörung zu verschaffen suchten.

Das Meneläïon scheint ein dreifach abgestuftes Bauwerk gewesen zu sein, von dem heute nur noch die untere und die obere Terrasse erhalten sind. Der blockartige Unterbau, der noch bis zu 2,40 m Höhe ansteht, deckte eine Fläche von 16,60 × 23,80 m und war durch sauber geglättete Porosmauern mit abwechselnd schmalen und breiten Lagen eingefaßt. An der Westseite begann eine Rampe, die, auf der Nord- und Ostseite sich fortsetzend, auf die untere Terrasse führte, die mit einer Brüstung aus blauem Kalkstein und weißem Marmor versehen war. Die obere Terrasse, die noch bis zu fünf Lagen erhalten ist, maß etwa 8 × 13 m. Auf ihr erhob sich auf einer Grundfläche von 3,45 × 6,60 m das eigentliche Heiligtum, dessen Reste zu gering sind, um erkennen zu lassen, ob es sich nur um einen Altar handelte, wie es das wahrscheinlichere zu sein scheint, oder um einen kleinen Tempel, wie Pausanias angibt. Das Ganze muß ursprünglich eine Höhe von 8 m überstiegen haben, besaß also die Größe eines modernen dreistöckigen Hauses, was für einen Grabbau eine recht ansehnliche Dimension ist. Ob der Hügel wirklich Grabkammern einschließt, ist bis heute nicht festgestellt. Ebenso war zweifelhaft, ob es sich wirklich um ein Heroon der Helena und des Menelaos handelte. Bei den neuen englischen Ausgrabungen der siebziger Jahre wurden zum erstenmal Weihgaben mit den Namen beider gefunden, so daß die alte Streitfrage positiv entschieden ist. Gleichzeitig konnte auch die Datierung der Anlage geklärt werden. Der Bau, dessen Reste jetzt vor uns stehen, gehört dem Anfang des 5. Jahrhunderts an. Spekulativ nimmt man an, daß die Beseitigung der Persergefahr vielleicht zu erhöhter Dankbarkeit gegenüber den Landesheroen angeregt habe. Dem klassischen Bau war ein einfacherer älterer aus der Zeit um 600 voraufgegangen. Endgültig geklärt werden konnte auch, daß der Kult nicht bis in mykenische Zeit zurückreichte, sondern in spätgeometrischer Zeit seinen Anfang nahm, Ende des 8. Jahrhunderts, von der mykenischen um fast 500 Jahre getrennt. Es war eine Epoche, so glaubt man, deren Nostalgie nach dem Glanz der Heroenzeit sich auch anderswo durch die Gründung von Heroenkulten aussprach.

Nicht lange nach Errichtung des klassischen Baus scheint man für seine Stabilität gefürchtet zu haben, denn an der Ost- und Südseite wurde eine Stützterrasse aus harten Konglomeratquadern vorgelegt, die die Fläche um ein Viertel auf 19,50 × 26,50 m erweiterte. Die neue Terrasse hat sehr wahrscheinlich der Aufstellung von Weihgeschenken gedient, von denen einige wiederentdeckt wurden.

Daß das Heroon in keiner Kulttradition mykenischer Zeit steht, schließt nicht aus, daß es sich auf mykenischem Boden befindet, und Schliemann irrte, wenn er meinte, nichts Mykenisches dort feststellen zu können, das schon sehr bald von Tsountas entdeckt wurde.

Der lange schmale Bergrücken des Meneláïon wird im Westen vom Eurotastal, im Osten von einer tiefen Bachrinne begrenzt, die auf dieser Seite das Hügelland entwässert. Er endet, wo die beiden Flußläufe sich treffen, und hat eine Gesamtlänge von etwa einem Kilometer, mit einer steten Neigung von Norden nach Süden. Der Boden besteht aus fast waagerechten Schichten von Konglomerat im Wechsel mit Mergel. Wo der Mergel ausgewaschen wurde, haben sich steile Abstürze oder geradezu Überhänge gebildet. Das Gelände erschien so sicher, daß man es in mykenischer Zeit unbefestigt ließ.

Auf diesem Rücken wurde etwa 100 m nördlich des Meneláïon ein mykenisches Gebäude entdeckt und 1910 von dem Engländer Dawkins freigelegt. 1973, nach über sechzigjähriger Unterbrechung, nahm das Englische Institut mit modernen Mitteln die alten Ausgrabungen wieder auf, um die ungeklärt gebliebene Datierung des Gebäudes und seine möglichen Vorgänger festzustellen. Dabei ergaben sich im ganzen drei Bauperioden.

Der Hügel war schon in mittelhelladischer Zeit besiedelt, aber so wenig aus dieser wie aus frühmykenischer Zeit haben sich Fundamente erhalten. Das erste Gebäude stammt aus Mykenisch II B (etwa 1450–1400) und ist gleich eine große, zweistöckige Anlage. Es besteht aus drei parallelen Einheiten, die durch zwei Korridore voneinander getrennt sind. Der Mitteltrakt hat Mégaron-Form mit der üblichen Folge Vorhalle, Vorraum und Hauptsaal, aber es fehlen die weiteren charakteristischen Elemente für die Haupthalle, der große Herd und die vier Säulen, die das Obergeschoß trugen. Die Seitenflügel sind in eine Folge ungleicher Räume unterteilt. Jeder umfaßte auch ein Treppenhaus für den Zugang zum zweiten Stock. In einigen Räumen fanden sich Reste von bemaltem Stuck. Die Bö-

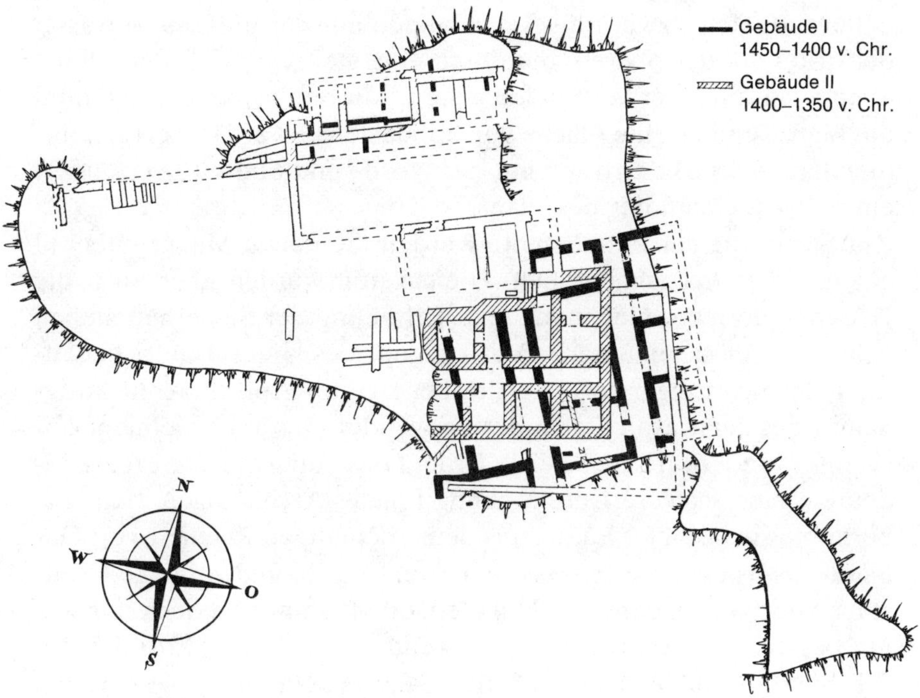

Plan der Ausgrabungen am Meneläïon

den waren teilweise in Kies ausgelegt, flache Flußsteine in frischen Mergel gesetzt.

Das große Gebäude war auf einem ungünstig engen Gelände errichtet. Es sah nach Süden hinaus, wo ihm ein Hof vorgelagert war. Erosion hat nicht nur diesen ganzen Hof, sondern auch die Südfassade hinweggenommen.

Gebäude I wurde durch ein Erdbeben zerstört, das die ganze Ostseite des Hügels zum Absturz brachte. Auf der verringerten Terrasse wurde das Gebäude II zwar nach dem alten Plan, aber mit veränderter Orientierung errichtet, so daß es nun nach Westen sah, aber etwa 10 m hinter der alten Linie zurückblieb. Vielleicht aus Sicherheitsgründen wurde auch im Osten und Süden die Linie zurückgenommen und eine 200 qm große Terrasse angelegt, gehalten von einer durch Strebepfeiler verstärkten Stützmauer. Auf dem verringerten Terrain war das geplante Gebäude nicht unterzubringen und wurde

daher aufgeteilt: zwei Flügel entstanden auf der unteren Terrasse, der dritte auf der oberen, die durch eine steile, teilweise erhaltene Treppe miteinander verbunden waren. Mit den Nebenräumen muß das Ganze einmal eine Fläche von mindestens 38 × 51 m eingenommen haben. Starke Erosion auf der Nord- und Südseite verhindert ein volles Verständnis des Plans.
Zur Sicherung der Fundamente wurden die neuen Mauern überall einen Meter tief eingegraben. Gleichzeitig wurden aber auch die Grundmauern des Gebäudes I zur Erhöhung der Sicherheit stehen gelassen, weil sie eine starke Verfestigung des Untergrundes bedeuteten. Merkwürdigerweise wurde aber zu ihrer Auffüllung nicht der Schutt des zerstörten Gebäudes verwendet, den man vielmehr abräumte, sondern frische, sterile Erde. Diese unerwartete Praxis bedeutete eine schwere Enttäuschung für die Archäologen, denn sie beraubte sie fast aller Funde aus dem ehemaligen Inventar von Gebäude I, aus dem nur ein paar ganz vereinzelte und zufällige Fundstücke übriggeblieben sind. Um Gebäude II steht es jedoch nur wenig besser. Aus unerkennbaren Gründen wurde es Mitte des 14. Jahrhunderts aufgegeben und blieb dann rätselhafterweise etwa ein Jahrhundert lang unbewohnt (etwa 1350–1250). Mitte des 13. Jahrhunderts wurden die beiden Flügel auf der unteren Terrasse restauriert und neu besiedelt, aber dabei wurden die Haupträume völlig ausgeräumt, so daß sich auch hier nur vereinzelte Fundstücke erhalten haben. Das restaurierte Gebäude ging um 1200 in einer Brandkatastrophe unter und war dasjenige, das 1910 von Dawkins ausgegraben wurde.
So sind also zwei bedeutende mykenische Herrensitze* wiederentdeckt, aus sehr früher Zeit, dem 15. Jahrhundert, aus dem nur ganz wenig mykenische Architektur erhalten ist, aber es fehlt der Kontext, und das Ergebnis ist überaus enttäuschend. Lakonien bleibt seiner Abweisung treu. Doch ist an der Nordostecke der Herrenhäuser eine tiefe Schuttgrube entdeckt worden, aus der eine Menge Keramik, allerdings auch, makabrerweise, drei Skelette, vielleicht von Verunglückten, zutage kamen.
Auf den Hügeln 200 m nördlich und 400 m südlich des Meneläion

* Die Engländer vermeiden wohl zu Recht den Ausdruck »Palast« und sprechen von *mansion*, obwohl natürlich zu bedenken ist, daß in so früher Zeit die Paläste noch sehr viel bescheidener waren als in der mykenischen Hochblüte.

wurde ebenfalls mykenische Bebauung festgestellt. Sie gehört dem 13. Jahrhundert, der mykenischen Blütezeit, an (III B). Damals scheint eine ausgedehnte mykenische Siedlung die ganze Hügelkette bedeckt zu haben. Wo aber lag ihr Zentrum? Denn das Herrenhaus II war in der ersten Hälfte dieses Jahrhunderts aufgegeben und verlassen. Auch dieses Rätsel macht die Grabungsergebnisse nicht so sehr spannend wie unbefriedigend.
Die Ruinen selbst jedoch sind jedenfalls eindrucksvoll. Die Menge der Räume, ihr Erhaltungszustand bis zu 3 m Höhe, ihre Lage auf dem engen steilen Hügel, ihre Staffelung auf zwei verschiedenen Niveaus, das alles macht den Besuch durchaus lohnend.

Das Meneläion liegt, wie gesagt, 3 km südöstlich von Sparta auf dem linken Eurotasufer, an der Straße nach Geráki. Von ihr biegt man nach links ab, bei einem Schild, das irreführenderweise 0,5 km angibt. Nach 0,5 km endet die Abzweigung auf einem Parkplatz vor einer Kirche. Von hier beginnt der Fußweg auf ausgetretenem Pfad. Man braucht nicht länger als eine Viertelstunde.

Burg und Kirchen von Geráki

Lakonien besitzt nicht nur ein Mistra an den Abhängen des Taygetos, sondern sozusagen noch ein zweites in den Ausläufern des Parnon, Geráki. Auch hier finden wir bedeutende byzantinische Kirchen und eine hochgelegene Burg. An Großartigkeit der Lage wie der Bauten und auch an historische Bedeutung steht es freilich weit nach. Dafür ist aber seine Geschichte wesentlich älter. Geráki war schon in der Steinzeit besiedelt. Seine Akropolis, ein niedriger Kalksteinhügel mit abgeflachter Kuppe, in mittlerer Höhe über einem fruchtbaren Hügelland gelegen, war wehrhaft und zugänglich zugleich. Sie bildet ein unregelmäßiges Oval von etwa 160 × 240 m und ist von zwei Felserhebungen und von Nordwesten nach Südosten von einem Kamm durchzogen. Später trug der Berg eine mykenische Siedlung, und in historischer Zeit lag hier die Stadt Gerónthrai, die

nach der Eroberung durch die Spartaner, die wie die von Amyklä erst um 700 erfolgte, eine wichtige Periökenstadt war und in der römischen Kaiserzeit zum freien Städtebund der Eleutherolakonen gehörte.
Das heutige Dorf Geráki hat sich von der Höhe des Berges zurückgezogen und erhebt sich auf den steilen Abhängen zu beiden Seiten des Südostausläufers, wo es die antike Quelle in das Wohngebiet einschließt. Der Gipfel des Akropolishügels ist von einer »pelasgischen« Mauer umgeben, die später von Franken, Byzantinern, Venezianern erneuert und ausgebessert wurde. Auf den Felsen im Westen und Nordwesten ist sie ganz verschwunden, aber nach Norden und Osten, dem Tal und dem Sattel zu, ist ihr ursprünglicher Zustand noch bis zu 2 m Höhe erhalten.
Im Jahr 1905 haben Ausgrabungen der Engländer stattgefunden, die von A. J. B. Wace, dem später berühmten Ausgräber von Mykene, geleitet wurden. Aber es gelang nicht, zusammenhängende Fundamente von Tempeln oder größeren Gebäuden freizulegen, und die Arbeiten sind seitdem nicht wieder aufgenommen worden.
Südlich von Geráki, nur eine knappe Wegstunde von ihm entfernt, erhebt sich ein 590 m hoher Bergzug mit zwei Gipfeln, durch einen kurzen und nur wenig niedrigeren Sattel bequem miteinander verbunden. Auf dem ersten, dem nördlichen Gipfel liegt eine Frankenburg. Sie war das Zentrum einer der zwölf fränkischen Baronien des Peloponnes. Gottfried von Villehardouin hatte sie Guy de Nivelet verliehen, und der hatte auf der Höhe seine Burg errichtet, mit weiter Aussicht über die spartanische Ebene, die Berge des Eurotas-Durchbruchs und den Lakonischen Golf. Sowohl mit Mistra wie mit Monemvasía, dessen isolierter Felsklotz im Süden gerade noch jenseits der Berge des Parnon sichtbar wird, stand sie in Sichtverbindung. Von Geráki aus, das in der Mitte liegt und die Signalstation zwischen Mistra und Monemvasía bildete, übersieht man großartig das Zwingsystem, das hier angelegt war.
Die Burg ist vielleicht erst um 1230 errichtet worden und ging nach einem Menschenalter den Franken schon wieder verloren. 1262 mußte Wilhelm von Villehardouin sie für seine Freilassung aus byzantinischer Gefangenschaft zusammen mit Monemvasía, Maina und Mistra an Michael VIII. ausliefern, der damit die Herrschaft über Lakonien zurückgewann.

In der Frankenzeit siedelte sich ein Teil der Bewohner an den Hängen des Berges im unmittelbaren Schutz der Burg an, wie die vielen Ruinen von Häusern und Kapellen und die fränkisch beeinflußten Kirchen beweisen. Wann diese Bergstadt wieder aufgegeben wurde, ist unbekannt. Jedenfalls bestand aber die alte byzantinische Stadt auf der Südostseite des antiken Berges fort und scheint nach Beendigung der Frankenherrschaft eine neue Blüte erlebt zu haben, der wir die erhaltenen Kirchen verdanken. Seine große Zeit ging zu Ende, als 1460 die Türkenherrschaft auf dem Peloponnes begann. 1463 eroberten es die Venezianer, um es fünf Jahre später schon wieder an die Türken zu verlieren. 1686–1715 war es dann mit dem ganzen Peloponnes noch einmal venezianisch.
Im September 1825, nach dem Einfall Ibrahim Paschas, erließ Kolokotronis von Geráki aus seinen Aufruf zum Widerstand. Als sich das ägyptische Heer der Stadt näherte, wurde es von gerakitischen und tsakonischen Freiheitskämpfern teils mit Schanzen, teils durch plötzliche Überfälle so lange aufgehalten, bis Frauen und Kinder sich übers Gebirge nach Leonídi in Sicherheit gebracht hatten. Von dort wurden sie weiter nach Hydra und Spetsä eingeschifft. So fand Ibrahim die Stadt verlassen, als er sie besetzte. Er ließ sie zerstören.

Der Berg von Geráki ist nicht besonders steil und auf keiner Seite geradezu unersteigbar, aber durch einen Mauerring war er leicht zu befestigen. Die Wehrmauer schließt nur den obersten Gipfel mit einem relativ ebenen, aber ziemlich kleinen Gelände ein. Sie bildet, wenn wir ihr überhaupt eine geometrische Form zuschreiben wollen, eine unregelmäßige Raute mit 125 m Länge von Spitze zu Spitze und einigen 60 m maximaler Breite. Sie besitzt nur wenige scharfe Winkel, sondern schlängelt sich auf der Höhe entlang, wie es die Geländeausnutzung nahelegte. Der Eingang liegt heute im Westen und stellt nichts weiter als einen gewölbten Durchgang von 1,35 m Breite dar, ohne jeden Wehrcharakter. Überdies ist die Mauer, die sonst 1,50–1,70 m dick ist, an dieser Stelle nur 1,35 m stark. Es ist unverkennbar, daß es sich um eine späte Toranlage ohne jeden Verteidigungswert handelt. Die ursprüngliche Anlage ist nicht erhalten.
Eine zweite Maueröffnung von nur einem Meter Breite befand sich an der Westspitze der Raute, wo man über eine Treppe nach außen gelangte. Ein gut erhaltener Mauerzug liegt auf der Nordseite, der

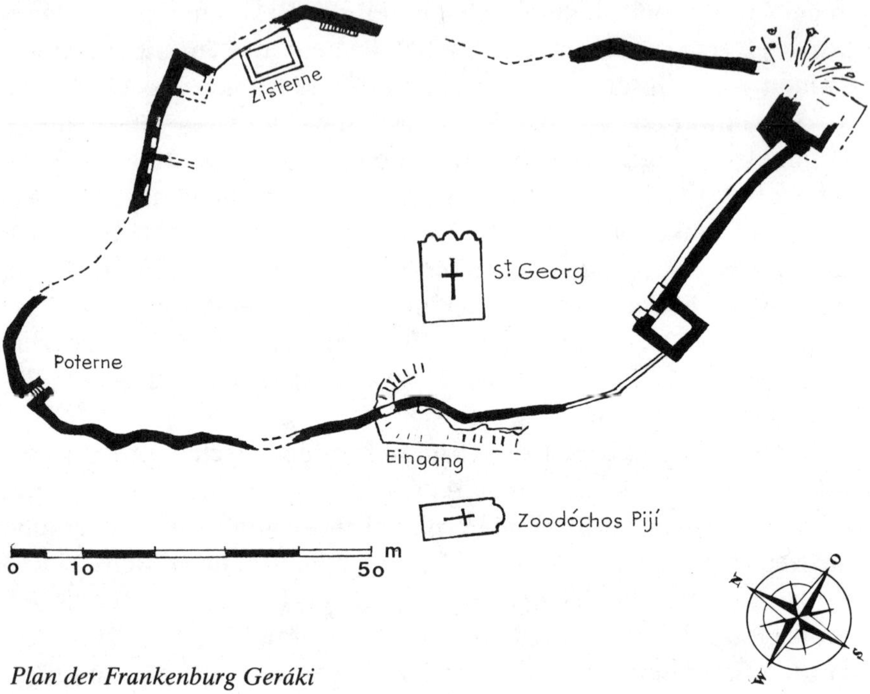

Plan der Frankenburg Geráki

mit seinen Zinnen noch in voller Höhe ansteht, mit einer Innenhöhe von 4 m. Der Mauer sind nach innen Arkaden vorgelegt, auf denen der Wehrgang umlief. Senkrecht von den Arkaden ausgehende Mauern sind die Überreste von Hofräumen, die einmal hier angelehnt waren. Es folgt eine große Zisterne und dann wieder ein vollständiges Mauerstück mit einer gut erhaltenen Treppe, die auf den Wehrgang führte. Der eindrucksvollste Festungsteil ist die Südseite, wo die Burg über dem flachen Sattel zum Nebengipfel besonders gut geschützt werden mußte. Hier verläuft der Mauerzug geradlinig und ist auf beiden Seiten von quadratischen Türmen eingeschlossen. Der westliche ist fast unversehrt erhalten, der östliche zur Hälfte abgestürzt. Von dieser dem Dorf und dem Auge des Touristen abgewandten Seite bietet die Burg den imposantesten Anblick. Unter den Zinnen der Südseite ragt noch eine Reihe von doppelten Kragsteinen hervor; auf ihnen ruhten einmal die Pechnasen, aus denen die Verteidiger den Angreifern heiße Grüße auf die Köpfe sandten. Offenbar folgt die heutige Mauer dem Verlauf des ursprünglichen fränkischen Wehrrings. Ebenso sicher ist, daß es sich um eine spätere Anlage handelt. Es ist ja nicht nur die fränkische Toranlage verschwunden, sondern spurlos auch der fränkische Palast. Die kostensparenden Arkaden, statt massiven Mauerwerks, auf denen der Wehrgang der Nordseite ruht, kamen erst nach 1260 auf. Im allgemeinen werden diejenigen Mauerzüge die ältesten sein, die ganz aus Stein ohne Beimischung von Ziegeln und Scherben erbaut sind, weil der Berg zur Zeit der fränkischen Erbauung noch unbewohnt war. Später verwandten dann die Baumeister alles, was sie fanden, auch Ziegel- und Scherbenschutt der inzwischen entstandenen Bergstadt. So ist Geráki in seiner jetzigen Form vor allem eine byzantinische Festung. Das heutige Eingangstor aber muß etwas ganz Nachträgliches sein.

Die Fahrstraße auf die Burg endet bei der Kirche Ajía Paraskeví, mit der die Besichtigung des Berges beginnt und in der uns die ersten fränkischen Elemente im Kirchenbau entgegentreten. Dem Typ nach ist es eine sogenannte Stavro-epístegos, eine »kreuzbedachte« Kirche, das heißt, sie besteht aus zwei Längstonnen mit einer Quertonne in der Mitte, deren Dächer also ein Kreuz bilden. Auffällig ist die winzige Eingangstür. Die Kirche hat einmal einen Umbau auf zwei Seiten besessen, der jetzt stark verfallen ist. Das Templon trägt noch die Darstellungen Christi und der Panajía. Ein greifbares fränkisches Element ist der Steinrahmen, der an der linken Wand die Nische mit dem Fresko und der Ikone der Ajía Paraskeví schmückt. Der Spitzbogen ist mit einfachen Dreiecksmustern geschmückt. Auf dem oberen Rahmen befinden sich stilisierte Vögel, auf dem unteren in Rosetten Vögel und Tiere (Lamm und Taube?) und in den Zwikkeln des Spitzbogens zwei apotropäische Tierköpfe, die wie Katzenköpfe aussehen. Eine kunstvoll ausgestaltete Nische dieser Art werden wir in der Georgs-Kirche der Burg wiederfinden.

Auf dem Weg dorthin begegnen wir der Ruine einer Demetrios-Kirche, die einmal eine Doppelkirche war, von der aber jetzt nur noch die linke Apsis erhalten ist. Sie zeigt außer dem Marienfresko die Darstellung des Melismós: Christus befindet sich als Kind in ein Tuch eingewickelt und auf einem Abendmahlsteller liegend auf dem Altar, rechts und links flankiert von je einem Erzengel mit Fächer und zwei Kirchenvätern. Die Szene symbolisiert die göttliche Eucharistie in der Form der Brotausteilung. Der Melismós kommt auch

in der Form vor, daß Christus segnend in einem Abendmahlskelch steht. Diese beiden Darstellungsweisen des *Melismós,* das heißt der *Austeilung* des heiligen Abendmahls, symbolisieren das Geheimnis des zwar ausgeteilten, aber nicht zerteilten Leibes Christi.
Unmittelbar vor dem Eingang der Burg liegt die kleine einschiffige Kirche *tis Zoodóchou Pijĩs, der Leben spendenden Quelle,* die der Panajía Eleoûsa geweiht ist, der Barmherzigen Gottesmutter. Wir betreten sie durch eine skulptierte Spitzbogentür aus Poros, darüber eine Nische mit Maria, flankiert von zwei apotropäischen Löwenköpfen, die stark romanisch wirken, wie es auch einige Fresken des Inneren tun. Erhalten sind noch eine Darstellung der Geburt und der Himmelfahrt Christi und die Auferweckung des Lazarus. In der Apsis eine Mariendarstellung in der Form der Platytéra, das heißt mit dem Jesukind nicht auf dem Arm, sondern zentral auf dem Schoß, rechts Johannes der Täufer, links der heilige Nikólaos. Auf dem Templon sind noch Christus und Maria erhalten und links die Titelikone der Panajía Eleoûsa. An der Tür eine der seltenen Darstellungen des Helkómenos Christós. *hélko* heißt *ziehen, zerren, schleifen,* besonders *in die Gefangenschaft wegschleppen.* Der »Gezogene Christus« ist der, der zur Hinrichtung nach Golgatha *(epì stavroû)* abgeführt wird, also die Kreuztragung. Christus wird entweder an den gefesselten Händen oder an einem Strick um den Hals vorwärtsgezerrt. Die orthodoxe Ikonographie vermeidet im allgemeinen Darstellungen der Passion Christi, und der westliche Besucher wird bemerken, daß die Darstellung des Helkómenos Christós bei orthodoxen Betrachtern immer besondere Beachtung findet.
Bevor wir ins Innere der Burg eintreten, setzen wir unseren Weg noch eine Strecke nach Süden fort, um auf dem Sattel die Kirche der Taxiarchen, der Erzengel, zu besuchen. Auch sie ist eine Kirche mit sich kreuzenden Schiffen und vorgelagertem Narthex. Die Spitzbogentür mit skulptiertem Porosrahmen zeigt sogleich die fränkische Erbauungszeit an. Über der Spitzbogentür eine skulptierte Rundbogennische, deren Fresko zerstört ist. Die größte Sehenswürdigkeit dieser Kirche ist das Fresko auf der Westwand des Querschiffs*, mit einem Motiv, das einmalig und der byzantinischen Ikonographie fremd ist. Es stellt die Eroberung Jerichos durch Josua und die Israe-

* Die Kirche ist nicht geostet, sondern nord-südlich ausgerichtet, so, wie der Sattel verläuft.

liten dar. Sie sind in Rüstungen des 13. Jahrhunderts gekleidet. Josua erscheint in weißer Montur zu Pferde, mit eingelegter Lanze. Mit vier Gefolgsleuten greift er die Feinde an, die sich zur Flucht wenden und versuchen, sich durch das Stadttor in Sicherheit zu bringen. Von der Stadtmauer herab senden die Verteidiger Pfeile und Felsblöcke auf die Angreifer.

Weist schon das den Byzantinern fremde Motiv auf fränkischen Ursprung, so wird er vollends bekräftigt durch das Schildzeichen Josuas, einen Halbmond von vier Sternen umgeben, ein orientalisch-islamisches Emblem, dessen Übernahme den Byzantinern ganz fern lag und nur den Franken zugeschrieben werden kann. Wir finden es wieder auf der Nischenwand der Georgs-Kirche. Das Josua-Fresko der Taxiarchenkirche ist ein ganz singuläres Zeugnis fränkischer Wandmalerei auf dem Peloponnes. Ein Foto aus dem Jahr 1905 zeigt das Gemälde noch sehr viel vollständiger erhalten, als es heute ist, ein weiteres Beispiel dafür, wieviel Zerstörung und Verfall erst in unserem Jahrhundert erfolgt ist.

Die Metropolis, die Hauptkirche der Bergstadt Geráki, war die Georgs-Kirche innerhalb der Burg. Sie besteht heute aus drei gleich hohen Tonnengewölben, mit drei halbrunden Apsiden im Osten und einem durchgehenden Narthex im Westen. Es ist leicht zu erkennen, daß das Südschiff und der Narthex nachträglich angefügt sind und daß die Kirche ursprünglich nur aus zwei Schiffen bestand. Mit großer Wahrscheinlichkeit kann man vermuten, daß es eine dem heiligen Georg, der im Osten und Westen gleich stark verehrt wird, geweihte Doppelkirche war, in der orthodoxer und lateinischer Ritus je ihren eigenen Raum besaßen. Später, als die Franken vertrieben waren und der katholische Gottesdienst erloschen war, erweiterte man im 14. Jahrhundert die Kirche zu der gewohnten dreischiffigen Form. Die beiden ursprünglichen Schiffe werden durch drei Arkaden getrennt, die auf einer Säule und einem gemauerten Pfeiler ruhen, der auch das Ikonostasion trägt. Die Säule und ihr Kapitell sind byzantinisch. Das Ikonostasion aus Poros aber zeigt einen ganz anderen Stil als die byzantinischen Marmorikonostasien. Von den Fresken ist außer dem Titelheiligen, einem heiligen Georg zu Pferde, kaum etwas erhalten. Die größte Sehenswürdigkeit der Kirche ist, was die Griechen Kouvoúklion nennen, eine Nische zur Aufnahme einer Heiligendarstellung, wie wir ihr schon in der ersten Kirche der

Ajía Paraskeví begegnet sind. Auch hier befindet sich die Nische an der linken Wand, dicht vor dem Templon. Ihre Außenwand ist wie eine Hausfront gestaltet mit spitzem Giebel und einer Rundbogentür. Der Türbogen und die dreieckige Fläche des Giebels sind mit durchbrochenem Flechtwerk geschmückt, Bändern, Rosetten und Rechtecken, eine Steinmetzarbeit, wie sie in Griechenland vermutlich einmalig ist. Links vom Türbogen ist ein Halbmond mit sechs Sternen, rechts eine Lilie mit vier Rosen in Flachrelief angebracht, wo sich also östliche und westliche Motive vereinigt finden. Rechts und links von der Tür ist je ein Malteserkreuz eingeschnitten. Der fränkische Ursprung der Nischenwand wird dadurch außer Zweifel gesetzt, daß sich in der Spitze des Giebels ein Wappen befindet, in dem man das der Nivelet vermutet.
Ein zwar nicht identisches, aber ganz ähnliches Wappen befindet sich über der Spitzbogentür, die vom Narthex ins Mittelschiff führt, die also den ursprünglichen Eingang darstellt, wie er vom Erbauer der Burg errichtet wurde, und die uns zeigt, wie bescheiden in Aufwand und Festigkeit das alles war. Und das wird genauso für den Palas gelten, dessen völliges Verschwinden daher nicht geradezu befremdlich ist.

Die eigentlichen Sehenswürdigkeiten von Geráki sind jedoch die byzantinischen Kirchen der Unterstadt. Sie sind sämtlich verschlossen und nur in Begleitung des Führers zugänglich. Es ist hier weder beabsichtigt noch möglich, eine eingehende Beschreibung der Architektur und des Bilderschmucks dieser Kirchen zu geben. Wir möchten lediglich eine Hilfe zur Besichtigung bieten, besonders für diejenigen, die sich mit dem Führer, der nur Griechisch spricht, nur schwer verständigen können.
Statt, wie es auch die einfachste Regie verlangte, seine Darbietung zu steigern, befolgt der Führer von Geráki die absteigende Klimax, beginnt mit der interessantesten Kirche und endet mit der unansehnlichsten. So also auch wir hier.

1. Die Kirche der Panajía Evangelístria ist dem Fest Mariä Verkündigung (Evangelismós) geweiht, das am 25. März gefeiert wird. Es ist eine Kreuzkuppelkirche in der besonderen Form eines einräumigen Zentralbaus, ein kleiner kubischer Bau des 13. Jahrhunderts mit

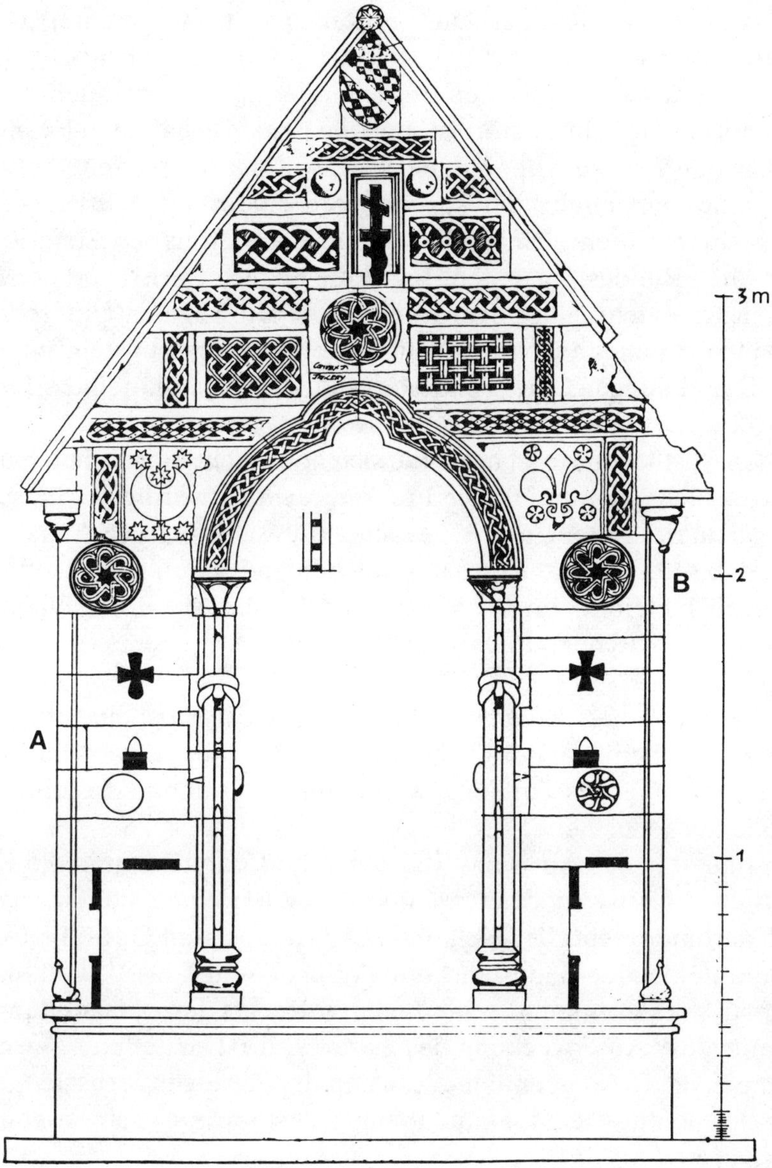

Zeichnung der Altarnische von Geráki

Apsis und hoher Kuppel. Die Fresken sind nur fragmentarisch erhalten, aber sie waren einmal Meisterwerke. Die eindrucksvollsten Reste werden wohl für jeden Besucher der Pantokrator, dem ausgerechnet das Gesicht zerstört ist, und die beiden erhaltenen Evangelisten in den Zwickeln der Kuppel sein. Auf der linken Seite befindet sich eine Darstellung der sogenannten Hadesfahrt Christi, seines Abstiegs ins Totenreich, mit David und Salomon als den Ersterlösten des Alten Bundes. Im ersten Bogen die Geburt Christi und der Einzug in Jerusalem. Über dem Eingang die Kreuzigung. Und schließlich eine Himmelfahrt mit vollständig erhaltenen Apostelgruppen. Die Darstellungen Christi und Mariä auf dem Templon sind offenbar jünger.

Vielen westlichen Besuchern, die sich noch nicht eingesehen haben, wird es nicht leichtfallen, die Fresken recht zu würdigen. Sie sehen vor allem das Fragmentarische. Man muß sich aber vor Augen halten, daß selbst solche Reste in Griechenland selten sind. Und ganz vergeblich bleibt dann der Versuch auch nicht, sie in der Phantasie zum vollen Kirchenschmuck zu ergänzen.

2. Die Kirche des heiligen Johannes Chrysóstomos, eines der vier großen Kirchenväter der Orthodoxie, ein Bauwerk des 14. Jahrhunderts, ein einfaches Tonnengewölbe mit Apsis und je drei Blendarkaden auf jeder Seite.

Wir finden in der Apsis das Marienfresko (Platytéra) und die Himmelfahrt Christi. Auf der gegenüberliegenden Wand die Kreuzigung und darunter rechts der Helkómenos Christós. Am Gewölbe folgen links aufeinander Hadesfahrt und Auferstehung Christi, Tod Mariä, Christi Verklärung und seine Geburt. Rechts Jesu Darstellung im Tempel, die Auferweckung des Lazarus, die Darstellung Mariä im Tempel, die Gefangennahme Jesu und der Einzug in Jerusalem. Wie der chronologische Zusammenhang gedacht war, ist schwer ersichtlich.

Die Kirche des heiligen Chrysóstomos ist bei Byzantinologen auch deswegen berühmt, weil sie eine seltene Darstellung der Maria teras enthält. Für gewöhnliche Christen ist dieses Fresko aber eher eine makabre Kuriosität, und sie finden mehr Gefallen an der Gestalt des heiligen Georg in der Mitte links.

Schließlich bietet die kleine Kirche aber auch dem Archäologen und

Historiker etwas Besonderes. Auf der südlichen Außenwand sind um die Tür vier Fragmente vom Preisedikt Kaiser Diokletians (287–305) als Spolien verbaut, Überreste aus der römischen Zeit der antiken Stadt Gerónthrai. Das Edikt ist nirgends und überhaupt nicht vollständig erhalten, sondern muß aus Fragmenten, die über alle Teile des Römischen Reiches verstreut gefunden wurden, rekonstruiert werden. Mit den Preisfestsetzungen des Jahres 301, dem sogenannten Maximaltarif, versuchte Kaiser Diokletian, unter Androhung drakonischer Strafen bei Übertretung, der rapiden Geldentwertung des alternden Römischen Reiches Herr zu werden. Ein Teil der Fragmente unserer Kirche sind besonders wichtig, weil sie keine Dubletten haben. So werden beispielsweise die Preise von fünfundzwanzig verschiedenen Ledersorten aufgeführt.

3. Die Kirche des heiligen Athanasios, eine Kreuzkuppelkirche des 14. Jahrhunderts, die größte aller erhaltenen Kirchen von Geráki, mit außerordentlich hoher Kuppel. Das Innere war stark verfallen und enthält nur noch sehr fragmentarische Fresken. Wir finden links eine große breite Figur des Erzengels Michael und daneben, befremdlich eng gedrängt, die Gestalt des heiligen Georg. Darüber der Kampf Michaels mit dem Drachen. Die Kirche war ursprünglich eine Taxiarchenkirche und dem Erzengel Michael geweiht. Erst später, wofür das moderne Templon zeugt, ging sie an den heiligen Athanasios über. Auf den Pfeilern nach Osten die Apostel Petrus und Paulus, zur Mitte ein Erzengel (Gabriel?).
Im Hierón (Chorraum) rechts das Abendmahl, gegenüber die Darstellung Jesu im Tempel. Im rechten Flügel der zwölfjährige Jesus im Tempel, darüber das Pfingstwunder. In der Apsis ist von den vier Hierarchen, den kanonischen Kirchenlehrern, nur einer erhalten.
Die ersten beiden oben beschriebenen Kirchen liegen am Rande der heutigen Stadt, die dritte am Friedhof, die letzten beiden außerhalb in den Feldern.

4. Die Kirche des heiligen Sózon, des Rettenden, auch Ajios Sóstis genannt, eine kubische Kreuzkuppelkirche aus der ersten Hälfte des 13. Jahrhunderts mit drei Apsiden und einer 13,50 m hohen Kuppel auf zwei Pfeilern. Die Kirche ist auf den Fundamenten einer älteren erbaut. Auf der Eingangsseite sind mehrere byzantinische und an-

tike Spolien eingelassen, auch ist hier ein schönes dorisches Kapitell archaischer Zeit aufgestellt. Möglicherweise stammen die antiken Reste von dem bei Pausanias erwähnten Ares-Tempel, der irgendwo in der Nähe gelegen haben mag.
Die Hauptapsis ist in vier Bildzonen unterteilt: zuoberst in der Viertelkugel die thronende Madonna mit dem Jesuskind auf dem Arm (Vrephokratoûsa), darunter die Apostelkommunion, über dem Doppelfenster das Schweißtuch der Veronika, aber ohne die Heilige, sondern flankiert von Priestergestalten, und zuletzt die Darstellung des Melismós, der Symbolisierung der Eucharistie.
Auf der linken Seite des Chorraums oben die Darstellung Mariä im Tempel, darunter die Flucht nach Ägypten. Beide Fresken sind auf ungewöhnliche Weise erweitert. Die Darstellung Mariä im Tempel ist in drei getrennte Szenen aufgelöst. In der rechten finden wir die junge Maria, begleitet von Joachim und Anna und einer Jungfrau, auf dem Weg zum Tempel. Aber dann wird sie nicht von ihren Eltern in das Allerheiligste eingeführt und dem Hohenpriester vorgestellt, sondern von zwei fackeltragenden Jungfrauen. In der dritten Szene oben links empfängt die sitzende Maria das Brot von dem Engel.
Die Flucht nach Ägypten ist erweitert zu einer Fünfergruppe. Es ist nicht nur der apokryphe Jakob hinzugefügt, der den Esel führt, sondern auch der Erzengel Michael als Beschützer des fliehenden Jesuskindes.
Auf der rechten Seite des Chorraums die Geburt Mariä, der zwölfjährige Jesus, lehrend im Tempel, und der heilige Athanasios. Die Himmelfahrt im Gewölbebogen ist nur noch in Resten erhalten.
Auch die Fresken des Hauptraumes sind weitgehend zerstört. Auf der rechten Wand erkennt man unten noch den Kindermord von Bethlehem und auf der Westwand in der untersten Zone links von einem thronenden Heiligen die Reste eines Helkómenos Christós. Das ist es, was die letzte Restaurierung unter späteren Übermalungen wieder ans Licht gebracht hat.

5. und letztens: *Die Doppelkirche des heiligen Nikólaos,* zwei parallele Tonnengewölbe, in Sichtbeton restauriert, kein erhebendes Raumgefühl. Aber die lebensgroße Figur des thronenden Christus aus dem 14. Jahrhundert ist ein außerordentliches Bildnis. Auch die Darstellung der ägyptischen Maria verdiente Konservierung.

Das ist, wie gesagt, die abklingende Folge der gerakitischen Kirchen. Der Führer mag sie deswegen beibehalten, weil sich bei einem Teil der Besucher der Weg zu den Feldkirchen erübrigt.

Geráki liegt genau 40 km von Sparta entfernt, durch eine gute Asphaltstraße mit ihm verbunden. Man hat jedoch nicht nötig, nach Sparta zurückzukehren, sondern kann den Parnon überqueren, um die Fahrt in Richtung Leonídi fortzusetzen. Dazu fährt man nur 2 km auf dem Weg nach Sparta zurück. Dann findet man rechts eine Abzweigung nach Ajios Kosmãs, einem Dorf auf der Paßhöhe des Parnon. Die Entfernung bis dorthin beträgt 19 km. Die Straße ist nicht asphaltiert und gehört zu den schlechtesten, die es in Griechenland gibt. Man kann sie nur einem robusten Wegen zumuten. Für Autobusse und Wohnwagen ist sie ganz unmöglich. Aber der Parnon mit seinen Tälern und Schluchten und seinen tiefen Wäldern ist überaus großartig. Ab Ajios Kosmãs auf der östlichen Seite des Gebirges nach Leonídi hinab ist die Straße ausgebaut.

Achaja

Von allen Provinzen des Peloponnes ist Achaja wahrscheinlich die unbekannteste. Für die meisten, die sie durchfahren, um von Patras nach Korinth oder von Korinth nach Patras und Olympia zu gelangen, ist sie wenig mehr als eine zu bewältigende Strecke. Kaum jemand verweilt hier. Nur vereinzelte besuchen das Kloster Megaspiläon oder Kalávryta. Und in der Tat, was hat Achaja dem Touristen Großes zu bieten? Jede andere Provinz besitzt mehrere Attraktionen von internationalem Ruf, was aber bietet Achaja? Die neuen Ausgrabungen von Aígeira (Äjira), Burg und Odeon von Patras und das dortige Archäologische Museum sind sicher sehenswert, aber gegen die Konkurrenz des Bekannten und Berühmten kommen sie kaum auf. Und doch hat auch Achaja seine großen, nur ihm eigenen Vorzüge. Der eilig Durchfahrende, der möglichst schnell in Korinth oder Patras ankommen will, ist leicht in Gefahr, zu übersehen, daß Achaja zu den landschaftlich schönsten Gebieten des Peloponnes gehört. Die Strecke zwischen Kiãton und Ägion gehört sogar zu den großartigsten, die es überhaupt in Griechenland gibt, gerade auch auf der Autobahn. Auf der alten Straße am Meer entlang erlebt man den Küstensaum mit den riesigen Flußmündungen und der dichten Folge der Dörfer. Aber die vielen engen Durchfahrten machen die Fahrt anstrengend und verstellen die Aussicht. Auf der Autobahn dagegen fährt man in halber Höhe dahin, hat eine freie Aussicht auf den fruchtbaren Küstensaum, auf den Korinthischen Golf und die Gebirge Böotiens. Auf der Landseite folgen ständig wechselnde Mergelformationen mit ihren tiefen Einschnitten und bizarren Gipfeln und den malerischen Baumgruppen (→ Abb.). Besonders einladend ist hinter Patras noch einmal die Strecke bis Káto Achajá. Das ist sozusagen die Schönheit, »die an der Straße liegt« und die sich von selbst anbietet. Man kann sie aber auch aufsuchen. Wo immer man von der Küste ins Innere fährt, führen die Straßen ins Gebirge, und es ist keine darunter, die nicht von besonderer Schönheit wäre. Einige Strecken sind geradezu berühmt. Die romantischste Fahrt bleibt immer die mit der Zahnradbahn von Diakoptón nach Zachloroû und weiter nach Kalávryta. Einfach diese Strecke mit der Bahn einmal hin- und zurückzufahren, auch wenn man auf den Besuch des Klosters Megaspíläon dabei verzichtet, ist ein Ausflug, wie ihn keine andere griechische Landschaft bietet. Andere Abstecher kann man mit dem Auto machen. Den durch das Selinoûstal zum Taxiarchenkloster werden wir unten beschreiben. Zu Recht berühmt ist die Fahrt von Xylókastron hinauf nach Trikala am Fuß der Kylléne. Aber auch eine Rundfahrt ist besonders zu erwähnen. Wer auf der Fahrt von Korinth nach Patras zwei Stunden zusetzen kann, hat die Möglichkeit, bei Kiãton abzubiegen, den Stymphalischen See zu besuchen, von dort die Bergfahrt fortzusetzen über Kastaniá zur Hochebene von Pheneós. Dann geht es weiter durchs Hochgebirge. Schließlich erreicht man eine weite Hochebene mit Wiesen und Wäldern, wie man sie in Griechenland gar nicht vermutet. Darauf folgt die Abfahrt über eine abwechslungs- und aussichtsreiche Bergstraße, die bei Rhozená wieder in die Küstenstraße mündet. Es lassen sich nur wenige Fahrten in Griechenland unternehmen, die auf so kurzer Strecke so mannigfaltige und eindrucksvolle Landschaften vereinigen. Aber durch die Lage der sogenannten klassischen Routen bleibt die Schönheit Achajas den meisten Touristen verschlossen.

Achaja bildet den Nordrand des Peloponnes zwischen Xylókastron und Kap Araxos. Eine größere Ebene besitzt es nur im Westen. Es ist vor allem Hochgebirgsland, das durch die vier Gebirgsmassive von Kylléne, Aroánia, Erýmanthos und Panachaïkón bestimmt wird, die bis auf das letzte alle weit über 2000 m hoch sind. Von diesen Gebirgen fließen durch tiefe Schluchten eine Reihe von Flüssen hernieder, die in der Küstenebene riesige Geröllbetten und Steinwüsten abgelagert haben. Die Küste besitzt auf ihrer ganzen Länge keinen wirklichen Hafen. Der Küstensaum ist schmal, aber außerordentlich fruchtbar, bis auf die Hänge der Vorberge hinauf. Hier liegt unter anderem eines der bedeutendsten Kirschengebiete Griechenlands.
In mykenischer Zeit war Achaja nur dünn besiedelt, am stärksten im Westen. Als die Dorer Lakonien und die Argolis besetzten, zogen sich die Achäer von dort an die Nordküste zurück, wo sie auch später nur leicht dorisiert wurden. Die langgestreckte Küste bot keine besonderen Voraussetzungen für eine zentralisierte Herrschaft, sondern besaß nur eine lockere Kette von zwölf Städten. Sie haben im 7. Jahrhundert mehrere bedeutende Kolonien in Unteritalien gegründet, Kroton, Sybaris, Metapont, sonst aber keine größere Rolle in der frühen griechischen Geschichte gespielt. Achaja gehörte weder dem Peloponnesischen Bund an, noch nahm es an den Perserkriegen teil.
Spätestens seit Ende des 5. Jahrhunderts hatten sich die zwölf Städte zu einem Bund zusammengeschlossen, der das erste Gemeinwesen in der griechischen Geschichte war, das sich über die Idee des Stadtstaates erhob, indem es allen seinen Mitgliedern das gleiche Bürgerrecht verlieh, so daß sie untereinander heiraten und überall ihren Wohnsitz wählen und Grundbesitz erwerben konnten, was sonst zwischen zwei Städten immer nur aufgrund besonderer Verträge möglich war. Im ersten Jahrzehnt des 4. Jahrhunderts hatten die Achäer Kalydón und wenig später Naupaktos jenseits des Korinthischen Golfs erworben und auch ihren Einwohnern das Bürgerrecht verliehen. Es ist das erste Mal, daß das Wort *Polîtis, Bürger,* über den Bereich einer Polis, eines Stadtstaates, hinaus angewandt wird. Das Zentrum des Bundes und sein Versammlungsort war das Heilig-

tum des Zeus Homarios. Es ging 373 an Ägion über, nachdem die Stadt Helíke, zu der es ursprünglich gehört hatte, bei einem nächtlichen Erdbeben im Meer versunken war, so daß es bis heute verschollen ist, obwohl man ziemlich genau weiß, wo es gelegen haben muß. Helíke ist das große archäologische Geheimnis von Achaja und wird vielleicht eines guten Tages, wer weiß, noch seine große Attraktion.

Der Bund wurde geleitet von zwei Feldherren, wie bei den Spartanern oder Römern, und einem Gremium von – wahrscheinlich – zehn Damiurgen, Bundesverwesern. Die Hauptorgane waren der Bundesrat von unbekannter, möglicherweise aber ziemlich großer Zahl und die Bundesversammlung, an der nur teilnehmen durfte, wer über dreißig Jahre alt war. Die Ämter wechselten jährlich. Der Sekretär und die Feldherren wurden umlaufend aus den einzelnen Bundesstädten gewählt.

Nachdem der Bund in der Zeit der makedonischen Vorherrschaft seine Bedeutung weitgehend verloren hatte, wurde er 281 von vier Städten Westarkadiens erneuert, von den beiden Hafenstädten Dyme und Patras und von zwei Landstädten des Inneren. Fünf Jahre später vertrieb Ägion seine makedonische Besatzung. Von da an konnten die Versammlungen wieder im alten Bundesheiligtum stattfinden. Den Vorgängern schlossen sich nach und nach auch die anderen Städte an, so daß der Bund wieder vollzählig war. 355 wurde das Amt des zweiten Feldherrn abgeschafft zugunsten der Wahl des besten Mannes aus dem ganzen Bund. Auch wurde, scheint es, um diese Zeit der Ort der Bundesversammlung vom Heiligtum des Zeus Homarios nach Ägion verlegt. Der Bund griff dann durch die Tatkraft des Politikers Aratos von Sikyon weit über seinen ursprünglichen Bereich hinaus, der 251 seine Vaterstadt, 243 Korinth und schließlich 229 auch Argos der Konföderation anschloß. Dem Feldherrn Philopoimen von Megalopolis, dem »letzten Griechen«, gelang es 193 v. Chr., auch Sparta zum Beitritt zu zwingen und damit den ganzen Peloponnes unter der Führung des Bundes zu vereinigen. Von daher erhielt die Halbinsel unter den Römern den Namen Achaja und war ebenso in fränkischer Zeit das Hoheitsgebiet des Fürstentums Achaja.

198 v. Chr. faßte der Bund den wichtigen Entschluß, sich von Makedonien zu trennen und mit den Römern zu verbünden. Trotz dieser

diplomatisch richtigen Entscheidung entwickelte sich das Verhältnis zu Rom wenig glücklich. 168, nach der Schlacht von Pydna und dem Untergang Makedoniens, wurden die Achäer gezwungen, tausend ihrer angesehensten Bürger, die man willkürlich in den Verdacht der Makedonenfreundlichkeit gebracht hatte, nach Rom auszuliefern, wo sie sich rechtfertigen sollten. Sie wurden jedoch ohne Verhör interniert und festgehalten, darunter auch der berühmte Historiker Polybios. Alle Gesuche um ihre Freigabe wurden abgelehnt. Erst achtzehn Jahre später, im Jahr 150 v. Chr., als von den tausend Deportierten kaum noch dreihundert am Leben waren, erlaubten die Römer ihre Rückkehr, da der 84jährige Cato im Senat die Bemerkung gemacht hatte, man könne die achäischen Greise ruhig der Bestattung durch ihre eigenen Totengräber überlassen.
Schließlich wurde das Bundesheer vom römischen Feldherrn Mummius 146 v. Chr. vernichtend geschlagen, der anschließend auf Befehl des Senats Korinth vollständig zerstören ließ, so daß es aufhörte zu existieren, bis es genau hundert Jahre später durch Cäsar als römische Kolonie neu gegründet wurde.
Der Bund, dem außer den achäischen Städten nur noch einige arkadische angehörten, wurde jedoch von den Römern 146 v. Chr. nicht aufgelöst. Da sie den griechischen Gemeinden die Selbstverwaltung gelassen hatten, so benutzten sie die Organisation des Bundes dazu, die Abgaben für sie einzuziehen. Solange also der Bund seinen Verpflichtungen nachkam, war er verwaltungsmäßig gänzlich unabhängig. Alle Hoheitsrechte waren ihm jedoch genommen.
27 v. Chr. wurde Griechenland unter den Namen Achaja als senatorische Provinz organisiert, die nicht nur den Peloponnes, sondern auch die Inseln, Akarnanien, Ätolien, Thessalien und Teile des Epirus umfaßte. Die Hauptstadt war Korinth.
Nach der Reichsteilung 395 fiel die Provinz Achaja an das Ostreich. Jahrhunderte später lebte dann der Name noch einmal glanzvoll wieder auf im fränkischen Fürstentum Achaja 1205–1429.

Die mykenische Festung Teĩchos Dymäon

Dyme war die westlichste Stadt Achajas' und einer seiner wenigen Häfen. Es lag nach Strabon 60 Stadien, ungefähr 11 km, östlich von Kap Araxos, und dort hat sich bei dem kleinen Weiler Karavostásion, das heißt Schiffsstation, und bei Ajios Jorjios ihre Lage wirklich feststellen lassen. Allerdings sind die Ruinen recht unansehnlich, auch alle erst spät, aus römischer Zeit.

Wie groß die Bedeutung von Dyme in klassischer und hellenistischer Zeit einmal war, ist nach den wenigen Nachrichten, die wir besitzen, nur schwer abzuschätzen. Dyme wurde durch den Zusammenschluß (Synoikismós) von acht kleinen Orten begründet. 314 befreite es sich von der makedonischen Besatzung. 281 ergriff es mit Patras die Initiative zur Neugründung des Achäischen Bundes. Dessen Truppen erlitten hier in der Auseinandersetzung mit König Kleomenes III. von Sparta um die Vorherrschaft auf dem Peloponnes eine entscheidende Niederlage, die dazu führte, daß die Achäer auf Betreiben des Aratos sich entschlossen, die seinerzeit als Feinde vertriebenen Makedonen nun als Bundesgenossen gegen Sparta wieder ins Land zu rufen.

Durch die zufällige Erhaltung einer Inschrift ist ein interessantes innenpolitisches Geschehen aus dem Jahre 115/14 v. Chr. überliefert. Die Römer hatten 146 nach der Zerstörung Korinths den achäischen Städten eine timokratische Verfassung gegeben, das heißt, das politische Mitspracherecht richtete sich nach dem Steueraufkommen. Unter Führung ihres Mitbürgers Sosos und mit Unterstützung des Damiurgen Phormiskos hatten die Dymäer im Jahr 115 v. Chr. versucht, die alte demokratische Ordnung des Achäischen Bundes wiederherzustellen. Bei den Unruhen waren – recht modern – die städtischen Archive in Flammen aufgegangen. Die Revolution machte gute Fortschritte und gedieh sogar bis zum Erlaß neuer Gesetze, was nur denkbar ist, wenn die Oberschicht sich zunächst passiv verhielt, wie vom Damiurgen sogar Zustimmung zu den Reformen überliefert wird. Dann aber wandte sich ein Teil der Besitzenden, die mit Recht um ihre Privilegien bangten, mit einem Bericht zur Lage an den römischen Prokonsul von Makedonien, dem ganz Griechenland damals unterstand, und Q. Fabius Maximus stellte durch einfache

Übersendung eines Briefes die von den Römern gegebene Verfassung wieder her. Eben dieser Brief ist es, der sich auf der genannten Inschrift erhalten hat.

Pompeius ersah Dyme dazu aus, einen Teil der Seeräuber, deren man bei der großen Säuberung des Ostmittelmeers habhaft geworden war, in seiner Gemarkung anzusiedeln. Unter Augustus war es eine römische Kolonie. Dann verfiel es, und seine Stätte ist heute kaum noch kenntlich.

Anders steht es um eine Festung, die etwa 9 km südwestlich von Dyme gelegen ist und seit alters *Teĩchos Dymäon* heißt, *Mauer der Dymäer.* Heute wird sie auch *Kástron tis Kalógrias, Burg von Kalógria,* genannt, weil die ganze Gegend südlich Kap Araxos aus unerúierbarem Grund *Kalógria, Nonne,* heißt.

Das Vorgebirge von Kap Araxos läuft nach Süden in die sogenannten *Mávra Voúnia,* die *Schwarzen Berge,* aus. Deren letzter ist ein keilförmiger Hügel von etwa 80 m Höhe, der sich von Ost nach West erstreckt. Heute ist das ganze Gebiet im Westen Marschland, von Sümpfen und Seen durchsetzt, aber im Altertum reichte das Meer bis hierher, und die Südseite des Hügels, die fast überall senkrecht zum Meer abfiel, war unbefestigt. Die drei Landseiten aber waren mit kyklopischen Mauern besetzt.

Der Hügel von Teĩchos Dymäon wurde gegen Ende des Neolithikums zuerst besiedelt. Eine besondere Blüte erlebte er in frühhelladischer Zeit (etwa 2800–2000), in der sich eine 3,50 m hohe Fundschicht abgelagert hat. Das Frühhelladikum fand in einer Brandkatastrophe sein Ende. Die mittelhelladische Periode (etwa 2000–1600) hat nur geringe Spuren hinterlassen, aber aus der mykenischen stammen dann die eindrucksvollen Mauern, die sich bis heute erhalten haben. Ihre Verwendung reicht bis in den Zweiten Weltkrieg herab, als sich hier eine italienische Bunkerstellung befand, die leider vieles zerstört hat. Eine gewisse Rolle spielte das Teĩchos Dymäon im sogenannten Bundesgenossenkrieg (220–217 v. Chr.), als sich Euripides, der Feldherr der Ätoler, hier zur Bekriegung der Achäer festgesetzt hatte, bis er durch Philipp V. von Makedonien vertrieben und die Burg den Dymäern zurückgegeben wurde.

Die große Nordmauer hat eine Länge von 175 m, die Schmalseiten im Osten und Westen messen 51 und 47 m. Die Ostmauer ist zum größten Teil in den Kalköfen verschwunden, die vor dem letzten Krieg am Fuß des Hügels angelegt wurden. Aber die lange Nordmauer ist bis auf zwei spätere Flickstellen außerordentlich gut erhalten. Ihre Stärke beträgt 4,90–5,20 m, ihre Höhe immer noch 8 m. Nach der Angabe des Polybios muß sie einmal über 12 m hoch gewesen sein.

Jede der drei Mauern besaß ihr eigenes Tor. Das im Westen wurde im letzten Krieg verbreitert, damit auch Lastwagen es passieren konnten. Dabei wurden Schwelle und Torpfosten zerstört, so daß Anlage und Abmessungen heute unkenntlich sind. Das Tor in der Mitte der Nordseite wurde in byzantinischer Zeit zugemauert. Es scheint ursprünglich eine Breite von 2,90 m gehabt zu haben, die vielleicht durch einen überkragenden Spitzbogen wie in den Kasematten von Tiryns gedeckt war. 15 m westlich dieses Tores durchzieht ein quadratischer Schacht von 46 cm Breite und 47 cm Höhe die Mauer, den die Ausgräber für eine Poterne, einen geheimen Festungsausgang, halten, und zwar deswegen, weil sich auf der Außenseite eine Treppe von zwölf Stufen unter der Öffnung befindet. Ohne diese Treppe würde aber niemand diesen Kanal für eine Ausfallstelle halten, und man möchte gern zunächst einmal die archäologische Mannschaft selbst durch dieses Loch von 46 × 47 cm kriechen sehen. Eine Poterne soll zwar gegen gegnerische Angriffe jederzeit leicht zu schließen sein, muß aber doch andererseits auch eine gewisse Durchlässigkeit für die eigenen Leute besitzen, wenn sie bei Ausfällen oder Rückzügen brauchbar sein soll. Bei dieser kleinen Öffnung aber läßt sich keinerlei zügige Bewegung vorstellen, denn es handelt sich nicht um eine Mauer von 1,20, sondern von 5,20 m Stärke, die auf so engem Raum zu durchkriechen vielleicht eine Sache für Indianer, aber nicht für die Mykener war. Auch hätten sie dabei jedesmal von ihren Waffen Abschied nehmen müssen. Was immer also die Stufen außen bedeuten mögen, die Öffnung selbst kann nur ein Abzugskanal gewesen sein.

Die Nordmauer ist außen aus großen unbehauenen Blöcken errichtet, deren Zwischenräume mit kleinen Steinen ausgefüllt sind. Innen, besonders in der Nähe des Tores, besitzt sie jedoch Partien mit außerordentlich fein geglättetem Mauerwerk, das nicht aus unregelmäßigen Polygonalblöcken, sondern aus langen rechteckigen Steinen besteht, so daß sich streckenweise Isodomie ergibt. Man würde sie in diesen Partien nicht ohne weiteres für mykenisch halten, ein neues Beispiel, wie bloßes Mauerwerk für sich allein außerordentlich täuschen kann.

Auf der Innenseite gegenüber dem Tor hat man einen kleinen Bezirk der mykenischen Wohnstadt ausgegraben. Unter anderem fanden sich vier Häuser übereinander, die von der frühhelladischen bis zur mykenischen Zeit kontinuierlich aufeinander folgten. Leider ist gerade an dieser Stelle der Befund durch Bunkerbauten des Zweiten Weltkriegs stark zerstört. Der 3,50 m hohen frühhelladischen Schicht steht die mykenische mit nur 1,20 m gegenüber. In ihr wurden Gefäße, Webstuhlgewichte aus Steatit, Bronzeäxte, -messer und -sicheln und ein paar vereinzelte Idole gefunden. Ein Palast oder auch nur Magazine konnten bis jetzt nicht festgestellt werden, doch ist bei den griechischen Ausgrabungen von 1962–66 nur ein sehr beschränkter Teil des Wohngebietes aufgedeckt worden.

Das Haupttor der Festung scheint nicht das im Norden, sondern das im Osten gewesen zu sein, denn es war durch eine 7,60 m vorspringende Bastion gesichert. Ursprünglich war das Osttor nur ein in den Felsen geschnittener Durchgang von 4,20 m Breite. Infolge Erhöhung des Innenniveaus mußte man später Stufen anlegen. In byzantinischer Zeit wurde die mykenische Bastion, die inzwischen verfallen war, durch einen Mörtelturm erneuert, der gleichzeitig den alten Eingang auf die Hälfte verengte.

Da das Nordtor in byzantinischer Zeit zugemauert wurde, war der Hügel nur noch von Osten und Westen zugänglich. Er wurde gleichzeitig an seiner engsten Stelle durch ein Diateíchisma, eine Quermauer, von 2,60 m Stärke in zwei Akropolen unterteilt, die durch einen turmbewehrten Durchgang miteinander in Verbindung standen. Auch diese Anlage ist in der Besatzungszeit durch Sprengungen weitgehend zerstört worden.

Die Alten bewunderten das Teĩchos Dymäon wegen der Größe seiner Steine, wegen seines Alters und seiner Festigkeit und glaubten, Herakles habe es erbaut in seinem Kampf gegen die Eleer. Die Ausgrabungen haben ergeben, daß die Festung ins 14. Jahrhundert gehört (Mykenisch III A).

Die Burg ist relativ leicht zu erreichen. An der Platía von Káto Achajá schlägt man die Abzweigung zum Flugplatz, Aërodrómion,

ein und fährt dann, sobald man die Ebene erreicht hat, einfach 16 km immer geradeaus, während die Abzweigung zum Flugplatz selbst nach ungefähr 14 km nach links abgeht. Auf dem letzten Stück sieht man bereits die schräg über den Hügel laufende Nordmauer als eindrucksvollen Richtungsweiser vor sich. Zwischen den Häusern der Siedlung biegt man auf einer Erdstraße nach rechts ein, um nach 200 m den Fuß des Hügels zu erreichen.
Die Aussicht von der Höhe des Südrandes auf das mit Tümpeln, Teichen und Seen durchsetzte Marschland mit seinen Schilf- und Binsenflächen bietet einen für Griechenland höchst ungewohnten Anblick. Es ist nun ohne weiteres möglich, am Rand dieser Niederung mit dem Wagen entlangzufahren. Am Fuß des Südabhangs und dann weiter am Fuß der Mávra Voúnia führt eine durchaus passable Erdstraße entlang, die einen nach wenigen Kilometern zu der großen Hotel- und Strandanlage von Kalógria bringt, die es sich wohl verlohnt, einmal zu besichtigen. Beim Aufbruch von dort nimmt man die gut ausgebaute Asphaltstraße nach Lapas, die durch den berühmten Pinienwald von Kalógria führt. Lapas liegt bereits an der Hauptstraße, die entweder nach Andravída und Pyrgos weiter- oder nach Káto Achajá zurückführt.

Die Frankenburg von Arla

Als am 15. März 1311 die sogenannte Katalanische Soldbande der Ritterschaft des Herzogstums Athen in den Sümpfen des böotischen Kephissos den Untergang bereitete und dieser Frankenstaat nach mehr als hundertjährigem Bestehen zwischen Morgen und Abend erlosch, war unter den wenigen, die der Katastrophe entgingen, auch Nicolas III. aus dem berühmten flandrischen Geschlecht der Saint-Omer. Er war einer der höchsten Würdenträger des Herzogtums, Besitzer von halb Theben und Inhaber eines glanzvollen Palastes. Nicolas II., der durch seine Heirat mit Maria von Antiochien reich geworden war, hatte ihn errichten und mit Wandgemälden über die Eroberung Syriens durch die Franken schmücken lassen. Er galt als der prächtigste Palast im ganzen fränkischen Griechenland und

übertraf an Ausstattung und Eleganz selbst den herzoglichen bei weitem.
Mehrere Gründe sind denkbar, die Nicolas III. hinderten, seiner Lehnspflicht gegenüber dem Herzog von Athen nachzukommen und dem Untergang zu entgehen. Er gehörte schon zu den Älteren, vor allem aber war er Marschall des Fürstentums Achaja, und er mochte in einen Pflichtenkonflikt geraten und lieber seinem Marschallamt treu geblieben sein.
Nach dem Verlust seiner thebanischen Besitzungen an die Katalanen war Nicolas III. als Marschall des Fürstentums Achaja und Gemahl einer der drei Töchter des Grafen von Kephalonia immer noch ein begüterter Mann, nur daß keine Überlieferung näher angibt, welche Lehen und Liegenschaften er im einzelnen besaß. Doch wird im § 527 des Buches der fränkischen Eroberung berichtet, daß er nach 1311 auf der Montagne des Aventures ein Schloß errichten ließ. Der Abenteuerberg der Franken, das Skollion der Alten, ist jener langgestreckte, scharf gezackte Höhenzug, der den Norden der Ebene von Elis beherrscht, und hier hat sich der Name Saint-Omer in einer merkwürdigen Kontinuation bis heute erhalten. Denn auf der Westseite des Gebirges, 18 km südlich von Káto Achajá liegt ein Dorf mit dem Namen Santoméri, in dem der französische Name ebenso unverkennbar fortlebt wie in Merbaka das flämische Moerbeke. Zwar hat man auch Ableitungen von Homer oder Santa Maria versucht, aber die von Saint-Omer kann sich vor allem auch auf die Ruinen stützen, die bei Santoméri erhalten sind.
Fast genau oberhalb des Dorfes auf einem isolierten, schwer ersteigbaren Gipfel hat einmal die Burg gelegen. Wie so viele andere aus der Frankenzeit ist sie fast ganz zerstört. An keiner Stelle überragen die Mauern das heutige Bodenniveau. Nur von außen sind sie hier und da deutlicher erkennbar. Eine Zisterne von 4,50 × 10,20 m ist der einzige Überrest der ehemaligen Innenanlagen. Überraschend in hohem Grade ist die außerordentliche Kleinheit der Burg, die nur ein Plateau von 25 × 40 m bedeckt. Wir wissen nicht, was Nicolas III. veranlaßte, sie nach dem Verlust seiner thebanischen Besitzungen zu erbauen. Ein Ersatz für sein berühmtes Schloß war sie in keiner Weise. Schon bald nach ihrer Errichtung, im Januar 1314, ist er verstorben, kinderlos. Mit ihm erlosch das Geschlecht der Saint-Omer in Achaja.

Im Schutz der Burg entstand eine Siedlung. Noch sind auf dem Kamm im Norden die Reste eines ausgedehnten Dorfes und auf dem Abhang im Westen die Ruinen mehrerer kleiner Kirchen erhalten. Und so bescheiden die Burg war, so umfangreich die Stadt. In der Tat soll im 14. und 15. Jahrhundert nicht ein Dorf, sondern eine Stadt hier gelegen haben, und zwar keine geringere als die bei weitem volkreichste des ganzen Fürstentums Achaja. Eine Lehnsliste aus dem Jahre 1391 verzeichnet, daß die Städte Clarenza, Kalamáta und Androûsa zu jener Zeit dreihundert Feuerstellen umfaßten, Santoméri aber fünfhundert. Die Angabe, daß es fast doppelt so groß gewesen sei wie die Hauptstädte des Landes klingt freilich so erstaunlich, daß man ein Mißverständnis oder einen Schreibfehler kaum ausschließen kann.
Bei der Eroberung des Peloponnes durch die Türken 1460 öffnete die Stadt auf die Bedingung ihrer Schonung ihnen die Tore. Die Türken hielten aber die Kapitulation nicht ein und plünderten trotzdem. Von da an war sie verarmt und einem unaufhaltsamen Niedergang verfallen.
So enttäuschend und in gewisser Weise paradox der archäologische wie historische Befund von Santoméri auch ist, um seines berühmten Namens willen hat es in A. Bons Standardwerk über die fränkische Morea eine ausführliche Behandlung und sogar zwei Fotos erhalten, die freilich nur Landschaften zeigen können, da die Burg, wie wir sahen, gänzlich untergegangen ist.
Überraschend ist nun festzustellen, daß sich 10 km nordöstlich von Santoméri eine wohlerhaltene Frankenburg befindet, ohne daß sie von Bon beschrieben würde. Er weiß zwar, daß es sie gibt, und erwähnt sie auf Seite 461 seines Werkes, aber nur mit einem einzigen Satz. Er hat sie offenbar niemals gesehen, ist bei seinen wiederholten Besuchen von Santoméri immer von Westen, niemals von Norden angereist, sonst hätte er unsere Burg gar nicht verfehlen können. Nun ist ihr also der gebührende Platz in seinem großen Werk vorenthalten geblieben.
Die Burg liegt 10 km nordöstlich von Santoméri bei der Siedlung Zisiméïka auf einem niedrigen Hügel direkt an der Straße. Sie ist nicht groß, aber recht gut erhalten und bildet ein Rechteck von etwa 20×46 m, mit Längserstreckung in Nord-Süd-Richtung. Die Westmauer ist nach außen winklig ausgebuchtet. An dieser breitesten

Stelle mißt der Burghof etwa 26 m statt der 20 an den beiden Schmalseiten im Süden und Norden. Die Spitze dieser dreieckigen Ausbuchtung ist außen durch einen großen Mauerpfeiler hinterlegt, der von weitem zunächst wie eine Bastion aussieht. Dem Dreieck der Westseite entspricht in der Mitte der Ostseite ein halbrunder Turm. Das Eingangstor befand sich im Süden und ist heute durch Steinraub stark zerstört. Man sieht aber noch deutlich, daß die Mauern, die die Torwangen bildeten, nicht rechtwinklig, sondern mit abgerundeten Ecken in die Außenmauern übergingen, wie auch die Ecken der Burg selbst abgerundet sind, ein Element, das in der Burg von Mistra seine berühmteste Parallele hat. Gleich rechts vom Eingang liegt eine rechteckige Bastion, die sowohl nach Süden wie nach Osten über die Mauerflucht vorspringt und die ganze Südostecke der Burg verstärkt.
Das Innere ist so stark überwachsen, daß sich von den Grundmauern einstiger Hofgebäude nichts mehr feststellen läßt. Doch liegt eine Zisterne darunter verborgen. Die Wasserversorgung war weiter dadurch gesichert, daß auf der Ostseite ein Bach entspringt, der noch heute zumindest im Frühjahr ziemlich viel Wasser führt und die Burg mit einem idyllischen Tal umgibt. Auch ein alter Aquädukt ist hier noch erhalten.
Die Mauerstärke schwankt zwischen 1,50 und 2,50 m. Eine vereinzelte Schießscharte ist an der Nordwestecke zu erkennen.
An der Nordostecke, wo die Burg stark zerfallen ist, ist der ursprünglichen Mauer eine spätere vorgelegt, aus helleren Steinen und mit einer auffälligen Änderung. Wo die alte Mauer ihre runde Ecke hatte, zeigt die neue eine stark geböschte scharfe Kante. Die zweite Mauer steht nur wenig über einen Meter an. Es sieht eher aus, als ob sie nie vollendet worden wäre.
Ob die Burg wirklich fränkischen Ursprungs ist, wird sich mit letzter Sicherheit kaum sagen lassen, da Wappen und Schmuckelemente fehlen. Aber wenig spricht dafür, daß sie byzantinisch oder türkisch ist. Die Hoffnung, von den Umwohnern etwas zu erfahren, ist gering. Sie wissen gewöhnlich nur, daß ihre Burg »sehr alt« ist, worin man hier verblüffend weit geht. Wie viele andere Burgen in Griechenland, klassische nicht weniger als mittelalterliche, in denen sich irgendwann einmal Zigeuner (gýphtoi/jíphti) niedergelassen haben, so heißt auch die Burg von Zisiméïka *Gyphtókastron, Zigeunerburg.*

Indessen haben sich die Zeiten auch hier verfeinert. Man findet die alte Bezeichnung geringschätzig und hat sich für seine Burg eine Volksetymologie zurechtgelegt, nennt sie nun *Ägyptókatron, Ägypterburg*. Wie sie sich das genauer vorstellen mit dem ägyptischen Burgherrn, das würde gewiß eine recht konfuse Diskussion ergeben. Ich fand jedoch einen älteren Bauern, der wirklich etwas wußte, zum Beispiel, daß die Burg im Innern eine Zisterne hätte. Ich fragte ihn, ob die Burg niemals erforscht worden sei, ob es gar nichts Gedrucktes über sie gebe. Doch, meinte er, während seiner Schulzeit habe ein Gymnasiarch, ein Gymnasialdirektor, etwas über sie veröffentlicht. Das müsse um 1930 gewesen sein. Er wisse es nicht mehr genau, aber wenn ich nach Káto Achajá führe und dort Herrn Galanópoulos aufsuchte, der ein kleines Geschäft an der Platía habe, der habe sich mit den Dingen beschäftigt und könne mir Auskunft geben. Das war ja nun schon sehr konkret und klang recht ermutigend.
Über Káto Achajá zurückzufahren war ein Umweg von nur wenigen Kilometern, und die in Aussicht gestellten Auskünfte von Herrn Galanópoulos wollte ich mir nicht entgehen lassen, wo schon bei Bon nichts zu erfahren war. Ich hatte auch das Glück, ihn in seinem Laden anzutreffen. Er war zunächst etwas überrascht, von einem Ausländer und noch dazu in dieser Sache angeredet zu werden. Als er aber sah, daß wir uns mühelos verständigen konnten, wurde er zugänglicher. Was die Burg von Zisiméïka angeht, so gab es freilich eine arge Enttäuschung. Von der vermuteten Schrift eines Gymnasiarchen wußte er nichts, sondern verwies mich statt dessen auf eine bekannte Geschichte der Stadt Patras. Aber Erstaunliches hatte Herr G. über die Burg von Santoméri mitzuteilen, über die ich ihn anschließend fragte. Er erzählte, dort sei noch in seiner Jugendzeit die Burg ansehnlich erhalten gewesen, eine Burg, so imposant wie Karýtäna. Aber sie als Schulkinder hätten sich »aus Unwissenheit« *(apò ágnia)* ein Gaudi daraus gemacht, ihre Steine den Berg hinabrollen zu lassen: *apò ágnia to rhíxame káto.* Wenn wir also das Zeugnis von Herrn G. annehmen wollen, so hat bis in die dreißiger Jahre unseres Jahrhunderts bei Santoméri eine Frankenburg von dem Stolz und der Größe Karýtänas bestanden, die aber dann von unwissenden Schulkindern vollständig demontiert und zu Tal befördert wurde, so daß Antoine Bon mit seinem Fotoapparat nur um wenige Jahre zu spät

kam. Nicht auszudenken, wieviel weitere Tempel und Burgen Griechenlands durch unwissende Schulkinder erst in unseren Jahrzehnten zerstört worden sind. Wenn aber jemand einwenden sollte, auf das alleinige Zeugnis von Herrn G. hin sei die Burg von Santoméri nicht akzeptabel, so muß man freilich darauf hinweisen, daß der jederzeit imstande ist, innerhalb von zwei Stunden weitere Zeugen beizubringen. – Zu solchen Phantasien also ist auch heute noch der Lokalpatriotismus fähig, der nicht nur glaubt, durch sie die Heimat zu ehren, sondern gleichzeitig auch, den forschenden Fremden eine Freude zu machen.

Gibt es also gar keine Möglichkeit, die Burg von Zisiméïka historisch einzuordnen? – In der Provinz Achaja ist eine Frankenburg bei der Ortschaft Arula bezeugt. Nun befindet sich nur 3 km von der Burg entfernt das Dorf Arla, in dessen Namen das mittelalterliche Arula unverkennbar fortlebt, so gut wie Saint-Omer in Santoméri. So darf man es wohl für wahrscheinlich halten, daß in dem anonymen Gyphtókastron von Zisiméïka in Wirklichkeit die Burg von Arula erhalten ist, die, bei A. Bon übergangen, hier nur so ungenügend und inkompetent nachgetragen werden konnte.

Wir besitzen nur die sporadische Nachricht, daß das Ritterlehen von Arula seit 1259 zur Baronie von Chalandrítsa* gehörte, deren Herrschaftsbereich damals von vier auf acht Ritterlehen erweitert und von Wilhelm von Villehardouin, offenbar kurz vor seiner Gefangennahme bei Pelagonía, an den Burgunder Guy de Dramelay verliehen wurde.

Übrigens hat die Burg bis auf ihre günstige Wasserversorgung keine sehr überzeugende Lage. Die Fruchtebene, die sie überblickt, ist relativ klein. Vor allem aber ist sie auf drei Seiten von unübersichtlichem Hügelland umgeben, so daß sich im Ernstfall die Feinde sehr dicht an die Burg heranarbeiten konnten, ohne von ihr aus bemerkt zu werden. Indessen zeigen die bescheidenen Ausmaße an, daß ihre Bedeutung von vornherein nur begrenzt und lokal gewesen sein kann.

Der Ausflug nach Arla ist ein interessanter und relativ kurzer Abstecher von der Straße Patras–Káto Achajá. 6 km hinter dem Dorf

* Chalandrítsa liegt 20 km südlich von Patras an der Straße nach Kalávryta und besitzt noch vier alte Kirchen und einen großen mittelalterlichen Turm. Außerdem ist es eine bedeutende mykenische Fundstätte, deren Vasen sich im Museum von Patras befinden.

Tsoukaléïka liegt rechts die Abzweigung zum Hotel Tarantella. Ihr unmittelbar gegenüber geht es nach links steil über einen Bahnübergang mit dem Schild ANO ALISSOS 2 km. Nach 3 km passiert man das Dorf Lousika, nach 7 km endet im Dorf Charbiléïka (auch Kalamáki) die Asphaltstraße. Hier wendet man sich nach rechts und hat dann noch 4 km Erdstraße bis Ano Soudenéïka und 5 weitere bis zur Burg. Der Aufstieg liegt gegenüber einem Gehöft auf der anderen Straßenseite und beginnt rechts an einem Korinthen-Trockenplatz.
Die Strecke führt durch eines der wichtigsten Korinthengebiete Achajas, und es ist eine eigene Erfahrung, im Herbst durch diese Gegend zu fahren, die kilometerweit stark aromatisch nach Korinthen duftet. Rechts im Mittelgrund liegt das auffällige Gebirge von Santoméri, das von hier aus zu einem unaussprechlichen Doppelgipfel zusammengezogen erscheint.
Die Straße an der Burg geradeaus weiter führt in 8 km nach Charavjí, in 10 km nach Santoméri. Kurz vor der Burg biegt die Straße ab, die in 3 km nach Arla führt. Von hier bis zum Dorf Eläochóri sind es 4 km Erdstraße. Von dort hat man wieder angenehme Asphaltstraße, 8 km bis Káto Achajá. Die Einmündung in die Küstenstraße Patras–Káto Achajá liegt genau gegenüber der Abzweigung zum Bahnhof von Káto Achajá. Wer also von Pyrgos–Andravída herkommt, kann hier einbiegen, um den Abstecher umgekehrt zu absolvieren.

Das Taxiarchenkloster bei Ägion

Unter den Flußtälern, die den besonderen Reiz Achajas bilden, ist das des Selinoûs, des Eppichflusses, eines der größten und schönsten. An Wasser ist es heute kaum weniger reich als die anderen, aber in Urzeiten müssen es alles gewaltige Ströme gewesen sein, denn sie haben mächtige Schluchten in die Gebirge geschnitten, und auch ihre breiten Geröllbetten und die riesigen Mündungen, die sich zu ganzen Steinwüsten ausgewachsen haben, zeigen die Gewalt, mit denen sie einst aus den Bergen hervorbrachen. Und sowenig Wasser sie heute auch führen, die reiche Vegetation ist geblieben. Es sind nicht Felsen, die das grauweiße Band des Flußbettes säumen, leuchtendes Grün bedeckt die Abhänge des Selinoûstals. Das rechte Ufer besonders hat Baumbestände von großer Dichte und Mannigfaltigkeit. Es ist nicht das Silbergrün der Oliven, das die Landschaft bestimmt, sondern das helle Grün der Platanen, das schwarze der Zypressen, das satte der Steineichen und Johannisbrotbäume. Die schöne Aufnahme von Dr. Frank (→ Abb.) hat die Kontraste des Selinoûstals meisterhaft eingefangen.

In dieser paradiesischen Landschaft, auf dem rechten Ufer des Selinoûs, liegt eines der bedeutendsten Klöster des Peloponnes, das Kloster der Taxiarchen, der Erzengel Michael und Gabriel. Es wurde um 1450 vom heiligen Leontios, dem Mitglied einer mächtigen Aristokratenfamilie aus Monemvasía, gegründet und von den letzten Paläologen reich ausgestattet. Nach zweimaliger Zerstörung durch die Albaner um 1500 und 1630 wurde es von den Mönchen aufgegeben und einige Zeit später auf ebenerem Gelände näher dem Fluß zu neu errichtet. Das jüngere Kloster empfängt den Besucher mit seiner gewaltigen Nordfront. Vor ihrem östlichen Ende haben die Mönche auf einem Felsvorsprung einen kleinen Garten angelegt, in dem sie die Abendkühle zu genießen pflegen. Er bietet eine herrliche Aussicht auf das Selinoûstal, aber von hier aus sind auch die Reste des alten Klosters am steilen Westabhang des Klokós, der sich dem Klostergarten gegenüber erhebt, am besten zu sehen. Immer noch sind sie an jedem 11. Dezember das Ziel vieler Wallfahrer, die die alte Kirche mit ihren verblichenen Fresken, besonders aber die Zelle des heiligen Leontios besuchen. Die Mauer, die das Kloster einmal schützte, und sein Rundbogentor mit dem hohen Turm darüber sind noch gut erhalten.

Das neue Kloster wurde auf einem geräumigen Bergabsatz als großes Geviert angelegt. Zweistöckige Wohn- und Wirtschaftsgebäude umschließen auf allen Seiten den Hof, in dessen Mitte sich die Kirche und in dessen Nordwestecke sich ein großer Turm befindet. Mit seinen vier Stockwerken wirkt er wie ein alter Wehrturm, der sich schon vor Errichtung des Klosters an dieser Stelle befand. Die Historiker des Klosters zweifeln jedoch nicht, daß er gleichzeitig mit der Kirche errichtet wurde. Ein Stich aus dem Jahre 1745 zeigt, daß er ursprünglich noch einen Aufbau besaß, in dem sich der Glocken-

stuhl befand. Er wurde später durch zwei Glockentürme ersetzt, die man zusammen mit einem Exonarthex der Kirche selbst anfügte, deren ursprüngliche Gestalt dadurch heute stark entstellt ist.
Auch das neue Kloster fiel nach einigen Generationen einem albanischen Angriff zum Opfer. Von der Hoffnung, ihre Freiheit zu erringen, und von den Versprechungen russischer Emissäre verführt, hielten die Griechen des Peloponnes bei Ausbruch des russisch-türkischen Krieges 1769 ihre Stunde für gekommen. Im Februar 1770 erhob sich Messenien, im Mai Achaja. Obwohl Theodor Orloff, der Admiral Katharinas der Großen, die Unterstützung der Aufständischen schon bald einstellte, blieben die Griechen zunächst siegreich, bis die Türken große Kontingente albanischer Söldner vom Festland auf den Peloponnes übersetzten. Sechstausend Albaner sollen es gewesen sein, die die Türken 1772 allein zur Belagerung von Ägion zusammenzogen. Trotz heroischen Widerstandes der Stadt, dem große Teile der Angreifer zum Opfer fielen, konnte sie sich auf die Dauer nicht halten. Es gelang den Ägioten aber, den Belagerungsring zu durchbrechen. Sie räumten die Stadt, und mehrere hundert von ihnen flüchteten sich in das zwei Wegstunden entfernte Taxiarchenkloster. Der Gegner rückte jedoch nach, und das Kloster wurde zur Verteidigung eingerichtet. Die Ägioten verschanzten sich hinter seinen hohen Mauern, und eine Reihe von Tagen gelang es ihnen, alle Angriffe abzuschlagen. Aber dann fanden die Gegner eine unfehlbare List, und das Schicksal der Eingeschlossenen war besiegelt. Das Kloster war von hohen, mächtigen Zypressen umstanden. Die Albaner sägten die Bäume um und stürzten sie auf die Klostermauern, die unter der Wucht des Aufschlags zusammenbrachen. Über die Stämme als Brücken drangen die Feinde durch die Breschen ins Innere ein und machten alle Eingeschlossenen, Männer, Frauen und Kinder, ohne Unterschied nieder.
Nur drei Mönchen und dem Abt gelang es zu fliehen. Sie retteten aber auch die Reliquien des Klosters. Als sie drei Jahre später, im März 1775, zu den Ruinen zurückzukehren wagten, standen ihnen für einen Neubau keinerlei Mittel zur Verfügung. Sie erneuerten zunächst ihren Anspruch auf die ehemaligen Besitztümer und Ländereien des Klosters. Die Verhandlungen zogen sich jahrelang hin, erst 1782 konnte mit dem Wiederaufbau begonnen werden. Das Kloster trat die Rechtsnachfolge der Gründung des heiligen Leontios an, mit

allen Privilegien und Besitztümern, und wurde wieder eines der bedeutendsten Klöster Griechenlands, aus dem zahlreiche Bischöfe des Peloponnes hervorgingen.
Im Januar 1820 trafen die Führer des Peloponnes in Ägion zusammen, um die Wege und Einzelheiten der Erhebung zu beraten. Auf dieser Zusammenkunft, an der auch der Abt des Taxiarchenklosters teilnahm, wurde dieses zum Waffen- und Nachschublager des Aufstands bestimmt. Nach Abschluß der Vorbereitungen wurde am 25. März 1821 vom Abt des Kloster der heiligen Lavra der griechische Freiheitskampf offiziell ausgerufen. Die Türken erfuhren schon bald, welche wichtige Rolle das Taxiarchenkloster bei dem Aufstand spielte, und rückten gegen das Kloster vor. Aber die Griechen, in Gefahr, ihr gesamtes Waffen- und Vorratsarsenal zu verlieren, setzten dem türkischen Vormarsch den äußersten Widerstand entgegen, der den Gegner zwang, von seinem Vorhaben abzustehen.
So bewahrt also das Kloster noch heute die Gestalt seiner Neugründung vom Jahre 1782. Als Bauwerk des 18. Jahrhunderts hat es Byzantinisches nicht zu bieten, aber es ist eindrucksvoll durch seine mächtige, wehrhafte Anlage, und der Wehrturm in seinem Hof verleiht ihm wenigstens einen Anschein von Historizität. 1965 ist es vollständig renoviert worden.
Noch zu Anfang unseres Jahrhunderts zählte es hundertfünfzig Mönche und Novizen, heute ist ihre Zahl auf weniger als zwanzig zusammengeschmolzen.
1965 wurde im Kloster ein Internat für die drei unteren Gymnasialklassen eingerichtet und ein Teil der leerstehenden Räume damit einer neuen, sinnvollen Bestimmung zugeführt. Allerdings waren die Gymnasiallehrer keine Mönche, sondern Staatsbeamte. Die griechischen Klöster, die in den Jahrhunderten der Türkenherrschaft die wichtigsten Zentren der griechischen Tradition waren, haben sich heute von aller Mitwirkung an Erziehung und Bildung zurückgezogen. Inzwischen ist das Internat nach einigen Jahren erfolgreichen Wirkens aus Gründen, die nicht genannt werden, wieder geschlossen worden, und die weltliche Tätigkeit des Klosters beschränkt sich nun wieder ganz auf die Betreuung der Gäste und die Bewirtschaftung seiner Felder und Liegenschaften. Dazu gehören auch große Rosengärten, die in den Zeiten der Blüte das Kloster mit ihrem herrlichen Duft umgeben. Auch wird aus ihnen eine besondere Spezialität ge-

wonnen, die sogenannte Rhodozáchari, eine Rosenblattkonfitüre. Wie man anderswo die traditionelle griechische Süßigkeit, to glykó, die in Klöstern wie Häusern den Besuchern zum Willkomm gereicht wird, aus Kirschen, Quitten oder Nüssen herstellt, wird sie hier aus Rosenblättern bereitet, ein Erzeugnis des Klosters, das durch eine Firma in Ägion vertrieben wird und auch in Athen zu kaufen ist. Die Europäer werden es gewöhnlich zu aromatisch finden.

Das Kloster, das byzantinischer Bauten und Fresken ermangelt, besitzt jedoch eine bedeutende Schatzkammer. Für die Wallfahrer sind natürlich die Reliquien deren kostbarster Besitz. Zahlreich sind die Heiligen, von denen Angehörige des Klosters auf jahrelangen Pilgerreisen Reliquien mit heimgebracht haben. Unter ihnen sind Johannes der Täufer, Stephanos Protomartyr und die heilige Barbara die prominentesten. Die verehrtesten Reliquien aber sind die von der Passion Christi, Stücke von Kreuz, Dornenkrone und Schwamm und von seinem Mantel, um dessen Besitz die römische Wache die Würfel warf.

Aus den Reihen der Mönche sind zahlreiche Bischöfe und Metropoliten des Peloponnes hervorgegangen, deren kostbare Mäntel, Mitren und Stäbe nach ihrem Tod zum Teil in den Besitz des Klosters übergingen. Darüber hinaus besitzt die Schatzkammer eine Reihe bedeutender Goldstickereien. Die älteste und kostbarste ist eine Grablegung Christi aus dem Jahre 1590, eine jüngere stammt aus der Zeit von 1685. Zwei für uns fremde Darstellungen mit dem segnenden Christus in einem Kelch stehend symbolisierten das Geheimnis der Eucharistie (Melismós). Die jüngste Goldstickerei, eine Stola, stammt erst aus der Zeit um 1800, aber sie ist so unvorstellbar fein und kunstvoll in ihren Miniaturporträts, daß sie unmittelbar an den berühmten burgundischen Meßornat in der Wiener Schatzkammer erinnert, unzweifelhaft auch auf westliche Vorbilder zurückgeht. Als Reliquie neuerer Zeit bewahrt das Kloster den Ornat des Patriarchen Gregor V. auf, der von den Türken 1821 beim Ausbruch des griechischen Aufstands in Konstantinopel erhängt wurde.

Die Schatzkammer beherbergt auch die Bibliothek des Klosters, von der ein Katalog freilich immer noch nicht existiert, ja von der immer noch zweifelhaft ist, ob sie drei- oder viertausend Bände umfaßt. Unter ihnen befinden sich außer einigen Wiegendrucken auch mehrere Handschriften, von denen jedoch außer einem patristischen

Pergamentkodex des 14. Jahrhunderts alle anderen erst aus der Zeit nach der Erfindung des Buchdrucks stammen. Die merkwürdigste Handschrift ist ein Porphyrkodex von 1635 mit Liturgien sowohl der östlichen wie der römischen Kirche. Aber es handelt sich nicht um einen Pergamentkodex, von denen es mehrere gibt, sondern hier sind es 96 Blätter aus Papier, die mit Porphyr eingefärbt und mit silbernen Buchstaben beschrieben sind.
Auffällig ist für die westlichen Besucher auch hier, daß die Schatzkammer keine einzige klassische byzantinische Ikone besitzt. Es sind alles nur späte und provinzielle Arbeiten.
Wie das rechte Ufer des Selinoûs ein altes und ein neues Kloster beherbergt, so tut es das etwas weiter oberhalb auch das linke. Am Taxiarchenkloster vorbei führt der Weg, den man gekommen ist, weiter das Selinoûstal hinauf. Er teilt sich nach einiger Zeit. Der untere führt zum Fluß hinab, der obere immer höher ins Tal hinauf, wo man ihm endlos folgen kann und er erst nach Stunden bei einem Almdorf endet. Schon recht bald bietet er jedoch einen höchst romantischen Blick in die immer enger werdende Schlucht des Selinoûs. Auf dessen linkem Ufer aber, gegenüber, sind nicht weniger als drei Siedlungen zu sehen, jede von ganz besonderer Eigenart. Am weitesten flußaufwärts, an einem steilen Hang gelegen, wo es sich von der Höhe des Bergkamms bis tief an den Fluß hinunterzieht, liegt ein verlassenes Dorf, geisterhaft, erst wenig verfallen, viele Häuser und besonders die große Kirche noch wohlerhalten, das Wegesystem noch ganz intakt, ein eindrucksvolles Monument vom Unbestand der irdischen Dinge. Das war einmal das Bergdorf Kouniná, das nach dem Erdbeben 1965 auf die Hochfläche des Gebirges in ein sehr viel ebeneres und zugänglicheres Gelände verlegt wurde. Das Inventar konnte man mitnehmen, aber Häuser und Kirche stehen nun noch lange da als leere Gehäuse eines einst bedeutenden und blühenden Ortes.
Weiter flußabwärts auf mittlerer Höhe zeigt sich ein Mauergeviert von respektabler Größe und Höhe, ein kleines Kastell. Vom Innern erkennt man nicht viel, aber außen ist es noch rings erhalten. Eine byzantinische Festung, würde man meinen. In Wirklichkeit ist es viel jünger und war einmal ein Frauenkloster, ein Pendant zum Erzengelkloster auf dem gegenüberliegenden Ufer. Es sollte nicht lange dort seine Stätte haben, dann ließ man den ganzen Aufwand fahren

und fand es weiter oben in den Bergen sicherer als hinter den Mauern. Und dort liegt und besteht es noch heute, Pepelenítsa, kein geschlossener Klosterbau, sondern eine unregelmäßige Ansammlung von Häusern, dicht gedrängt am schmalen Fuß eines Steilhangs, der gleich nachher seinen Absturz fortsetzt. Auch hier finden wir nichts Byzantinisches, ja überhaupt nichts Historisches, aber die steingedeckten Häuser mit ihren Webereien, die engen Gassen, die abenteuerliche Lage machen die Klostersiedlung zu einem der eigenartigsten Ziele auf dem Peloponnes (→ Abb.).
Eine Tochter des Thomas Paläologos, Bembés-Helenítsa, gestorben 1474 auf Leukas, die eine große Beschützerin und Förderin des mönchischen Lebens war und schließlich auch selbst ins Kloster eintrat und als Nonne den Namen Hypomoné, Geduld, annahm, gilt als die Gründerin, vermutlich des beschriebenen Klosterkastells. Nach ihr nannte man es auch selbst das *Kloster der Geduld, Monè tē̃s Hypomonē̃s,* sein offizieller Titel aber war »Kloster der Hoffnung der Hoffnungslosen«. Die populäre Bezeichnung Pepelenítsa wird erklärt als eine Kontraktion des weltlichen Namens der Stifterin, eine Erklärung, die natürlich Zweifeln unterliegt. Das Kloster war in alter Zeit durch seine Seidenraupenzucht und Seidenfabrikation berühmt. Heute gibt es nur noch Wollweberei. In den Wirren des Befreiungskrieges hatte das unbefestigte Kloster zu existieren überhaupt aufgehört und wurde erst Mitte vorigen Jahrhunderts erneuert, so daß ihm heute Besitzstücke und Kunstwerke früherer Zeiten gänzlich fehlen. Aber seine Lage und Anlage ist so merkwürdig und seine Umgebung so wild und großartig, daß es anderer Mittel nicht bedarf, die Mühe des Ausflugs zu lohnen.

Um zum Taxiarchenkloster zu gelangen, verläßt man die Autobahn Korinth–Patras bei der Ausfahrt Ägion. Nach Passieren der großen Selinoûs-Brücke kommt links eine Texaco-, dann eine BP-Tankstelle, danach eine Abzweigung zum Dorf Aj. Athanasios. Die nächste Asphaltabzweigung links, unbezeichnet, führt zum Kloster. Man fährt zunächst bis zur Kirche des Dorfes Kouloúra, biegt dort nach links und braucht dann einfach nur der Asphaltstraße zu folgen, die automatisch ins Selinoûstal führt.

Bibliographie

Aus Raum- und Kostengründen müssen wir darauf verzichten, bibliographische Angaben zu den einzelnen Kapiteln zu machen. Es würde sich ohnehin vor allem eine lange Liste von Zeitschriftenaufsätzen, großenteils neugriechischen, ergeben, die den meisten Lesern unerreichbar sind. Im übrigen versteht es sich von selbst, daß zu den einzelnen Stätten die Ausgrabungsberichte in den archäologischen Fachzeitschriften und die endgültigen Publikationen, soweit sie vorliegen, heranzuziehen sind. Dagegen möchten wir doch die wichtigsten Werke und Arbeiten anführen, die einzelne Komplexe zusammenfassen, obwohl auch von ihnen natürlich eine Reihe neugriechisch sind.

Zum Peloponnes im ganzen

Pausanias, *Beschreibung Griechenlands.* Übers. u. hrsg. v. E. Meyer. 2. erg. Aufl. Zürich 1967. dtv-Ausgabe 1972

W. M. Leake, *Travels in the Morea.* 3 Bde. London 1830. Nachdr. Hakkert/Amsterdam

ders., *Peloponnesiaca.* London 1846. Nachdr. Hakkert/Amsterdam

Ludw. Ross, *Reisen im Peloponnes.* Berlin 1841

E. Curtius, *Peloponnesos.* 2 Bde. Gotha 1851/52

W. Vischer, *Erinnerungen und Eindrücke aus Griechenland.* Basel 1857

E. Meyer, *Neue peloponnesische Wanderungen.* Bern 1957

D. Leekley/R. Noyes, *Archaeological Excavations in Southern Greece.* New Jersey 1976

R. Stillwell (Hrsg.), *The Princeton Encyclopedia of Classical Sites.* Princeton 1976

Zu einzelnen Landschaften

H. Lehmann, *Argolis I. Landeskunde der Ebene von Argos und ihrer Randgebiete.* Athen 1937

Nt. Antonakátou/T. Mávros, *Argolídos periégesis.* Argos 1973. Hrsg. von der Präfektur der Argolis – Nomarchía Argolídos

I. Kakaboulias/I. Kouskounas/K. Chasapogiannes, *He Thyreãtis.* Athen 1934

Chr. Callmer, *Studien zur Geschichte Arkadiens.* Lund 1943

M. N. Valmin, *Études topographiques sur la Messénie ancienne.* Lund 1930

A. Karakatsanis/Th. Stathakopoulos, *Akhaia and Ilia.* Athen 1973. Guides to Greece no. 3, ed. by National Bank of Greece

Burgen und Türme

F. E. Winter, *Greek Fortifications.* London 1971
A. W. Lawrence, *Greek Aims in Fortification.* Oxford 1979
J. Schilbach, *Festungsmauern des 1. Jahrtausends v. Chr. in der Argolis.* Münchner Diss. 1975
L. E. Lord, *The »Pyramids« of Argolis.* Hesperia 7 (1938), 481–538
ders., *Watchtowers and Fortresses in Argolis.* Am. Journ. of Arch. 43 (1939), 78–84
ders., *Blockhouses in the Argolis.* Hesperia 10 (1941), 93–112
A. Bon, *La Morée franque.* 2 Bde. Paris 1969
R. Traquair, *Laconia. Mediaeval Fortresses.* Ann. of the Brit. School of Athens 12 (1905/06), 259–76
ders., *Mediaeval Fortresses of the North-Western Peloponnes.* Ebd. 13 (1906/07), 268–81
K. Andrews, *Castles of the Morea.* Princeton 1953

Kirchen und Klöster

Nt. Antonakátou/T. Mávros, *Ellenikà monastéria: Peloponnes.* Bd. I *Monès Argolídos.* Athen 1976. Bd. II *Monès Arkadías.* Athen 1979
A. Struck, *Vier byzantinische Kirchen der Argolis.* Mitt. d. Dt. Arch. Inst., Athen. Abt. 34 (1906), 189–236
N.K. Moutsópoulos, *He architektonikè tõn ekklesiõn kaì tõn monasteriõn tẽs Gortynías.* Athen 1956
M. Ch. Gketákos, *Tà christianikà mnemeĩa tẽs Stemnítses.* Athen 1959
S. Karusu, *Die Antiken vom Kloster Luku(s) in der Thyreatis.* Mitt. d. Dt. Arch. Inst., Roem. Abt. 76 (1969), 253–65

Geschichte

R. A. Tomlinson, *Argos and the Argolis.* London 1972
G. Fr. Hertzberg, *Die Geschichte Griechenlands unter der Herrschaft der Römer.* 3 Bde. Halle 1868/75
A. Bon, *Le Péloponnèse byzantin jusqu'en 1204.* Paris 1951
ders., *La Morée franque.* 2 Bde. Paris 1969
F. Gregorovius, *Geschichte der Stadt Athen im Mittelalter.* Stuttgart 1889
L. v. Ranke, *Die Venezianer in Morea.* 1835. Neudr. in L. v. Ranke, Ges. Werke hrsg. v. W. Andreas, Wiesbaden/Berlin 1957, Bd. 12: *Studien und Portraits zur italien. Geschichte,* S. 127–77
T. A. Gritsópoulos, *Tà Orlophiká.* »Mnemosýne« Einzelschr. 1. Athen 1967
K. Mendelssohn-Bartholdy, *Geschichte Griechenlands von der Eroberung Konstantinopels 1453 bis auf unsere Tage.* 2 Bde. Leipz. 1870/74
G. Christópoulos/I. Mpastiãs (Hrsg.), *Istoría toû Ellenikoû éthnous.* Bd. 12: *He Ellenikè epanástasis kaì he ídryse toû Ellenikoû krátous (1821–1832).* Athen 1975

Pläne der Türme von Limikón, Ellinikón und Ligourió
  Hesperia 10 (1941), S. 96 Fig. 3
Zeichnung der Pyramide von Ellinikón
  Ludwig Ross, *Reisen im Peloponnes.* Berlin 1841. Pl. IV
Pläne der Festungen Katsíngri, Kazárma, Kastráki und Lyrkía
  J. Schilbach, *Festungsmauern des 1. Jahrtausends v. Chr. in der Argolis.* Münchner Diss. 1975. Plan III–VI
Aufrisse der Kirchen von Chonika, Merbaka und Ajía Moní
  A. Struck, *Vier byzantinische Kirchen der Argolis.* Mitt. d. Dt. Arch. Inst., Athen. Abt. 34 (1906), Taf. IX–XI
Schmuckelemente der Kirche von Merbaka
  ebd. S. 205 Abb. 2
Schnitt und Plan des Löwengrabs von Mykene
  A. J. B. Wace, *Mycenae.* Princeton U. P. 1949. Pl. 13
Plan von Hermióne
  Mitt. d. Dt. Arch. Inst., Athen. Abt. 36 (1911), Taf. 1
Pläne der Burgen von Ajionóri, Karýtäna, Mila, Androûsa, Leuktron und Geráki
  A. Bon, *La Morée franque.* Paris 1969. S. 660 Fig. 21, Pl. 66, S. 657 Fig. 19, Pl. 94, Pl. 147, S. 643 Fig. 13
Plan der Ausgrabungen von Lerna
  J. L. Caskey, *Lerna in the Argolid. A Short Guide.* Am. School of Class. Studies at Athens 1977. S. 4f.
Siegelabdrücke aus Lerna
  ebd. S. 13
Plan des Athena-Tempels von Tegea
  H. Kähler, *Der griech. Tempel.* Berlin 1964. Taf. 4e
Plan von Orchomenós
  Enciclop. del arte antica Bd. V, S. 711 Abb. 866
Plan von Aséa
  E. Holmberg, *The Swedish Excavations at Asea in Arcadia.* Lund 1944
Schnitt durch das Prodromos-Kloster von Stemnítsa
  N. K. Moutsopoulos, *Die Architektur der Kirchen und Klöster der Gortynía* (griech.). Athen 1956. S. 190 Abb. 109
Plan der Ausgrabungen von Gortys
  R. Ginouvès, *L'établissement thermal de Gortys d'Arcadie.* Paris 1959. Pl. I
Pläne der Akropolis und des Asklepieions von Alíphira
  A. K. Orlandos, *Das arkadische Alíphira* (griech.). Athen 1967. S. 18 Pl. 2, S. 171 Abb. 111
Rekonstruktion der Klosterkirche von Isova
  A. Bon, *La Morée franque.* Paris 1969. S. 543 Fig. 3
Rekonstruktion der Nikólaos-Kirche von Isova
  N. K. Moutsopoulos Bull. Corr. Hell. 80 (1965), S. 87 Fig. 9
Plan von Typanéä
  E. Meyer, *Neue Pelop. Wanderungen.* Bern 1957. Plan 1
Plan der Tempelterrasse von Lykósoura
  J. G. Frazer, *Pausanias's Description of Greece* Bd. V. London 1898. S. 622

Rekonstruktion der Kultbildgruppe von Lykósoura
Ann. Brit. School of Athens 13 (1906/07), Pl. 12
Rekonstruktion des Megarons und Brunnenhauses von Lykósoura
B. Leonardos, Prakt. Arch. Het. 1896
Pläne von Malthi
M. N. Valmin, *The Swedish Messenia Expedition.* Lund 1938. Pl. III u. IV
Plan von Peristeriá
Ergon 1965. S. 83 Eik. 99
Pläne von Thouria und Zarnáta
Ann. Brit. School of Athens 61 (1966), S. 115 u. 122
Plan der Ausgrabungen am Meneláïon
Arch. Reports for 1974–75 (Nr. 21), S. 13 Fig. 17
Kultnische der Georgs-Kirche von Geráki
Ann. Brit. School of Athens 12 (1905/06), Pl. IV

VERZEICHNIS DER ABBILDUNGEN AUF KUNSTDRUCKTAFELN

Der Vermerk (→ Abb.) im Text weist auf die entsprechenden Kunstdrucktafeln hin:

Register

Kap Araxos
Dym
Andravída
Elis
Gastoú
N
W
O
S